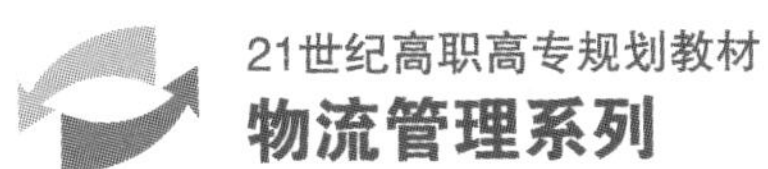

21世纪高职高专规划教材

物流管理系列

物流营销

Logistics marketing

胡延华◎编著

中国人民大学出版社

·北京·

图书在版编目（CIP）数据

物流营销／胡延华编著．—北京：中国人民大学出版社，2014.7
21世纪高职高专规划教材．物流管理系列
ISBN 978-7-300-19260-4

Ⅰ.①物… Ⅱ.①胡… Ⅲ.①物资市场-市场营销学-高等职业教育-教材 Ⅳ.①F252.2

中国版本图书馆CIP数据核字（2014）第106470号

21世纪高职高专规划教材·物流管理系列
物流营销
胡延华 编著
Wuliu Yingxiao

出版发行	中国人民大学出版社		
社　　址	北京中关村大街31号	**邮政编码**	100080
电　　话	010－62511242（总编室）		010－62511770（质管部）
	010－82501766（邮购部）		010－62514148（门市部）
	010－62515195（发行公司）		010－62515275（盗版举报）
网　　址	http：//www.crup.com.cn		
	http：//www.ttrnet.com（人大教研网）		
经　　销	新华书店		
印　　刷	北京昌联印刷有限公司		
规　　格	185 mm×260 mm　16开本	**版　　次**	2014年7月第1版
印　　张	21.25 插页1	**印　　次**	2019年1月第4次印刷
字　　数	471 000	**定　　价**	38.00元

前 言

物流营销课程是物流管理专业的核心课程，能够直接提升学生的物流营销、自我营销能力，帮助学生摆脱低端就业的苦恼，赋予学生直接进入富有挑战性的物流营销部门的机会。因此，物流管理专业应该开设并开好物流营销课程，让学生确实学有所获，学有所用。

正是基于这一想法，编者编写了本教材。本教材的编写力求在以下七个方面有所创新：

1. 打造真正的物流营销教材

目前市面上能够见到的物流营销教材，基本上是市场营销的体系和内容，加上零星物流营销案例的点缀，充其量只能算是加了物流营销案例“作料”的市场营销教材。本教材是在编者五年多来到物流企业进行营销岗位实践、搜集整理相关资料的基础上，精心编写而成，是一本完全、彻底的物流营销教材，所有案例、成果都来自迅速发展的物流实践。

2. 学校、企业、行业协会倾力合作，力求反映物流营销实践和发展新趋势

本教材由深圳职业技术学院与中远物流、招商海运物流的业务骨干和深圳采购与供应链协会、深圳国际货运代理协会、深圳市公路货运与物流行业协会的专家在广泛调研物流企业营销实战的基础上，形成编写大纲，选择匹配的经典案例，遴选图片和经典的企业成果，力求将物流营销理论与物流营销实践紧密结合，反映中国物流行业市场营销的创新和进步。

3. 按照工作流程重新构造课程体系

在课程总体结构的设计上，本教材基于工作过程导向，完全遵循物流企业物流营销的实际流程——“调研物流市场→选择目标客户→设计服务项目→开发目标客户→制定营销策略→控制服务质量→评估营销绩效”，依次展开。

4. 坚持项目引导、任务引领、工学结合，切实培养学生的物流营销能力

本教材设置了物流营销基础认知、物流营销市场调研、物流目

标客户选择、物流服务项目设计、物流目标客户开发、物流营销策略制定、物流客户服务管理、物流营销绩效评估八大项目，每个项目下设工作任务。每个任务都要在市场调查或资料搜集的基础上完成，能够切实增进学生对物流营销知识的了解和操作技能的提升。

5. 设置任务情境，注重成果导向，引导学生认识工作环境，理解工作内容和工作成果

在每个项目的结构设计上，按照“学习目标→工作情境→工作任务→任务分析→工作流程→知识准备→操作示范（成果样本展示）→案例分析→课外拓展”的步骤展开。学生在课后进行相关调查与项目报告的撰写，并在下一次的课堂上进行集体PPT演示，这有助于引导学生边学边做，目标明确，学以致用。每个项目向学生介绍来自企业的经典成果，要求学生学习后完成文本和PPT两大成果，要求学生在每个工作步骤都有相应的成果产生，逐渐树立过程意识、成果意识、质量意识。

6. 以案例导入，穿插行业、企业知识，通俗易懂，让学生能读、爱读

在内容的编排上，每个任务都以案例导入，同时在知识的阐述中穿插了一些案例和小贴士，有助于学生更好地理解和掌握相关理论知识，熟悉相关的操作技能，使教者易教，学者易学，有利于提高学生的学习效率，增进其学习兴趣。

7. 重点培养学生创造性地发现问题、解决问题的能力，提高学生的综合素质

以案例分析和精心设计的实训项目，在启发式教学、大量的教学互动中调动学生的积极性和创造性，重点培养学生发现问题、解决问题、培养逻辑思维等核心专业能力。

本教材适合高职学生和其他希望自学成才的社会学习者。学习本教材前，学习者需掌握物流基础、调查与统计分析、沟通与谈判等基础知识，并具备办公软件应用、网络应用等基本能力。

本教材的教学建议至少安排54学时，分为8个项目，每个项目的具体课时如下表所示。

课时安排

序号	项目	建议课时	工作概要
1	物流营销基础认知	4	能够简述物流营销的概念、意义、作用、流程，并通过调研一个物流项目营销过程的案例，应用物流营销基础知识分析、评价该物流营销案例，并撰写分析报告。
2	物流营销市场调研	8	在围绕调研对象进行资料搜集、利用信息渠道获取进一步信息的基础上，能够明确调查问题、制订物流市场调研计划、组织实施物流市场调研，并能够运用SPSS软件进行数据统计分析处理和SWOT分析，撰写物流营销市场分析报告。
3	物流目标客户选择	8	在物流市场细分、物流目标市场选择、物流企业市场定位的基础上，能够撰写物流企业目标客户选择报告。
4	物流服务项目设计	6	根据物流目标客户的需求，能够在调研、比较的基础上开发物流服务项目，撰写物流服务项目开发策划书。
5	物流目标客户开发	6	能够在调研的基础上撰写物流新客户开拓方案和物流老客户维护方案，能够熟练地制作标书并组织投标。

续前表

序号	项目	建议课时	工作概要
6	物流营销策略制定	10	能够设计一套物流营销策略组合，撰写物流服务项目营销策略组合策划报告。
7	物流客户服务管理	6	能够进行物流服务质量与客户关系管理水平测评，撰写物流服务质量与客户关系管理水平测评报告。
8	物流营销绩效评估	6	能够帮助物流企业设计针对特定项目的物流营销绩效评估方案，协助实施并撰写物流营销绩效评估报告。

本教材由胡延华编著。由于本教材是按照工作流程编写的一次创新尝试，加上编者的理论水平和实践经验有限，书中不足之处敬请读者批评指正。

胡延华

2014 年 3 月

目　录

项目一
物流营销基础认知

【学习目标】

知识目标

1. 能够阐述物流营销的概念，解释物流营销的核心术语，说明物流营销的作用和原则，列举物流营销的基本特点；
2. 能够推演物流营销观念的发展脉络和物流营销理念的发展脉络；
3. 能够画出物流营销的流程图。

能力目标

1. 能够根据调研的基本方法和程序调研当地物流企业的某个物流营销项目，形成包括背景、过程、结果在内的完整的物流营销案例；
2. 能够从物流营销核心术语、物流营销观念和理念、物流营销流程等角度分析和评价物流营销案例，撰写物流营销案例分析报告；
3. 在调研、探究、讨论、撰写报告、展示成果的过程中全方位地锻炼学生的自我学习、信息处理、数字应用、与人交流、与人合作、解决问题、革新创新、外语应用、社会适应、自我保护能力，培养学生的敬业精神和职业操守，提升其综合素质；
4. 能够在工作中形成认真负责、耐心细致的工作作风，尊重他人、理解包容、换位思考的心态，规范操作、安全生产、文明服务的习惯，节约能源与材料、爱护设备、保护环境、敢于创新的意识。

【工作情境】

某高职院校物流管理专业的学生张兴华到知名的德邦物流公司应聘，德邦物流的招聘专员请张兴华在两小时内完成一个任务：给张兴华一份“精准卡航”营销的资料，请他分析德邦物流在营销过程中的得失。张兴华利用自己在物流营销课程上学习的基本知识，顺利地完成了该项任务，被正式录用，开始了他在德邦物流营销岗位的新征程。张兴华非常庆幸自己认真学习了“物流营销”课程，在这门课程中学到的知识和技能真的帮了自己的大忙!

【工作任务】

调研一个物流服务项目的营销过程，应用物流营销基础知识分析和评价该物流营销案例，撰写物流营销案例分析报告。

【任务分析】

本任务要求学生能够利用物流营销的核心概念、观念和理念及物流营销流程分析当地物流企业的某个营销案例，形成案例分析报告，制作 PPT 并演示。

要完成物流营销案例分析报告，项目小组得在学习相关知识的基础上，对物流营销案例进行调查和分析。先要明确调查对象（调查哪家物流企业，该物流企业的哪个营销案例，公司里谁最熟悉相关情况），在此基础上，通过搜集一些背景资料，拟定一个简单的调查提纲。然后在前期沟通的基础上，深入企业开展调研，补充和完善案例。案例完成后，从不同的角度进行简单点评，这样，一个物流营销案例分析报告就完成了。在此报告的基础上，项目小组要制作一个思路清晰、重点突出、语言简练的 PPT，并通过多次课后练习，保证演示效果和时间控制。

【工作流程】

整个流程如图 1—1 所示。

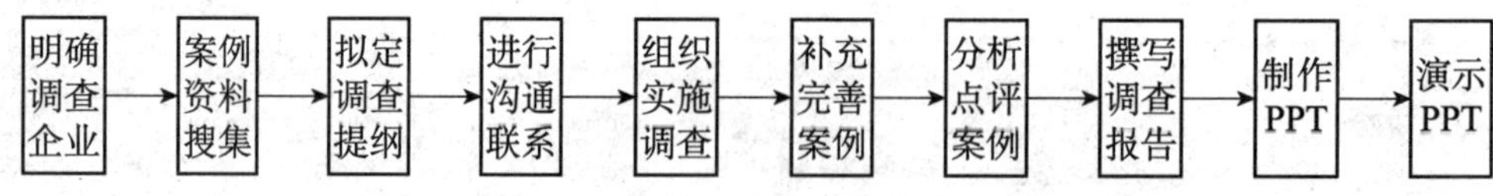

图 1—1 完成物流营销案例调研与分析报告的工作流程

【知识准备】

物流营销是指物流企业为了有效地满足客户的物流需求而系统地提供服务概念、服务方案、服务行为并为客户创造利益和价值的过程。

物流营销是物流必不可少的环节，是市场营销的组成部分，是市场营销在物流领域的具体应用和发展。物流营销是带动物流企业发展的火车头，一个物流企业只有进行了成功的营销，才能拿到订单，进而开始物流服务，创造利润。

一、物流营销的特点

引导案例

喜迎圣诞、元旦，共速达特价精益干线物流服务新老客户

一种像客运班车一样，按照时刻表定点发车、定时到达的全新精益物流服务模式崭露头角。如今这种“物流客运化”的模式不但准时快捷，还能如零担、专线运输，实现点到点直达。

圣诞、元旦“双节”来临之际，共速达物流特推出20条特价优惠精益干线“迎新年优惠大放送”活动，回馈新老客户（见图1—2）。

图1—2　共速达特价精益干线的广告

在活动期内，阿里巴巴诚信通会员通过阿里巴巴物流服务新平台或在阿里巴巴中国站交易后选择“阿里物流在线发货”，选择共速达物流成功发货后，即可参加以下活动。

活动对象：阿里诚信通会员、淘宝会员、网站会员

活动时间：2012年12月30日—2013年1月20日

活动内容：

(1) 通过阿里巴巴物流服务新平台或在阿里巴巴中国站交易后选择“阿里物流在线发货”，选择共速达物流成功发货，在活动期间，单票货物超过1 000千克的一律按市场价的8折计算（不含增值服务费）。

(2) 通过阿里物流平台选择共速达发货的客户，在活动期间还享受以下优惠：新客户下单可享受直接减免20元物流运费；运费满588元赠送新年旺旺大礼包一份或50元物流抵价券。

奖品的发放时间是1月28日和2月5日，发放形式为：奖品将由共速达总部直接快递至客户指定的目的地；物流抵价券为电子版本抵用券，在活动结束后7个工作日内以短信的形式发送至客户的手机，有效期为3个月，用户在阿里物流平台完成网上下单

后，告知共速达客服人员阿里物流抵价券编号即可以享受优惠。

活动期间每个客户ID仅可获得一份礼品，如果同一个ID有不同的发货人，奖品将发放给第一位下单且成功发货的发货人。

引导问题

1. 按照物流运作的行业分，共速达属于运输、货运代理、仓储、配送、综合服务型物流企业中的哪类物流企业？从事同类业务的知名物流企业还有哪些？

2. 共速达的本次营销针对哪些对象？采取了哪些营销措施？

3. 根据本案例，谈谈你对物流营销概念、目的和作用的初步理解。

物流营销最基本的特征就是发现物流客户并为有需要的物流客户的生产经营提供有效的物流服务。作为现代服务业的重要组成部分，现代物流企业的市场营销与传统制造业、服务业的市场营销相比，既有服务的共性，又有自己的个性。

（一）物流服务营销作为服务的共性特征

物流服务营销作为服务，与大多数服务具有的共性特征表现在：

1. 服务的无形性

有形产品常表现为一个物件，服务则表现为一方向另一方提供的行为、绩效或努力，它是无形的，让人无法触摸或凭肉眼无法看见其存在，而只能感觉、体验、享受。如图1—3所示的小丑快递，客户得到的是快速、快乐的服务而非拿到手的礼品；客户得到的仓储、运输服务也是无形的，能够看到的整洁的仓库、干净的运输车仅仅是服务的载体。服务的无形性意味着物流服务不可能在服务活动开始前进行有形展示，而只有随着物流服务活动的展开而一步一步地向客户展示。

2. 服务过程的客户参与性

任何服务的生产过程都与消费过程同时进行，即服务人员向客户提供服务的同时，客户在消费服务，两者在时间上、地点上、过程中不可分离。服务的这种特性表明，客户需要加入服务的提供过程才能最终消费服务，如客户直接参与物流方案的制定、认可物流方案（见图1—4），双方始终保持良好的沟通、协调。

图1—3 物流服务靠的是感受而非眼观

图1—4 客户参与物流规划

3. 服务的差异性

服务的过程是客户同服务提供者广泛接触的过程，服务的好坏不仅取决于服务提供者的素质、心理状态，也与客户的行为、感受密切相关。即便是同样的标准化的服务，由于服务人员服饰、心理状态不同，客户知识水平、兴趣和品位不同，客户的评价可能也不同。

4. 服务的不可贮存性

由于服务的无形性以及服务与消费的同时性，以及客户自身和需求的千差万别，使得服务具有不可贮存的特性。一个物流项目的结束即意味着物流服务的结束，要想得到同样的服务，只能重新购买。

5. 服务的无所有权转移性

在服务和消费的过程中，不涉及任何东西的所有权转移，客户只是得到了物流服务带来的方便、快捷、舒服、美妙等感觉，而没有得到具体的物件。

（二）物流服务营销的独特特性

物流服务营销除了具有服务的共性外，还具有以下特征：

1. 物流营销对象的广泛性和差异性

物流市场营销的对象既有团体客户，又有个体消费者；既有国内客户，又有国际客户；既有大客户，又有小客户；既有一次性客户，又有长久性客户；既有单项服务客户，又有综合服务客户。因此，物流营销的对象非常广泛，差异很大。

2. 物流营销的服务增值性

物流营销和物流服务不仅能够支持生产经营活动价值的顺利实现，而且能够依靠创意的策划、先进的设备、便捷的信息传输、配套的资金融通能力、强大的供应链整合能力，产生巨大的新增价值，降低社会物流成本，提高社会物流效率，创造巨大的经济、社会价值。

3. 物流营销的功能独立性

现代物流企业的营销活动是独立于物流企业内部功能活动（如人事、财务、后勤、行政等）的业务单元，有独特的功能——通过市场调查、方案评估、服务项目开发与设计、营销网点与渠道选择、广告宣传与公共关系、客户咨询与关系管理、信息处理等为客户服务，同时促使物流企业本身适应环境变化，抓住市场机会，扩大市场占有率，从而在竞争中获得优势。

4. 物流营销的运作系统性

现代物流包括营销、采购、运输、仓储、流通加工、包装等功能，各种物流运作功能之间存在着相辅相成的有机联系。现代物流企业必须以营销为龙头，整合物流企业内部的采购、运输、仓储、流通加工、包装等基本作业的服务能力、物流运作系统设计的能力和物流系统管理的能力，通过系统的运作，为客户提供系统的服务。在自身资源不能满足客户的需求时，物流企业还需要整合其他的资源。

5. 物流营销的竞争协作性

现代物流企业通过完善的物流运作系统来合理配置物流资源、提高物流服务能力和服务效率，创造更多的物流价值。但是，大多数现代物流企业的资源和能力相对于庞大的社会物流需求来说仍然有限，因此，现代物流企业在参与市场竞争活动时就必然要在竞争中协作，通过协作来竞争（见图1—5）。即使如中远物流、马士基这样的大型物流企业也需要与货代公司合作，中远物流、马士基之间也是既合作又竞争的关系。

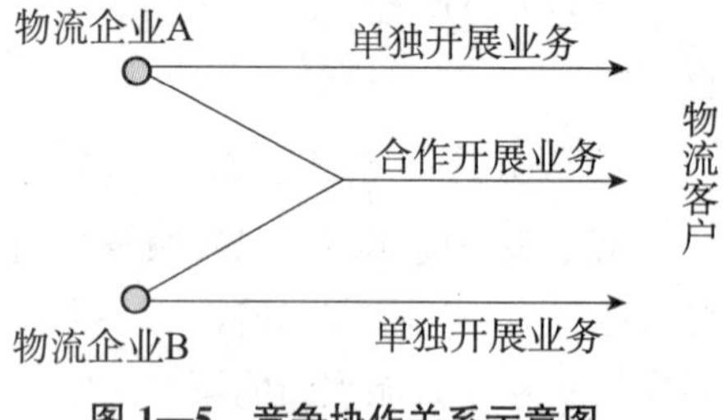

图1—5 竞争协作关系示意图

二、物流营销的作用

引导案例

“带货”店的转型

王兴10年前在207国道边经营一家杂货店，顺便在店外挂个“带货”招牌，帮人托过路的司机运送货物，收一点费用。兼营带货业务也有风险，有时货物放了很长时间也碰不到一个顺路的司机，导致货物变质或耽误了收货者的事。王兴会因此受到托运者指责其保管不力或组织不力的埋怨，有时还要承担赔偿责任。还有的司机带了货却不交货，携货跑了，王兴就得全额赔偿。

后来，德邦物流在全国招收加盟店，王兴加入，成为德邦物流的加盟店。由德邦物流负责广告宣传（见图1—6），王兴不用担心货源；由德邦物流负责运输，王兴再也不担心司机不交货，省心多了。王兴现在按单提成，日子比过去好过多了，也不再开杂货店了，专心经营加盟店。

图1—6 德邦物流“精准卡航”的广告

引导问题

1. 德邦物流的营销对其自身、王兴这样的加盟商分别产生了什么作用?

2. 德邦物流的营销对像王兴这样需要运货的人产生了什么作用?

物流营销的理论、方法、工具指导物流企业营销业务的开展，对于社会、物流企业自身有着不同的作用。

（一）物流营销对社会的作用

1. 联结工商企业和消费者，形成物流网络

随着现代经济网络化的发展，企业竞争成为一种网络间的竞争，竞争优势也是一种网络优势。物流营销引导物流企业以物流服务的方式，有效地联结了供应商、厂商、批发商和零售商，打造了一个集商流、物流、信息流、资金流于一体的网络，方便了社会，推动了社会进步。

2. 降低交易成本，节约运行成本

物流营销能够从四个方面降低交易成本，节约运行成本：其一，通过形成伙伴间的信任关系，减少搜寻成本和履约风险；其二，通过物流网络，使原来分散的物流节点和线路等要素之间偶然的、随机的关系变成网络成员之间紧密的、经常的联系网络，减少了客户的交易成本及使用网络资源和要素的成本；其三，物流企业借助精心策划的物流计划和适时运送手段，可以减少库存，改善相关企业、社会的现金流量；其四，在物流营销和规模经营的影响下，工商企业业务外包能降低经营费用。

3. 改善资源配置，提高社会效益

物流营销获得的信息资源共享、优质的客户服务体系共享、资源共享条件下的准时化小批量配送系统和共同配送系统的建立，如图 1—7 所示，可在社会范围内合理配置制造、商贸以及物流企业的人、财、物、信息、时间等资源，提高物流资源的利用效率，产生提升商业物流环境、缓解交通、保护环境、改善大众生活品质等社会效益。

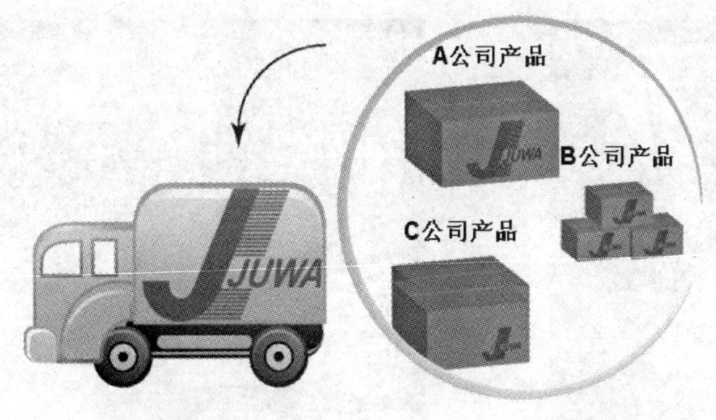

图 1—7 共同配送能提高配送效率

(二) 物流营销对物流企业的作用

1. 引导市场需求，提高营销能力

在现代竞争激烈的市场上，客户需求是推动物流市场发展的根本动力。没有市场需求，物流企业就失去了赖以生存的根基。当物流企业能够为客户提供灵活多样的服务，从而为客户创造更多的价值且有良好的市场营销时，会吸引更多的客户。并且，在物流营销的过程中，物流企业可以很有效地收集客户需求、市场信息、产品状况等信息，既可以满足客户现有的需求，也可以有针对性地设计、提供更适合市场需求的服务，引导市场需求。宅急送就曾经引导了“不出门就享受快递服务”的新消费潮流，天地华宇开发的“定日达”高端公路快运服务也引导人们重视时效性和安全性，引导了市场需求（见图1—8）。

图1—8 “定日达”引导高端公路快运需求

2. 进行市场细分，实行差别化经营

目前，市场需求多样化、分散化，物流市场也显得差异性大、个性化，物流营销可以通过收集的市场信息，指导物流企业根据自身的资源优势，在市场细分中确定目标客户群，有针对性地实行差别化经营，求得生存和发展。如中远主攻远洋运输市场，中铁主攻中国铁路长途运输市场；DHL在高尔夫快递细分市场上找到了金矿（见图1—9），新邦物流也在演艺物流上发现了新大陆（见图1—10）。

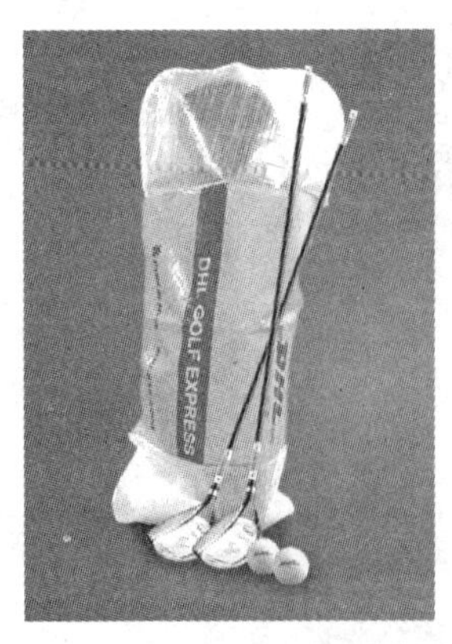

图1—9 DHL发掘了高尔夫物流

图1—10 新邦拓展了演艺物流市场

3. 集中资源优势，减少投资风险

现代物流领域的设备设施（包括物流技术平台、运输设备、集中仓储配送中心、货场等）、信息系统等的投入较大，加上物流需求的不确定性和复杂性，使得投资风险巨大。物流营销进行的市场调研、细分，可以减少盲目投资的风险，便于物流企业集中资源优势，实现资源的优化配置，将有限的人力、财力集中于发展核心竞争力；物流外包有利于企业集中优势资源干自己最擅长的事，在减少投资风险的同时提升核心竞争力。如海尔把物流外包给海尔物流，集中优势资源，强化其更擅长的服务研发、质量监控和个性化服务；海尔物流业务量大却无一辆自有运输车，全部运输车辆都靠加盟。

4. 合理配置资源，提高物流能力

物流营销通过处理、分析所获得的市场信息、客户信息，可以通过物流企业内部资源的合理配置和管理，增强物流服务能力，及时、优质地将货物配送到客户手中。戴尔从名不见经传的小企业迅速成长为 IT 巨人，网络“直销模式”固然起了决定性的作用，但戴尔的全球伙伴第三方物流公司伯灵顿公司（见图 1—11）对仓库和配送的管理也非常关键，帮助戴尔大幅降低了成本。在戴尔和伯灵顿之间沟通时，连“喂”的动作都已经彻底取消。伯灵顿在厦门的集装箱卡车拉着物料过去，把车头掉过来，车门冲着戴尔的生产线，物料直接就上生产线了。

5. 围绕客户服务，提升企业形象

物流营销以客户为中心，在业务往来中可以通过便捷的网站、完备的设施、训练有素的员工、科学的策划、合理的设计、充分的交流、细致的服务，使客户在同行中脱颖而出，为企业在竞争中取胜创造有利条件，树立自己的品牌形象。如世界四大快递巨头和我国的顺丰速运都是围绕客户服务树立了自己的品牌（见图 1—12）。

图 1—11 伯灵顿公司的宣传展板

图 1—12 顺丰速运的安全、快速服务赢得了客户

三、物流营销的原则

引导案例

下岗女工杜秀芳再就业后为顾客义务送货12载

2013年，朴实的北京人杜秀芳已52岁，12年前因单位不景气下了岗，人到中年，又没有一技之长，再就业时几经碰壁，终于谋到了一份在城乡仓储大超市当理货员的工作，而她这一干就是12年。

城乡仓储大超市有一支志愿者服务队，刚到超市上班时，杜秀芳就听说了这支队伍，热心肠的她立马报名参加了。最初志愿者服务队由几名理货员自发组成，她们不计报酬，不辞辛苦，免费为有困难的顾客提供送货上门服务，得到了社区居民的好评。后来，他们正式成立了“扶老助残、义务代购商品志愿者服务队”，以社区孤寡老人等弱势群体为服务重点，实行“一对一免费代购商品，送货到家”的亲情式服务。如今，这支志愿者服务队已成为城乡仓储超市一道亮丽的风景线。

引导问题

1. 物流企业能够像杜秀芳一样长期提供免费服务吗？为什么？
2. 你认为物流企业的营销要坚持哪些基本原则？

（一）规模原则

物流企业的效益取决于它的规模（见图1—13），所以进行市场营销时，要先确定某个客户或某几个客户的物流需求具有一定的数量和集中度，然后再为之设计有特色的物流服务。成熟的物流服务项目，要想方设法增加客户，提升规模效应。

图1—13 物流营销要以规模争取利润

（二）合作原则

现代物流要求在更大范围内合理配置资源，但物流企业本身并不必然拥有完成物流活动的所有资源和功能。物流企业只有做好自身的核心物流业务，而将其他业务外包给别的物流企业完成，才能最终完成物流服务，取得服务收益（见图1—14）。合作需要物流公司在提供物流服务的过程中，与客户深入沟通、密切配合。合作还意味着物流公司内部各部门要精诚团结，共同服务好客户。

图1—14　合作创造利润

（三）回报原则

对物流企业来说，市场营销的真正价值在于其为企业带来短期或长期的利润的能力。取得回报是物流企业生存和发展的物质条件，是营销活动的动力；而物流企业在营销活动中要回报客户，要满足客户的物流需求，为客户提供价值，回报是维持市场关系的必要条件。因此，物流营销目标必须注重产出，注重物流企业在营销活动中的回报。

四、物流营销的基本术语

引导案例

物流营销要先区分物流需要、物流欲望和物流需求

净菜配送中心认为顾客需要的是一斤白菜，而实际上顾客需要的是净菜配送中心把一斤洗干净的白菜配送上门的服务（见图1—15）。

一位男士想把一批手机从深圳运送到武汉，就自发产生了邮寄或运输的需要。他知道中国邮政EMS的快捷性，因此想通过EMS寄送自己的物品，那么通过EMS送达货物就是实现物流的欲望；如果他支付得起物流费用，那么EMS送达货物的欲望就转化为需求。

因此，物流营销从业者必须区别物流需要、物流欲望和物流需求，否则可能会影响物流营销的方向、效果。

图 1—15 顾客需要的不是白菜，而是将干净的白菜配送上门的服务

引导问题

1. 一斤白菜和把一斤洗干净的白菜配送上门的服务，哪个是物流需要？

2. 物流需要转化为物流需求的关键点是什么？

3. 以你的经验，把一斤洗干净的白菜配送上门的服务可以有哪些物流欲望的体现形式？

4. 你还知道哪些物流基本术语？

物流营销概念包含一系列基本术语：物流需要、物流欲望和物流需求，物流产品和物流服务，物流效用、物流成本和物流价值，物流交换和物流交易，物流关系和物流网络，物流市场、物流营销者和潜在物流客户。

（一）物流需要、物流欲望和物流需求

1. 物流需要

物流需要是指客户感受到的物流服务的匮乏状态，如个人需要发送信件、邮寄包裹、运送货物等。客户的这种物流需要无法被激发出来，而是由客户自发产生的。

2. 物流欲望

物流欲望是指物流客户经由文化和个性塑造后所采取的满足物流需要的具体服务的愿望，如老年人爱上邮局，年轻人好用快递。物流欲望可用满足物流需要的物流服务来描述，如发送一箱 CD 碟，可采用邮寄、快递、快运等方式。

3. 物流需求

人们的欲望无穷尽，但资源却有限。因此，人们不得不用有限的金钱选择那些满意

程度最大的物流服务。当有相应的购买力作后盾时，欲望就变成了需求（见图 1—16）。如果物流客户能够支付的邮费低，则可以选择中国邮政的普通包裹邮寄服务；如果物流客户能够支付的邮费高，则可以要求快递公司进行航空快递。

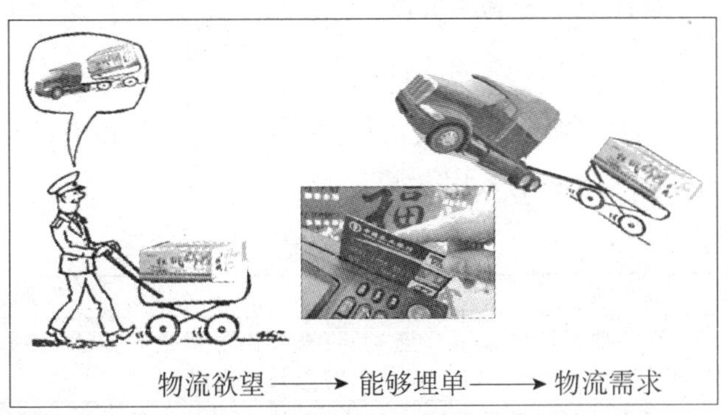

图 1—16 物流欲望向物流需求转变的关键是支付能力

物流营销人员的营销活动并不创造需要，需要早就存在于营销活动出现之前。物流营销活动的重点是影响人们的欲望，并通过提供适当的、符合人们购买力的服务来进一步影响需求。

（二）物流产品和物流服务

1. 概念

物流客户靠物流产品和物流服务来满足需要与欲望。物流产品是能够满足人们某种物流需要的实体商品，如邮票、明信片、信封、包装袋、包装箱、货笼等（见图 1—17）。物流服务是能够用来满足人们的物流需要的服务，如公路快运“定日达”、快递“定时达”、小丑快递、蜗牛慢递等（见图 1—18）。

图 1—17 物流产品

图 1—18 物流服务：满足客户特殊需要的蜗牛慢递

2. 关系

物流产品和物流服务存在密切联系。有时完成物流服务须借助一些物流产品，如完成邮信服务就需要信封、邮票，完成快递服务就需要快件袋、快递单。物流产品主要是为完成物流服务而设计、生产的，物流营销是围绕物流服务而非物流产品的营销。

(三) 物流效用、物流成本和物流价值

1. 物流效用

物流效用是消费者对物流服务满足其需要的整体能力（程度）的自我主观评价，可以分为地点效用、时间效用和占有效用（见表 1—1）。

表 1—1　　物流效用的分类

类别	界定	举例
地点效用	物流服务在适当的地点能够让客户享受到所创造的效用	在高档写字楼和露天货场购买物流服务的地点效用有差别
时间效用	物流服务在适当的时间能够购买到所创造的效用	在指定时点把鲜花送达女朋友手中时她能够感受到的效用
占有效用	取得某种物流服务导致占有某物品所有权所创造的效用	快递公司在最短的时间内送达邮购的中国第一批 iPod 时邮购者感受到的效用

2. 物流成本

物流成本（费用）是指物流客户为购买物流服务而必须支付的费用，包括货币成本、时间成本、体力成本和精神成本（见表 1—2）。

表 1—2　　物流成本的分类

分类	定义	举例
货币成本	为购买物流服务直接支付的货币	花 10 元快递 1 份合同
时间成本	为购买、享受物流服务花费的下单、等待、填单、付费的时间	网上下单花 2 分钟，接到快递员的配送电话等了 2 分钟，结算花了 1 分钟
体力成本	为购买、享受物流服务花费的体力	网上订购、到楼下拿快递、拆快递包装所花的体力
精神成本	为购买、享受物流服务产生的心理焦急、等待、担心丢失等	担心最喜欢的书在路上丢失或被污损，因投递耽误了时间而焦急等待、忐忑不安

3. 物流价值

物流价值是物流消费者比较自己所获得的物流效用的价值与获得该物流服务而支付的费用之间的差额（见图 1—19）。在同样的物流成本下，物流客户得到的物流效用的价值越大，物流价值就越大；在物流客户感觉物流价值同样的情况下，物流客户就希望以更低的物流成本来获得更大的物流价值。

图 1—19　物流效用、物流成本与物流价值的关系

（四）物流交换和物流交易

物流交换是以某种资源为代价从物流服务者那里取得所需物流服务的行为。物流交换是一个过程，发生在一个时段，而物流交易则是一个事件，发生在一个时点，是物流交换的结果（见图1—20）。

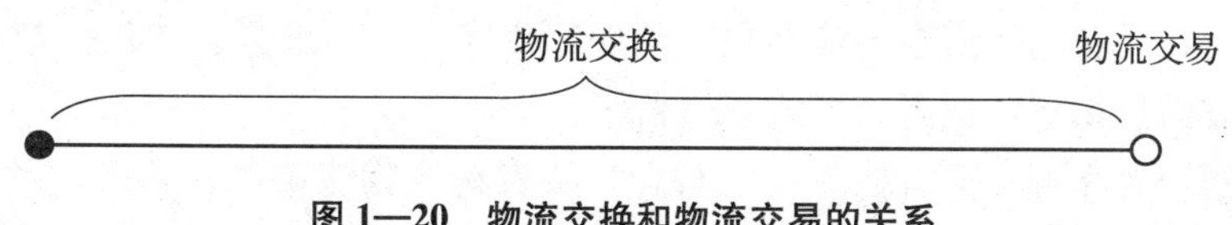

图1—20　物流交换和物流交易的关系

物流营销的实质就是为诱发物流客户对某种物流服务产生预期的交易反应而采取的种种行为。

（五）物流关系和物流网络

愉快而令双方满意的物流交易会增进双方今后的交易往来，并有可能形成一种长期、稳定的物流业务关系。精明的物流企业会通过承诺并不断提供高质量的服务和公平的价格，不断提高物流客户的价值预期，与有价值的客户、供应商和分销商在经济、技术、服务和社会等方面保持长期的、互相信任的"双赢"纽带关系，减少交易成本和时间，使交易协商惯例化，形成物流关系营销（见图1—21）。

物流关系营销的最终结果是形成一个营销网络。物流营销网络是由物流企业与所有利益相关者（包括股东、客户、员工、供应商、广告商、分销商、债权人、社区和政府等）为建立互利的业务关系而形成的网络（见图1—22）。这样，竞争就在物流企业之间展开，物流企业与物流客户之间的单向营销就转变为在网络之间展开，实现以更低的成本、更快的时间、更高的效率，在更大的范围内展开营销。

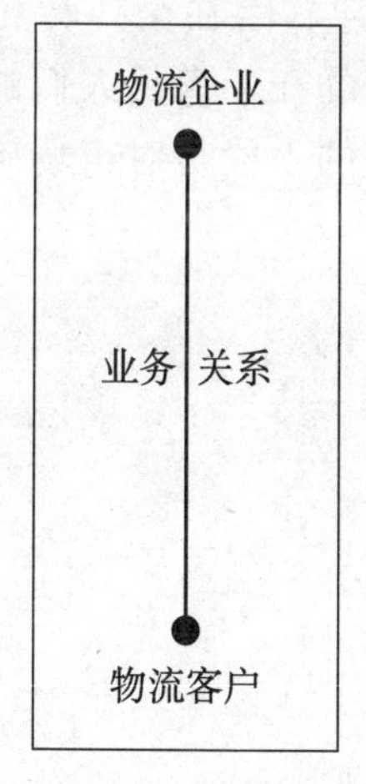

图1—21　物流关系

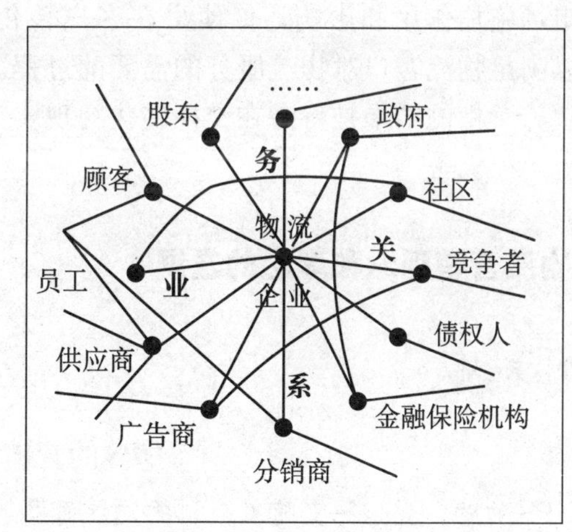

图1—22　物流网络

（六）物流市场、物流营销者和潜在物流客户

物流交易的双方分别构成买者集合的买方市场（如需要仓库存货的客户）和卖者集

合的卖方市场（如拥有仓库的企业）。市场可能是与卖者交易的现实购买者（既有购买能力又有购买意愿的客户）共同构成的现实市场，也可能是由可能购买者（可能具有购买能力和购买欲望的客户）共同构成的潜在市场。

物流营销是以满足物流客户各种物流需要为目的，通过物流市场变潜在交换为现实交易的活动。物流交换双方，如果一方比另一方更主动、更积极地寻求交换，则前者称为物流营销者，后者称为潜在物流客户或预期物流客户。如果买、卖双方都在积极寻找交换，则双方都是物流营销者，形成双边营销。

对物流营销者而言，卖者构成物流行业，买者构成物流市场，两者的关系如图1—23所示。物流卖方和物流买方有五条联系方式：物流卖方把商品或服务以各种传播方式（如广告等）传送到物流市场；反过来，物流卖方收到来自物流买方的货币和信息（买方的态度、偏好、消费习惯、消费数量、消费结构等销售资料）。另外，物流卖方还可以通过营销中介、媒体与物流买方进行沟通。

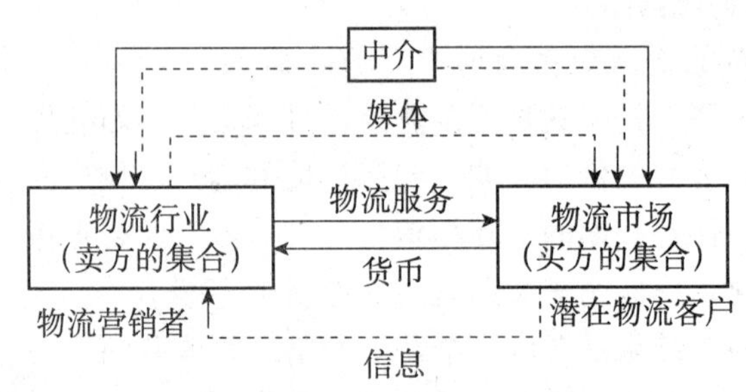

图1—23　物流营销者与潜在物流客户（物流行业与物流市场）的关系

以物流市场的概念为基础可以进一步理解物流营销的概念：物流营销是指通过对物流市场施加作用和影响，促使潜在客户转化为现实客户、潜在交换转化为现实交易，以满足物流客户对物流服务的需要的过程。营销的目的在于满足人们的各种需要和欲望，营销的结果是将潜在交换转化为现实交易，营销的手段是对市场施加作用和影响。

五、物流营销观念和理念的发展

引导案例

UPS的营销观念

UPS的营销观念一直随着公司的发展而发展。

UPS是一家历经百年的服务型公司（见图1—24），营销观念最早就在需求中开始萌芽，以生产观念为主。因为那时的美国市场上，私人信件和包裹的投递需求较大，并且电话并不普及，所以当时出现了物资短缺、服务供不应求的情况。根据此观念，UPS尽快占领了较大的市场份额。

时代发展，电话在美国家庭逐渐普及后，凯西及时改变了 UPS 的发展方向，开始为零售商提供送货上门的服务。此时，营销观念就开始相应作出调整，从生产观念转变成产品观念。换言之，UPS 开始在服务人员的身上下工夫，比如在送货的时间、价格、态度等方面。

图 1—24　UPS 的 LOGO

可是在这之后的不久，战乱扰乱了其正常经营。

第二次世界大战以后，百废待兴。UPS 开始设法获取公共邮递权，使其能在所有地点之间投递包裹，与美国邮政局展开直接竞争。这场竞争是残酷的，可是也帮助 UPS 完成了另一次转型。到 1975 年，其全国性的包裹投递服务最终成为现实。

20 世纪 90 年代中期，由于受到来自联邦快递等公司的强有力竞争，UPS 又进行了一次大转型，将公司理念的重点由强调效率转为强调客户满意，网上查询包裹的投递情况完全透明，使得顾客对企业的信任感大大增强。UPS 开始实行市场营销观念，这种观念是以满足顾客需求为出发点的，而这也成为 UPS 公司发展战略的长期标准。

然而，伴随着 UPS 在奥运会上的出现，UPS 的营销观念又一次发展。UPS 不仅以客户满意为中心，还加入了社会市场营销观念，开始重视公益事业。

UPS 的发展，让我们看到了服务行业的一个整体的营销观念的演变过程。从中我们可以看出，贯穿服务行业始终的关键就是让客户满意。尽管在早期，UPS 的营销观念并不以此作为最主要的，但也一直在努力挖掘客户资源。

引导问题

1. UPS 的营销观念经历了几次变化？是怎么变化的？
2. 为什么会有这些变化？

物流营销观念和物流营销理念是开展物流营销的基本指导。只有了解物流营销观念和物流营销理念，才能更好地把握物流营销的方向。

(一) 物流营销观念的发展

物流营销观念是指物流企业在开展物流营销的过程中，在处理企业、客户和社会三者利益方面所持的态度、思想和观念。如图 1—25 所示，物流营销观念的发展经历了生产观念、产品观念、推销观念、市场营销观念、社会营销观念、战略营销观念六个阶段。

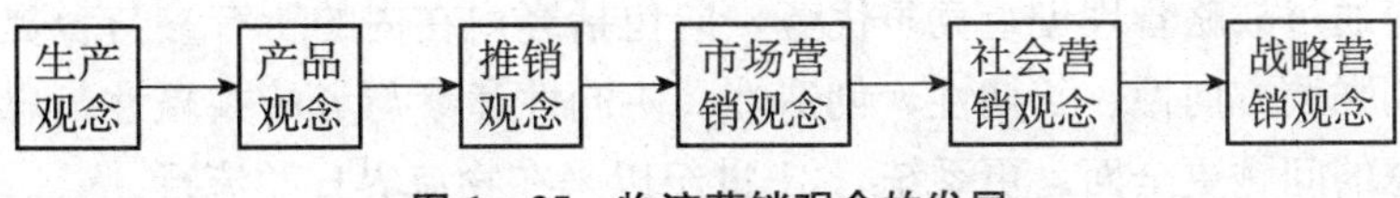

图 1—25　物流营销观念的发展

1. 生产观念

作为最古老的观念之一，生产观念认为：物流企业要以增加产品（服务）数量为中心，有什么产品（服务）就卖什么产品（服务）。

2. 产品观念

产品观念认为：物流客户总是喜欢优质、有特色的服务，只要服务好、有特色，就不愁卖不出去，所谓“酒香不怕巷子深”。产品观念会导致“市场营销近视症”，把服务项目等同于需求，过度重视服务和服务质量，看不到市场需求及其变动，忽视竞争者的市场行为。如传统的储运企业所提供的物流服务只是与货物交付相关的服务，如仓储运输、装卸搬运、包装、配送等，而实际上客户希望储运企业能够提供相关的原料质检、库存查询、库存补充、流通加工服务等。

3. 推销观念

推销观念是生产观念的发展和延伸，认为消费者通常会有购买迟钝或抗拒购买的表现，如果听其自然，消费者通常不会购买太多本企业的产品（服务），故物流企业必须大力开展推销和促销活动，刺激消费者多购买。但物流企业不能只注重“推销企业所能够提供的产品（服务）”，而应“提供市场、客户所需要的产品（服务）”。

4. 市场营销观念

市场营销观念不是以企业现有的服务为出发点，而是以市场需求为起点思考问题，认为物流企业应该提供、销售客户需要的产品（服务）。这种观念认为，物流企业首先要确定物流市场上目标客户的各种需要，然后比竞争者更有效地传送目标市场所期望的物流服务，进而比竞争者更有效地满足目标市场的需要，按此需要进行整体营销，从而实现盈利。

5. 社会营销观念

社会营销观念随着消费者权益保护运动而产生。若过分地强调满足消费者需求和实现企业目标，可能会导致物流企业浪费资源、破坏环境，损害消费者和社会的整体利益和长远利益。如运输业发展满足了消费者提高运输效率的需要，尾气的排放却污染了空气。这就需要树立“社会营销观念”——企业提供任何服务时，不仅要满足消费者和用户的需求和欲望，符合企业的特点，还要符合消费者和社会发展的整体利益和长远利益（见图1—26）。如运输公司合理安排运输车辆、精心设计线路，以减少车辆的空驶和迂回、降低空气污染。

6. 战略营销观念

战略营销观念就是用战略管理的思想和方法对营销活动进行管理，强调物流企业在目标市场上应通过战略管理创造竞争优势，向包括客户在内的所有参与者提供最大的利益。战略营销强调方向性、长期性、创造性、协同性和参与者的共赢性，思考问题的层次更高，考虑的问题更全面、更系统，21世纪以来在物流界日益流行。

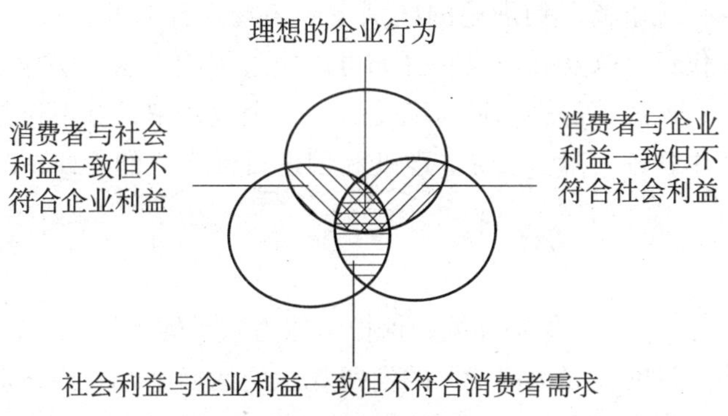

图 1—26　社会营销观念示意图

（二）物流营销理念的发展

20 世纪 80 年代以来，市场营销学研究的不断深入，催生了许多新的营销理念，带动了物流营销理念的发展（见图 1—27）。这些新理念对现代物流企业加强和改善营销管理，起到了重要的指导作用。

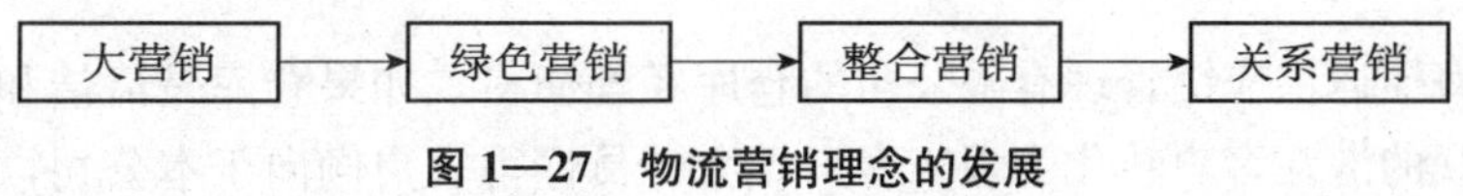

图 1—27　物流营销理念的发展

1. 大营销——6P 组合理论

物流企业营销活动的实质是一个利用内部可控因素适应外部环境的过程，即通过对产品（product）、价格（price）、渠道（place）、促销（promotion）四个基本策略（简称 4P）的计划和实施，对外部不可控因素作出积极、动态的反应，从而促成交易的达成、个人需求的满足和组织目标的实现。当存在贸易壁垒和地方保护时，物流企业的市场营销战略除了“4P”之外还必须加上两个“P”，即政治力量（political power）和公共关系（public relations），如图 1—28 所示。

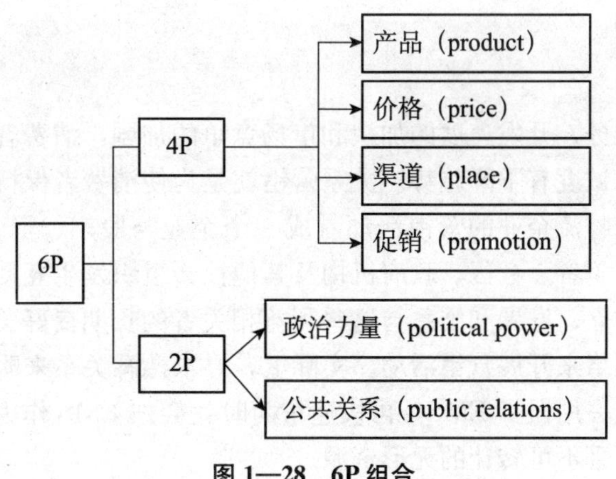

图 1—28　6P 组合

大营销理论与传统市场营销理论的区别主要表现在三方面：1）企业可以影响周围的经营环境，而不仅仅是顺从和适应它（如可以通过影响立法、法律诉讼、谈判、广告宣传、公共关系和合伙经营等影响环境变化）；2）企业营销目标不仅是满足目标客户的需要，而且可以运用各种力量去引导、改变和创造目标客户的需要；3）手段从 4P 增加到 6P。

2. 绿色营销

20 世纪 70 年代，一场以保护环境、保护地球为宗旨的环保运动在全球兴起。随之，一种旨在改善生活质量的“绿色消费”的消费观念应运而生，并最终促使了以消除和减少产品（服务）对人类生存环境的影响为中心的营销实践活动的产生，即“绿色营销”的产生。在绿色营销的观念下，“清洁生产”、“绿色包装”和“环保标志”逐渐成为对物流企业行为的约束，物流企业和物流服务的“环保形象”正逐渐成为物流企业市场定位与服务定位的决定性因素，成为市场营销成败的关键。

3. 整合营销

当公司所有部门、人员都能以客户利益为中心去协调和开展营销活动，其结果就是整合营销。

深圳市海捷运供应链管理有限公司的仓库经理懂得，如果仓库是清洁和有序的，会有助于将参观的潜在客户转化为现实客户；会计员懂得客户倾向于本公司，是因为客户对账单处理的精确和电话咨询回答的及时感到满意；行政人员懂得客户倾向于本公司，是因为客户在上次考察时受到的接待非常周到；广告策划人员懂得客户倾向于本公司，是因为高速公路上那个富有创意的广告给他们留下了深刻印象。

整合营销理念应用于企业的市场营销活动中，主要体现为营销组合方案的整合和营销传播的整合（见图 1—29）。在整合的营销组合方案中，每一个要素的地位和作用各不相同，既要充分发挥各要素的作用，又要发挥总体协调作用。营销传播整合则是综合、协调地运用广告、促销、公共关系、人员推销和直接营销等传播工具，以连续一贯的信息和战略定位，实现企业与客户的信息沟通，以达到刺激客户的购买欲望、促成购买行动、扩大销售的目的。

4. 关系营销

随着新产品（服务）开发速度的加快和市场竞争的加剧，消费者的消费习惯更容易发生变化，其品牌忠诚度有下降趋势。关系营销就是为使消费者保持忠诚而诞生的新营销理念。关系营销把物流企业的营销活动看成一个企业与股东、资金融通者、消费者、供货商、分销商、竞争者、社区、政府机构及其他社会组织发生互动作用的过程。物流企业营销工作就是建立、发展和维系与这些利益相关者的长期良好关系，充分利用和强化各种形式的关系网络来开展营销活动。实际上，寻求熟悉关系来购买所需物流服务是一种普遍现象，如过去用惯了 EMS，再快递东西时就会把 EMS 作为首选。关系网络是一种带有独立性、几乎不可转让的无形资源。

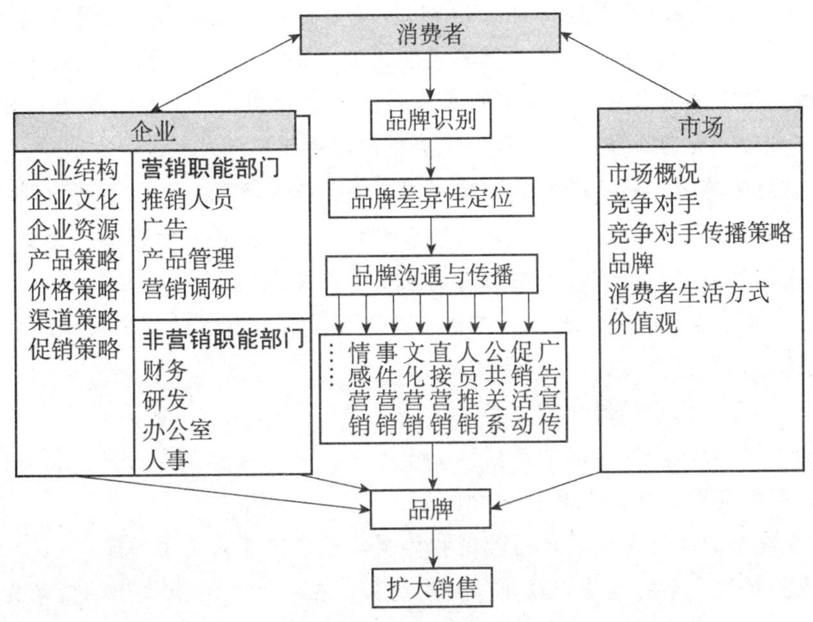

图 1—29　整合营销示意图

六、物流营销的流程

引导案例

东方海外的市场营销过程

香港的东方海外（国际）有限公司（OOCL）（见图 1—30）为世界最具规模的综合国际货柜运输、物流及码头公司之一，率先在中国提供全线物流及运输服务，在信息服务方面也是业内先驱。东方海外以精益求精和不断创新的服务精神为客户提供以客户为尊的物流方案和提供全面的物流及运输服务，航线通达亚欧、北美、地中海、澳洲/新西兰等地。

图 1—30　东方海外的 LOGO

2008 年 1 月，为了应对国际航运市场的激烈竞争和减少金融危机的冲击，东方海外采取了以下措施：

(1) 对市场环境、消费者、同行、业内专家进行了大量、严密的市场调研，获得了大量调研数据，在分析和预测的基础上，发现了一些市场机会，并对市场机会进行了评估，确定了 3 个可行的市场机会。

(2) 在 3 个可行的市场机会中，通过准确的市场细分后，东方海外结合自身条件和市场需求，把目标客户定位为直接客户和大客户，重点是跨国公司。

(3) 在充分的市场研究的基础上，根据目标客户的特点，东方海外有针对性地进行营销组合设计，形成了营销组合方案：

1) 在产品策略上，为有效地满足客户需求，对核心产品（如为货主提供符合其需要的位移)、一般产品（如舱位体积、位置)、期望产品（如船期、安全性等)、附加产品（如咨询、报关等)、潜在产品（如多式联运等）进行综合考虑，提供整体产品服务。在运用整体产品理念的基础上，不断提高产品的质量和调整产品组合策略，如在太平洋航线、欧洲航线、大西洋航线等主要航线扩充产品线深度等。

2）在价格策略上，随行就市，采取客户不同、季节不同、运价不同的策略。

3）在分销渠道上，在全球设立自己的办事处，大力拓展直销渠道。

4）在促销策略上，以人员推销为主，注重公共关系的开发。

(4）在营销组合设计的基础上，东方海外进行了有效的营销管理。

1）做好思想舆论宣传、组织调整工作。

2）按照计划，把营销组合方案具体化。

3）推行目标管理，按各职能部门的工作要求，将总目标层层分解，协调上下关系，创造条件，制定实施的具体措施和细则。

4）建立健全的反馈系统，进行控制和协调，保证决策的全面实施。

东方海外经过3年的运作，赢得了竞争优势，在一些主要航线上的市场份额全面提升，总体经济效益明显好转。

引导问题

1. 从东方海外的市场营销过程中，你能否总结出物流营销的基本流程?

2. 你认为发现市场机会、选择目标市场、确定营销策略、管理营销活动，哪个更重要？为什么?

从东方海外的市场营销过程中，我们能够看到一个完善的物流营销的基本流程，如图1—31所示。

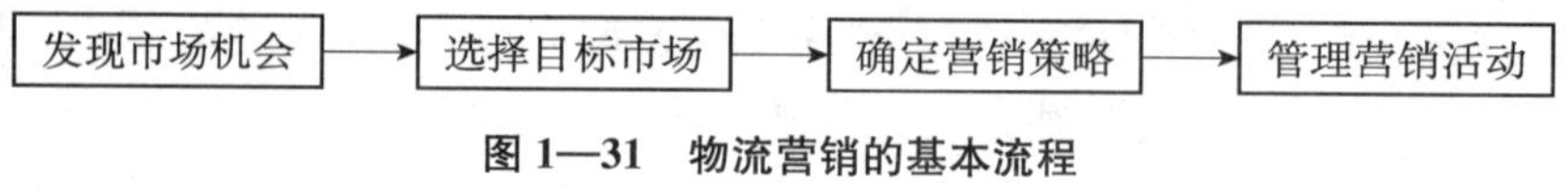

图1—31 物流营销的基本流程

(一）发现市场机会

市场机会就是未被满足的物流服务需求。物流企业可以通过两种方法来寻找新的市场机会：非系统的方法和系统的方法。无论运用哪种方法，都需要对市场需求进行估量和预测，弄清楚所有在市场上销售的同类服务及其销量，估计现有消费者的需求规模，查找需求没有被满足的市场空间。

1. 非系统的方法

非系统的方法包括：阅读有关报纸和期刊、出席贸易展览会、考察竞争对手的服务、通过销售人员及其他方式搜集市场情报、召开献计献策会、关注社会变化趋势等，从中注意不断变化的市场情况。

【案例 1—1】 家庭结构带来的物流商机

当前主要趋势之一是家庭结构趋于小型化、夫妻双方都要工作，这意味着双职工家庭缺少买菜时间，净菜、微波食品、半成品、冷冻食品、快餐的配送业务（见图 1—32）等自然产生，为很多物流企业提供了机会。物流企业开拓这样的新业务有利于其生存、盈利。

图 1—32 现代家庭结构的变化带来的净菜配送商机

2. 系统的方法

系统的方法包括环境持续监测法、产品—市场矩阵法、一体化法、多元化法和7O研究法。

（1）环境持续监测法。

市场机会往往在市场环境变化中出现，这是机会出现的一般规律。物流企业可以建立适当的营销信息系统，采取适当的措施，经常监视和预测企业营销环境（包括宏观环境和微观环境）的变化，从中寻找有利于企业发展的市场机会，避开或减轻不利于企业发展的威胁，甚至在一定的条件下还可以因势利导、化害为利。1994 年，中国经济的持续发展、电子商务的兴起已使群众产生了大量的送货上门的物流需求，“宅急送”意识到这一机遇，应运而生，满足、引领了市场需求。

（2）产品—市场矩阵法。

物流企业可以通过对服务、市场的分析来寻找和发现增长机会，如利用如图 1—33 所示的产品—市场矩阵进行分析。

	现有产品	新产品
现有市场	市场渗透	产品开发
新市场	市场开发	多元化

图 1—33 产品—市场矩阵

综合考虑现有服务的市场生命力、市场需求容量以及竞争情况等，准确判断现有服务在现有市场上是否有扩大销售的机会。如果物流企业尚未完全开发其现有服务的现有市场，就可以通过市场渗透即通过削价、扩大广告宣传、改进广告语言、增设商业网点等措施在现有市场上扩大现有服务的销售。包括：使现有客户增加购买量，激发潜在客户，争取竞争者的客户。

通过市场营销研究和市场细分，了解不同消费者群的需求情况和目前被满足的情况，在满足程度较低的子市场上，可能存在市场机会。物流企业可以通过市场开发，即增设新的商业网点或利用新分销渠道、加强广告促销等措施，在新的市场上扩大现有服务的销售。包括：服务市场的重新定位，服务用途的新发现，利用服务的国际市场生命周期进行市场转移等。

通过开发新的服务，创造新的市场机会，物流企业向现有客户提供不同品类、规格、品牌的新服务或改进的服务，更好地满足目标市场消费者群多层次、多样化的需求。

通过多元化经营，创造新的市场机会，即在现有市场和现有服务以外开展新的业务，扩大生产经营范围。如物流企业可以通过收购、兼并其他行业的企业，或者在其他行业投资，跨行业生产经营多种服务，寻找多元化经营的市场机会。

【案例 1—2】　绿农净菜配送公司的市场渗透、市场开发、服务开发和多元化经营

绿农净菜配送公司是一家区域化的蔬菜配送公司。

该公司通过改进广告宣传和推销、短期削价、增设网点等在现有市场上扩大市场份额，这是市场渗透。

该公司在新的地区或者国外设立新的配送网点，或通过利用新的分销渠道、加强广告宣传等，扩大蔬菜配送在新的地区或者国外的销售，这是市场开发。

该公司改进配送车的颜色、配送人员的服装和服务、增加配送的品种以满足市场需求，扩大销售，这是服务开发。

该公司进入药品配送、家电配送、家具配送等领域，这属于跨行业的多元化经营。

（3）一体化法。

一体化法即通过建立或收购与目前物流企业业务有关的业务以寻找发展机会。如果物流企业所在行业或某项业务有发展前途，可将业务延伸到产、供、销各个环节，以增加销售和利润。一体化法包括后向一体化、前向一体化和水平一体化三种形式（详细比较见表 1—3）。

表 1—3　一体化法三种形式的比较

形式	内容	目的
后向一体化	收购、兼并原材料供应商	拥有或控制原材料市场供应系统
前向一体化	收购、兼并批发商、零售商，自办商业贸易公司	增强销售力量以求发展
	将自己的服务向前延伸，从事原来由分销商经营的业务	
水平一体化	争取同类企业的所有权或控制权，或实行联合经营	扩大经营规模，取长补短，共同利用某些机会

（4）多元化法。

多元化法即增加对物流企业富有吸引力的业务，寻找多元化的发展机会。如果物流企业所属行业缺乏有利的市场机会而在目前业务范围以外的领域发现了好机会，就可以结合自身的资源优势，扬长避短，采用多元化发展方式。多元化发展有同心多元化、横向多元化、综合多元化三种形式（详细比较见表1—4）。

表1—4　多元化发展三种形式的比较

形式	内容	目的
同心多元化	以现有服务为中心向外扩展业务范围，发展同现有服务类似的新服务	吸引新客户
横向多元化	采用不同技术发展同现有产品无关的新产品	满足现有客户的多种需求，稳定现有客户
综合多元化	发展同企业现有技术、服务或市场毫无关系的新业务	吸引新老客户

【案例1—3】　传统仓储企业的同心多元化、横向多元化和综合多元化

一个传统的仓储企业运用现有的技术，增加冷冻储存服务，吸引新客户，就实现了同心多元化。

该仓储企业为了稳定现有客户，提供运输、包装、配送等新服务，就实现了横向多元化。

该仓储企业可以考虑开辟新的业务领域，从事物流金融、物流房地产、物流信息、仓储软件开发等业务，以实现综合多元化。

（5）7O研究法。

7O研究法是从消费者的购买行为中辨别新的市场机会的一种方法，因为消费者的购买行为具有较大程度的可诱导性。消费者非专家购买者，很难掌握各种商品（服务）知识，需要卖方的宣传、介绍和帮助，在购买什么服务、何时与何地购买等方面容易受企业营销的影响。消费者的复杂行为可以从以下7个“O”入手分析：购买者（occupants）——谁是消费者；购买对象（objects）——消费者购买什么；购买目的（objectives）——消费者为何购买；购买组织（organizations）——哪些消费者参与购买；购买行为（operations）——消费者怎样购买；购买时间（occasions）——消费者何时购买；购买地点（outlets）——消费者何地购买。通过深入细致地研究消费者的购买行为，了解不同类型消费者的需要、爱好和特点，找到商机，从而发展对消费者有价值的服务和品牌，用具有吸引力和说服力的方法将服务和品牌有效地呈现给消费者，并据此选定企业的目标市场，确定市场营销组合。

【案例1—4】　盐田集装箱运输公司客户的7O研究

盐田集装箱运输公司提供集装箱运输服务，营销前必须分析和研究以下问题：哪些人需要集装箱运输服务？目前，消费者需要什么样的集装箱运输服务？消费者为什么购买这种集装箱运输服务？哪些人会做出集装箱运输服务的购买行为？消费者怎样购买这种集装箱运输服务？消费者何时购买这种集装箱运输服务？消费者在何处购买这种集装箱运输服务？

（二）选择目标市场

在市场机会的基础上，物流企业需要按照市场细分来确定目标市场和市场定位的顺序，选择自己的目标市场。

（三）确定营销策略

营销策略即营销组合策略。物流营销组合也就是物流综合服务方案，即物流企业针对目标市场的需要，对内部可以控制的产品、价格、渠道、促销等各种营销因素进行优化组合和综合运用，以满足目标市场的需要，更好地实现物流企业的营销目标。

市场营销组合也在与时俱进，先有美国杰罗姆·麦卡锡教授提出的 4P 理论，后有菲利普·科特勒提出的 6P 理论和罗伯特·劳特朋提出的 4C 理论。

（四）管理营销活动

管理营销活动是指对物流营销工作进行有效的组织、实施与控制。

1. 物流营销活动的组织

实施营销组合策略需要有效的营销组织，这个营销组织应达到三个要求：灵活性，即适应环境变化，随时调整自己，能作出正确的反应；系统性，即物流企业的每一个部门都能互相配合，作为一个有机整体，共同满足客户的需要，共同完成物流企业的整体市场营销目标；交互性，即信息迅速、准确、及时地在物流企业各部门之间、物流企业与客户之间传递。在组织成立前，要做好思想舆论宣传和充分的沟通。

2. 物流营销活动的实施

物流营销工作的实施，是指物流企业为实现其制定的营销组合策略而将营销战略和营销方案变成具体的、可操作的营销计划。这就需要营销系统中各级人员保持协调一致，营销部门与财务、生产、人事、采购等其他相关部门密切配合，将营销组合策略按照目标管理和项目管理的方法，结合各职能部门的工作要求，层层分解，层层落实，形成实施的具体措施和细则。

3. 物流营销活动的控制

在物流营销计划实施的过程中，可能会出现很多意想不到的问题，需要一个控制系统即监督、协调、反馈系统来保证物流营销目标的实现和营销计划的全面实施。物流营销控制包括年度计划控制、盈利控制和战略控制三种不同的控制。年度计划控制主要是评估营销活动的结果是否达到了年度计划的要求，并在必要时采取调整和纠正措施；盈利控制是为了确定在各种物流服务、服务区域、最终消费者群和分销渠道等方面的实际获利能力；战略控制则是审查企业的战略计划是否有效地抓住了市场机会，以及是否同迅速变化的市场营销环境相适应。

【操作示范】

按照图 1—1 所示的作业流程，完成如“东方佳源冷链物流营销调查报告”的成果。

该报告印刷精美，包括封面、摘要、目录、正文、参考文献、附录、致谢七个部分。其中，正文的主要内容如下。

东方佳源冷链物流营销调查报告（正文部分）

深圳职业技术学院物流管理专业“东方佳源实业有限公司（以下简称东方佳源）冷链物流营销调查小组”为从个案了解深圳市冷链物流企业营销的现状，于2012年1月开展了实地调查。调查结果如下：

一、东方佳源的冷链物流营销

东方佳源创建于2001年，其总部位于深圳市南山区西丽镇，是华南区最大的专业商超冷链物流配送商和全国冷冻食品定点配送商，凭借多年物流从业经验成为珠三角商超冷链配送领域的第一品牌。公司现有45辆冷链运输车、230多名员工、12 000平方米专业食品储存仓库（其中冷冻库库容23 200立方米，冷藏库库容24 000立方米），每年有6亿元的配送量，出车量达3万多次。东方佳源冷链物流的营销，主要体现在以下5个方面：

1. 准确定位

2001年初，东方佳源从同行许多物流企业“什么都想做、什么都做不好”的“大而全”模糊定位中吸取教训，在市场细分的基础上，积极响应深圳市政府“菜篮子工程”，准确地把公司定位于“做专业商超配送管家”并以“冷藏冷冻类产品配送”为主线。

2. 整合资源

围绕新定位，东方佳源对人、财、物等资源进行重新配置，对原有配送网点进行整合，相继组建了西丽本部配送中心、福田配送中心、东莞配送中心，实现车辆、人员、信息等所有资源的共享，形成了对深圳及广州、珠海、佛山、惠州、中山、东莞等城市配送市场“全线联动、全面推进”的战略进攻态势。东方佳源在3～5年内还将在广州、中山、佛山、惠州等周边中心区域城市成立分公司和配送中心，以建立完善的珠三角冷链供应配送网络，实现规模经营。

3. 不断提高服务质量

东方佳源秉承“专业、专注，为民生服务”的宗旨，依托科学严谨的物流管理系统和专业高效的配送网络，不断提高服务质量，得到了客户的普遍认同和赞誉。东方佳源有经验丰富的管理人员提供专业的仓储管理服务，全面实现信息化管理，精确控制库存，为客户提供365天24小时不间断的贴心服务，客户任何时间的出入库指令都能得到实时响应。每部车都配套有赛格车神GPS定位系统，保证了物流配送的准确、准时、高效。东方佳源制定了以激励为导向的“部门费用考核机制”并严格执行，在工作中推行“效益管理”，注重调动员工的积极性，有效提高了各部门的工作效率，物流部的配送率高达99.5%以上。东方佳源管理团队和配送团队由从业时间长、经验丰富的人员组成，建立健全了完善的工作流程、管理体系和管理制度，财务管理稳健、规范，并实行总公司和配送中心及分部门的财务管理责任制。在基层管理上，东方佳源针对装卸工、配送员和司机文化程度较低的特点，进行“企业超级凝聚力”和“配送服务礼仪”等方面的培训，且实行“准军事化”管理，凡事注重“执行第一、反馈第二”，逐渐形成了一支“听指挥、守纪律、重服务、懂礼貌、技术熟、留得住”的专业商超配送队伍。东方佳源在建立完善的管理制度和部门工作流程的基础上，按国际物流企业管理ISO9000标准要求进行内部规范管理。

4. 抓住大客户

东方佳源与沃尔玛、家乐福、好又多、华润万家、晨光乳业、益民食品、人人乐商业集团、双汇火腿、北京烤鸭、达能牛奶、武汉鸭脖、思念水饺、口口美、统一饮料、天谱乐食、雪龙牛肉、蒙牛雪糕、佑康食品、正海实业、金涛物流等大型企业建立了密切的合作关系，为7-eleven、万店通便利店的保鲜品提供每日的配送供应，包揽了深圳市益民食品有限公司所有豆制品的配送、全国连锁人人乐商业集团深圳及珠三角地区所有卖场水果的配送、深圳市晨光乳业有限公司所有乳制品的配送，与小肥羊、思念、伊利乳业、光明乳业等著名品牌商家的战略合作关系也在建立中。

5. 注重统一宣传

东方佳源在对外宣传上实现统一着装，且工作服和车体广告在色调、标志和宣传语上保持一致。公司每年坚持参展深圳物博会、高交会，借国际化的平台宣传、推广自己的服务和品牌。

二、东方佳源冷链物流营销评析

1. 从物流营销核心术语角度的评析

物流营销基本术语包括：物流需要、物流欲望和物流需求，物流产品和物流服务，物流效用、物流成本和物流价值，物流交换和物流交易，物流关系和物流网络，物流市场、物流营销者和潜在物流客户。

(1) 成功之处和原因分析。

东方佳源在市场细分的基础上，准确定位于“做专业商超配送管家”并以“冷藏冷冻类产品配送”为主线，把握了中国南方物流客户对冷链物流的新兴而巨大的需求，并整合自身资源，提供更优质的冷链物流服务，配送率高达99.5%以上，为客户提供了物流效用、节省了物流成本、创造了物流价值。在拓展物流关系和物流网络方面，东方佳源采取抓大客户的策略，有利于减少交易成本和时间，使交易协商惯例化和网络化，提高营销的效率；在营销策略上注重统一宣传，东方佳源借助深圳物流博览会的国际化平台宣传、推广自己的服务和品牌，争取潜在物流客户，拓展物流市场，取得了明显的实效。

(2) 不足之处和改进建议。

东方佳源在构建由公司与所有利益相关者（包括股东、客户、员工、供应商、广告商、分销商、社区和政府等）建立互利的业务关系的物流营销网络方面需要努力，以调动所有利益相关者的积极性。

2. 从物流营销观念角度的评析

物流营销观念的发展经历了生产观念、产品观念、推销观念、市场营销观念、社会营销观念、战略营销观念六个阶段。东方佳源冷链物流营销的成功，从物流营销观念方面而言，在于东方佳源已经超脱单纯的生产观念、产品观念、推销观念，而开始有意识地运用市场营销观念、社会营销观念、战略营销观念，既有传统的不断提高服务质量、搞定大客户，又能准确定位、注重统一宣传。但在广告宣传方面应该加强“做专业商超配送管家”、“冷藏冷冻类产品配送专家”、“华南地区最具影响力的专业冷链物流服务商”的定位宣传。

3. 从物流营销理念角度的评析

物流营销理念的发展经历了大营销理论、绿色营销、整合营销和关系营销四大阶段。从物流营销理念看，东方佳源开始运用整合营销和关系营销，但在绿色营销上需要进一步努力。

4. 从物流营销流程角度的评析

完善的物流营销的基本流程包括发现市场机会、选择目标市场、确定营销策略、管理营销活动四个环节。东方佳源冷链物流营销的成功，就在于遵循了这一流程，在发现华南这一空间巨大的冷链物流市场后，选择了有冷藏冷冻类产品需求的商场和超市作为目标市场，在营销策略上重点抓大客户，并通过精细的营销活动管理，不断扩大市场份额。

【案例分析】

阅读案例，思考并回答案例后的问题。

中国物流企业需要物流营销

目前，我国物流企业主要由国有、民营和外资企业组成。国内物流企业整体上的经营、营销理念相对落后，服务意识不强，服务水平不高。由于经营内容有限，多数物流企业只能提供相对低级、单项或分段的物流服务，增值服务不够多，提供一体化物流解决方案的物流企业不多。但自2004年12月中国全面开放物流行业后，越来越多的跨国物流企业进入中国物流市场。在国际货邮及快递业务领域，世界四大知名跨国公司FedEx、TNT、UPS、DHL的业务量已经超过市场总量的80%。全球著名的SchenKer、SDV、KUEHNE & NAGEL、PANALPINA等跨国货代企业均已通过在我国设立子公司或办事处、建立合资公司或签订代理协议等方式进入我国市场；海运领域，已有马士基、商船三井、美国总统班轮、铁航渣华、日本邮船等近百家航运公司在中国港口开辟集装箱班轮航班。以美国普洛斯为代表的外国物流企业开始投资中国物流园区和仓储设施；日通、山九、柏灵顿、英运、夏晖等第三方物流也已进入中国。外资物流企业在中国的扩张，逐渐影响到我国物流产业的安全，也直接影响到我国大量中小型物流企业的生存。

大量的中国物流企业迫切需要找到生存的出路。提高自身硬实力和核心竞争力固然重要，但毕竟需要大笔投资和长期积累。物流营销是物流企业成长、腾飞的翅膀。学会物流营销，有助于物流企业迅速适应市场需求，推出适应客户需求的物流服务，提高客户满意度、市场占有率和经济效益。中国物流产业和中国物流企业的发展，也需要大批物流营销人才。物流管理人才和物流营销人才目前最紧缺！

问题

1. 中国企业为什么需要物流营销？
2. 你如何理解物流营销？
3. 你认为物流营销的作用主要是什么？

【课外拓展】

1. 利用当地物流博览会、物流协会等平台，了解当地最成功的物流营销案例及其对当地利益相关者的影响。

2. 找一份营销素质自测表进行自我测试，根据测试结果，分析个人的物流营销素质优点和劣势，针对劣势提出大学三年中的物流营销素质目标和改进计划，形成个人物流营销素质分析报告。

项目二
物流营销市场调研

【学习目标】

知识目标

1. 能够阐释物流营销活动与物流市场环境之间的辩证关系；
2. 能够罗列物流营销市场调研的内容、物流营销市场调研报告的框架；
3. 能够列举物流营销市场调研的信息渠道，能够画出物流营销市场调研的流程图，能够列举物流营销市场调研的基本方法和基本技术；
4. 能够列举客户分析、竞争者分析的内容和方法。

能力目标

1. 能够围绕调查对象进行资料搜集，并利用信息渠道获取进一步的信息；
2. 能够明确调查问题、制订物流营销市场调查计划并组织实施物流营销市场调研；
3. 能够运用SWOT分析法分析当地某个物流企业或某类物流企业的营销特点，能够进行市场竞争分析；
4. 能够撰写物流营销市场分析报告并制作和演示PPT；
5. 在调研、探究、讨论、撰写报告、展示成果的过程中全方位地锻炼学生的自我学习、信息处理、数字应用、与人交流、与人合作、解决问题、革新创新、外语应用、社会适应、自我保护等能力，培养学生的敬业精神和职业操守，提升其综合素质；
6. 能够在工作中形成认真负责、耐心细致的工作作风，尊重他人、理解包容、换位思考的心态，规范操作、安全生产、文明服务的习惯，节约能源与材料、爱护设备、保护环境、敢于创新的意识。

【工作情境】

天地华宇物流有限公司在“定日达”上市之前，做了大量的市场调研，在明确调查问题、制订调查计划、组织调查实施、收集整理资料、统计分析数据、进行市场预测分析和市场竞争SWOT分析的基础上，形成了市场调查报告。公司高层通过这份报告，觉得“定日达”需求者众多，市场前景大，值得进入，于是大胆投入，后来取得了巨大成功。

现在，从事运输业务的迅达物流鉴于快递、药品物流、冷链物流、快速消费品物流、回收物流、配件物流的兴起和强大的市场需求，准备进入其中一个领域。但没有详细进行市场调研，迅达物流也不敢贸然进入。现在董事会需要通过在省内进行市场调研来为决策提供依据，批准了5万元的调查经费，并希望两周内看见市场调研报告。请你和你的团队制订一份市场调研计划，并组织实施，形成物流营销市场调研报告。

【工作任务】

调研一个物流细分市场，并能够运用SPSS软件进行数据统计分析处理和SWOT分析，撰写“××物流营销市场调研报告”。

【任务分析】

要完成物流市场调研报告，首先需要明确调查对象（是选择快递市场进行调查，还是选择药品物流市场、冷链物流市场、快速消费品物流市场或配件物流市场进行调查），然后通过一定的信息渠道，按照物流市场环境调查的基本程序，运用物流市场调查的基本方法和技术获取环境信息，再按照物流市场环境的分析流程，针对物流市场分析的内容，应用物流市场环境的分析方法，对物流市场环境进行分析和预测，最后撰写物流市场调研报告。

【工作流程】

整个流程如图2—1所示。

图2—1 撰写物流市场调研报告的工作流程

【知识准备】

在现代的物流营销中，物流企业的目标市场定位、客户开发、产品设计、营销战略制定、物流计划制订等活动都必须以市场调研和市场分析为依据。做好市场环境分析、客户分析和竞争者分析，在了解市场、熟悉市场、掌握市场的基础上，物流企业才能以合适的策略和方法占有市场，在竞争中取胜。

一、物流营销市场环境分析

任何物流企业的营销活动都是在一定的市场环境下进行的，物流企业的营销行为既要受到自身条件的制约，又要受到不断变化的外部条件的限制和制约。制约和影响物流企业营销活动的内外部力量和因素的总和，就是物流企业营销的市场环境。物流企业只有主动地、充分地使营销活动适应市场环境，才能使营销活动产生最优效果，实现物流企业的营销目标。

物流市场环境按照环境的范围可以分为宏观环境与微观环境（见图 2—2），按照影响的性质可以分为市场机会与环境威胁。物流营销市场环境具有客观性、多变性、差异性、相关性等特征。

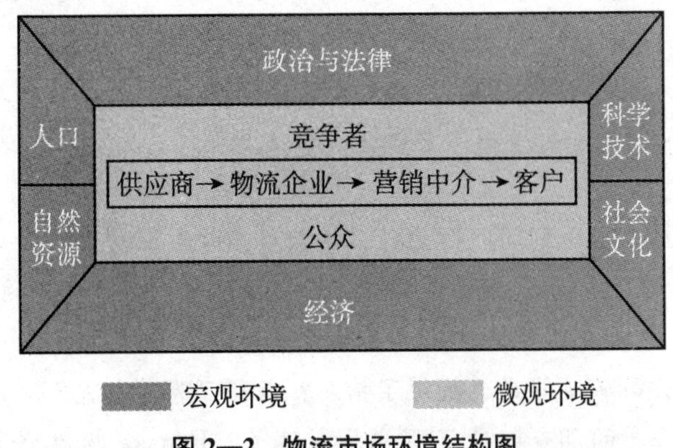

图 2—2　物流市场环境结构图

（一）物流市场环境分析的信息管理

物流市场环境分析的信息管理主要包括信息渠道管理、调查程序管理、调查方法管理、调查技术管理四方面的内容，以保证物流市场环境分析能够获得足够的、真实的信息。

1. 物流市场调查的信息渠道管理

引导案例

Penske 物流公司通过调研为美国通用汽车解决难题

美国通用汽车在美国的 14 个州中有约 400 个供应商把产品送到 30 个装配工厂进行组装，由于卡车满载率低，库存和配送成本高。为了降低成本，改进内部物流管理，提高信息处理能力，美国通用汽车委托 Penske 专业物流公司为它提供第三方物流服务。Penske 物流公司的经理认为，在寻找富有创造性的解决问题的途径之前，首先要了解和掌握的就是其半成品的配送路线。于是该物流公司的市场调研部门制订了一个调研计划，明确分工、进度和经费，花了几个星期的时间，采用了观察法、实验法、访问法和问卷法进行市场调研，并通过在欧洲国家、日本的分公司查阅了一些欧洲、日本汽车零件供应商成功配送的线路资料，还在专业期刊上找到了一些运输线路优化的新模型。

经过调研、不停地进行信息交流和召开营销调研人员专题讨论会，Penske 认为：关键问题是美国通用汽车原半成品的配送路线不合理。Penske 建议美国通用汽车在 Cleveland 使用一家有战略意义的配送中心，配送中心负责接收、处理、组配半成品，由 Penske 派员工管理，同时 Penske 也提供 60 辆卡车和 72 辆拖车；通过 EOI 系统帮助通用汽车公司调度供应商的运输车辆以便实现及时送货；设计一套最优送货路线，增加供应商的送货频率，减少库存水平，改进外部物流活动，运用全球卫星定位技术，使供应商随时了解行驶中的送货车辆的方位；对装配工厂实施共同配送的方式，既降低卡车空载率，又减少通用汽车公司的运输车辆，只保留了一些对 Penske 所提供的车队有必要补充作用的车辆，这样也减少了通用汽车公司的运输单据处理费用。

Penske 在 200 万美元的调研费之外，依靠配送中心也能每年挣到 620 万美元的利润。而美国通用汽车从此每年节约的费用是 2 800 万美元。

引导问题

1. 美国通用汽车公司遇到的问题为什么不自己解决？

2. 为了解决美国通用汽车公司的问题，Penske 物流公司调研的主要内容是什么？为什么？

3. Penske 物流公司从哪些渠道获得了信息？获得了哪些信息？

4. Penske 物流公司的调查经过了哪些基本环节？Penske 物流公司采用了哪些调查方法？

5. 美国通用汽车的 200 万美元调查费花得值得吗？请说明理由。

与物流企业市场营销活动有关的各种内外环境的状态、特征及其发展变化的所有消息、情况、资料和数据就是物流市场环境信息。物流市场环境信息按照产生的过程可以分为原始信息和加工信息，按照信息产生的领域可以分为内部信息和外部信息，按照信息的不同作用可以分为计划信息、控制与作业信息、统计信息和支持信息，按照信息发生的时间顺序可以分为先导信息、实时信息和滞后信息。物流市场环境信息需要靠调查来获取。

物流市场环境调查的信息渠道管理就是根据调查对象、调查问题，选择合适的信息来源渠道。

信息渠道主要包括获得物流市场环境原始资料（第一手资料）的物流市场环境调查（见图 2—3）和获得物流市场环境现成资料（第二手资料——已出版、公布或可以获取的第一手资料）的物流市场环境资料查询（见图 2—4）。

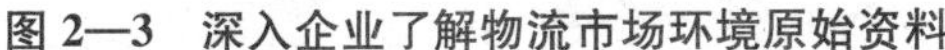

图 2—3　深入企业了解物流市场环境原始资料

图 2—4　查阅物流市场文献资料

物流市场环境调查所耗费的人力和物力都比较大，而物流市场环境资料查询需要的财力较小、时间较快。一些物流公司为保证在市场竞争环境中及时地收集信息，还建立了自己的物流营销信息系统。

(1) 通过调查物流市场环境获得信息。

物流市场环境调查是指运用科学的方法，有目的地、系统性地搜集、记录、整理有关市场环境的信息和资料，分析市场环境情况，了解市场环境的现状及其发展趋势，为市场预测和营销决策提供客观的、正确的信息。物流营销环境调查既可以由企业自己组织，也可以聘请专门的市场调研机构，还可以两者结合。

(2) 通过查询物流市场环境资料获得信息。

1) 物流市场环境资料查询的信息来源。物流市场环境资料查询的信息来源包括：报纸杂志、行业出版物、新闻简报、统计年鉴等，网页、网站，专业情报机构或行业资深人士，专业会议或会展，供应商、中间商、分销商、客户等。

2) 获得方法。获得物流市场环境信息的方法包括：订阅或购买；借阅、查询；自制剪报；网络查询；参会或参展；鼓励和奖励本企业营销人员、驻外机构、其他利益者搜集和提供情报；装扮成顾客去访问竞争者或购买竞争者的服务，进行剖析。

(3) 通过自建物流市场环境信息系统获得信息。

一些物流企业为了稳定获得信息建立了物流市场环境信息系统。物流市场环境信息系统是一个以人为主导，利用计算机硬件、软件、网络通信设备以及其他办公设备，进行物流市场信息的收集、存储、加工整理、传递、输出、更新和维护，支持物流企业高层决策、中层控制、基层运作的集成化的人机系统。物流市场环境信息系统必须准备大量的数据（包括当前的和历史的、计划的和实际的）、各种分析方法、大量数学模型和预测、计划、决策、控制等管理功能模型。

物流市场环境信息系统一般设置信息收集、信息加工、信息存储、信息输出、运行控制五个子系统，五个子系统协调配合构成了物流市场营销信息系统（见图 2—5），应用电子数据交换、个人电脑、人工智能和专家系统、互联网、通信、条形码和扫描仪等新技术。

从内容上看，一个完整的物流市场环境信息系统应该由内部报告系统、市场情报系统、市场调研系统和市场分析系统组成。

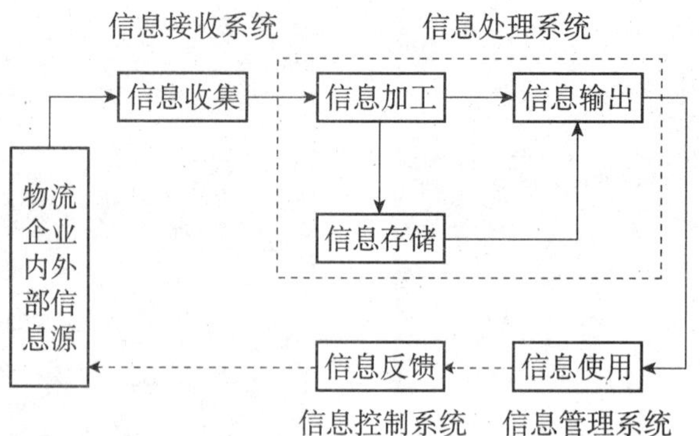

图 2—5 物流市场环境信息系统的结构图

2. 物流市场环境调查的程序管理

物流市场环境调查的程序管理就是强调调查要遵循科学的程序，因为物流营销市场环境调研是一项有组织、有计划的行动，需要按照一定的步骤才能达到预定的目标。物流营销市场环境调研一般按照如图 2—6 所示的程序进行。

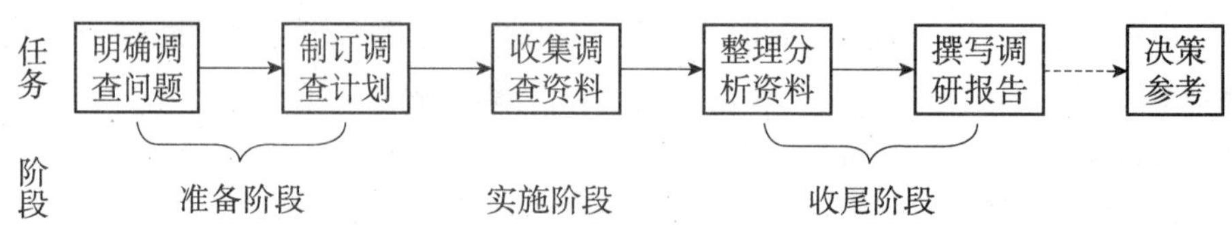

图 2—6 物流营销市场环境调查的任务、阶段和程序

（1）明确调查问题。

调查物流营销市场环境首先要求物流营销人员明确调查主题，以明确的目标统领，协调整个调查工作。这需要在充分收集物流企业内外部环境有关资料和情报的基础上，进行初步判断和分析，确定调查的问题、调查方式和调查对象。调查问题一般可以分为如表 2—1 所示的四类。

表 2—1 调查问题的种类

种类	内涵	重点	例子
探测性问题	在企业对市场状况不甚明了或对问题不知从何处寻求突破时，通过收集一些原始资料，发现问题的所在，以明确调查的重点	可以做什么	运量下降是因物流企业的服务质量下降、新线路的分流还是对手的蚕食？
描述性问题	对确定调查的问题通过深入、全面的分析，确认问题真相，并对问题的性质、形式、存在、变化等具体情况作出现象性和本质性的描述	是什么	德邦物流的市场占有率究竟是多少？消费群结构怎样？
因果性问题	对导致研究对象存在或变化的内外部原因的相互联系和制约关系作出说明，并对诸因素之间因果、主从等关系进行定量与定性的分析，指出调查对象产生的原因及其形成的结果	为什么	民营物流企业市场占有率下降，原因何在？
预测性问题	在经过调查研究的基础上，对市场的发展趋势及其未来变迁形态、变迁原因、变迁时间进行估算、预测	将来怎么样	金融危机将导致宁波港明年的物流量降低多少？

（2）制订调查计划。

确定调查问题后，需要拟订调查计划表，编写调查项目建议书并报部门领导审批。以下采用深圳中远物流有限公司的案例，调查计划的内容如表 2—2 所示。调查项目建议书是对调查计划表主要内容的文字概括，主要包括项目目的、调研范围、项目调查研究内容、调查方法、项目执行进度安排、经费预算、项目成员简介等。一般在制订调查计划表之前，还需要填写市场调研申请表，如表 2—3 所示。

表 2—2　　深圳中远物流有限公司广东大件物流需求市场调研计划表　　年　月　日

调研项目名称	广东大件物流需求调研
调研内容	珠江三角洲大件物流需求
调查时间	2011 年 7—10 月
调查目的	了解情况，为决策提供参考
主持人	×××
信息来源	第一手资料、第二手资料
调查范围	珠江三角洲
调研对象	物流市场环境、行业竞争、宏观政策、技术发展、物流需求、个性需要
调研方法	观察法、实验法、访问法和问卷法
调研工具	调查表、调查问卷、机械设备、电话、邮件、网络
调研方式	典型调查、重点调查、个案调查、抽样调查
调查组织	人员构成、分组、组长、总负责
人员动员	统一认识，明确任务
人员培训	明确调研组织者和调研员的责任，统一行动
进度安排	7 月初处理调查机构并进行动员和分工，7 月中旬至 8 月进行抽样调查，9 月完成典型调查、重点调查、个案调查，10 月上旬完成报告，10 月中旬进行专家意见咨询和修改，10 月底将报告提交领导
经费预算	4 万元
备注	
市场经理意见	签名：　　年　月　日
市场营销部经理意见	签名：　　年　月　日

表 2—3　　深圳中远物流有限公司市场调研申请表

类别：　　日期：　年　月　日

申请部门		申请人		期望时间	
调研主题					
调研目的					
调研对象					
其他要求					
申请批示	申请部门签章： 日期：		调研部门签章： 日期：		营销总监签章： 日期：

说明：本表一式两份，申请部门一份，调研部门一份。

在调查工作正式实施前需要进行非正式、试探性调查，如采用询问式调查，在向有关物流产业专家、物流企业家及小范围内的物流消费者和销售者访问后，确定是否需要进行正式调查。如果在试探性调查中就能获得满足主题需要的信息资料，就不再进行正式调查。

（3）收集调查资料。

信息资料收集是实施阶段的主要工作。信息资料从来源看包括第一手资料和第二手资料，从内容看主要包括如市场动态、产业内部竞争情况、经济形势、政策法律等方面的信息。尤其要注意国家的有关法律法规、政策意见，如：2009 年 3 月《国务院关于推进上海加快发展现代服务业和先进制造业、建设国际金融中心和国际航运中心的意见》获原则通过；2009 年 5 月《深圳市综合配套改革总体方案》获批，提出“与香港功能互补，错位发展，推动形成全球性的物流中心、贸易中心、创新中心和国际文化创意中心”。上海、深圳、香港不同的中心定位将对今后的中国物流发展格局产生重大影响。

（4）整理分析资料。

收集到信息资料后，市场调查就进入整理和分析资料阶段，即把所调查了解的有关情况进行分类、审核、存档、制表、制作数据库（见图 2—7），提炼、加工有价值的信息资料以方便检索。市场信息资料的分析，可以采取定性方法（包括归纳分析、演绎分析、比较分析、分类分析、因果分析、系统分析等），也可以采取定量方法（包括描述性统计分析、推断性统计分析、建模分析等），但一般来说，大量的数据应尽量采用量化的方法，如数理统计方法或数学模型法等。

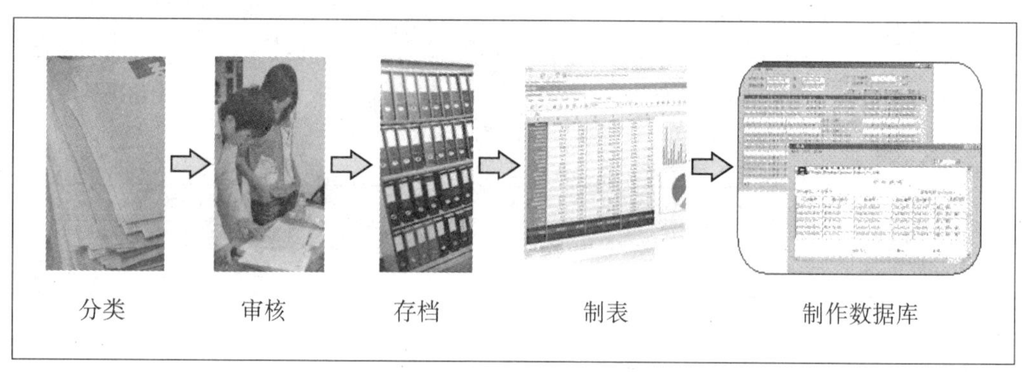

图 2—7 资料整理的步骤

1）分类。根据调查目标，将调查了解到的有关资料分门别类地归类编号，把性质相同的资料整理在一起。分类原则是：便于查找、归档；各类之间有明显的差异和标志，相同的或相似的资料应归于同类；引用的资料要注明出处；将分类资料编成不同代码，以供计算机处理。

2）审核。主要是“四看”，如表 2—4 所示。

表 2—4 审核的“四看”

审核重点	审核的标准
准确性	资料来源是否可靠，引用是否得当，计算上有无错误
完整性	收集的资料和数据是否完整、齐全，有无重复或遗漏，并对短缺资料进行必要的估计推算

续前表

审核重点	审核的标准
可比性	引用数据的口径是否相同，历史资料是否合适，有无可比因素
时间性	引用资料的时间是否连续、及时，能否证实资料的连续性和可比性

3）存档。选取有价值的资料，编号、存档。

4）制表。将已经分类的资料系统地制成各种一目了然的统计图表，以便于对资料加以分析和利用。统计图表既有利于节省时间和篇幅，又可以集中问题，反映相互关系，便于研究和分析。列表主要有两种功能：列表反映调查对象的时间连续性，即调查对象在不同年份、不同月份接受同一物流服务的变化规律和趋势；列表反映调查对象接受不同物流服务在同一时间点上的结构和对比变化情况。

5）制作数据库。应用 Excel、Access 制作数据库表格，便于实现对记录的添加、删除、查询以及显示等功能。

（5）撰写调研报告。

撰写物流市场调研报告要求调查人员根据资料分析，编写物流调研报告以提交、上报。物流市场调研结果是物流企业制定市场营销决策的重要依据，也是组织物流市场调查的主要目的。

物流市场调研报告的基本内容一般包括：调查问题、调查目的、调查主体、调查地点、调查对象、调查时间、调查样本、调查步骤、调查方法、调查组织、资料处理手段、调查结论、若干建议（参见表 2—5）。物流市场调查报告虽然没有统一的格式，但一般应由以下四部分组成：引言、正文、结论和附件。如果报告内容多，则应根据调查目的将报告分为主报告和专题报告，其中：主报告综合地反映调查方法、结论、建议等，专题报告则就某个方面或部分展开详细分析和研究。

表 2—5　　市场调研报告表

<table>
<tr><td colspan="4">________部经理：</td></tr>
<tr><td colspan="4">本部门自________月________日开始的________市场调研，其结果报告如下：</td></tr>
<tr><td>内　容</td><td colspan="3"></td></tr>
<tr><td>对　象</td><td colspan="3"></td></tr>
<tr><td>状　况</td><td colspan="3"></td></tr>
<tr><td>动　向</td><td colspan="3"></td></tr>
<tr><td>统　计</td><td></td><td>图　解</td><td></td></tr>
<tr><td colspan="2">阶段性或结论性成果</td><td colspan="2"></td></tr>
</table>

【案例 2—1】　中物联与美智公司发布第三方物流市场调查报告

为了解中国第三方物流市场发展的现状和存在的问题，美智管理顾问公司和中国物流与采购联合会（简称中物联）于 2010 年 7—9 月合作对中国第三方物流市场进行了调研。美智专业人员用面对面访谈及电话访谈的形式，调查了 70 个企业，其中：客户（需方生产企业）调查了 IT 和电信、汽车、食品和饮料、快速消费品、消费类电子、化工、服装和纺织、医药 8 个行业的 48 个企业；第三方物流企业（供方）

调查了19家企业，其中包括外国物流提供商、生产与流通企业物流部门、新兴的中国物流公司、传统的中国运输与仓储企业转型的物流企业。

美智管理顾问公司是一家国际性的战略顾问公司，在运输和物流行业方面有很强的能力，在全世界有21个办事处，专业顾问超过1 400人。中国物流与采购联合会是中国物流企业与生产资料流通企业的全国性行业组织，致力于中国现代物流业的发展。

通过调查，项目团队撰写了《中国第三方物流市场——2010年中国第三方物流市场调查的主要发现》。调查得出以下初步结论：

一、中国第三方物流市场潜力大、发展迅速，处于发展初期，而且呈地域性集中分布

(1) 中国目前物流成本占国内生产总值（GDP）的比重为20%左右，第三方物流市场的潜力很大。但真正意义上的第三方物流处于发展初期。70%的物流服务商在过去的3年中，年均业务增幅都高于30%。中国整个第三方物流市场未来5年的年增长率将达到25%。推动中国第三方物流发展的主要因素是业务外包和政府的刺激措施。

(2) 中国第三方物流服务商功能单一，增值服务薄弱。物流服务商收益的85%来自基础性服务，如运输管理和仓储管理，增值服务及物流信息服务与支持物流的财务服务的收益只占15%。

(3) 中国整个第三方物流市场还相当分散，第三方物流企业规模小，没有一家被访谈的物流服务商市场的份额超过2%。目前，中国物流市场的地域集中度很高，80%的收益都来自长江三角洲和珠江三角洲地区。

(4) 物流服务商认为阻碍其发展的一个最大障碍是很难找到合格的物流管理人员来推动业务的发展。

(5) 中国客户更重视直接运输和仓储成本，管理和库存成本被排除在物流成本之外。

二、客户对第三方物流的需求千差万别，物流外包将是一个渐进的过程

(1) 对客户而言，降低成本和周期、提高服务水平是面临的主要挑战，但不同行业重点不一。

(2) 客户认同国际物流服务商在IT系统、行业以及专业方面的经验。

(3) 传统的中国国有企业使用第三方物流服务的比重较小，与此相反，在中国的跨国企业在物流外包方面的脚步最快，是目前中国第三方物流市场的重点。

(4) 客户之所以外包物流，首先是为了降低物流成本，然后是为了强化核心业务，最后是为了改善与提高物流服务水平与质量。

(5) 使用第三方物流的客户中，超过30%的客户不满意。

(6) 客户将原材料供应外包给第三方物流企业的比重将逐渐提高，生产商产品销售外包的比重和分销商物流外包的比重将大幅度提高。

三、第三方物流企业发展很快，但面临一些共同的挑战，也存在各自的困难，许多第三方物流企业正在寻求合作，以提高服务能力

(1) 不同的第三方物流服务商，有着各自的优势与劣势，并设立了不同的目标和方向。

(2) 目前，中国与外国第三方物流服务商在运营过程中各有侧重。

(3) 第三方物流服务商认为，吸引客户的物流需求存在三大障碍：一是生产与流通企业有较大的物流能力，物流外包就意味着裁员和资产出售；二是客户对第三方物流缺乏认识；三是客户对现在的第三方物流企业能否降低成本、能否提供优质服务缺乏信心。

(4) 大多数国际物流服务商正在寻找在中国的合作伙伴，以获得迅速进入中国市场的机会，但迄今为止，很难在中国找到合适的对等的合作伙伴。

(5) 第三方物流服务商普遍希望改善物流发展环境。

(6) 第三方物流服务商会发现在中国第三方物流市场发展的初期，要想获取利润并快速成长是一件很难的事。

3. 物流营销环境调查的方法管理

物流营销环境调查的方法管理就是根据调查的问题选择合适的调查方法。调查方法的选用对调查结果的影响很大，必须精心选择。

物流营销环境调查方法主要有观察法、实验法、访问法和问卷法。

(1) 观察法。

观察法是由物流调查人员根据物流营销市场环境调查的对象，利用眼、耳等感官直接观察或以各种仪器间接观察被调查者的行为的方法，是调查研究的最基本的方法，可分为直接观察法、亲身经历法和测量观察法。例如，物流调查人员到盐田港口通过货柜车流去观察金融危机对港口物流的影响就属于直接观察法（见图 2—8），物流企业人员为了解服务人员的态度而扮作顾客亲身体验就是亲身经历法，物流公司通过收视率看广告效果就属于测量观察法。

(2) 实验法。

实验法是指物流调查人员根据调查的要求，用实验的方式将调查对象控制在特定的环境下，对其进行观察以获得相应的信息。调查对象可以是物流服务的价格、品质、广告等。在可控条件下观察物流市场环境的变化，能够揭示在自然条件下不易发生的环境反应。

(3) 访问法。

访问法又称询问法、直接调查法，可以分为结构式访问、无结构式访问和集体访问。从询问的内容看，访问法又可以分为事实询问、意见询问和理由询问。

1) 结构式访问是按照设计好的、有一定结构的访问问卷进行的访问（见图 2—9）。物流调查人员要以相同的提问方式和记录方式进行访问，提问的语气和态度也要尽可能一致。

图 2—8 观察货柜车流

2）无结构式访问是没有统一问卷的、由物流调查人员与被访问者自由交谈的访问（见图 2—10）。物流调查人员可以根据调查的内容与被访问者进行广泛的交流。

图 2—9 结构式访问有访问问卷

图 2—10 无结构式访问是自由交谈

3）集体访问是通过集体座谈的方式听取被访问者想法、收集信息资料的访问。集体访问又可以分为专家集体访问和消费者集体访问。

（4）问卷法。

问卷法通过设计调查问卷，让被调查者填写物流调查表的方式获得信息。在实地调查中，问答卷采用最广。

常用的物流营销环境问卷调查方法包括座谈会、定点街访、电话访问、流动街访、深度访谈、邮寄调查、网络调查等（见图 2—11 至图 2—17）。

图 2—11　座谈会

图 2—12　定点街访

图 2—13　电话访问

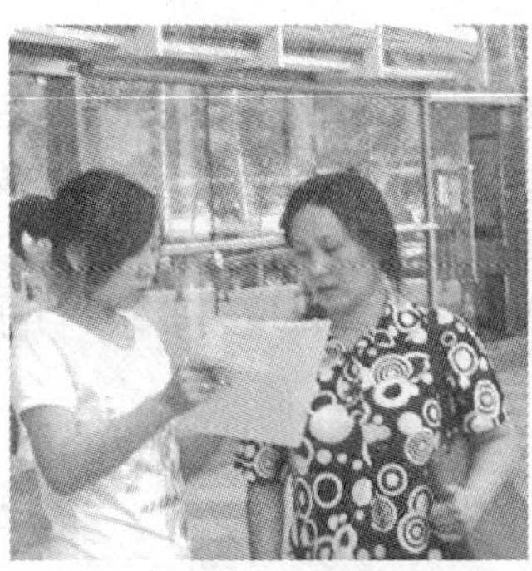

图 2—14　流动街访

图 2—15　深度访谈

图 2—16　邮寄调查

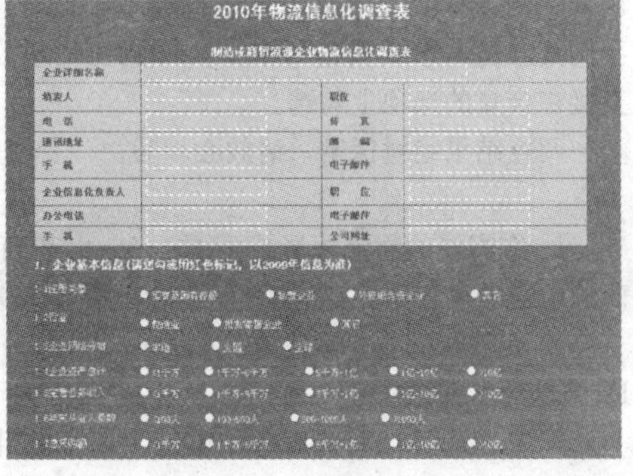

图 2—17　网络调查

【案例 2—2】　物流市场调查新景观

市场调查作为一种营销手段，对于许多物流企业来说已是一种竞争武器。随着世界经济的不断发展，一些物流企业更是把精确而有效的市场调查作为企业经营、发展的必修课，手法新奇，高招迭出：日本物流技术协会开设“物流意见公司”，收集对各种物流服务的意见；深圳中远物流公司通过研究客户的包装垃圾改进包装策略；韩国物流公司在日本的东京港附近开设餐馆以了解日本物流公司的成本控制技巧；秘鲁一家物流公司捕捉客户的皱眉信息以改进服务；美国物流公司根据“顾客影子”的反馈改进服务质量；美国快递公司人员通过住进中国客户家里记录其居家生活的细节，而后推出针对当今中国家庭需求而设计的快递当日达服务；德国邮政公司经理和高级职员每天半日坐班半日外出，广抓社会信息；澳大利亚百货公司的采购经理通过捡纸条来改善商品结构。

他山之石，可以攻玉。我国的物流企业营销人员也应从中借鉴，在进入市场之初，根据企业的实际情况，进行深入的市场调查，合理制定应销策略，成为竞争中的赢家。

4. 物流市场环境调查的技术管理

物流市场环境调查的技术管理是指根据调查问题，选择合适的问卷设计技术、抽样调查技术和数据分析技术，以获得合适的信息。

(1) 问卷设计技术。

问卷设计技术主要包括问卷的结构、问题的类型、顺题与跳题、题量与题意四方面。

1) 问卷的结构。物流营销调查问卷应包括被调查者的分类、编号、题头、前言(开场白)、保密保证、调查的问题、结束语（致谢）等部分（见图 2—18）。前言简短说明调查的目的、意义、调查组织者、填表要求，并感谢被调查者的合作，结束语应再次感谢被调查者的合作。

企业类型：　　　　　　编号：　　→被调查者的分类、编号

深圳南山区工商企业物流需求调查表　　→题头

为了解本地客户的物流需求，我们招商物流有限公司组织了本次调查。调查对象为所有本地工商企业，调查时间为 2010 年 7—10 月。我们真诚邀请您或贵公司根据实际物流需求发表您的看法和观点。请直接在合意的选项上勾选。　　}前言（开场白）

调查结果绝对保密，请放心填写。　　→保密保证

1. 您需要的物流服务内容是：A. 生产商的原材料供应　B. 零售商的配送业务　C. 消费者的直接物流需求　D. 网上销售的物流配送
2. 您需要的主要运输方式是：A. 公路　B. 铁路　C. 水路　D. 飞机　E. 管道
3. 您最看重的物流服务品质是：A. 安全性　B. 时间性　C. 经济性　D. 舒适性　E. 及时性　F. 长期合作　G. 综合性

……

}调查的问题

感谢您或贵公司的填写。欢迎与招商物流有限公司开展合作！我们的客户服务电话是 0755-26019121。　　}结束语（致谢）

图 2—18　问卷的结构

2) 问题的类型。问题是问卷的核心部分，它直接决定了问卷的回收率、有效率和答案的准确率。问题的类型主要分为自由问答题、是非题、单项选择题、多项选择题、程度评定题（见图 2—19）五类。

3) 顺题与跳题。顺题即按照题目的顺序，一题不落地往后做。跳题即在做题的过程中，如果选择特定的选项，需要跳过一些题目进行答题或直接结束（见图 2—19）。

4）题量与题意。问卷要简短，最好能在15分钟内回答完毕，以免被调查者厌烦。题意必须简单明了，避免使用语意模糊的问句；不要问需要详细回忆才能回答的问题；提问所采用的措辞或语气不能带有倾向或暗示。

企业类型：　　　　　　　　　　　　　　　　　　　　编号：

招商物流有限公司客户满意度调查表

为全面了解客户对我司服务的满意情况，我司组织了本次调查。调查对象为所有合作企业，调查时间为2010年7—10月。我司真诚邀请贵公司的相关人员在百忙之中根据自己的服务体验填写调查问卷。

本次调查问卷答案采取标尺形式，分数分为5级，级数分别代表：1—完全同意；2—比较同意；3—同意；4—比较不同意；5—完全不同意。请标出选项。

1. 整体而言，您对我公司的物流服务感到满意。
（若本题选5，请直接跳到第6题。）　1　2　3　4　5
2. 您非常愿意向正在寻求物流服务的公司推荐我公司。　1　2　3　4　5
3. 我公司能及时履行约定的服务内容。　1　2　3　4　5
4. 我公司的服务价格很合理。　1　2　3　4　5
5. 我公司的物流服务有助于您节约成本。　1　2　3　4　5
6. 您对我公司服务非常不满意的原因是__________。

感谢您或贵公司的填写。欢迎与招商物流有限公司开展合作！我们的客户服务电话是0755-26019121。

图2—19　程度评定题、跳题示例

（2）抽样调查技术。

物流企业在向被调查者了解情况、收集信息时，不需要也没有必要对每个被调查者进行调查，但也不能仅根据几个客户的情况就轻易下结论。为节省调查成本，要在保证调查的科学性和可靠性的条件下，尽量减少被调查者的数目，这种情况下适宜采用抽样调查。抽样调查可分为随机抽样与非随机抽样两大类。

1）随机抽样。随机抽样保证每一个个体被抽取的机会都均等。由于随机抽样能够排除人们有意识的选择，所以抽出来的样本有很好的代表性。常用的随机抽样有简单随机抽样、分层随机抽样、分群抽样等。

A. 简单随机抽样是指从总体N个单位中任意抽取n个单位作为样本，使每个可能的样本被抽中的概率相等的一种抽样方式。一般在市场调研范围有限、调查对象情况不明而难以分类、总体单位之间特性差异程度小时采用。简单随机抽样可分为重复抽样和不重复抽样，抽样的具体做法有直接抽选法、编号抽签法、随机数表法。

B. 分层随机抽样是先将总体各单位按一定标准分成各种类型（或层），再根据各类型单位数与总体单位数的比例，确定从各类型中抽取样本单位的数量，最后按照随机原则从各类型中抽取样本。它适用于总体单位数量较多、内部差异较大的调查对象，但须在了解总体各单位情况的基础上进行科学分类。例如，要了解某市400个物流企业的经营情况，可以采取分层随机抽样法抽取20个物流企业作为样本进行调查，其操作步骤如表2—6所示。

表 2—6 **分层随机抽样的操作步骤**

步骤	工作内容
确定总体范围	确定某市 400 个物流企业
编排单位号码	为 400 个物流企业进行编号（0～399）
确定样本容量	20 个
分类	按物流环节分为运输企业、仓储企业、配送企业三类（假定第一类运输企业 40 个，第二类仓储企业 200 个，第三类配送企业 160 个）
确定分类中的抽样比例	第一类企业占总体的 10%，按比例应抽样本为 2 个，以此类推
抽样	用简单或等距抽样法抽足 20 个样本

C. 分群抽样是将总体按一定的标准分成若干群组，然后按随机原则从这些群组中抽出几个群组作为群组样本，最后在群组样本中各自抽取样本进行研究。在物流营销调研中，分群抽样更多地体现为以市场地理区域作为分群标准，即区域抽样法。某全国性城市物流消费者调研的具体分群抽样过程如表 2—7 所示。

表 2—7 **分群抽样的步骤**

步骤	工作内容
抽取群组样本	从全国的城市中抽取 5 个城市作为群组样本
抽取二级群组样本	从 5 个城市的居民小区中抽取 10 个居民小区
抽取最后访问样本	从每个居民小区中抽取 50 户家庭

2）非随机抽样。非随机抽样是指根据调查目的与要求，按照一定的标准来选择样本，在整体中不是每个个体都会被选作样本。常用的非随机抽样有任意抽样、判断抽样、配额抽样。

A. 任意抽样也称便利抽样，是一种随意地选择样本的抽样方式。街头拦人法和空间抽样法是最常见的任意抽样方法。街头拦人法是指在街上任意找某个行人，将其作为被调查者进行调查（见图 2—20）。空间抽样法是指对某一聚集人群，从空间的不同方向和方位进行抽样调查。如：在家电送货柜台前任选需要送货者，调查其对送货质量的期望（见图 2—21）；在劳务市场调查外来务工者从事快递业务的意愿等。一般说来，任意抽样法多用于市场初步调查（如探测性调查）或在对调查情况不甚明了时采用。

图 2—20 街头拦人

图 2—21 在送货柜台前调查对送货质量期望的空间抽样

B. 判断抽样也称立意抽样，是指根据调查人员的主观经验从总体样本中选择那些被判断为最能代表总体的单位作为样本的抽样方法。在调查人员对自己的研究领域十分熟悉，同时设计调查者对调查对象的总体特征相当了解的情况下，或者在总体样本小而样本差异大、总体边界无法确定、因研究者的时间与人力、物力有限时采用。

C. 配额抽样也称定额抽样，是指调查人员将调查总体样本按一定的标准分类（层），确定各类（层）单位的样本数额，在配额内任意抽选样本的抽样方法。配额抽样适用于设计调查者对总体的有关特征具有一定的了解而样本数量较多的情况。

（3）数据分析技术。

形成大量数据后，营销调查人员还应利用 SPSS 等专业统计软件进行数据整理、数据统计与数据分析，如观测量的排序，数据文件的转置、拆分、合并、分类汇总、加权处理、选择观测量等处理，以及频数分析、描述分析、交叉列联表分析、均值比较、方差分析、相关分析、回归分析、聚类分析等分析。

（二）物流市场环境分析

引导案例

经通快递公司中国市场营销环境分析和营销策略报告（目录）

华大物流研究所

一、绪论

（一）研究背景、研究目的和意义

（二）研究过程

1. 环境因素调查

2. 环境因素评价

3. 环境因素预测

（三）主要的研究方法

（四）报告的基本结构

（五）经通快递公司的发展概况

二、经通快递公司的外部环境分析

（一）快递行业情况分析

1. 快递行业现状概述

2. 快递行业技术发展趋势

3. 快递行业监管政策变迁

4. 快递行业市场发展预测

（二）快递行业竞争状况分析

1. 竞争对手的基本情况

2. 竞争现况分析

（三）客户需求分析

1. 客户选择快递的标准

2. 客户决策购买过程分析

三、经通快递公司的内部环境分析

（一）经通快递公司现状分析

1. 经通快递公司的组织结构和产品结构

2. 经通快递公司现有营销策略评述

（二）经通快递公司发展态势分析

1. 经通快递公司发展态势概述

2. 经通快递公司财务分析

（三）经通快递公司营销策略问题诊断

四、基于SWOT分析的经通快递公司营销对策

（一）经通快递公司环境的SWOT分析

（二）产品策略

1. 产品

2. 产品组合决策

3. 品牌与品牌策略

（三）价格策略

1. 新产品定价策略

2. 折扣与让价策略

3. 心理定价策略

（四）渠道策略

1. 分销渠道类型选择

2. 渠道决策

（五）促销策略

1. 促销组合

2. 人员推销

（六）大客户管理策略

1. 经通快递公司当前的大客户管理策略存在的问题

2. 经通快递公司大客户管理策略的调整措施

五、结论与建议

引导问题

1. 华大物流研究所对经通快递公司中国市场营销环境分析的研究过程经历了哪些阶段？外部环境分析主要分析了哪些对象？

2. 本文主要采用了什么分析方法？什么是SWOT分析？

3. 华大物流研究所对哪些环境因素进行了预测？你还知道哪些预测方法？

1. 物流市场环境分析的过程

营销市场环境分析是物流企业开展营销活动的基础和前提，是物流企业制定和开展具体营销策略的依据，有助于发现营销机会、避免威胁。

物流市场环境分析是一个动态过程，包括市场因素调查、评价和预测三个循序渐进、逐步深化的阶段（见图 2—22）。

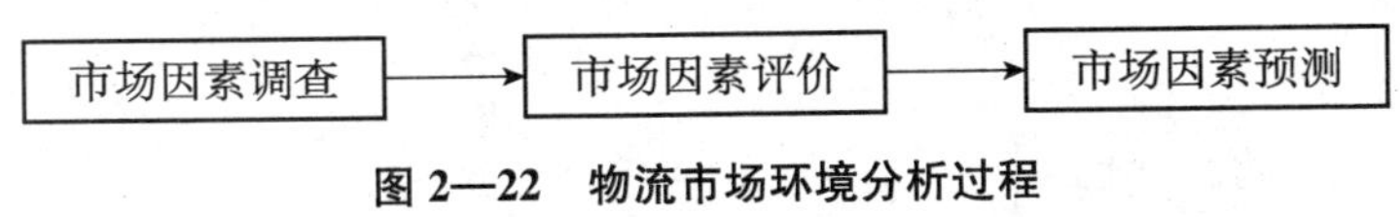

图 2—22　物流市场环境分析过程

（1）市场因素调查。

市场因素调查是指物流企业根据营销目标，有重点地搜寻有关市场因素的资料，以便掌握内、外部和宏、微观环境的第一手资料。这是物流市场环境分析的起点，所得资料的质量直接决定着后续分析活动的成败。

（2）市场因素评价。

市场因素评价是指物流企业对所收集的有关市场因素的资料进行筛选、整理、归纳和分析，以判断哪些市场因素对物流企业营销活动具有影响力及其影响程度，因势利导，把握市场机会。如果某一市场因素对物流企业营销活动的影响巨大，还需要对其做更深入的调查分析。

（3）市场因素预测。

市场因素预测是指物流企业对有关物流营销市场可能发生的变化和发展趋势作出估计，并作为制定营销策略的重要依据。这是进行物流营销市场分析的最终目的。

受主客观条件的限制，任何物流企业都无法对所有市场因素一览无余，在分析研究营销环境时必须运用自身的资源，明确目标，判别各种因素的主次关系，运用正确的方法，取得实效。

2. 物流市场环境分析的内容

（1）物流市场环境分析。

物流市场环境分析的内容主要包括物流宏观环境和物流微观环境。物流宏观环境是指对物流企业的营销活动有间接影响作用的一系列社会力量因素的集合，包括政治与法律环境、经济环境、社会文化环境、科技环境、人口环境以及自然环境等因素。宏观环境的变化非物流企业所能控制，常常给企业带来机遇与挑战。物流微观环境是指与物流企业紧密相连，对物流企业的营销活动产生直接影响作用的因素集合，由物流企业及其周围的活动者组成，包括物流企业内部环境、供应商、营销中介、客户、竞争者和社会公众等因素，这些微观环境因素直接影响着物流企业为客户服务的能力。

物流市场环境分析的内容如图 2—23 所示。其中，宏观环境分析常采用 PEST 分析法，通常分析政治（politic）、经济（economy）、社会（society）、技术（technology）四个因素。

下面重点分析物流需求，物流客户分析和竞争者分析则重点在后文单独分析。

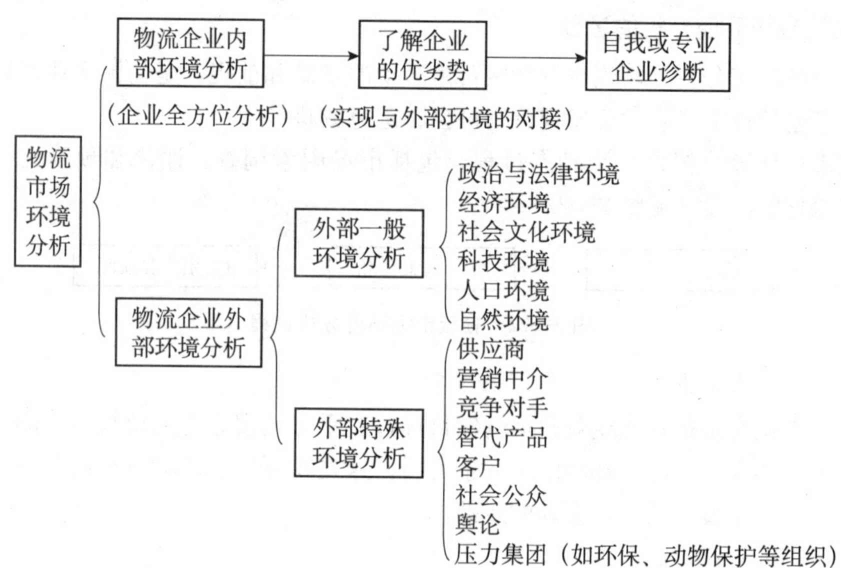

图 2—23 物流市场环境分析的内容结构图

（2）物流需求分析。

物流需求是指一定时期内因社会经济活动对生产、流通、消费领域的原材料、成品和半成品、商品以及废旧物品、废旧材料等的配置而产生的对物流在空间、时间和费用方面的要求，涉及运输、库存、包装、装卸搬运、流通加工以及与之相关的信息需求等物流活动的诸方面。

随着经济发展、生产生活方式和人们消费观念的改变，物流客户对物流企业提出越来越多、越来越高的要求，对物流的需求也持续高涨，物流消费呈现出个性化、价值化、精神化、感性化的趋势。个性化消费渐成潮流和从卖方市场到买方市场的显著变化使客户有了选择权，要求物流服务尽善尽美，如全天候准时服务，通信联络 24 小时畅通，保证车辆 24 小时运转，保证各配送中心 24 小时提货、交货，服务速度快；要求物流企业对提货、操作、航班、派送均有明确规定，服务安全系数高；要求对运输的全过程负责，保证各个环节都不出问题；要求必要的增值服务；信息反馈快，物流企业的计算机与客户联网，让客户对货物能随时跟踪、查询，掌握货物输送的全过程；要求在物流运输过程中增加打包、加固、包装服务等。

按照物流需求来源的不同，物流需求可以分为供应链外部的需求和供应链内部的需求。供应链外部的客户群体数量大，但需求不稳定，难以成为物流企业的标准客户，但物流企业不能忽视这部分群体。供应链内部的客户一般合作稳定，要求的服务有一定的规律性，物流需求随着业务扩展而增加，有利于建立长期合作关系（见图 2—24）。

物流需求具有派生性（由衣、食、住、行等本源需求派生）、广泛性（人类克服时空的障碍始终存在）、多样性（不同主体提出的物流需求在形式、内容、数量、质量等方面差异大）等特征，受价格、经济发展水平、市场环境、物流供给、经济结构、需求者偏好、居民收入水平和消费结构等因素的影响。其中，价格是影响客户需求的最主要因素。

物流市场需求的主体包括资源型企业、制造型企业、批发型企业、零售型企业和物

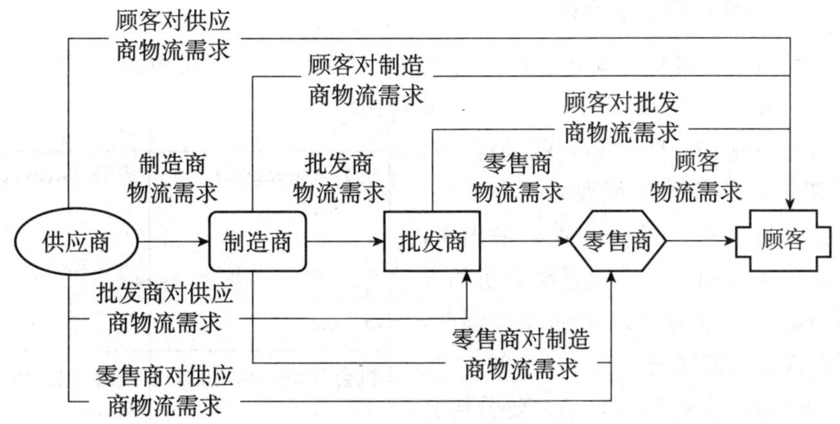

图 2—24　供应链内部的物流需求

流企业。物流企业之所以也需要物流服务，是因为它们需要通过外包或联合服务来满足客户的需求。

物流市场的需求类型包括均匀需求（如对快速消费品的物流需求）、周期需求（如夏天的冷饮物流需求、冬天的保暖用品物流需求）、加速需求（如小汽车的滚装运输需求）、一次性需求（奥运的物流需求）、随机需求（2003 年“SARS”风波导致的口罩物流需求）等。

物流市场需求分析的主要内容如图 2—25 所示。

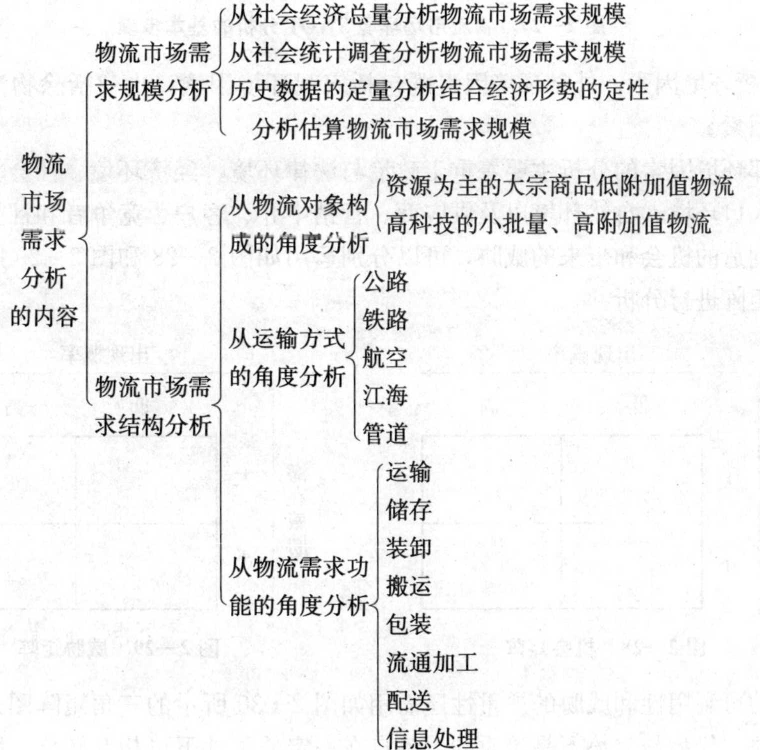

图 2—25　物流市场需求分析的主要内容

3. 物流市场环境分析的方法

分析物流市场环境很重要，选择合适的市场环境分析方法更重要。目前，较常用的市场环境方法分析为 SWOT 分析法和三角矩阵图法。

物流市场环境 SWOT 分析，就是将与物流营销密切相关的各种环境要素，即优势、劣势、机会和威胁等，通过调查列举出来，并依照矩阵形式排列，然后用系统分析的方法，得出对物流企业营销环境的综合判断，为企业制定营销战略服务（见图 2—26）。其基本原理为：对于企业外部环境，要分析其产生的机会和威胁；对于企业内部环境，要分析其优势和劣势。其中，机会和优势分别是外部和内部环境中的有利因素，企业应及时加以利用；威胁和劣势属于外部和内部环境中的不利因素，企业应努力回避或改进。

优势（strengths） 1. …… 2. …… 3. …… 4. …… 5. ……	劣势（weaknesses） 1. …… 2. …… 3. …… 4. …… 5. ……
机会（opportunities） 1. …… 2. …… 3. …… 4. …… 5. ……	威胁（threats） 1. …… 2. …… 3. …… 4. …… 5. ……

图 2—26　SWOT 分析

（1）物流市场环境 SWOT 分析的基本步骤。

物流市场环境 SWOT 分析的基本步骤如图 2—27 所示。

图 2—27　物流市场环境 SWOT 分析的基本步骤

1）分析环境因素。外部环境因素既包括宏观环境因素，也包括除物流企业之外的微观环境因素。

对外部环境因素的分析主要着重于政治与法律环境、经济环境、社会文化环境、科技环境、人口环境、自然环境以及供应商、营销中介、客户、竞争者和社会公众等。给物流企业创造的机会和带来的威胁，可以分别运用如图 2—28 和图 2—29 所示的机会矩阵和威胁矩阵进行分析。

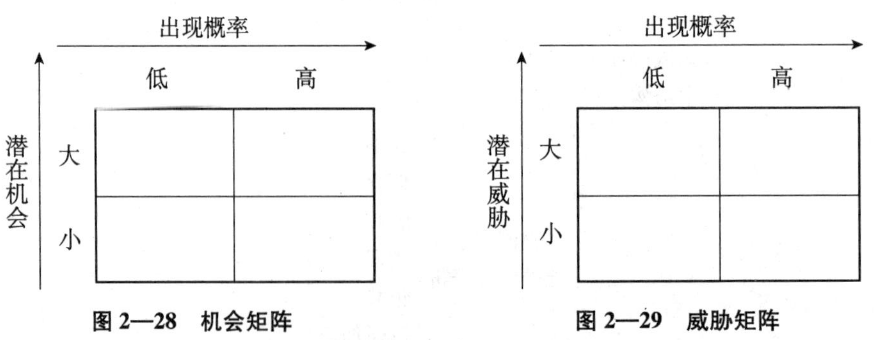

图 2—28　机会矩阵　　**图 2—29　威胁矩阵**

机会的可利用性和威胁的严重性还需用如图 2—30 所示的三角矩阵图来观察。由于机会与威胁、优势与劣势不是绝对的，各自在一定的条件下可相互转化，所以以虚线作为分界线，左上三角为机会区，右下三角为威胁区。

机会区Ⅰ、Ⅱ、Ⅲ区域，市场机会较大，企业有较强的优势，其对应的威胁较小，是企业现实可利用或基本可利用的机会区，即现实机会区；Ⅳ、Ⅴ区域，虽然存在的市场机会较大，对应的威胁不大不小，但企业暂无足够的优势，可作为潜在机会区；Ⅵ区域，市场机会很小，而对应的威胁又很大，属不必采纳的机会区。

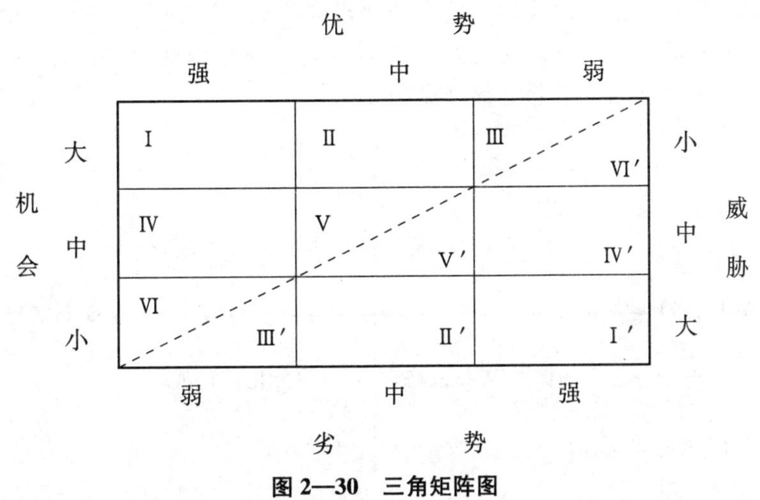

图 2—30　三角矩阵图

威胁区Ⅰ′、Ⅱ′、Ⅲ′区域，市场威胁较大，而企业又存在明显劣势，对应着低机会区，为企业急需躲避或防御的现实威胁区；Ⅳ′、Ⅴ′区域，威胁较大，企业已不存在明显的劣势，且对应着较大的市场机会区域，可作为企业潜在的威胁区，注意监测其动向；Ⅵ′区域，虽然企业存在明显的劣势，但威胁已很小，而对应的机会却很大，基本上不构成对本企业的威胁，可忽略不计。

对内部环境因素的分析主要着重于企业自身的资产规模因素、管理因素、业务因素、人力资源因素等相对于竞争者来说的优劣。在分析时，既要考虑物流企业的历史与现状，也要考虑未来的发展。

2）构造 SWOT 矩阵。将调查得出的各种因素根据轻重缓急或影响程度等排序方式，构造 SWOT 矩阵。在此过程中，将那些对物流企业发展有直接的、重要的、长远的影响因素优先排列出来，而将那些间接的、次要的、短暂的影响因素排列在后面，构造成 SWOT 矩阵，如图 2—31 所示。

	O（机会）	T（威胁）
S（优势）	SO分析	ST分析
W（劣势）	WO分析	WT分析

图 2—31　机会—威胁综合矩阵

3）制定发展对策。制定发展对策的基本思路是：发挥优势因素，克服劣势因素，利用机会因素，避免威胁因素；考虑过去，立足当前，着眼未来。运用系统分析的综合分析方法，将排列的各种环境因素匹配起来并加以组合，得出一系列未来发展的可选择对策。这些对策包括：优势与机会对策（SO 对策）——利用内部的优势去抓住外部的机会，可以采取增长型战略，如开发新市场；优势与威胁对策（ST 对策）——利用内部的优势回避或减轻外部威胁的影响，可以采取多元化战略，在多元化经营的过程中寻找长期发展的机会；劣势与机会对策（WO 对策）——分析妨碍利用外部机会的内部因素，进行内部调整，加强内部实力，利用外部机会改进内部弱点，即扭转型战略；劣势与威胁对策（WT 对策）——内有劣势、外有威胁，应采取防御性战略，如业务重组、流程重组，设法避开威胁，消除劣势（见图 2—32）。

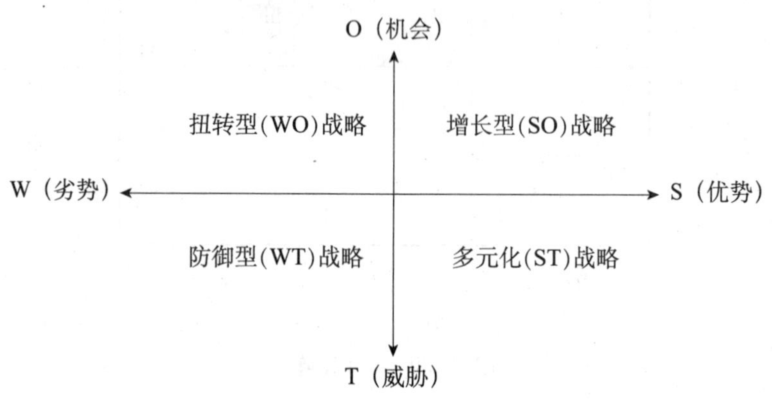

图 2—32 处于 SWOT 矩阵不同位置的战略选择

（2）物流市场环境 SWOT 分析的应用实例。

表 2—8 为一家新开业的速通快递企业的 SWOT 分析。

表 2—8 速通快递的 SWOT 分析

优势	劣势
1. 物流增值性服务能力突出 2. 信息平台先进强大，能够以信息平台为纽带，与客户建立长期合作关系，实现双赢或多赢 3. 管理团队有丰富的管理经验	1. 品牌知名度、市场知名度不高，市场份额低 2. 缺乏营销人员，还没有整体营销策略 3. 业务人员都是新手，缺乏经验
机会	威胁
1. 物流快递是新兴的产业，社会认知度高 2. 发展快速，潜力大 3. 国家出台物流产业的振兴政策，各地政府都在大力扶持物流产业发展，市场经营环境好 4. 经济高速增长带动物流需求 5. 物流企业规模一般较小，大规模的企业不多，市场竞争者力量弱	1. 门槛低，存在多个低成本竞争者 2. 已经有一批知名企业，竞争压力大；物流全部对外开放，外企的进入加剧了竞争 3. 一些快递企业不守信用，行业的社会认可度较低 4. 客户需求变化快，对物流增值服务要求较高等 5. 物流经营初期投资大，退出成本高

4. 物流市场环境分析的预测

物流市场环境分析的预测是指物流企业根据历史统计资料和市场调查获得的市场信息，对市场供求变化等因素进行细致的分析研究，运用科学的方法或技术，对市场营销活动及其影响因素的未来发展状况和变化趋势进行预计和推测。市场预测是市场调查的继续和发展，预测结果可以指导物流企业的经营管理活动，为物流企业制定营销战略和营销策略提供可靠的依据。

对物流市场环境变化的预测按照预测的时间长短，可分为短期预测、中期预测和长期预测；按照主客观因素所起的作用，可分为定性预测和定量预测；按照地理空间范围，可分为国内市场预测和国际市场预测；按照经济活动的空间范围，可分为宏观预测和微观预测。

(1) 预测程序。

无论哪一种类型的预测，采用什么样的预测方法，其程序基本是相同的。预测程序的主要步骤如图 2—33 所示，每个步骤的主要工作如表 2—9 所示。

图 2—33　预测程序

表 2—9　　预测各步骤的主要工作内容

程序	主要工作
确定预测目的	从决策与管理的需要出发，紧密联系实际需要与可能，确定预测要解决的问题
制订预测计划	根据预测目的制定预测方案，包括预测的内容、项目、预测所需要的资料、准备选用的方法、预测的进程和完成时间、编制预测的预算、调配力量组织实施等
收集处理资料	根据预测目标的要求，调查、收集与对象有关的和当前的数据资料，掌握事物的过去和发展现状
选择预测方法	根据预测的项目选择适用的预测方法（定量预测或定性预测，短期预测或中长期预测，需要大量数据的预测或依赖个人经验和知识的预测），必要时用多种方法同时进行预测，或以多种预测方法相互比较印证
进行科学预测	如果采用定性预测方法，就要把相关的资料和问题交给预测人员进行分析和预测；如果采用定量预测方法，就要将收集到的数据输入模型，进行运算并求出结果
评析预测结果	将定量预测与定性预测的一般性结论进行对照，检查其合理性和可信度
修正预测结果	估计预测值的误差，进行微调。如误差较大，则采用别的预测方法或数学模型
撰写预测报告	准确记载预测目的、预测方法和参数、资料分析过程、最后结果，做到数据充分、论证可靠、建议可行

(2) 预测方法。

常见的预测方法如图 2—34 所示。

1) 定性预测法。

A. 一般预测法：由与客户最近、最了解物流服务的一线销售人员预测，逐级上报分析，最后由顶层作出预测。

B. 专家会议法：专家会议法是指根据规定的原则选定一定数量的专家，按照一定的方式组织专家会议，发挥专家集体的智能结构效应，对预测对象未来的发展趋势及状况作出判断的方法。头脑风暴法就是专家会议预测法的具体运用。专家会议法有助于专家们交换信息和意见，通过互相启发、思维共振，弥补个人意见的不足，但也存在心理因素影响较大、易屈服于权威或大多数人意见、易受劝说性意见的影响、不愿意轻易改变自己已经发表过的意见等缺点。

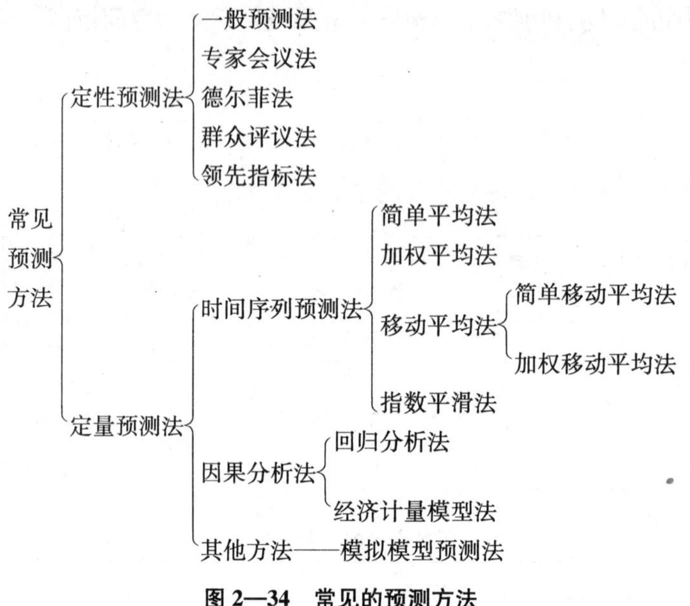

图 2—34 常见的预测方法

C. 德尔菲法：在克服专家会议法的缺点的基础上，产生了德尔菲法。德尔菲法又称专家意见法，它采用背对背的通信方式征询专家小组成员的预测意见，经过几轮征询，使专家小组的预测意见趋于集中，最后得出符合市场未来发展趋势的预测结论。它具有匿名性、反馈性（看了别人的预测，要修正自己的预测并反馈给工作人员）和收敛性（几轮函询后专家意见会趋于一致）的特点。

D. 群众评议法：首先，由营销负责人把与市场有关或者熟悉市场情况的各种人员召集起来，让他们对未来的市场发展趋势或某一大市场问题发表意见，作出判断；然后，将各种意见汇总起来，进行分析研究和综合处理；最后，得出市场预测结果。其优点是能够发扬民主、集思广益，缺点是不同的人由于知识、经验、岗位的不同导致认识千差万别。

E. 领先指标法：社会各种经济现象之间的内在联系是十分紧密的，表现在经济指标上，则反映为时间序列上的先后关系。领先指标法就是通过将经济指标分为领先指标、同步指标和滞后指标，并根据这三类指标之间的关系进行分析和预测。领先指标法不仅可以预测经济的发展趋势，而且可以预测其转折点。

2）定量预测法。

A. 简单平均法（算术平均法）：简单平均法是一种将一定历史时期内预测目标的数值的算术平均数作为下期预测值的最简单的时序预测法。如新华快递公司过去两年每月的平均出货量为 22 万件，目前经济形势没有大的变化，我们推测其明年 1 月的出货量也为 22 万件。当没有明显的升降趋势时，用这种方法预测有一定的合理性，预测值也较接近实际值。因此，简单平均法只适用于需求稳定的预测。

B. 加权平均法：如果过去的目标数值有明显的增长（或下降）趋势，使用简单平均法就不准确了。这就需要逐步加大近期实际目标数值在平均值中的权数，然后予以平均，确定下期的预测值。如某运输企业最近 3 个季度车辆需求情况为 40 辆、50 辆、60 辆，根据增长趋势分别赋予权重 0.2、0.3、0.5，则下一季度的车辆需求量为 53（$=40\times0.2+50\times0.3+60\times0.5$）辆。

C. 移动平均法：移动平均法是通过在简单平均法中用一组最近的实际数值代替较早的实际数值来预测未来一期或若干期预测目标数值的一种方法。当服务需求不存在快速增减且不存在季节性因素时，移动平均法能有效地消除预测中的随机波动，比较接近实际。移动平均法根据预测时使用的各元素的权重不同，可分为简单移动平均法和加权移动平均法。

简单移动平均法的各元素的权重都相等。如果选取的时段数越多，预测值越平滑，但一般选取 4 个时段。

简单移动平均法对数据不分远近，同等对待。但是，不同时期的数据信息对预测未来期内的预测目标数值的作用是不一样的，远期数值的影响力相对较低，故应给予较低的权重，近期数据反映了需求的趋势，应赋予较高的权重。这就是加权移动平均法。

例如，某物流企业连续 4 个月的运输量分别为 2 万吨、2.1 万吨、2.3 万吨、2.4 万吨，用简单移动平均法预测的第 5 个月的运输量就是 2.2$\left(=\frac{2+2.1+2.3+2.4}{4}\right)$万吨，用加权移动平均法预测的第 5 个月的运输量（假定 4 个月的权重分别为 1/12、2/12、3/12、6/12）就是 2.291 7（$=\frac{2\times1+2.1\times2+2.3\times3+2.4\times6}{12}$）万吨。

D. 指数平滑法：简单的全期平均法是对时间序列的过去数据一个不漏地全部加以同等利用；移动平均法则不考虑较远期的数据，并在加权移动平均法中给予近期资料更大的权重；而指数平滑法则兼容了全期平均法和移动平均法的优点，不舍弃过去的数据，但是仅给予逐渐减弱的权数。

指数平滑法的基本公式是：

$$F_{i+1}=\alpha D_i+(1-\alpha)F_{i-1}$$

式中：F_{i+1} 代表第 $i+1$ 期的预测平滑值；α 为平滑常数，其取值范围为 [0，1]；D_i 为第 i 期的实际值；F_{i-1} 为第 $i-1$ 期的预测值。

例如，某物流企业 1—2 月的销售额情况为 200 万元和 180 万元，如果 α 分别为 0.2、0.6，用指数平滑法预测的结果如表 2—10 所示。

表 2—10　　指数平滑法预测实例

月份	时间销售额（万元）	指数平滑值	
		$\alpha=0.2$	$\alpha=0.6$
1	200		
2	180	200	200
3		196	188

E. 回归分析法：时间序列中的简单平均、移动平均或指数平滑都只是对一些表面数据进行简单处理，靠数据说话，但并未反映事物间的因果关系，因此只是一种形式上的预测，准确性不高。通过寻找变量间的因果关系并将其定量化，就可以根据定量关系来预测某一变量的未来值。回归分析法就是一种根据历史资料反映事物间关系和变化规律、确定参数和回归方程式，从而作出预测的方法。根据自变量的个数，可分为一元回归和多元回归；根据所研究问题的性质，可分为线性回归和非线性回归。

回归分析法的基本步骤见图 2—35。

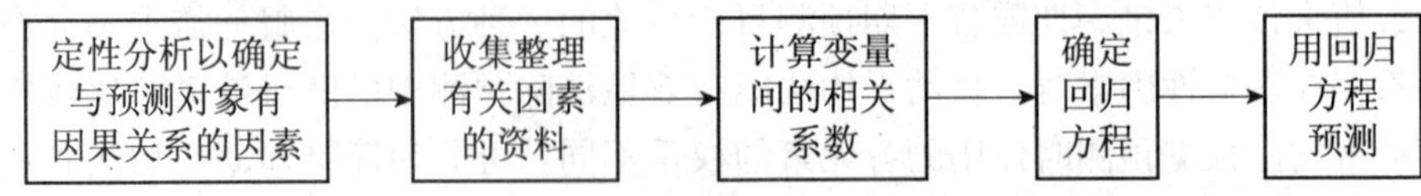

图 2—35 回归分析法的基本步骤

F. 经济计量模型法：经济计量模型法是将相互联系的各种经济变量表现为一组联立方程式，来描述整个经济的运行机制，利用历史数据对联立方程式的参数值进行估计，根据制定的模型来预测经济变量的未来数值。经济计量模型预测的一般程序如图 2—36 所示。

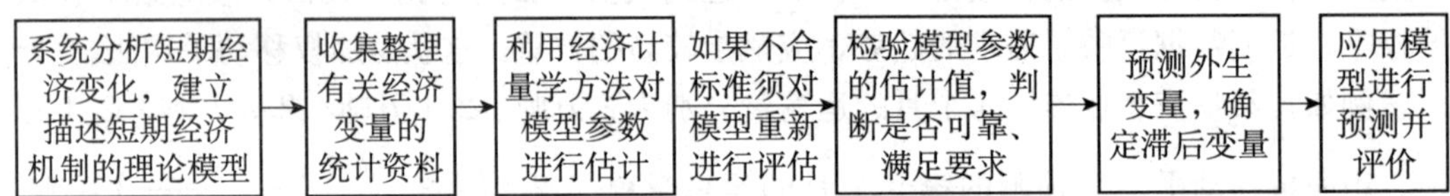

图 2—36 经济计量模型预测的一般程序

二、物流企业客户分析

物流企业客户分析是物流企业营销活动的出发点和最终目标，也是开展物流营销活动必须分析和掌握的重要问题。只有清楚地了解了物流客户的需要、购买心理及购买行为，物流企业才能有的放矢，取得最好的营销效果。

按照对物流企业的依赖程度，物流客户可以分为完全物流客户、拥有部分物流系统的客户、接受外部物流业务的客户、需要联合开展服务的客户。根据客户价值，物流客户可以分为如表 2—11 所示的常规客户、潜力客户、顶层客户三个层次。

表 2—11 物流客户的层次

层次	物流企业与客户的关系	特征	地位
低：常规客户（一般客户）	企业让渡财务利益给客户以增加客户的满意度；而客户主要希望从企业获得直接好处，获得满意的客户价值	经济型，讲实惠，看中价格、优惠	最主要部分，直接决定企业的短期收益。约占客户比重的 80%，但利润贡献仅为 5%
中：潜力客户（合适客户）	客户希望从与企业的关系中增值，从而获得附加的财务利益和社会利益	与企业建立伙伴关系或者“战略联盟”	核心、关键部分。约占客户比重的 15%，利润贡献约为 15%

续前表

层次	物流企业与客户的关系	特征	地位
高：顶层客户（关键客户）	除希望从企业获得直接客户价值外，还希望从企业获得体现一定的精神满足的社会利益（如成为 VIP 俱乐部成员）	关系稳定	数量不占多数，但对企业的贡献很大。约占客户比重的 5%，但利润贡献达 80%

（一）物流客户分析的范围与对象

1. 客户分析的范围

客户分析的范围，可以是局部区域，也可以是物流企业所在的省份，甚至全国、全世界。实力强的企业的服务范围广泛，实力弱的企业的服务范围则较小，客户分析的范围也不一样。从静态分析，物流企业面对的可能是一个很小的市场，也可能是国内市场的一部分，甚至可能是覆盖全国的市场、国际市场、全球市场；从动态分析，物流企业服务的范围可以从小市场到国际市场再到全球市场，随着地理边界的扩大，客户群相应扩大，客户分析的范围也应相应扩大。

2. 客户分析的对象

物流企业客户分析的对象，可以是处于供应链上、下游的客户，他们可能是生产商、批发商、零售商和物流商，也可能是作为消费产品或服务最终接受者的人或机构。总之，物流企业内外部都有客户，包括企业内部上、下流程的工作人员和供应链上、下游的企业。

一般而言，如果客户集中在某个行业，同一行业的企业有着相同的物流需求，需要相同的物流服务，物流企业满足基本相同的物流需求意味着更低的成本、更专业的服务和更容易处理的客户关系；如果接受物流服务的企业的规模比较大，物流需求量较大，则其有望成为物流企业稳定、高端的客户；如果客户集中在某个区域，则区域的人口、经济收入、生活习惯、城市大小、文化背景、产业集聚度等因素会直接影响物流需求，在人口众多或经济收入高的区域，物流的需求量更大。

（二）物流客户需求分析的内容

物流客户需求分析的内容包括物流客户购买决策过程分析、物流客户购买行为模式分析。

1. 物流客户购买决策过程分析

（1）个体物流客户购买决策过程分析。

影响个体客户购买行为的因素包括个人因素（最直接的影响因素，如年龄与人生阶段、职业、经济状况、生活方式、个性）、心理因素（如动机、知觉、信念与态度）、社会因素（如生活群体、家庭状况、社会阶层、角色与地位）和文化因素（风俗、习惯、宗教、道德）。

个人在一次购买决策的过程中可能充当发起者、影响者、决策者、购买者、使用者等角色。以个人为单位购买时，可能一个人同时担任五种角色；以家庭为单位购买时，五种角色往往由不同的人担任。了解消费者在购买决策中的角色，并针对其角色地位与特征，采取有针对性的营销策略，能够较好地实现物流营销目标。

个体客户决策过程一般会经历如图 2—37 所示的五个阶段。

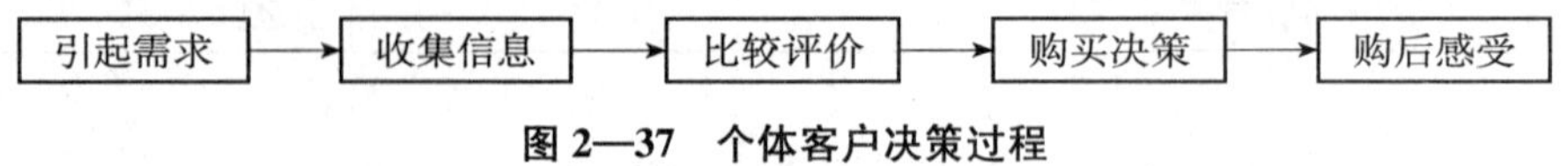

图 2—37 个体客户决策过程

物流市场营销人员的任务就是要了解物流消费者在出现外部刺激到作出购买决策前，他们意识中所发生的情况，即研究消费者的决策过程。

运用这一模式分析客户购买行为的关键，对于物流企业来说，就是要认真调研客户对本企业策划的营销策略和手段的反应，了解各种客户对不同形式的产品（服务）、价格、促销方式的真实反应，恰当运用营销刺激来诱发客户的购买行为，使本企业在竞争中处于有利地位。

不同的客户有着不同的购买行为，通常表现为习惯型、理智型、价格型、质量型、冲动型和不定型等。物流企业能给某一客户提供良好的服务，使得这个客户对其产生安全感和信任感，从而连续地要求这个企业提供物流服务，不断重复购买，就形成了习惯型的客户；而质量型的购买行为表现为客户对物流服务质量的要求较高，要求物流企业提供物流服务时特别注意安全、快速便捷、准时守信等。

（2）组织客户购买决策过程分析。

与个体客户市场相对应的是组织客户市场。组织客户市场是由各种组织机构形成的对物流服务需求的总和，通常由生产性客户、中间商客户和社会集团客户构成。组织客户市场的特点是：客户数量少但集中，购买规模大；需求波动大，但价格弹性小；购买人员专业，但参与决策的人多，程序复杂；一般直接购买、分期付款。

影响组织客户购买行为的重要因素包括环境因素（如采购的需求水平、科技变革）、组织因素（如单位目标、战略、政策、程序、结构等）、人际因素（与服务的使用者、采购的决策者等要处理好关系）、个人因素（采购者的年龄、职位、受教育程度、对风险的态度等）。

在组织客户的大宗购买活动中，除了专职的购买人员外，组织的领导者和部分专业人员也以使用者、影响者、决策者、购买者等角色参与购买决策过程，并从不同的角度影响购买决策。

组织客户决策过程一般会经历如图 2—38 所示的阶段。

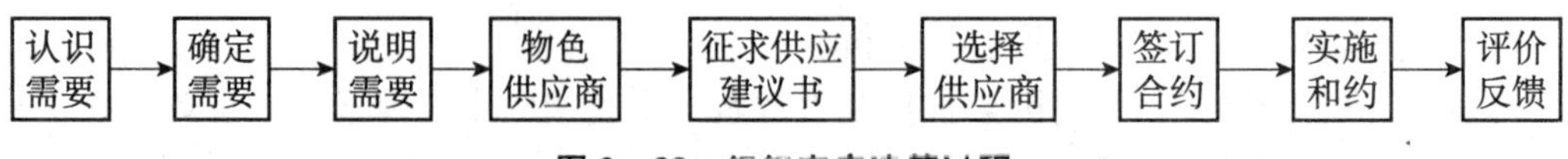

图 2—38 组织客户决策过程

2. 物流客户购买行为模式分析

争取客户的最佳途径就是比竞争者更了解客户的需求及购买行为。越了解目前和潜在的客户，营销就越能有的放矢，满足客户的需求。

客户的购买行为是在购买动机的支配下发生的，这一过程实际上是一个“刺激—反应”过程，即客户由于受到各种刺激产生购买动机，最终的反应是发生购买行为。物流客户的购买行为模式如图 2—39 所示。

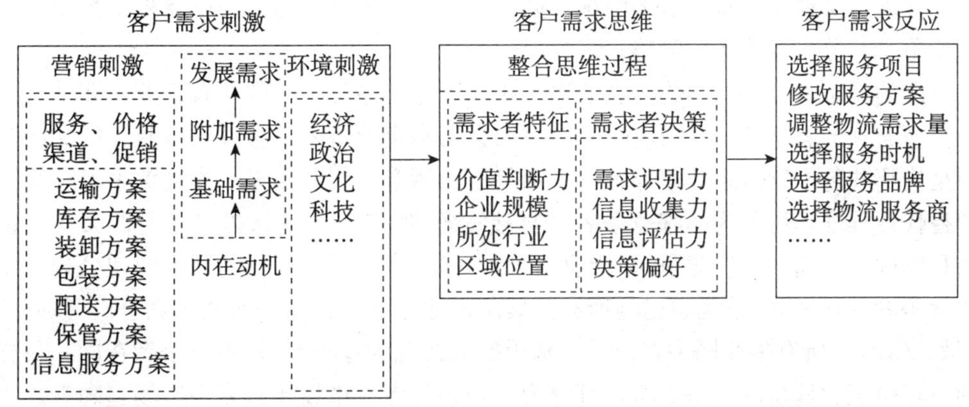

图 2—39　物流客户的购买行为模式

运用这一模型分析客户购买行为的关键，在于物流企业认真调研客户对本企业营销策略和手段的反应，了解各类客户对不同形式的服务、价格、促销方式的反应，恰当运用市场营销刺激来诱发客户的购买行为。物流企业对物流需求者的刺激可以按 4P 下合理的运输方案、库存方案、装卸方案、包装方案、配送方案、保管方案、信息服务方案进行，也可以通过提供物流服务一体化解决方案进行。如果在物流企业的营销刺激之外，还有其他环境的刺激（如经济、文化、法律、科技等环境因素），物流客户将综合考虑内在动机与外界刺激，形成接受物流服务的反应。在有反应的基础上，经过“综合考虑自身特征→需求识别→信息收集→综合评价→消费偏好”这一客户需求整合思维过程，最终形成购买决策。

（三）物流客户需求的分析方法

物流客户的需求可以通过 7W－7O 方法进行分析（见图 2—40）。弄清楚了 7 个“W”，也就清楚了物流企业的购买者、购买对象、购买目的、购买组织、购买行动、购买时间、购买地点这 7 个“O”。

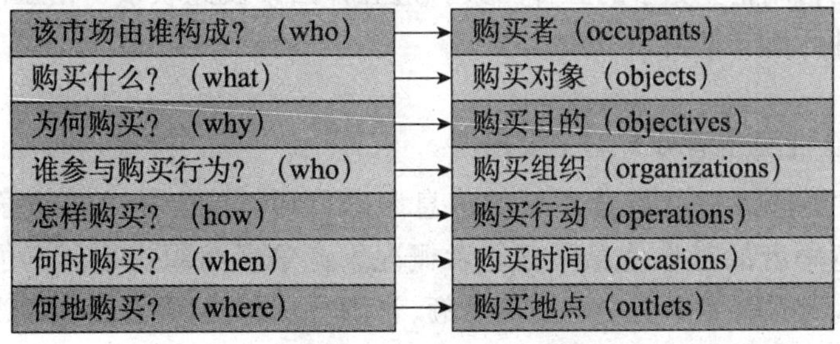

图 2—40　7W－7O 示意图

三、竞争者分析

物流营销被现代物流企业日益重视的原因之一就是竞争者的存在。物流企业既要了解客户需求，又要考虑竞争者的情况，同竞争者争夺客户。物流企业要采用科学的方法识别竞争者，分析竞争者的策略、目标、优势和弱点，以确定自己的竞争对策。

狭义的竞争者是指与本物流企业提供相同服务但品牌不同的所有企业，即日常市场竞争中所遇到的竞争者，在市场竞争中它们会给本企业带来最直接的威胁；广义的竞争者则是指那些与本物流企业争夺客户手中货币的所有组织和个人。物流竞争者按物流服务的替代性程度，可分为品牌竞争者（直接竞争者，如 EMS 认为自己与四大国际快递巨头和国内“四通一达”竞争）、行业竞争者（如 EMS 认为自己与所有快递公司竞争）、形式竞争者（如 EMS 认为自己与所有开展邮递业务、运输业务的公司竞争）、欲望竞争者（如 EMS 将所有争取同一客户手中货币的人都视为竞争者）；按竞争者在同一目标市场的市场份额、地位和竞争策略，可分为市场领导者、市场挑战者、市场追随者、市场补缺者；按竞争者特性，可分为强竞争者、弱竞争者、良性竞争者和恶性竞争者；按竞争对本物流企业影响的大小、时间的紧迫性，可分为如图 2—41 所示的核心竞争者、中间竞争者、外围竞争者、潜在竞争者。

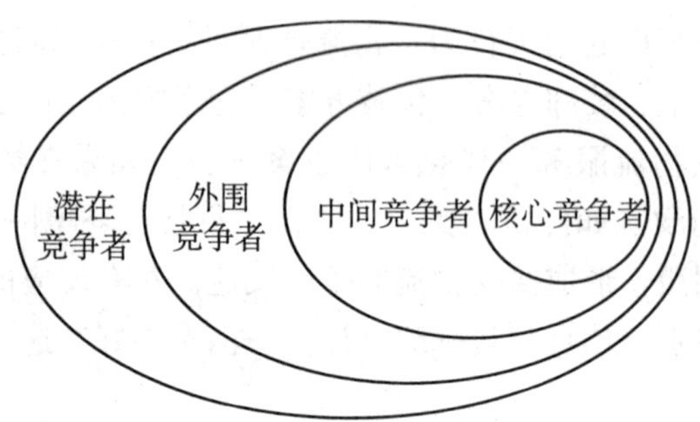

图 2—41　按竞争对物流企业影响的大小、时间的紧迫性的竞争者分类

（一）影响物流企业竞争的因素

新进入者、现有竞争者之间的竞争、替代产品的压力、客户讨价还价的能力、供应者的能力是影响物流企业竞争的五种因素。这五种因素彼此联系、相互作用，形成了行业内竞争的五种力量（见图 2—42）。

（二）物流企业竞争者分析的主要内容

通过对主要竞争者进行持续不断的信息跟踪，尽可能多地收集竞争者各方面的信息，就可以从竞争者的基本信息（竞争者概况、竞争者组织机构、竞争企业的管理团队、主要负责人背景、发展历史、市场份额、行业地位、财务及投资状况、服务研发情况等）、服务特点（服务项目、服务内容、服务特色等）、市场策略（服务策略、渠道策

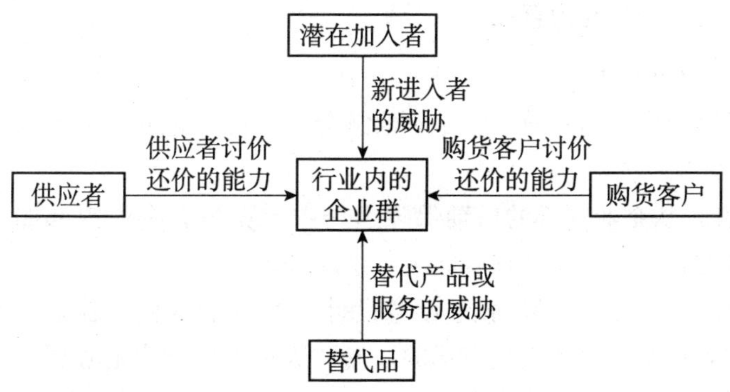

图 2—42　行业竞争“波特五力”分析模型

略、价格策略、促销策略)、主要客户(客户数目、客户名称、客户的行业地位、年合同金额、合作时间、稳固程度)等方面进行分析。这些分析既有利于知己知彼，掌握竞争者的动态、意图，开展有针对性的营销，也有利于取长补短，改善自身在市场信息、研发、战略、营销策略等方面的管理，还有助于发现服务的市场空白，在细分市场上赢得机会。

(三) 物流企业竞争者分析的内容和方法

1. 识别竞争者

物流企业首先要找出潜在竞争者和现实竞争者。竞争者存在于行业内的企业、相关行业的企业、能力相近的企业以及新的可能产生的企业之中。物流企业可以根据行业标准和市场标准来识别和判断竞争者。行业标准识别是从一群或同一类提供相关服务的企业中寻找竞争者，如一个提供配送服务的企业在同样提供配送服务的企业中找出主要的和次要的竞争者。而市场标准识别是从一些力图满足相同客户群需求或服务于同一客户群的企业中寻找竞争者，如一家提供货物运输服务的航空公司把提供铁路货运、公路货运的企业作为竞争者就是按照市场标准来确定的。

识别现实竞争者和潜在竞争者的一种有效方法是价值网络分析法。该法认为，企业的竞争对手来自于四个方面，如图 2—43 所示。

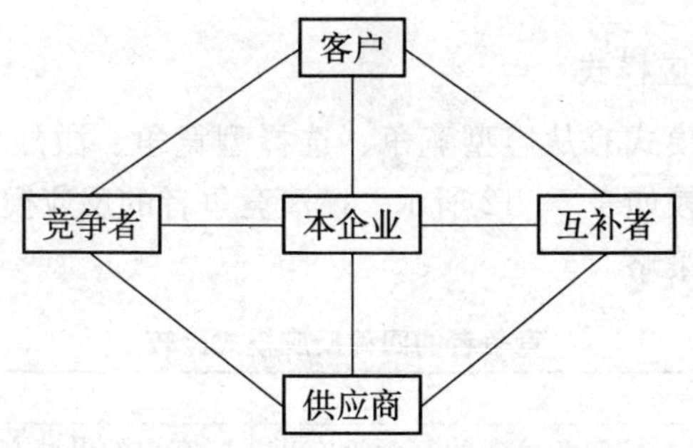

图 2—43　价值网络分析法下的现实竞争者和潜在竞争者

客户和供应商通过自己的发展可能在将来进入行业，从而成为竞争对手。两个业务上互补的企业，如仓储服务和运输服务提供商，随着竞争环境的变化，可能将自己的服务双向延伸，由互补企业变为直接竞争对手。

2. 判断竞争者的战略

判断主要竞争者战略的有效方法是价值链分析方法，它通过如下五个部分来分析竞争者的经营战略：

1）后勤业务：从企业内部的后勤保障运作中看竞争者企业内部如何运转，如供应商数量多少、能力高低、可靠性程度、关系亲疏等。

2）服务设计：了解竞争者从服务创意设计到实现的过程，看竞争者服务的标准化程度、经营成本的高低、服务投放市场的快慢、服务提供能力的强弱、员工技术和服务的熟练程度、服务更新速度的快慢等。

3）营销：看竞争者如何销售和推广自己的服务以及如何吸引客户，如识别现有客户和未来客户需求技能的高低、对品牌开发的重视程度、市场沟通效果的好坏和对用户教育能力的高低等。

4）供货：看竞争者的服务已经被客户订购后需要通过什么样的分销渠道让客户享受服务，如分销渠道的模式选择、与中间商的关系、与渠道服务机构的关系等。

5）销售服务：看客户购买了竞争者的服务后，竞争者给客户提供什么样的销售服务，如售前、售中和售后服务质量的优劣等。

3. 了解竞争者的目标

任何竞争者的终极目标都是追逐利润，但基于规模、历史、经营管理状况等因素的考虑，目标是长期利润还是短期利润、是利润最大化还是满意利润，不一而足。具体的战略目标更是多种多样、各有侧重，如增强获利能力、扩大市场占有率、成本领先、技术领先、服务领先等。了解竞争者的战略目标可以判断它们对不同竞争行为的反应。

4. 评估竞争者的实力

竞争者目标的实现取决于每个竞争者拥有的资源和能力，这就需要从销量、市场份额、毛利、投资报酬率、现金流量、新投资等最近的关键数据中辨认每个竞争者的优势与劣势。

5. 预测竞争者的反应模式

竞争者通常的反应模式有从容型竞争、选择型竞争、激烈型竞争、随机型竞争四种。四种反应模式的比较如表 2—12 所示。摸清竞争者的反应模式有利于物流企业有针对性地选择自己的竞争策略。

表 2—12　　竞争者的四种反应模式比较

反应模式	表现	原因分析
从容型竞争	竞争者对某一特定竞争者的行动没有迅速反应或反应不强烈	对客户的忠诚有信心，对竞争者主动行动的反应迟钝，可能无资金反应
选择型竞争	竞争者只对某些类型的攻击有反应，而不理会其他类型的攻击	证明自己的抗衡能力，阻止对手进一步深入实施有关策略

续前表

反应模式	表现	原因分析
激烈型竞争	竞争者对所有的攻击都作出迅速反应	向市场所有竞争者显示实力与决心，使对手望而却步
随机型竞争	竞争者在任何特定情况下不确定是否会作出反击	能承受某种竞争成本时就冲在前线，不能承受时就静观

【操作训练】

按照图 2—1 所示的作业流程，完成如“深圳冷链物流营销市场调研报告”的成果。该报告印刷精美，主要内容包括封面、摘要、目录、正文、参考文献、附录、致谢。正文的主要内容如下。

深圳冷链物流市场调研报告（正文部分）

一、引言

1. 调查问题与调查目的

为了了解深圳冷链物流市场发展的现状和存在的问题，美研物流产业智库管理顾问公司（以下简称美研）与深圳市交通运输委员会合作，于2010 年 9—11 月对深圳第三方物流市场进行了调研。

2. 调查机构简介

美研是一家区域性的战略顾问公司，在珠江三角洲运输和物流行业有很强的咨询服务能力，在珠江三角洲有 12 个办事处，专业顾问超过 480 人。深圳市交通运输委员会是深圳交通运输行业的主管部门，负责全市的交通运输（公共交通、轨道交通、道路交通；道路、港口、水运、空港、物流及地方事权内的航空、铁路）管理，负责拟定交通运输发展战略和行业发展规划并实施，参与制定与交通运输行业相关的经济政策和调控措施，组织拟定有关地方技术规范并监督实施。

3. 调查时间与调查地点

（1）调查时间：2010 年 9—11 月。

（2）调查地点：深圳。

4. 调查步骤、组织安排和进度安排

（1）调查步骤：民众冷链基本认知调研→相关企业调研→专家咨询。

（2）组织安排：美研和深圳市交通运输委员会联合成立领导小组，由双方领导担任，下设办公室，设办公室主任。办公室下设秘书组（负责联系企业、专家、招募调查员、数据统计和必要的后勤工作）、培训组（负责培训调查员）、调查组、报告撰写组（负责调查问卷、调查提纲、调查报告的起草），各组设立正、副组长。

（3）进度安排：9 月 6 日前，完成调查问卷和调查提纲初稿；9 月 10 日前，征求专家意见；9 月 12 日前，修改定稿；9 月 14 日前，确定调查对象；9 月 16 日前，确定调查企业的调查人和调查方式；9 月 17—24 日，招募调查队员；9 月 25—31 日，培训调查队员；10 月 8—20 日，组织实施调查；10 月 21—31 日，数据统计与分析；11 月 15 日前，完成报告初稿；11 月 25 日前，征求专家意见；11 月 30 日前，修改定稿。

5. 调查对象和调查样本

（1）调查对象：调查 70 个涉及冷链的企业。

（2）调查样本：客户（需方生产企业）调查餐饮、超市、食品和饮料、医药 4 个行业的 68 个企业；第三方物流企业（供方）调查 19 家企业，其中包括外国物流提供商、生产与流通企业物流部门、新兴的中国物流公司、传统的中国运输与仓储企业转型的物流企业。

6. 调查方法和资料处理手段

（1）调查方法：面对面访谈及电话访谈。

（2）资料处理手段：建立数据库，并运用 SPSS 软件进行分析处理。

二、深圳冷链物流市场发展现状

1. 深圳冷链物流市场的规模（略）

2. 深圳冷链物流市场的结构（略）

3. 深圳冷链物流市场的总体发展水平（略）

4. 深圳冷链物流市场的主要需求方（略）

5. 深圳冷链物流市场的主要供给方（略）

三、深圳冷链物流市场发展中存在的问题（略）

四、进一步发展深圳冷链物流市场的对策（略）

五、结语（略）

【案例分析】

阅读案例，思考并回答案例后的问题。

宝供储运成长初期的环境变化及其应对策略

广州宝供储运有限公司（以下简称宝供）的前身是广州的一个铁路货物转运站。刘武于 1992 年在承包这一转运站时，该转运站的规模还很小。但由于刘武经营灵活，承包的货运任务大多能及时完成，运输安全，仓库也比较干净，而且是当时广州唯一能够提供 24 小时货运仓储的服务企业。而当时的企业，仓储和运输是分开的，服务质量差，仓库又脏又乱，这种鲜明的对比，使刘武的货物转运广受客户的好评，以致 1994 年进入中国市场的宝洁公司也将业务交给这家小小的铁路货物转运站去做。

自从宝洁公司成为刘武的客户以后，这家铁路货物转运站的业务环境就发生了巨大的变化，并直接促成 1994 年宝供的成立。归纳起来，业务环境的变化表现在以下三个方面：

1. 业务总量的增加

宝洁交给宝供的第一笔业务是将4个集装箱发运到上海。为了做好这笔业务，刘武运作得非常仔细。集装箱送上火车以后，又马上乘飞机去了上海，一方面“督战”，一方面还可以考察各个环节，接到货物，这样才能保证以后的发运可以少出现一些问题，满足客户的要求。结果，宝洁对第一批业务感到非常满意，由此开始陆陆续续地给宝供加大业务量，甚至一度把自己所有的铁路货运业务全部交给了宝供。

然而，尽管第一笔业务效果很好，但由于成本很高，宝供并没有赚到什么钱。毫无疑问，如果继续这样做，客户自然欢迎，但从经济效益的角度看却是不允许的。实际上，从1994年到1995年，宝供将近30万平方米的仓库，每天的发运量非常大，运营部的人每天都要花很大的力气了解这些货是不是在规定时间之内发运出去、到达目的地的时间、破损率是不是在控制范围之内、有没有及时把货发出去、签收情况如何等。运营部的主管拿一个硕大的笔记本，有单子就登记一下，对没有收到的就打电话去询问；对于有破损的，要发传真调查原因。其烦琐的程度，仅仅靠人工是很难完成的。因此，面对迅速的业务量，如何提高运行效率，是摆在宝供面前亟待解决的一个问题。

2. 设立了分公司

分公司是1994年由于业务发展迅速才成立的，并直接与宝洁有关。因为尽管铁路运输很便宜，但也有不少缺点，如环节多，时间不可靠，再加上一些装卸、运输过程中的野蛮作业，所以宝洁一再表示：传统的储运公司让客户觉得很麻烦，货到了以后，还要委托另外一个供应商来找自己的人去提货，而且一旦出现短少、破损或者提货不及时等问题，往往就会造成互相扯皮的种种情形。宝供立即在成都、北京、上海、广州设立了4个分公司，这4个分公司都按同样的操作方法与标准来运作。由宝供承运的货物到达目的地后，仍然由受过专门统一培训的宝供的人来接货、卸货，为宝洁公司提供“一条龙”服务，而且从理论上看，总公司与分公司之间的信息沟通和协调应该比较方便。

然而，分公司建立以后，也面临一个问题——通信问题，即总公司与4个分公司之间的联系很频繁。用什么通信方式才能保证业务的正常开展且成本也很低呢？宝供当时的做法是：1996年建立了一套基于DOS平台的用电话线连接的内部网络，以便在全国范围内的公司之间传递信息。但在实际运作过程中，这种通信方式的效率低、成本高。例如，总公司在与成都分公司联系的时候，往往由于电话线路紧张而失败；操作复杂，稳定性差，长途电话成本高以及有“接口”等。因此，这又给宝供的未来发展提出了一个十分严峻的问题。

3. 需要兼顾客户的业务流程

自从宝洁成为宝供的客户以后，就不断对宝供提出了很多新的要求，如前面提到的要求安全、准确、及时、可靠的储运服务等。宝洁不仅要求宝供在业务上满足他们的要求，而且对所有环节产生的信息非常关注。比如货物什么时候发运、用的是哪趟火车、预计何时到货、货物情况如何、是否已经签收等。

鉴于宝洁的上述要求，宝供努力地按照宝洁的要求来设计业务流程和发展方向。但宝供原有的业务流程是建立在业务量较低的水平基础之上的，业务量骤增以后，面临很多问题。对于宝洁所要求的时间、车次、到货时间、破损情况、签收与否等情况，如果只有一笔业务，刘武自己可以跟踪解决；但如果有好几百笔业务都在同时做，每一笔业务都这样跟踪，刘武显然无能为力。宝洁与宝供刚刚合作的一年左右时间内，宝洁一直都比较满意，但随着业务量的加大，宝供的反应速度明显下降，如发现到货时间不准、破损率上升、货运信息不能及时反馈等，甚至进一步影响到企业发展，因此宝洁中止了与宝供的铁路运输总代理的合同。所有上述这些情况，又向宝供的业务流程发起挑战。

宝供如何解决上述问题？如果从信息系统的角度来分析上述问题，我们会发现宝供当时面临的问题是对信息的管理，即如何解决信息瓶颈问题。因为在原来业务量小的情况下，事务处理过程可以由手工的方式完成，然而现在业务量大，事务处理过程变得繁重而复杂，如果仍通过手工的方式（用笔记本记录、打电话催问），即使花很大的气力也难以准确收集诸如发运时间、车次、预计到达时间、实际到达时间、签收时间、签收情况等有关信息。虽然宝供在成都、北京、上海、广州四处设立了分公司，可以保证按标准来运作业务流程，但对信息管理而言，这样做实际上增加了中间层次，并随即导致了总公司与分公司之间的通信问题。不仅如此，现代客户（如宝洁）与传统客户相比，要求更高，不仅要求提供安全、准确、可靠的储运服务，而且要求提供及时、准确的货运信息。这样看来，宝供当时的信息瓶颈既表现为管理水平和信息系统（IS）现状已不能实时监控各个储运环节，又表现为不能满足客户的需要。

正当宝供处于对内无法实时监控各个储运环节、对外面临激烈竞争的境地时，正当宝供为信息瓶颈问题一筹莫展时，互联网的应用已被我国的有志之士所认同，而中科院退休企业信息系统及互联网专家唐友三此时对于帮助解决这一信息瓶颈问题起了一个非常关键的推动作用。如果我们从内部业务现在环境、内部IS现状、外部信息系统环境几个方面来分析宝供，不难发现下面这样一个业务与信息系统。

应该说，宝供当时的信息系统战略规划也并非完全一帆风顺。作为企业的第一把手，刘武已经可以把信息瓶颈通过互联网来解决，即通过网站发布货运信息，全国各地的分公司和客户都可以查询。甚至可以说没有网络，宝供很难再往下发展了。然而，宝供当时的实际情况是，已有一些PC机，并组建了一个基于DOS平台的网络。唐友三与刘武多次商量以后，一致认为，为了企业的长远发展，信息系统规划必须与企业目标相统一，必须跟上国际潮流，要建立一个高起点、高互联水平的企业信息系统，一个基于互联网的信息系统。考虑到宝供的信息系统现状和业务现状，在硬件上能省就省，486先用着，386换成586兼容机，买一台新服务器，再将原来的486服务器升级一下，其他布线的活儿也由企业内部的职员来做，这样硬件总共投入了大约10万元，软件部分也投入了10万元，交由北京的英泰奈特公司来做。经过与该专家的访谈，宝供整理出基本的业务流程。

对客户发过来的单子，要填好货物品种、目的地、数量/重量等，然后根据这张表按照客户要求联系火车或者汽车准备第二天发运。有车皮了，如果这个单子的货少，马上分配与其他客户的货一起发运。第二天要有车拉到火车站去装，根据要求还包括一些包装（如将怕漏水的加塑料布，怕磕碰的用木架加护等）。装完以后车皮的门要锁住，封条要封好，封条的号码还要记下来通知接货人，抵达目的地后，分公司要到火车站去接收，把货拉到宝供当地的仓库里面去检验有没有损失，然后分送给客户签收。客户签收后再把单子马上快递回货物始发分公司，分公司上报总公司，总公司就凭货付钱。

当然，在实际操作中每笔货物都是不一样的，在这个标准流程中的任何一个环节有变化，都会衍生出一种新的流程。比如，食品在仓储过程中有一个批号问题，考虑到保质期要“先进先出”，再比如有些货物在运输过程中必须分开，不能同批搭配运输等。

基于上述业务流程的分析，宝供建立了以互联网络构架的IS，把货物的运输系统分解为接站、签发等环节进行操作，整个系统由接单模块、发运模块、运输过程控制模块、运输系统管理模块、查询模块等构成。系统采用集中数据存储，各个分公司对于数据的保有权是有时效限制的。数据的维护均由总公司的信息中心负责进行。

如果要详细而具体地评述宝供信息系统战略规划的作用与影响，那将是十分困难的，不过从对收益的简要分析就可以得出较有说服力的结论。

在成本方面，虽然宝供在信息系统早期的规划与开发上占了不少便宜，如硬件很节约，但软件上的投入渐渐加大了，超过了200万元，总部人手一台计算机，经理们有笔记本电脑，从企业财务看，这正是良性循环的必然结果。因为宝供储运的信息系统应用从互联网架构到报表生成已经经历了两个阶段。无论从事务处理的计算机化，还是从服务与管理决策的角度看，成本的投入都是值得的。

在收益方面，信息系统战略规划给企业带来的好处很多。收益包括有形收益和无形收益。无形收益表现为成本的节约。例如，将信息系统建立在Internet/Intranet平台上，比原先的电话、传真费用要低。虽然首期一次性投入（服务器、PC机、布线等）可能也不少，但运行时具有的规模效应具有优势。另外，宝供从当初的4个分公司发展到在31个城市都有分公司，客户也由原来专门为宝洁服务发展为多个客户。从传统的角度看，业务量的增长，应有较多的人员去应付诸多管理上的事务。而实际上，宝供总公司业务部仅用12人就可以全盘监控信息系统了。这在以前简直是无法想象的。用刘武的话说：“没有这个信息系统，宝供根本就做不大。现在我们在全国有那么多运营点，要对他们进行管理，只能依靠这套系统来监控。”

有形的收益不仅表现在成本的节约上，有时甚至能直接体现在业务指标的实现上。例如，以前广州货物进京要15天，现在只需10天时间就可以了。在可靠性方面，原来能达到90%就不错了，可现在铁路运营达到了95%，公路运营甚至可以达到99%以上。

信息系统战略规划的作用与影响在很多情况下还表现为一种看不见的东西。宝供新的信息系统刚运行时，曾遇到过不少阻力，主要是一些老资格的管理人员，他们不懂计算机，不懂计算机联网后会提高管理效率，因而产生了抵触情绪。宝供通过对规划意图进行讲解和开展计算机知识培训提高了企业所有员工的素质，而这实际上是在无形中提高了企业的综合素质。

上述两方面的收益可以总结为以下五点：有效地组织跨地区的业务；充分利用资源（包括货品的和信息的）；提高客户服务水平；加快资金周转，采用先进的结算系统可比原来平均提高两天时间；节约通信费用。

而在上述五个方面中，最为根本的应当是搞好客户服务。从这个角度看，对于物流企业而言，信息系统比车队和仓库更为重要。国外许多著名的物流公司其本身并没有车队和仓库，但其每年的承运量都可以达到惊人的数字。而许多有着强大的承运能力的国内运输公司或拥有大片空余仓位的储运公司，由于没有一套能够让客户满意的信息系统而失去了与客户合作的机会，只能沦为那些有信息系统但没有储运能力的物流公司的廉价的运输和仓储工具。因此，建立和开发以客户服务为宗旨的信息系统可以为企业提供长期的具有战略意义的竞争优势。

问题

1. 宝供的业务环境为什么会发生变化？宏观环境方面的原因有哪些？微观环境方面的原因有哪些？

2. 宝供业务环境的变化实际上表现为对什么的管理瓶颈？宝供采取了什么应对措施？效果如何？

3. 为什么说信息系统比车队和仓库更为重要？

【课外拓展】

查找至少两份大型物流市场调研报告或其演示 PPT，分析其结构、模块内容、表述方式的异同点。

项目三
物流目标客户选择

【学习目标】

知识目标

1. 理解物流市场细分、物流目标客户选择及物流市场定位的理念和概念、依据、原则，熟悉物流市场细分及物流目标客户选择的方法；
2. 了解物流营销战略的 STP，了解物流企业目标市场选择的模式，了解罗马尼亚方法；
3. 掌握物流市场细分、物流目标客户选择及物流企业市场定位的步骤。

能力目标

1. 能够根据物流市场细分的依据、步骤和方法进行物流市场细分；
2. 能够按照目标市场选择的标准、方法和策略进行物流目标市场选择；
3. 能够运用物流企业市场定位确立的依据、步骤和策略进行物流企业市场定位，撰写物流企业目标客户选择报告并制作和演示 PPT；
4. 在调研、探究、讨论、撰写报告、展示成果的过程中，全方位地锻炼学生的自我学习、信息处理、数字应用、与人交流、与人合作、解决问题、革新创新、外语应用、社会适应、自我保护的能力，培养学生的敬业精神和职业操守，提升其综合素质；
5. 能够在工作中形成认真负责、耐心细致的工作作风，尊重他人、理解包容、换位思考的心态，规范操作、安全生产、文明服务的习惯，节约能源与材料、爱护设备、保护环境、敢于创新的意识。

【工作情境】

迅达物流经过初步的市场调研，决定进入该省的快递市场和冷链物流市场。但究竟选择快递市场和冷链物流市场各自的哪些细分市场及其目标客户，公司高层心里没有底。公司决定和贵校开展合作，进行项目外包。贵校物流管理专业接下这个任务后，决定组织班上的学生成立相应的项目团队，分别或集中完成调查任务，在调查的基础上，要求每组学生撰写一份物流企业目标客户选择报告，既要有选择的过程，包括选择的依据、方法、步骤，也要对选定的细分市场及其目标客户有一些简短的点评。

【工作任务】

在市场调研、市场细分、市场选择、市场定位的基础上，撰写物流企业目标客户选择报告。

【任务分析】

要完成物流企业目标客户选择报告，就得对物流企业目标客户进行调查和分析。首先需要明确调查对象，在此基础上，通过收集一些背景资料，拟定一个简单的调查提纲，在前期沟通的基础上，深入行业、企业和主管部门调查，并根据调查展开、补充、完善调查报告，说明如何进行市场细分及细分的理由、如何进行目标市场选择及选择的理由、如何进行市场定位及定位的理由、如何选择目标客户及选择的理由。这样，一个物流企业目标客户选择报告就完成了。

【工作流程】

本项目实训的作业流程如图 3—1 所示。

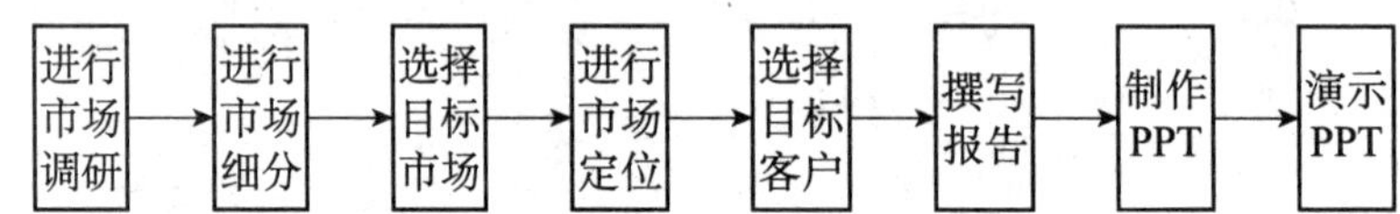

图 3—1　撰写物流企业目标客户选择报告的作业流程

【知识准备】

引导案例

外资物流巨头加速细分中国市场

外资物流在中国的布局正在从国际物流转向行业细分市场。

2010 年上海世博会的主要服务商，除了国内最大的物流企业中外运集团外，还有一家来自科威特的国际物流巨头——亚致力（Agility）（见图 3—2）。凭借着在高端物流服务方面的优异表现，亚致力成为2010年上海世博会冷链物流提供商，主要职责就是保证将需要冷藏的物品准确、安全地配送到世博园中的每一家餐厅。

图3—2 Agility的LOGO

亚致力来到中国之后，一直坚持本土化战略，紧跟中国经济的发展变化，通过细分物流市场，不断进入新的目标市场。亚致力认为：中国的物流在过去将重点放在国际服务上，因为过去的经济以出口为导向。但在今天的中国，消费经济变得越来越重要，越来越向西部和北部转移，物流服务提供商要提前在这方面做准备。事实上也是这样，亚致力在中国最初收购的企业都是从事国际海运、空运的，也是为了配合该企业在中国地区所开展的国际业务。但当企业谋划真正切入中国内陆地区的物流业时，亚致力选择了收购百岁物流，看重的正是这家企业在化工、汽车零配件以及零售业方面的实力。目前，亚致力在郑州、石家庄、武汉、成都、呼和浩特等中西部地区的物流网络也在规划建设中。2010年6月10日，亚致力在上海奉贤的雅胜物流中心开始投入运营，专门为生产新价值塑料的塑料粒子厂商提供物流配送服务。雅胜物流中心的建立，也被业界视为亚致力在敏锐地发现新价值塑料在中国未来汽车工业、农业产业的巨大需求后而作出的迅速反应。

亚致力在中国的网络布局并非个例。DHL、TNT、FedEx等外资物流巨头都在按照行业、地域、产品不断细分中国市场。2010年6月初，DHL宣布将在中国的时装与成衣物流产业方面加大投入，其位于上海松江的时装与成衣物流中心定于2010年年底前建成。TNT也通过在华全资子公司天地华宇，加紧布局中国的陆运网络。

国内物流市场起步不久，大部分物流企业是从原来的储运业转型而来，虽然在网点上占据本土优势，但多数企业未形成核心竞争力，在捕捉新兴目标市场，对细分市场进行精耕细作方面差距还很大。在外资巨头分享中国物流业中高端市场的盛宴背后，则是国内物流企业的缺位，甚至只能成为外资巨头的“打工仔”——作为其代理。外资物流企业在国内的扩张，将给本土物流企业带来巨大挑战。

资料来源：改编自熊晓辉：《外资物流巨头加速细分市场，本土物流迎挑战》，载《东方早报》，2010-06-21。

引导问题

1. 亚致力对中国物流市场细分的原因是什么？
2. 外资物流企业对中国物流市场细分的依据是什么？
3. 外资物流企业在国内的扩张，将给本土物流企业带来什么挑战和启示？

借助物流环境分析和预测工具，物流企业将会发现新的市场机会，进而设计出新的物流服务项目。物流企业面临的问题是如何从若干目标市场中优选出最能符合企业目标与开发能力的一项作为开发任务。市场细分、目标市场选择、市场定位构成公司营销战略的要素，被称为营销战略的STP，如图3—3所示。

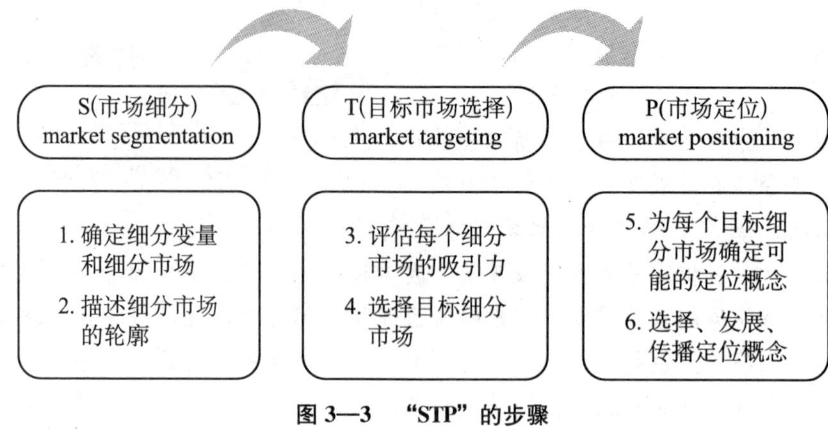

图3—3 “STP”的步骤

一、物流市场细分

引导案例

物流市场细分的胜利

经过数十年的发展，物流行业正在摆脱过去“大而全、小而全”的经营模式，逐步走向市场细分的道路。目前，物流行业已经细分为物流、仓储、快递、小件包裹等不同的小行业。虽然许多物流企业希望在更广阔的物流市场上拓展发展空间，但不少物流企业确实是在更小的细分市场取得了成功。

顺丰速运（见图3—4）作为一家专业的快递公司，把自己的业务经营范围仅限于更为轻便的信件快递服务，而且并不像别的快递公司那样兼做代收、到付货款和贵重物品快递服务。正是这样一个不起眼的市场，顺丰却取得了极大的成功。目前，顺丰快递的文件与包裹的比例为6∶4（其中内地件占50%、香港件占50%）。相较于宅急送、大通、大田等国内快递，顺丰的文件占比最大。小小的文件与包裹市场，目前已为顺丰创造了将近40亿元人民币的年收入。更让业内人士眼红的是，在物流业利率不断摊薄的今天，顺丰的利润居然还能达到20%。

这就是市场细分的胜利。目前，各个细分领域的“顺丰”并不罕见，如有专门做航空物流的，有专门做行业物流的，如IT细分市场的澳洋顺昌（见图3—5），目前已经成为长三角地区专门为IT产品制造商提供金属材料的仓储、分拣、套裁、包装、配送等供应链服务的细分市场领域最大的物流公司。前宅急送老总、现星晨急便老总陈平的表述更为直白：“差异化实际上就是把我们目前的蛋糕再细分成一层、两层、三层，最后找到适合自己的一层把它做精做细，你就能在这个市场上站稳脚跟，你的企业内部的管理和竞争力就可以提高，就能够生存。”

图 3—4　顺丰速运的 LOGO

图 3—5　澳洋顺昌在 IT 金属物流细分市场获得成功

资料来源：改编自范颖华、黄君发：《商务的未来：鼠标＋物流》，载《小康·财智》，2009（8）。

引导问题

1. 试分析从事“更为轻便的信件快递服务”而并非兼做代收、到付货款和贵重物品快递，这样的做法给顺丰速运带来了哪些好处？

2. 市场细分的胜利说明了什么？

3. 在你学校所在区域有哪些物流企业受益于市场细分？

4. 你认为物流市场细分该如何入手，物流市场细分与普通商品市场细分有哪些异同？

物流市场细分是指根据物流需求者的不同需求和特点，将物流市场分割成若干个不同的子市场的过程。经过分类，同一个子市场内部的物流需求者都具备相同的消费需求、消费模式等，而不同子市场的需求者则存在明显差异。市场细分是物流企业目标市场营销的前提和基础——物流企业只有针对不同的细分市场，才能采取相应的市场营销组合策略，使物流企业营销的服务更符合各种不同特点的客户需求，从而在市场上扩大市场占有率，提高服务的竞争能力，提升自身的经营业绩。

物流企业市场细分的作用体现在：通过识别重要客户、了解客户的需求特征来改进现有服务的设计，寻找新的服务机会或寻找新的可能目标市场，有利于物流企业合理利用资源，树立更好的品牌和公司形象。

物流企业要使细分市场真正具有实用价值，保证细分市场能为自己制定有效的营销战略、策略服务，要保证细分市场的可衡量性、可盈利性、可行性、可持续性。

物流市场细分实施的关键在于确定适当的细分标准、采用科学合理的细分方法、遵循合理的步骤。

（一）物流市场细分的标准

根据物流市场的特点，一般采用以下标准进行市场细分：

1. 地理区域

物流需求直接受到各地区产业布局、区域经济和城市化的影响。不同区域物流产业的发展、市场需求、竞争状况、政策条件、行业标准等都各有特点，从而对物流企业的市场细分产生重要影响。按照物流市场区域细分，可以分为国外、国内、区域以及跨区域物流市场。

在较为成熟的物流市场上，物流企业往往会有比较清晰的地域定位（见表 3—1）。

表 3—1 物流企业的地域定位

物流企业	地域定位
Hercules、Cotia	区域性物流
Frans Maas、Penske、Caliber	全国性物流
TNT、EXEL、Menlo、Kuhne、Nagel	国际性物流
FedEx、UPS、Fritz、Ufreight MSASACS	全球化物流

2. 客户所处行业

客户所处行业是物流市场细分的重要依据。按行业对象的不同，可将物流市场分为：汽车物流（见图 3—6）、家电物流（见图 3—7）、IT 物流、零售物流、医药物流（见图 3—8）、石化物流（见图 3—9）、农产品物流（见图 3—10）、冷链物流等。目前，大多数物流企业选择进军一个或几个行业。

图 3—6 汽车物流

图 3—7 家电物流

图 3—8 医药物流

图 3—9 石化物流

图 3—10 农产品物流

部分物流企业的客户定位如表 3—2 所示。

表 3—2 部分物流企业的客户定位

物流企业	客户定位
UPS	主要从事汽车业和电信业的物流服务
EXEL	主要从事食品、汽车和零售业的物流服务
FedEx	主要从事电子产品的物流服务
宝供物流	主要从事快速消费品行业的物流服务

3. 客户业务规模

客户业务规模的差异直接影响物流企业盈利能力的大小及其长期性，其对物流服务质量乃至增值服务的需求也必然各不相同，大客户自然是物流企业竞相追逐的对象。按照客户业务规模，物流市场可分为大客户市场、中等客户市场和小客户市场。

4. 物品属性

物流的对象——商品和物资千差万别，具有不同的物理和化学属性，这些属性对物流成本、物流技术和物流管理都产生了不同的影响，对物流服务也提出了不同的要求。由此，物流市场可分为普通商品物流市场与危险品物流市场（见图 3—11）、常规物流市场与冷链物流市场（见图 3—12）等。

图 3—11　危险品物流

图 3—12　冷链物流

5. 物流环节

商品从生产者传递到消费者，一般要经历一个非常复杂的物流过程，包括储存、运输、装卸、搬运、流通加工、配送等多个环节。由此，物流市场又可分为运输物流、仓储物流（见图 3—13）、配送物流（见图 3—14）等。

图 3—13　仓储物流

图 3—14　配送物流

6. 客户所有制性质

根据客户所有制性质可将物流市场细分为“三资企业”、国有企业、民营企业。不同资本特征的客户往往有不同的行事风格，如表 3—3 所示。

表 3—3　“三资企业”、国有企业、民营企业的客户特征比较

比较项目	“三资企业”	国有企业	民营企业
对物流的认识	深刻	一般	较低
市场开发成本	较低	高	一般

续前表

比较项目	“三资企业”	国有企业	民营企业
合作的难易	容易	难	一般
客户维护成本	较低	高	较高
合作层面	较高	低	低
利润空间	较高	不确定	低
营销手段	品牌营销为主	品牌与关系营销	关系营销为主

7. 客户的服务时间要求

根据客户的时间要求可将物流市场细分为特快件（见图 3—15）、快件（见图 3—16）、一般物件等物流市场。

图 3—15 TNT 特快件运输

图 3—16 城市快件递送

8. 外包动因

根据不同客户的外包动因可将物流市场细分为关注成本型、关注能力型、关注资金型和复合关注型等物流市场（见表 3—4）。

表 3—4 根据不同外包动因的物流市场细分

细分类型	物流外包动因
关注成本型	希望通过与第三方物流企业的合作降低运营成本
关注能力型	希望通过第三方物流公司的能力，提高公司的客户服务水平
关注资金型	客户因资金不足或比较关注资金的使用效率，不希望在物流方面投入过多的人力和物力
复合关注型	选择服务商的动因不止一个——大多数客户选择物流服务商的动因是复合关注型的

9. 服务方式

根据客户所需物流服务功能的实施和管理，可将物流市场细分为综合方式服务市场和单一方式服务市场。综合方式服务市场的客户需要提供两种或以上的物流服务，如有实力的大企业在为其客户提供仓储、运输服务的同时，还为客户提供咨询服务。单一方式服务市场的客户则只需要提供某一种方式或环节的物流服务。

10. 物流对象的体积和重量

根据物流对象的体积和重量，可将物流市场细分为大件物流市场、小件物流市场。

图 3—17 和图 3—18 分别为大件物流和配件物流。

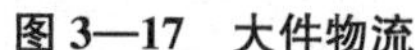
图 3—17　大件物流

图 3—18　配件物流

（二）物流市场细分的方法

物流市场细分的方法，目前常用的有两类：一类是按影响物流消费者需求的因素进行物流市场细分的因素分析法，包括单一因素法、主导因素排列法、综合因素法、系列因素法、多因素矩阵排列法、产品—市场方格图法；另一类是按涉及物流客户服务需求的系统要素进行细分的系统分析法，主要是“5W1H”法。

1. 因素分析法

（1）单一因素法。

单一因素法是指物流企业根据影响物流消费者需求的某项单一因素进行物流市场细分。具体细分示例参见表 3—5。

表 3—5　单一因素法示例

单一因素	市场细分
地理区域	区域内物流市场、区域外物流市场乃至国际物流市场
产品属性	生产资料物流市场和消费资料物流市场
产品的危险程度	危险品物流市场和非危险品物流市场
行业	农业物流市场、制造业物流市场、商贸物流市场
速度	当日达物流市场、次日达物流市场、定日达物流市场
距离	短途物流市场、中途物流市场、长途物流市场

（2）主导因素排列法。

主导因素排列法是指当一个细分市场的选择存在多个因素时，可以从物流消费者需求的特征中寻找和确定主导因素，然后与其他因素有机结合，确定细分的目标市场。如对于会展物流，物流服务的及时准确、按期安全抵达是参展商考虑的主导因素，运输成本则被视为相对次要的因素，必要时可能首选航空运输；而对于一般大宗物品，运输成本是物流消费者考虑的主导因素，水运方式则成为首选。以服装物流为例的主导因素排列法如图 3—19 所示。

（3）综合因素法。

综合因素法是指将影响消费者需求的两种或两种以上的因素综合后进行细分，所涉

年龄	性别	职业	收入	教育	婚姻	住地	气候
婴儿		农民	高	文盲		城市	寒带
儿童	男	工人		小学	未婚	郊区	亚寒带
青年		学生	中	中学		乡镇	温带
中年	女	教师		大学	已婚	农村	亚热带
老年		军人	低			山区	热带
		干部					
		其他					

主导因素

图 3—19 主导因素排列法示例：以服装物流为例

及的各种因素都无先后顺序和重要与否的区别。如同时按照物品属性和地理区域两个因素来细分物流市场，参见表 3—6。

表 3—6 综合因素法细分物流市场应用示例

内容		地理区域		
		区域	跨区域	国际
物品属性	普通货物	普通货物区域市场	普通货物跨区域市场	普通货物国际市场
	特殊货物	特殊货物区域市场	特殊货物跨区域市场	特殊货物国际市场

（4）系列因素法。

系列因素法是指细分市场所涉及的因素通常是多项的，但各因素之间先后有序、由粗到细、由浅入深。以系列因素法举例说明物流细分市场与客户选择的关系，如表 3—7 所示。以系列因素法进行物流市场细分，细分的过程是一个比较、选择细分物流市场的过程，并且后一阶段的细分是在前一阶段选定的物流细分市场中进行的。

表 3—7 系列因素法细分物流市场示例

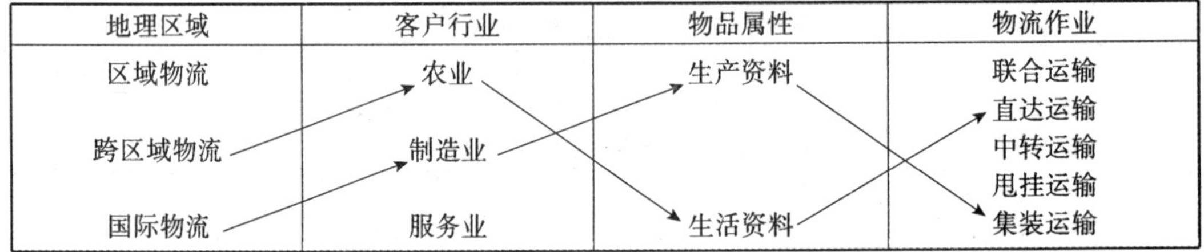

地理区域	客户行业	物品属性	物流作业
区域物流	农业	生产资料	联合运输
			直达运输
跨区域物流	制造业		中转运输
			甩挂运输
国际物流	服务业	生活资料	集装运输

（5）多因素矩阵排列法。

当细分市场受到两个以上因素的制约时，物流企业营销、管理人员可以选择几项主要因素排列成矩阵关系，综合评价选定的物流细分市场。如选用物流市场的吸引力和物流企业的强势项目作为矩阵变量，这样就可以把各种潜在的目标细分市场放进一个二维的矩阵中进行分析研究。如快递的细分市场，主要受区域经济发展水平、家庭年收入水平、时间观念等因素影响，可列出矩阵关系（见图 3—20），分析 36 个细分市场的潜力，从而选定细分市场。

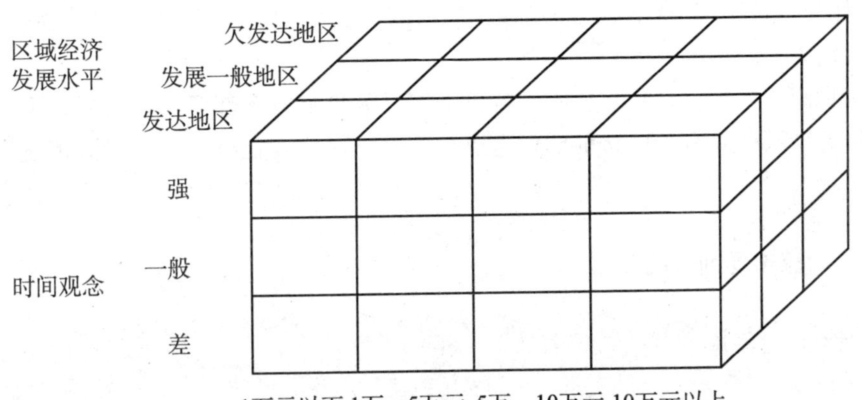

图 3—20　多因素市场矩阵分析图

（6）产品—市场方格图法。

产品—市场方格图法是按照物流产品（服务项目）和目标客户群两个因素的不同组合来细分物流市场。如表 3—8 所示，针对企业物流的五个环节，即供应物流、生产物流、销售物流、回收物流及废弃物流，需要对应的物流解决方案，按照国际、国内两类客户群划分的话，就可以划分出 10 个细分市场。

表 3—8　　产品—市场方格图法应用示例

物流产品 / 目标客户群	供应物流解决方案	生产物流解决方案	销售物流解决方案	回收物流解决方案	废弃物流解决方案
国际物流客户群	A11	A12	A13	A14	A15
国内物流客户群	A21	A22	A23	A24	A25

2. 系统分析法

按照系统理论，围绕物流服务项目，通过系统探究 5 个“W”、1 个“H”共 6 个市场细分变量并寻求答案，以此细分物流市场，即“5W1H”法。

1）谁（who）。是指哪些客户、什么样的客户购买物流服务。物流企业可以罗列出客户的一般统计资料，包括企业名称、注册资本、经营范围、业务特色、行业特点、市场区域等。

2）什么（what）。是指客户需要什么样的物流服务项目。物流企业要按照物流服务项目罗列出一份详细的清单，包括储存要求、包装特性、运输距离、配送频率、流通加工以及信息沟通方式等。

3）为什么（why）。是指客户为什么购买，客户对物流服务的基本期望乃至特殊期望是什么以及物流如何打动客户。

4）何时（when）。是指客户在什么时间购买，客户对服务时间有何具体要求。

5）何地（where）。是指客户在什么地点购买，客户了解信息的渠道、沟通渠道是否畅通，物流企业的服务网点设置是否足够多以及客户获得物流服务的便利性如何。

6）如何（how）。是指客户如何购买，包括怎样结算、支付方式、怎样签订合同、试用期长短等。

围绕物流服务项目，将需要了解的以上客户信息资料全部罗列出来后，可以分别从每一项中选择某些具有鲜明特征的信息进行整合，最后确定将某一类物流市场作为自己的目标市场。

（三）物流市场细分的步骤

【案例 3—1】　香港邮政“特快专递”的市场细分

1973 年香港邮政署率先推出了“特快专递”业务。但是，由于邮政署是行政拨款的政府部门，一直未对该项业务进行商业化的市场推广，结果速递业务的发展反而赶不上后起的民营公司。1977 年，香港邮政署决定对速递业务进行市场推广，提高市场占有率，增加营业额。

香港邮政署对顾客进行了调查，了解到顾客选择快递服务时，首先考虑的是速度和可靠性，其次才是价格，同时顾客希望追踪邮件，随时了解邮件运送的情况。

香港邮政署分析了自己的优势、劣势和市场机会。优势是：特快专递服务推出较早，技术支持较强（如电子追踪服务）；以邮局为服务点，服务网络覆盖面广，竞争对手无法匹敌；香港邮政署寻求改变的决心大，员工士气高昂，急欲参加。劣势是：香港邮政署“特快专递”过去的形象不太好，认知度不高，人们认为其可靠性与速度不及私营快递公司。市场机会是：民营快递公司多以大公司为主要客户，绝大多数的中、小商业机构享受不到价格优惠，个人客户更被作为最后处理的对象，它们的需求得不到满足，是个被忽视的市场。

通过细分市场，香港邮政署选择了中小商业机构和个人客户作为自己的目标市场，以“补缺者”的身份填补市场空缺，避免和竞争对手作正面冲突。

香港邮政署把自己的服务定位为“分秒显优势”的“超值服务”。为了塑造这一市场形象，吸引目标消费者，采取了以下措施：对“特快专递”服务采取低价策略；提供电子追踪服务，让顾客随时掌握邮件运送的情况；提供大小不同的特快专递箱，满足顾客的需要；消除一切可能延误的因素，保证邮件准时发送；特设专门的小组，应对顾客的业务查询，替顾客开立账户，并兼做宣传；整顿工作作风，一线人员礼貌热情，服务耐心细致，富有效率；提供高质量、高效率的“超值服务”，让顾客有更多时间处理邮件，甚至在“最后一分钟”将邮件寄出，令顾客分分秒秒尽显优势。

1997 年 10 月，香港邮政署推出了主题为“分秒显优势”的市场推广活动。在视觉形象上，设计了全新的公司标志和“特快专递”服务标志，选择以速度见长的“蜂鸟”代表公司形象，选择以速度和耐力著称的“雨燕”作为“特快专递”服务的形象。电视广告方面，突出了“分秒显优势”的承诺：一个勤勉、质朴的年轻邮递员，充满自信地走在人群中，他不断前行的身影、真诚的笑容，与身后喧闹的都市形成了强烈的对比，给人以踏实、可信赖的感觉，反映了香港“特快专递”业务崭新的形象。此外，这一活动还采用了多种传播手段，如报纸广告、直邮广告、广告传单、海报等。

这一推广活动取得了显著成绩。尽管 1997—1998 年香港经济不景气，“特快专递”处理的邮件总量仍有所上升，客户数、认知率、品牌形象、满意度也都有明显上升。由于速递业务服务水平提高，1997 年第 4 季度，香港邮政署获得了全球邮政联盟的嘉奖。这一市场推广活动成功地入围 1998 年度香港杰出营销奖，其电视广告也被评为该年度的杰出广告作品。

完整的物流市场细分的步骤如图 3—21 所示。

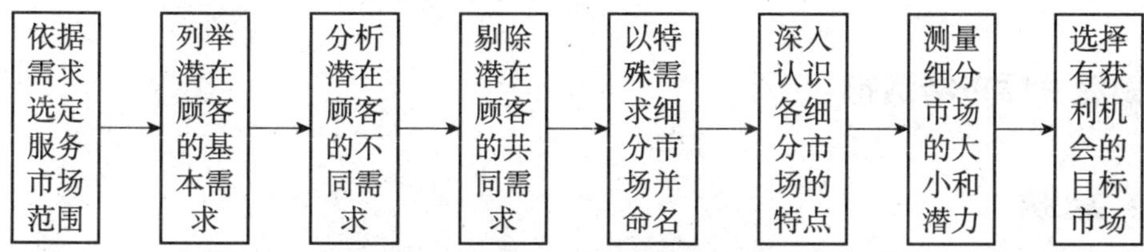

图 3—21　物流市场细分的流程

1. 依据需求选定服务市场范围

物流企业应明确自己进入什么行业，提供什么物流服务，市场需求规模有多大以及服务对象是谁，在此基础上制定自己的市场开拓战略。

2. 列举潜在顾客的基本需求

物流企业对服务市场范围的所有潜在顾客，从地理、人口、心理等方面列出他们的各种需求，作为以后深入研究的基本资料和依据。

3. 分析潜在顾客的不同需求

物流企业将所列出的各种需求向潜在顾客进行抽样调查，调查每个顾客认为最重要的需求，在统计的基础上排列出差异最大的细分市场，至少从中选出三个细分市场。

4. 剔除潜在顾客的共同需求

物流企业对潜在顾客的共同需求进行剔除，以找到顾客的特殊需求。如快递、运输的安全、经济、快速等项，几乎是每一个潜在顾客都希望的。物流公司可以将此作为产品决策的重要依据，但在细分市场时则要移去，否则就难以深入细分。

5. 以特殊需求细分市场并命名

根据有效市场细分的条件，对所有细分市场进行分析研究，剔除不合要求、无用的细分市场。对剩下的细分市场，根据顾客需求的特殊性进行命名，名称要反映这一消费群的特质。

6. 深入认识各细分市场的特点

继续深入挖掘各细分市场的特点，如不同细分市场的不同需求与购买行为及其原因，各细分市场有没有必要再作细分或重新合并。各种特征指标应可以量化。

7. 测量细分市场的大小和潜力

物流企业在调查和分析细分市场的基础上，对目标市场的特征指标的实际大小、未来发展情况进行正确评估、预测。评估指标包括市场规模和增长潜力、市场的吸引力（衡量指标是成本和利润）以及企业本身的目标和资源。同时，任何目标市场都是风险与机会并存的，评估细分市场要对风险与机会进行综合评估，以选择实现风险与机会最佳平衡的细分市场。

8. 选择有获利机会的目标市场

在综合评估的基础上，物流企业就可以选择获利机会较大的细分市场作为目标市场，并制定相应的物流营销策略。

二、物流目标市场选择

引导案例

中远物流的目标市场选择

中国远洋物流有限公司（以下简称中远物流）是我国最大的中外合资第三方物流企业，以“做最强的物流服务商，做最好的船务代理人”为奋斗目标，致力于为国内外广大客户提供现代物流、国际船舶代理、国际多式联运、公共货运代理、空运代理、集装箱场站管理、仓储、拼箱服务、铁路、公路和驳船运输、项目开发与管理以及租船经纪等服务。中远物流总部在北京，下设大连、北京、青岛、上海、宁波、厦门、广州、武汉八个区域公司；在韩国、日本、新加坡、希腊和中国香港设有代表处，并与国外40多家货运代理企业签订了长期合作协议；在国内29个省、自治区、直辖市建立了300多个业务网点，形成了功能齐全的物流网络系统。中远物流凭借国际化的网络优势，在细分市场的基础上，重点开拓了汽车物流、家电物流、项目物流、展品物流，为客户提供高附加值的服务。

（1）在汽车物流领域，中远按照提供服务的方式和客户需求的差异，确定了汽车零部件采购物流和成品车销售物流两大细分市场。其中，零部件采购物流主要为上海别克、一汽捷达、神龙富康等厂家服务，为沈阳金杯则提供“零公里成品车”物流配送服务。

（2）在家电物流领域，中远建立了包含整个家电物流项目的管理和策划、厂区仓储管理、干线运输、各地中转库管理、区域配送操作平台，提供整个供应链设计和管理工作。客户主要有海尔、科龙、小天鹅、海信、澳柯玛、美国惠而浦等知名企业。

（3）在项目物流领域，中远主要开发了长江三峡水电站、秦山核电站、江苏田湾核电站、齐鲁石化工程、厦门翔鹭PTA、上海磁悬浮轨道梁等国家重点建设工程的物流项目。

（4）中远把展品物流放在一个非常重要的位置，以北京、上海、广州为重点地区，开发跨国境的会展物流业务，如2004年中央电视台雅典奥运会转播设备物流服务、承接上海市政府主办的“米兰上海文化周”业务、圆满完成“神舟”五号返回舱参加中国首次载人航天飞行首展物流服务任务，另外还有中华文化美国行物流项目、德国亚太文化周物流项目、中法文化年等物流服务项目。

引导问题

1. 中远物流选择了哪四大目标市场？为什么？

2. 中远物流的客户有什么基本特征？

3. 中远物流为何把展品物流放在一个非常重要的位置？

物流目标市场是指物流企业在细分物流市场的基础上，经过评价和筛选所确定的、作为企业经营目标而开拓的特定市场，即企业可以凭借某种相应的服务去满足市场的这一需求，企业所服务的那几个特定的消费者群体就是企业的目标市场。物流目标市场选择是指物流企业从有希望成为自己的服务对象的几个目标市场中，根据一定的要求和标准，选择其中某个或几个目标市场作为可行的经营目标的决策过程和具体决策结果。

选择和确定目标市场，明确物流企业的具体服务对象，关系到物流企业任务和目标的落实，是物流企业制定营销战略和策略的基本出发点。任何企业拓展市场，都应在细分市场的基础上发现可能的目标市场并对其进行选择，因为并非所有的细分市场和可能的目标市场都是物流企业所愿意进入和能进入的，一个物流企业无论规模、实力多强大也无法满足所有买主的所有物流需求。物流企业只有扬长避短，找到有利于发挥本企业现有的人、财、物优势的目标市场，才不至于在庞大的物流市场上瞎撞乱碰。

(一) 物流目标市场选择的标准

物流企业选择目标市场的标准有：

1. 细分市场需求规模大

需求规模是指细分市场中客户的多少及客户购买的物流服务数量的大小。物流企业的专业化建立在市场规模化的基础上，如果没有一定的物流需求规模，市场增长率不高，物流企业就无法体现行业优势，该市场也就无法构成现实的市场和企业的目标市场。

2. 细分市场发展潜力大

发展潜力是指细分市场的增长能力。物流市场发展潜力可以用市场潜量来表示。市场潜量是指在既定条件下，整个行业营销达到极限时，市场需求的总量。市场潜量等于购买者数量、一个购买者的平均购买数量、服务的单位价格之积。物流细分市场有良好的发展前景和潜力，可以支撑物流企业的稳定发展。

3. 细分市场吸引力大

吸引力意味着长期盈利能力的大小。物流市场具备了适当规模和增长潜力，并不意味着能给企业带来收益特别是长期盈利。决定物流市场是否具有长期盈利能力的结构性因素主要有：同行业的物流竞争服务项目的数量和质量、潜在的新增加的物流竞争服务项目的数量和质量、替代服务出现的可能性和数量、客户议价能力的强弱、供应商议价能力的强弱。如细分市场已经有很多竞争者，则这一细分市场就缺乏吸引力。

4. 符合物流企业的目标和资源

理想的目标市场还必须结合物流企业的目标和资源来考虑。有些细分市场虽然规模足够、潜力诱人，但如果不符合物流企业自身的发展目标，或者企业在人员素质、资金、装备技术包括管理水平上不具备相当的实力，就只能放弃该目标市场。

因此，物流企业在选择目标市场时，应遵循企业既定的发展方向，发挥企业的竞争优势，保证服务项目、市场和技术三者密切关联，使企业获得更好的经济效益。

（二）物流目标市场的选择模式

物流企业通过对不同细分市场的评估，会发现一个或几个细分市场可以作为目标市场。究竟选择进入哪个细分市场？通常有五种模式，或者说五种策略。

1. 密集单一市场

密集单一市场是指物流企业只选择一个细分市场，只提供一种形式的物流服务，供应某单一的客户群，进行集中营销，如图 3—22 所示。这是一种最简单的目标市场进入方式，如仅为化工企业提供有毒物品的物流服务。选择这一模式一般基于以下考虑：企业具备在该细分市场从事专业化物流经营或取胜的优势条件；限于资金能力只能经营一个细分市场；该细分市场中没有竞争对手；准备以此为出发点，取得成功后向更多的细分市场扩展。

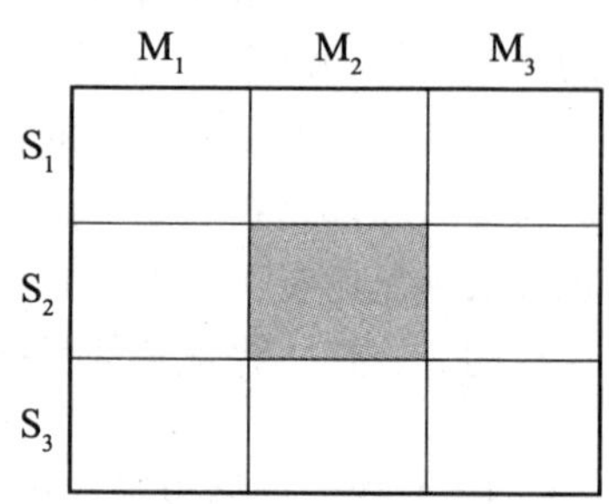

M代表市场，S代表服务，▇代表选定的目标市场

图 3—22 密集单一市场模式示意图

这种模式的优点是：物流企业能更好地了解客户的目标市场需求，服务目标市场，在市场上建立良好信誉；物流企业在细分市场上处于领导地位，将获得很高的投资收益。但由于投资过于集中，这种策略的风险较大。该模式一般适用于小型物流企业或初次进入市场的物流企业。

2. 选择专门化

选择专门化是指物流企业选取若干个具有良好盈利潜力和吸引力且符合企业的目标和资源的细分市场作为目标市场，针对各个不同的客户群提供不同的物流服务，如图 3—23 所示。选择专门化的每个细分市场与其他细分市场之间的联系较少，但在每个细分市场上都有可能获利。

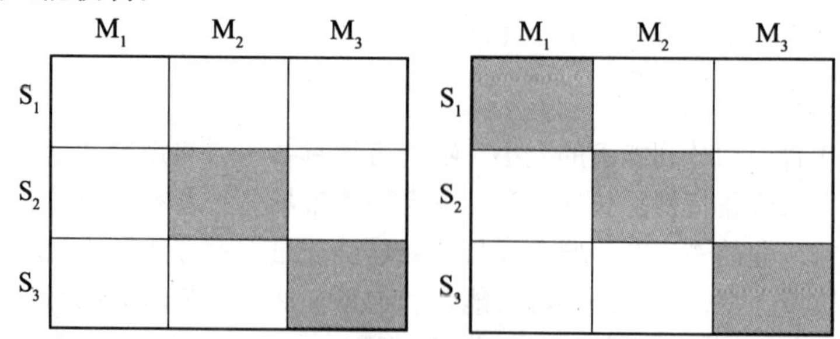

M代表市场，S代表服务，▇代表选定的目标市场

图 3—23 选择专门化模式示意图

这种模式的优点是：通过多元化经营有效地分散风险，即使某个细分市场盈利不佳，仍可在其他细分市场获得盈利。采用选择专门化模式的企业应具有较强的资源和营销实力。

3. 服务专门化

服务专门化是指物流企业针对各类客户的需求只提供一种形式的物流服务，如图3—24所示，如某配送中心专门从事生鲜食品配送，为超市、酒店、餐饮店、食品加工企业提供生鲜食品配送的服务。

这种模式的优点是：物流企业专注于提供某一种物流服务，有利于形成和发展自身物流作业和物流技术上的优势，在该领域树立形象；物流企业可以通过这种策略，摆脱对个别市场的依赖，降低经营风险，在某种服务方面树立良好的声誉。缺点是：当该服务领域出现一种全新的技术时，物流企业的物流服务销售量有大幅度下降的风险。

4. 市场专业化

市场专业化是指物流企业向同一客户群提供不同种类的物流服务，如图3—25所示。市场专业化提供的物流服务种类众多，能有效地分散经营风险。但由于集中于某一类客户，当这类客户的需求下降时，物流企业也有收益下降的风险。

这种模式的优点是：有助于发展和利用与客户之间的关系，降低交易成本，树立良好形象。

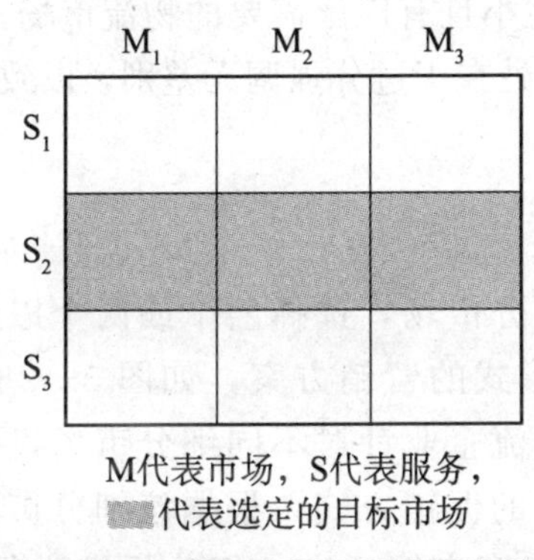

图3—24 服务专门化模式示意图

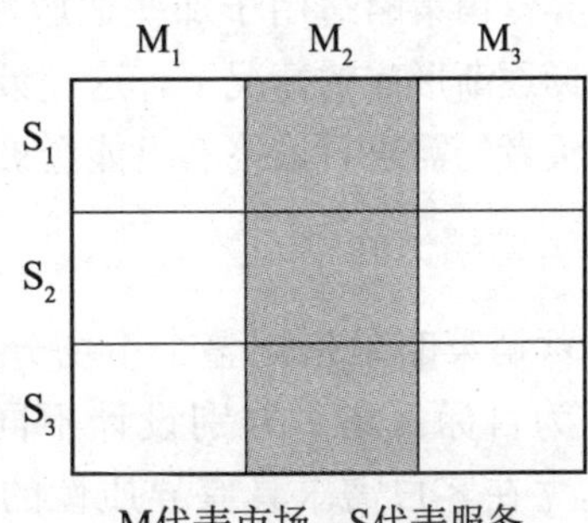

图3—25 市场专业化模式示意图

5. 完全市场覆盖

完全市场覆盖是指物流企业利用各种服务产品满足不同客户群体的需要，即物流企业选择全面进入所有细分市场，为所有客户群提供他们所需要的各种物流服务，如图3—26所示。实力雄厚的大型物流企业通常会选择这种模式，一般都能收到良好的效果。

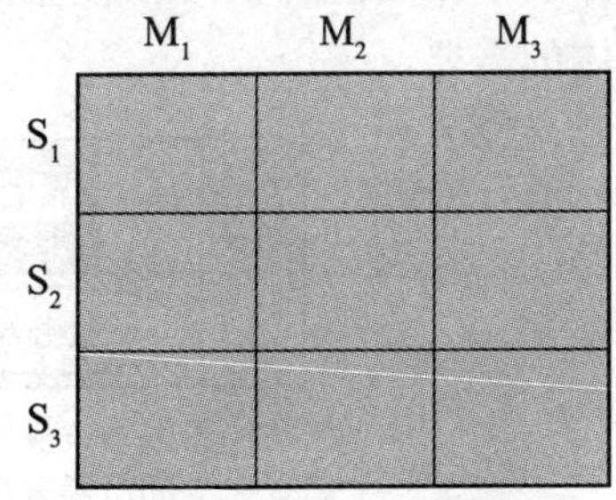

图3—26 完全市场覆盖模式示意图

（三）物流目标市场的营销策略

目标市场的选择策略不同，物流企业提供的物流服务就不同，占领目标市场的营销策略也就不一样。物流目标市场营销策略包括无差异营销策略、差异营销策略、集中营销策略及一对一营销策略四种。

1. 无差异营销策略

如图3—27所示，无差异营销策略是指物流企业将市场看成一个整体，不作细分，把整体市场作为目标市场。采用该种策略，只考虑市场需求的共性，而不考虑其差异，运用一种服务、一种价格、一种推销方法，吸引尽可能多的消费者。如EMS、顺丰速运采取的就是无差异营销策略，只提供一种快递方式，全国统一价格，无论何时何地。

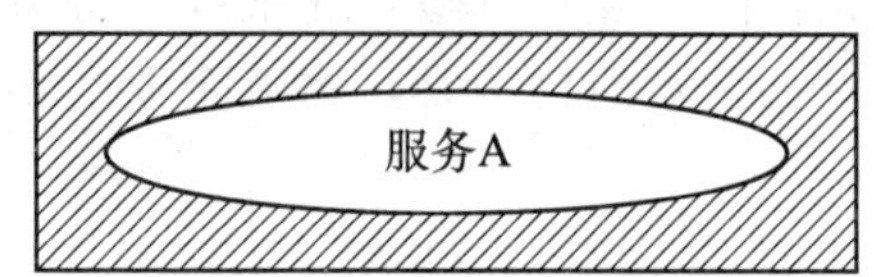

块状代表市场，椭圆代表物流服务

图3—27 无差异营销策略示意图

无差异营销策略的最大优点在于成本的经济性，既有助于节约新项目设计和市场开发成本，又有利于物流企业摆脱对个别市场的依赖，降低风险，同时有利于充分利用企业资源。

无差异营销策略适用于那些适应性强、差异性小且有广泛需要的物流市场。但是，在买方市场逐渐形成的情况下，这一策略的不足之处在于过分强调无差别，以致无法满足不同购买者的需求，最终有可能会被市场淘汰。

2. 差异营销策略

差异营销策略是指把整个市场分成若干个细分市场，选择两个或两个以上的细分市场作为目标市场，分别设计不同物流服务形式的营销方案，如图3—28所示。该策略建立在客户需求具有异质性的基础上，物流企业针对不同细分市场设计不同的物流活动，采取多品种经营。同时，采取不同的促销方式，根据该细分市场的销售渠道，制定不同的价格。对物流企业来说，将客户按一定的细分标准进行细分，并从中作出选择，可以使企业所经营的物流服务更有针对性，更能满足不同需求群体的需要。

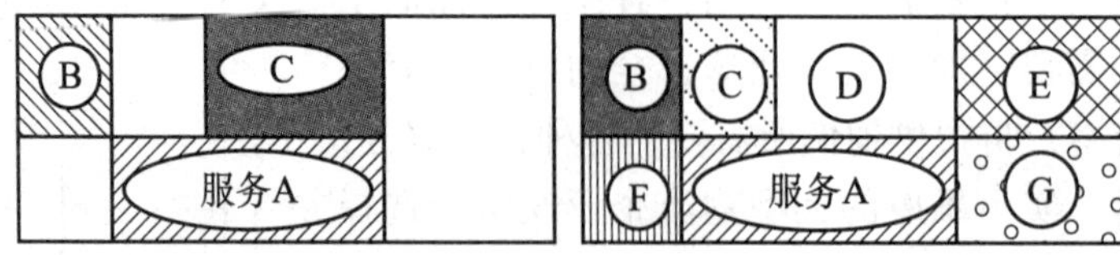

块状代表市场，椭圆代表物流服务，前者在部分市场采用差异营销策略，后者在全部市场采用差异营销策略

图3—28 差异营销策略示意图

差异营销策略能满足各类物流需求者的不同需求，对物流企业而言，有助于发挥潜

力，扩大销路，增加盈利，有助于提高企业竞争力和应变能力，树立良好的企业形象。

差异营销策略适用于经营多种物流业务，实力雄厚的大中型物流企业，但也存在增加运营成本特别是市场开发、维持费用和受限于企业资源的局限性。

【案例 3—2】 美国戴凡士物流公司对建筑材料市场物流服务的差异化决策

美国戴凡士物流公司分别对建筑材料市场和电子产品市场进行了研究。研究发现，这两类市场的目标客户对物流服务的满意度的关注点存在明显差异。在建筑材料市场上，一方面，企业提供信息的质量完全不受重视（如货品信息清单），原因可能是建筑材料产品的技术含量较低，可能涉及的质量问题较少；人员沟通质量对满意度的影响不大，而订购过程对满意度有较大的影响，原因也是在于产品特性，人们更注重订购过程操作的简易性和效率。另一方面，在收货过程的末期，时效性和误差处理不受重视，且货品完好程度对误差处理没有影响。这样，对满意度有影响的就只有订购过程这一环。因此，对于建筑材料这类标准化（不存在太多质量问题）程度较高、技术含量不高、需求时效性不强的商品，只有订购过程对满意度有重要影响。而在电子产品市场上，提供信息的质量和服务的时效性等则成为客户特别关注的方面。

根据调研结果，戴凡士物流公司在物流差异化决策中特别强调订购的方便与快捷，建立了自动订货信息系统、提供专门的订购服务，并注意简化订货的手续。同时，戴凡士物流公司减少了人员沟通费用，由此实现了针对建筑材料市场的物流服务。

问题

1. 戴凡士物流公司的物流差异化决策具体表现为什么？
2. 建筑材料市场和电子产品市场的顾客关注点的差异说明了什么？

3. 集中营销策略

如图 3—29 所示，集中营销策略是指在细分后的市场上，选择一个或少数几个细分市场作为自己将要为之服务的目标市场，集中企业的人、财、物进行精耕细作，实行专业化服务。采用这种策略的物流企业对目标市场有较深的了解，它所追求的不是在较大的市场上占有较大的市场份额，而是力争在较小的市场上占有较大的市场份额，往往反而能争取到较高的投资收益率。

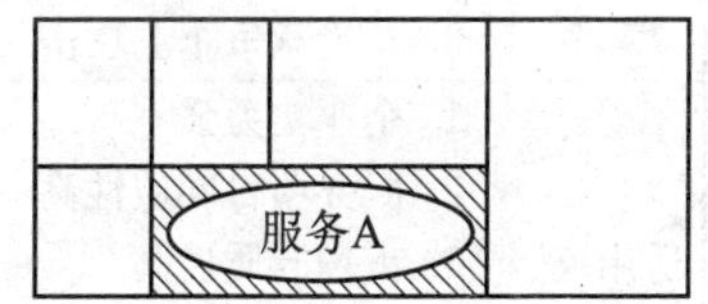

块状代表市场，椭圆代表物流服务

图 3—29 集中营销策略示意图

对一些资源有限、实力不够雄厚、新进入市场的物流企业来说，采用这一策略是为了更深入地了解细分市场的需要，实现专业化经营，在局部市场创造出独特的优势。但是，这种策略的风险较大。由于企业的全部资源与力量均集中在一个或极少的几个子市场上，那么，一旦目标市场风云突变，就可能出现经营危机，使物流企业陷入困境。

【案例 3—3】 顺达物流公司的集中营销策略

顺达物流公司成立初期，面临着与许多物流公司一样的难题：公司客户数量虽多，却没有形成规模，客户流失率大；没有形成十分稳定和可积累的特定客户资源，处于比较粗放的运营状态。企业决策层经过一段时间的调整，梳理了发展思路和方向，立志从事专业的物流配送服务，并忍痛割离了一些不符合公司未来发展的物流业务和客户。由于公司资源有限，难以覆盖整个市场，初步确定为本地某啤酒厂家进行配送。啤酒物流具有流量大、附加值低、行业竞争激烈、保质期短的限制，顺达公司集中人力、物力，采用集中营销策略，为其提供了灵活多变的专业化物流服务。同时，顺达公司又承担了本地饮料酒和快速消费品的配送，克服了啤酒配送季节性需求波动大的缺点。顺达公司在这一细分市场上，不断做大做精，形成了集运输、仓储配送、分销、代收货款于一体的系列物流服务，从而在较小的市场上占有了较大的市场份额。

无差异营销策略、差异营销策略、集中营销策略三种目标市场营销策略由于理论基础和指导思想不同，各有利弊，也有各自不同的适用范围（见表 3—9）。选择目标市场时，必须全面考虑企业面临的各种因素和现有条件，如企业规模和原料的供应、服务项目类似性、市场类似性、项目生命周期、竞争的目标市场等。

表 3—9 无差异、差异、集中营销策略对比表

	无差异营销策略	差异营销策略	集中营销策略
理论基础	成本的经济性	客户需求异质	经营的专业化
指导思想	消费者需求相同	不同细分市场应采取不同的营销策略	突破一点，取得成功
优点	1. 减少生产成本 2. 节省促销费用 3. 减少营销投入 4. 减少生产成本	1. 更好地满足客户需求 2. 减少经营风险 3. 提升企业形象及市场占有率	1. 集中资源优势 2. 局部市场成功胜算大
缺点	1. 适用项目极少 2. 市场竞争激烈 3. 易受竞争企业攻击	1. 增加营销成本 2. 资源配置不能有效集中	1. 市场区域小 2. 经营风险较大
适用范围	1. 企业实力强 2. 服务项目同质性高 3. 市场同质性高 4. 项目处于投入期 5. 竞争者采用无差异策略	1. 企业实力强 2. 服务项目同质性低 3. 市场同质性低 4. 项目处于成长期或成熟期 5. 竞争者采用差异或无差异策略	1. 企业实力不强 2. 服务项目同质性低 3. 市场同质性低 4. 项目处于衰退期 5. 竞争者采用差异策略

4. 一对一营销策略

市场细分的最后一个层次是“细分到个人”和“定制营销”，即一对一营销。这是市场细分的最高境界即最精细化策略。物流市场的一对一营销推行的是一对一和量身定制的物流服务，可以根据顾客的需求做到最个性化的服务。

实施一对一营销时，由于目标较为单一，易于深入了解客户需求，做到量体裁衣、服务专业化。一对一营销能最大限度地提高客户满意度和忠诚度，因此受到物流大客户的青睐。世界500强之一的宝洁公司对物流服务商非常挑剔，宝供物流能够与其建立长期合作关系，正是依赖于一对一营销策略的成功运用——宝洁公司的货销往哪里，宝供物流的服务网点就设到哪里。即使像中远物流这样的大企业，其营销部门在针对不同的大客户时采取的也是专人负责，一对一营销。

【案例3—4】　一对一营销——中外运为米其林量身定做物流方案

中国外运辽宁公司下属的海运分公司为米其林项目实行了一对一营销，根据米其林标书上提出的物流要求，在距离米其林工厂5千米处设立符合客户要求的仓库，并备有近万平方米的弹性使用库房；配备高素质的仓库管理人员，安装MK仓储管理软件，建立仓储物流管理信息系统；为米其林配备专用的货车负责短途运输；配备集卡车队和厢式货车队进行国内配送运输，利用为米其林提供进口物流服务的集卡车队完成出口运输；所有车辆上配备GPS定位系统，实行24小时监控，保证运输的安全性、准时性和低成本。

【案例3—5】　一对一营销——新郎将自己装进集装箱快递给新娘

2010年10月16日，重庆某婚礼上，新郎将自己装进集装箱快递给新娘。这一过程从最初的策划、新郎的“装箱”与运输、签收、拆箱都完全是个性化的（见图3—30和图3—31）。

图3—30　新娘签收

图3—31　拆箱后神秘新郎出现

（四）物流目标市场选择的方法

物流企业划定目标市场范围后，还需对目标市场进行量化分析和综合评价，最终选定目标市场。典型的量化分析方法是罗马尼亚方法。该方法不受细分物流市场数目和评价标准的限制，评价过程规范，可以利用计算机处理。特别适用于大型的、综合性的目标市场评价、选择项目。罗马尼亚方法的步骤如图3—32所示。

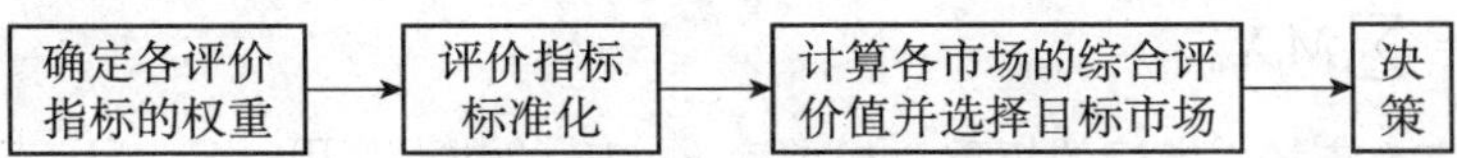

图3—32　罗马尼亚方法的步骤

以下我们用罗马尼亚方法对某物流公司的目标市场进行选择。某物流公司面临三个不同的服务细分市场，各市场具体指标的数据如表 3—10 所示。

表 3—10　　某物流公司在三个细分市场的销售数据统计表

指标符号	指　　标	甲市场	乙市场	丙市场
M_1	单位产品售价（元）	5 000	3 600	2 000
M_2	单位产品成本（元）	3 600	2 600	1 200
M_3	流动资金周转速度（天）	300	150	400
M_4	单位产品净收益（元）	1 200	1 004.50	800
M_5	销售增长率（%）	12	18	6

第一步：确定各评价指标的权重——采用专家意见法。

评价指标的权重一般由专家综合评价后给出，假设该例中专家给出的权重如表 3—11 所示。

表 3—11　　专家意见权重汇总表

评价指标（M_i）	M_1	M_2	M_3	M_4	M_5
指标权重	0.24	0.13	0.24	0.31	0.08

第二步：评价指标标准化。

评价指标标准化即把各种指标的实际值换算成相对分值，公式如下：

$$X_{ij}=99\times(B_{ij}-C_i)/[(A_i-C_i)+1]$$

式中：X_{ij}——j 市场的 i 指标值（换算后的值）；B_{ij}——j 市场的 i 指标值（换算前的值）；A_i——i 指标的最大值，当 i 指标是正指标即越大越好时，$A_i=\max\{B_{ij}\}$；当 i 指标是反指标即越大越不好时，$A_i=\min\{B_{ij}\}$；C_i——i 指标的最劣值，其确定方法与 A_i 正好相反。

如上例，乙市场的单位产品净收益指标的换算过程是：

$$X_{42}=99\times(1\ 004.5-800)/[(1\ 200-800)+1]=50.5$$

综合计算结果如表 3—12 所示。

表 3—12　　各项指标换算后的分值表

指标	权重	甲市场	乙市场	丙市场
M_1	0.24	1	47.2	100
M_2	0.13	1	42.3	100
M_3	0.24	40.6	100	1
M_4	0.31	100	50.5	1
M_5	0.08	50.5	100	1

第三步：计算各市场的综合评价值（D_j）并选择目标市场。

市场的综合评价值公式如下：

$$D_j=\sum_{i=1}^{5}M_jX_{ij}$$

式中：M_i 代表 j 市场 i 指标的权重。根据表 3—12 的数据，甲、乙、丙三个市场的综合评价值计算结果如表 3—13 所示。

表 3—13　　各细分市场综合评价值表

细分市场	甲	乙	丙
综合评价值 D_j	45.15	64.49	37.63

第四步：决策。

因为 D_j 反映的是细分市场的综合优势值，越大越好，在表 3—13 中，乙市场的综合优势值最大，因此选择乙市场作为企业的目标市场。

对于物流企业，将上例中的单位产品售价、单位产品成本、单位产品净收益分别用具体物流服务项目的单位收费、单位成本、单位净收益替换，也可以运用罗马尼亚方法计算其细分市场的综合优势值并作出市场定位决策。

（五）物流目标市场选择的制约因素

1. 企业实力

这是选择目标市场营销策略的首要因素。物流企业的实力体现为其运营规模、技术力量、财务能力、经营管理能力等。如果物流企业实力较强，有可能占有较大的市场，则宜采用差异营销策略或无差异营销策略；如果实力有限，无力覆盖整个市场，则宜采用集中营销策略。

2. 市场差异性

要明确目标市场类同性的大小以及目标市场是同质市场还是异质市场。如果目标市场客户需求、购买行为等方面的相似程度高，则宜实行无差异营销策略；如果客户的需求偏好、态度、购买行为等差异较大，则宜采用差异营销策略或集中营销策略。

3. 物流服务的差异性

在物流目标客户眼里，不同物流企业提供的物流服务存在差异性或同质性，要明确知道物流服务在客户看来同质性的大小。如果目标市场同质性高，可采用无差异营销策略；如果同质性低，可采用差异营销策略或集中营销策略。

4. 物流服务项目所处的生命周期

处于市场生命周期不同阶段的物流服务项目，需要根据各阶段的特点，分别采用不同的目标市场营销策略。

5. 市场竞争状况

竞争者的数量、实力和市场容量的多少是物流企业确定目标市场营销策略时考虑的重要因素。当竞争者较少或实力较弱时，可采用无差异营销策略；反之，则应选择差异营销策略或集中营销策略。

6. 竞争对手的战略

物流企业之间选择何种营销策略存在博弈行为，可根据竞争对手的强弱和其采用的营销策略，选择自身的营销策略。当强大的竞争对手采取无差异营销策略时，相对较弱的企业可采取差异营销策略或集中营销策略。

上述企业目标市场营销策略选择的影响因素，是物流企业选择目标市场需要考虑的一般因素，对于具体的物流企业，应在实践中根据内、外部实际经营状况相机灵活运用，有所侧重。

三、物流市场定位

引导案例

UPS定位的不断改变

1907年，由于看到美国私人信件和包裹投递服务需求很大，19岁的UPS创始人吉姆·凯西从朋友那里借了100美元，在西雅图开了一家信件投递公司。电话在美国家庭逐渐普及后，UPS及时改变了公司的发展方向，开始为零售商提供送货上门服务。第二次世界大战促使UPS重新定位。由于燃料和橡胶短缺，零售店鼓励顾客自行把商品带回家，而不是由商家送货。战后，这种趋势得以继续。由于大量人口由城市流向修建有购物中心的郊区，顾客很容易自己开车将商品带回家。这时，UPS开始设法获取公共邮递权，使其能在所有地点之间投递包裹，与美国邮政局展开了直接的竞争。此前，UPS被限制在美国的局部地区经营，而包裹在州与州之间的跨州界流动必须获得美国联邦当局和各个州的批准。UPS花了近25年时间，打了无数官司，才最终获准在美国48个大陆州投递包裹。到1975年，其全国性的包裹投递服务最终成为现实。20世纪80年代，航空包裹投递服务需求上升，加之美国放松了对航空业的管制，UPS又遇到了新机会。于是，UPS组建了自己的货运机队，并从1985年开始提供隔夜航空运输服务。20世纪90年代中期，由于受到FedEx等公司的强有力的竞争，UPS公司又进行了一次大转型，将公司理念的重点由强调效率转为强调客户满意，客户可以方便、透明地在网上查询包裹的投递情况，使得客户对其的信任感大大加强。经过长期的发展，UPS在高压之下又在品牌的定位上作了调整，才有了今天的“实现同步化商业”。2011年，为了适应客户对运输及供应链解决方案的需要，UPS开展了主题为“我们爱物流”的全球宣传活动，广告自己定位的转变。

不难看出的是，UPS的每一次定位都围绕着市场的转变，其关键就在于需求。

引导问题

1. UPS物流的定位经过了多少次变化？为什么？
2. UPS物流的最新定位是什么？UPS如何实现这一新的定位？
3. 你还知道哪些国内、国际知名物流企业的定位？

物流企业的市场定位是指物流企业根据市场竞争状况和自身资源条件，建立和发展差异化优势，以使自己的服务及企业在客户心目中形成区别并优越于竞争者的独特形象，因此也称竞争性定位。如UPS和FedEx定位为小型包裹速递专家，EXEL和UCDOS定位为仓储管理专家，Menlo、Yellow和Roadway定位为零担运输专家，Ryder定位为第三方物流专家，Fritz定位为货代专家，Conway定位为中小企业供应链管理咨询服务专家。

物流市场定位的目的在于彰显企业某些物流服务的品质因素，如服务的独特性、时效性、可靠性、灵活性、安全性以及经济性等，从而形成与众不同的独特形象。

市场定位为物流服务差异化提供了机会，使每家企业及其服务在客户心目中都有一席之地，形成特定的形象进而影响购买决定，因此物流企业必须尽可能使自己的服务和企业具有十分显著的特征。

（一）物流市场定位的内容

1. 消费者定位

消费者定位是指对物流服务潜在的消费群体进行定位，确定物流服务的目标顾客群。对消费对象的定位也是多方面的，如从年龄上定位有儿童、青年、老年之分，从性别上定位有男人、女人之别，根据消费层定位有高低之分，根据职业定位有工、农、商、学、兵等。

2. 服务定位

侧重于服务本身的质量、成本、特征、性能、可靠性、实用性、安全性、服务组合等的定位。当众多企业的运输难以准时、安全到达时，天地华宇的“定日达”、德邦的“精准卡航”、卡行天下的“直通车”（见图 3—33）就形成了新的竞争定位。宅急送的“门到门服务”也是一种服务定位。

图 3—33　卡行天下对“直通车”宣传的服务定位

服务定位可分为对现有服务的再定位和对潜在服务的预定位。

1）对现有服务的再定位，可能导致服务名称、价格和包装的改变，但是这些外表变化的目的在于保证服务在潜在消费者的心目中留下值得购买的印象。

2）对潜在服务的预定位，要求营销者从零开始，使服务特色确实符合所选择的目标市场。

3. 企业定位

企业定位即企业形象塑造，包括企业员工的能力、知识、言表，企业的前台、工作场所布局和环境美化，企业展示的可信度、企业承担的社会责任、参与的公益活动等共同塑造的企业在潜在客户和社会公众心目中的形象。

4. 竞争定位

确定物流企业相对于竞争者的市场位置。中远物流“做最好的船务代理人”，就是一种独步天下的竞争定位（见图 3—34）。卡行天下“只做标准物流”，也是一种排除非标准物流的竞争定位（见图 3—35）。

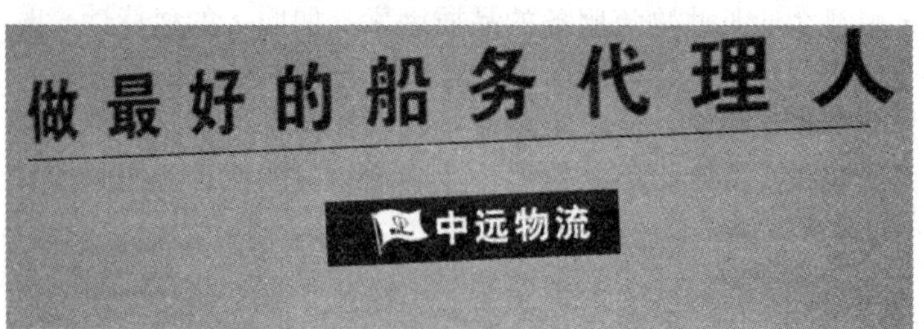

图 3—34　中远物流的竞争定位

图 3—35　卡行天下的竞争定位

5. 品牌定位

品牌定位是指企业的服务及其品牌，基于消费者的生理和心理需求，寻找其独特的个性和良好的形象，从而凝固于消费者心目中，占据一个有价值的位置。顺丰的“快”、宝供的“准”都形成了无形的品牌定位。

（二）物流市场定位的依据

物流企业在进行市场定位时要综合考虑各种要素，实施整体定位：

1. 具体的服务特点

构成物流服务内在特色的各种因素如服务品质、价格、服务结构、使用成分或材料等都可以作为市场定位的依据。如德邦物流的精准系列服务——精准城运、精准卡航、精准汽运、精准空运的定位（见图 3—36），突出精准。在宣传精准空运时，德邦物流仍然突出其精准时效、精准服务的精准特点。

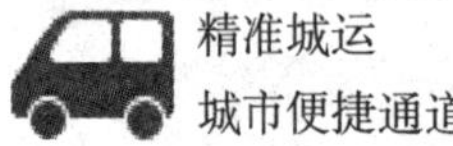

图 3—36　德邦物流精准系列服务的定位描述

2. 特定的需要及用途

为原来存在的物流服务找到一种新需要或用途，是为该服务创造新的市场定位的好办法。例如，新邦物流在传统的物流运输的基础上开拓出演艺物流；DHL 在传统快递的基础上针对爱打高尔夫但经常在世界各地出差的企业家开发出高尔夫球具快递；传化物流针对物流公司揽货、配送和司机的休息难题，定位于公路港运营（见图 3—37）。

3. 客户得到的利益

物流服务提供给客户的利益是客户最能切实体验到的，也可作为定位的依据。例如，宅急送在物流企业普遍要求自己提货的时候提出“门到门服务”，就给客户带来了切实的方便。

4. 使用者的类型

将物流服务指向某一类特定的使用者，根据这些使用者的看法塑造恰当的形

图 3—37　传化物流定位于公路港运营

象。例如，海尔物流针对家电物流定位，空气化工等物流公司针对化工物流定位（见图 3—38）。信函、快递、包裹、零担等业态的物流企业则根据运输物品的重量来定位。

图 3—38　定位于化工物流的空气化工

5. 竞争状况

以竞争物流服务项目定位为参照，突出强调“人无我有，人有我优”。例如，20 世纪 90 年代中期，由于受到联邦快递等公司强有力的竞争，UPS 进行了一次大转型，将公司定位的重点由强调效率转为强调客户满意。

以上分别从不同方面介绍了市场定位的依据，但事实上，物流企业进行市场定位时往往是多个依据同时使用。例如，德邦物流在推出“精准卡航”后，从服务特点方面，突出强调其精准、快速、安全、网络广；在价格方面，强调其高性价比、实惠；在使用者类型方面，强调其适用于中小型企业等。

（三）物流市场定位的步骤

市场定位就是调查和研究影响定位的因素（识别潜在竞争优势）以及选择竞争优势和定位战略的过程。市场定位的步骤如图 3—39 所示。

分析自身潜在的竞争优势 → 选择相对的竞争优势 → 显示独特的竞争优势

图 3—39　市场定位的步骤

1. 分析自身潜在的竞争优势

物流企业分析自身潜在的竞争优势，可以通过分析竞争对手及其服务项目、分析市场、明确自身潜在的竞争优势三个环节。

（1）分析竞争对手及其服务项目。

通过竞争对手与自身经营实力的比较、竞争对手拥有的物流服务项目与市场客户需求的对照比较、竞争对手服务项目的定位，分析竞争对手、服务项目具备哪些优势和劣势。

可采用画图法来比较。将市场上处于竞争中的各种物流服务的质量、速度、价格、产品组合等特征进行对比，对其中的任意两个特征进行多种组合，便可以画出多个平面图。最简单的办法就是一对一对比较服务的特点。C物流企业的市场定位过程如下（见图3—40）：分别以横坐标和纵坐标代表该物流企业的服务价格和服务质量，A、B代表不同的企业，圆圈代表企业的市场范围和拥有的客户数量，则C企业可以定位在A、B之间的任何位置。

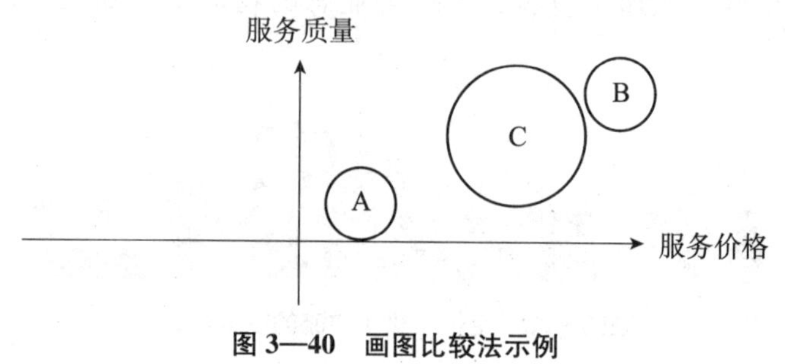

图3—40 画图比较法示例

（2）分析市场。

分析客户现实乃至潜在的需求，了解其需求的方向、规模、水平等特点以及目前需求的满足程度，明确市场还需要哪些物流服务项目及数量的大小。

（3）明确自身潜在的竞争优势。

对照竞争对手的竞争能力，结合客户的需求及其满足状况，物流企业分析自身应该及能够做什么，弄清自身潜在的竞争优势。

上述三个问题的解决，需要物流企业营销人员通过一切调研手段，系统地设计、搜索、分析并报告有关上述问题的资料和研究结果。

2. 选择相对的竞争优势

竞争优势表明物流企业能够胜过竞争对手的能力是相对的，更是动态的。这种能力既可以是现有的，也可以是潜在的。选择竞争优势实际上就是将一个物流企业与竞争者各方面的实力进行系统比较的过程。物流企业可供选择的相对竞争优势包括：

（1）经营管理优势。

主要体现在物流企业经营管理团队的经验和水平、应用的管理软件或平台的先进程度、公司治理结构的合理程度、对各级员工的激励机制等。

（2）技术开发优势。

对物流企业来说，技术优势不但体现在物流装备技术水平、软件水平上，还体现在信息化建设水平、网络化水平上，更体现在察觉市场变化并迅速推出、完善新服务项目的能力上。

（3）采购优势。

物流企业拥有的采购渠道、采用的采购手段可能直接影响到采购的成本。集中采购、长期协议采购、在线采购等采购方式应积极尝试。

（4）网点优势。

广布的网点有助于物流企业提供及时的服务，也便于客户方便地获得服务。更多的网点也意味着更大的服务规模。

（5）价格优势。

价格优势建立在物流企业规模经营、不断提高经营效率的基础上。低价能够使物流企业在与同行的竞争中处于优势。价格优势有时取决于物流企业的发展战略选择，如低价渗透策略有利于拓展市场，而高价和高端化定价有利于树立物流企业形象。

（6）质量优势。

物流企业的服务质量和服务方式优于竞争对手，能提高客户满意度。

（7）营销优势。

更了解客户，更合理的营销策略，更通畅的经营渠道，能够在节省业务运作成本的同时，更迅速地扩大物流企业的经营规模。

（8）服务优势。

物流企业的物流服务包括业务合作前期、业务实施过程以及售后服务，服务优势体现在全面性和贴近顾客上，表现为网点的密度、电话及网络订购投诉的方便程度，甚至是能否提供免费电话、手机操作软件、微信服务等方面。

（9）财务优势。

更方便、迅速地融到资金，更能够控制成本，更快地加速资金的周转利用，通过税务筹划节省资金，就能够不断构筑物流企业的财务优势。

通过以上各方面的系统比较，分辨出究竟哪些是强项，哪些是弱项，就能够借此选出最适合物流企业的优势项目，以初步确定物流企业在目标市场上所处的位置。

3. 显示独特的竞争优势

选定的竞争优势不会自动地在市场上显示出来，物流企业需要进行一系列宣传促销活动，与选定的目标市场进行有效的沟通，准确地向市场传播企业的独特竞争优势，争取在客户心目中留下深刻印象。具体步骤如图 3—41 所示。

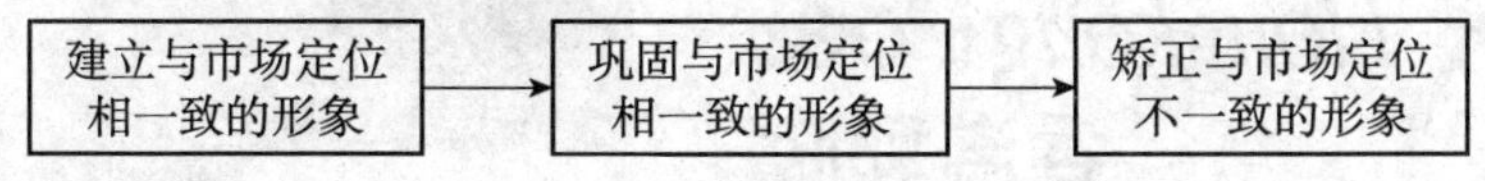

图 3—41　显示独特竞争优势的步骤

（1）建立与市场定位相一致的形象。

物流企业使目标客户了解、知道、熟悉、认同、喜欢和偏爱本企业的市场定位，在客户心目中建立与该定位相一致的形象。

（2）巩固与市场定位相一致的形象。

物流企业通过强化给目标客户留下的印象、保持对目标客户的了解、稳定目标客户的态度、加深目标客户的感情，巩固与自身市场定位相一致的形象。

（3）矫正与市场定位不一致的形象。

物流企业应注意目标客户对其市场定位理解出现的偏差或由于物流企业自身市场定位宣传上的失误而造成的目标客户模糊、混乱和误会，及时纠正与市场定位不一致的形象。

物流企业的服务即使在市场上的定位很恰当，但在以下两种情况下，还应考虑重新定位：竞争者推出的新服务定位于本企业物流服务附近，侵占了本企业物流服务的部分市场，使本企业物流服务的市场占有率下降；消费者的需求或偏好发生了变化，使本企业物流服务的销售量骤减。

（四）物流市场定位的方法

物流企业推出的每种服务项目，都需对其特色和形象进行明确定位。物流市场定位的方法主要包括根据服务项目定位、根据服务水平定位、根据主导区域定位、根据客户关系类型定位、根据主导行业定位、根据客户阶层定位、根据客户职业定位、根据客户个性定位、根据客户年龄定位、根据竞争者定位。

1. 根据服务项目定位

物流项目定位是物流企业市场定位的核心，也是决定企业经营成败的关键。根据服务项目定位的方法可细分为根据服务项目特色定位和根据服务项目功能定位。

（1）根据服务项目特色定位。

特色定位是根据服务项目的本身特征，来明确其在市场中的位置。在具体定位时，可以把形成服务项目内在特色的特征要素作为定位的依据，如服务质量、档次、面向客户的层次、价位等。例如，香港邮政将企业标志冠以“雨燕”形象（见图 3—42），象征其“特快专递”快捷、可靠的服务特色；DHL 针对 50～150 千克的重货快递推出“DHL 重宝箱”（见图 3—43）服务项目等。

图 3—42 香港邮政“雨燕”形象

图 3—43 DHL 重宝箱

（2）根据服务项目功能定位。

为传统物流服务项目开发新的作业功能，或对其功能进行拆分、合并，是物流企业适应市场变革、实现物流现代化的必然要求。我国传统流通业、仓储业、交通运输业以及邮政业正是根据服务项目功能的重新定位，焕发出新的生机。

2. 根据服务水平定位

服务水平分为基本服务、标准服务和增值服务三种。服务水平直接关系到运营成本和客户满意度。企业在确定服务水平时，一般要考虑业务类型、客户属性、对手的服务水平、行业的服务水平。普遍的做法是：对重点客户提供全面的增值服务，对于可替代性强的物流业务一般也提供增值服务。当然，客户属性是动态的，今天的一般客户可能成长为明天的重点客户，服务的水平也应相应地变化；服务水平也是动态的，服务的内容也应动态地调整，如当某项增值服务已经成为普遍服务时，它就变成基本服务了。

3. 根据主导区域定位

物流企业由于自身资金投入能力、管理水平、运营成本以及客户要求的约束，只能将有利于发挥企业优势的区域作为主导区域和业务覆盖范围。主导区域可以是一个城市、一个省、一个区域、全国，甚至全世界。

4. 根据客户关系类型定位

客户关系的类型分为普通合作伙伴关系和战略合作伙伴关系。对于这两类客户，分别采取不同的市场定位，对服务项目、服务水平设定不同的内容和档次。

5. 根据主导行业定位

物流企业为了建立自己的竞争优势，一般将主营业务定位在一个或几个行业。因为不同的行业，物流的运作模式也不同。专注于特定行业可以形成行业优势，增强自身的竞争能力，如 IT、家电、汽车、化工、食品、服装、医药、家具等。

6. 根据客户阶层定位

每个社会都包含有许多社会阶层，不同的阶层有不同的消费特点和消费需求，服务究竟面向什么阶层，是物流企业在选择目标市场时应考虑的问题。根据不同的标准，可以对社会上的人进行不同的阶层划分，如按知识分，就有高知阶层、中知阶层和低知阶层。进行阶层定位，就是要牢牢把握住某一阶层的需求特点，从营销的各个层面上满足他们的需求。

7. 根据客户职业定位

职业定位是指物流企业在制定营销策略时要考虑将物流服务销售给什么职业的人。整车运输针对大生产企业，零担运输针对中小企业主，快递针对商务人士。按职业衣领分，有金领、白领、灰领、蓝领，如现在金领习惯用国际快递，白领习惯用顺丰速运，灰领习惯用邮政 EMS 和“四通一达”，蓝领习惯用杂牌小快递，这也意味着各类快递基本上形成了大致的职业定位。

8. 根据客户个性定位

个性定位要求物流企业考虑如何把物流服务销售给那些具有特殊个性的人。这时，物流企业选择一部分具有相同个性的人作为自己的定位目标，针对他们的爱好实施营销策略，可以取得最佳的营销效果。如蜗牛慢递（见图 3—44）、小丑快递（见图 3—45）针对的就是个性需求。

图 3—44　蜗牛慢递

图 3—45　小丑快递

9. 根据客户年龄定位

在制定营销策略时，物流企业还应考虑销售对象的年龄问题。不同年龄段的人，有不同的需求特点，只有充分考虑到这些特点，满足不同消费者的要求，才能够赢得消费者。如老年人习惯了邮政服务，而年轻人喜欢新兴的快递服务。

10. 根据竞争者定位

根据竞争者的特色与市场位置，结合企业自身发展需要，可以采取相同的定位，将物流市场定位于与竞争者相同的地域、服务项目及其服务水平，或者定位于与竞争者相关的不同属性或利益。

（五）物流市场定位的策略

根据物流企业的市场地位，定位策略可以划分为市场领先者定位策略、市场挑战者定位策略、市场跟随者定位策略、避强做大者定位策略、市场补缺者定位策略、市场转移者定位策略、市场延伸者定位策略。

1. 市场领先者定位策略

市场领先者是行业中在同类服务项目的市场上市场占有率最高的物流企业。市场领先者通常采取扩大市场需求总量、保护原有市场占有率和设法在原有的基础上提高市场占有率三种战略。UPS 的定位是“我们能够在任何地方、以任何模式处理任何货物”；DHL 的目标是希望能够成为世界范围内邮件通信、包裹快递、物流及财政服务领域中的领头羊；FedEx 的定位是“无所不包，全面发展”。

2. 市场挑战者定位策略

在相同的行业中，当居次位的物流企业势力很强时，其往往以挑战者的姿态出现，攻击市场领导者和其他的竞争者，以获得更大的市场占有率，这就是市场挑战者定位策略，也称迎头定位策略。挑战者的挑战目标通常有以下三种：攻击市场主导者、攻击与自己实力相当者、攻击地方性小型企业。在确定了战略目标和进攻对象后，挑战者还需要考虑采取什么进攻战略。一般有五种战略可以选择：正面进攻、侧面进攻、包围进攻、迂回进攻、游击进攻。

3. 市场跟随者定位策略

市场跟随者定位策略是指那些在市场上处于第二、第三甚至更低地位的物流企业，其安于次要地位，参与竞争但不扰乱市场局面，跟随市场领先企业开拓市场，模仿领先企业的服务项目开发与营销模式，力争在"共处"的状态下求得尽可能多的利益。这类企业一般规模较小，实力也较弱，既无法与市场领先者抗争，也无法完全做到避开强有力的竞争对手，只能跟随市场领先者，采取模仿、追随的定位策略以在竞争激烈的市场中分得一杯羹。采用这种定位策略有三种战略可供选择：紧密跟随、距离跟随、选择跟随。

1）紧密跟随。是指物流企业在各个细分市场和营销组合方面，尽可能模仿领先者，不与领先者发生直接冲突。

2）距离跟随。是指跟随者在主要方面如目标市场、产品创新、价格水平和分销渠道等方面追随领先者，但仍与领先者保持若干差异。

3）选择跟随。是指物流企业在某些方面紧跟领先者，在另一些方面又发挥自己的独创性。

4. 避强做大者定位策略

避强做大者定位策略是指成长性物流企业避免与强有力的竞争对手进行直接竞争，而将自己的物流服务定位于另一市场区域内，使自己的物流服务在某些特征或属性方面与强势对手有明显的区别。这种策略有助于物流企业迅速在市场上站稳脚跟，并在消费者心中树立起一定的形象。由于这种做法风险较小，成功率较高，常为多数物流企业所采用。

5. 市场补缺者定位策略

市场补缺者定位策略是指物流企业专心关注市场上被大企业忽略的细小部分，在这些小市场上通过创新的服务项目、专业化经营来填补市场空缺，获取最大限度的收益，在大企业的夹缝中求得生存和发展，也称创新定位策略。选择这种策略的物流企业的主要战略是专业化市场营销，即在市场、客户、渠道等方面实行专业化。采用这种定位策略时，物流公司应明确创新定位所需的服务项目在技术上、经济上是否可行，有无足够的市场容量，能否为企业带来合理而持续的盈利。

6. 战略转移者定位策略

初次定位后，如果由于客户的需求偏好发生转移，物流市场对本企业服务的需求减少，或者由于新的竞争者进入市场，选择与本企业相近的市场定位，这时，物流企业就需要进行战略转移，对其服务进行重新定位。此外，物流企业如果发现新的物流服务项目或现有物流服务项目销路少、市场反应差，也可以进行重新定位。重新定位是指企业为已在某市场销售的服务项目重新确定某种形象，以改变消费者原有的认识，争取有利的市场地位的活动。重新定位可能导致物流服务的名称、价格、包装和品牌的更改，也可能导致物流服务在服务范围或功能上的变动，企业必须考虑定位转移的成本和新定位的收益问题。

7. 市场延伸者定位策略

市场延伸者定位策略也称扩大定位策略，即在原有物流服务的对象外，扩展相应的服务对象。如某公司的供应链金融的广告词是“小微企业可以用，大中型企业也可以用”，把服务对象由小微企业扩大到大中型企业。

【操作训练】

按照图 3—1 所示的作业流程，完成如“新华物流‘演艺物流’目标客户选择报告”的成果。该报告印刷精美，主要内容包括封面、摘要、目录、正文、参考文献、附录、致谢。正文的主要内容如下。

新华物流“演艺物流”目标客户选择报告（正文部分）

一、绪论

为了了解中国目前演艺物流的发展现状和趋势，新华物流有限公司组织了一个项目团队，在 2011 年 10—11 月对全国大城市演艺物流市场进行了抽样调查。大城市样本选择了北京、上海、深圳、广州、武汉、南京、郑州、济南、沈阳、大连、杭州、宁波 12 个城市。在对大城市演艺场馆、演艺需求进行调查的同时，项目团队还调查了文化部、12 个城市的文化广播影视管理局，了解全国的总体情况和相关的管理制度。调查主要采用直接访问法、文案调查法和专家访谈法。调查数据采用 SPSS 软件进行分析，预测时采用德尔菲法进行定性预测，采用指数平滑法和因果分析法进行定量分析。

二、当前演艺物流的规模、发展趋势和主要客户群分析

目前，文体演艺行业在我国发展迅速。据本次调查的不完全统计，北京、上海、深圳、广州、武汉、南京、郑州、济南、沈阳、大连、杭州、宁波 12 个城市 2008 年超过千人的文体演艺项目达到 28 137 项，2009 年达到 34 562 项，增长幅度超过 22.8%。北京、上海、深圳、广州 4 个一线城市的增长更为迅猛，2008 年超过千人的文体演艺项目达到 8 577 项，2009 年达到 12 361 项，增长幅度超过 44.1%。据文化主管部门提供的数据，全国超过千人的文体演艺项目 2008 年的增长幅度为 14.32%，2009 年的增长幅度为 18.54%。

随着中国经济的发展和人们对文体事业消费能力的增强，文体演艺将呈现加速发展的态势。从全国看，2010—2011 年的增幅接近 20%，2012—2014 年预计增幅在 20%～30%，2015 年将超过 30%。全国大城市 2010—2013 年的年均增幅在 25%～30%，2014 年之后的增幅将超过 30%。而北京、上海、深圳、广州 4 个城市的高增幅还将持续，2010—2014 年的增长幅度都在 40%～50%，2015 年之后会逐渐降低增幅。

演艺物流的主要客户群分两类：一类是体育赛事、文艺演出、展览展会的场馆方，另一类是体育主管部门、体育协会、演出公司、明星经纪公司、大型展会公司等活动组织方。

三、客户选择建议

演艺物流目前在国内受关注还比较少，随着演出对舞美、灯光等高科技要求越来越高，演出行业对物流服务的需求也越来越大。在设施设备运输方面，张学友跨

年演唱会光是舞美设施就需要 25 辆集装箱卡车运输。另外，文体赛事期间的音响搭建、甚至是票务递送等，大多由不同的供应商完成，这么一来，一场活动涉及的物流运输量就很大，因此如果能够整合各个环节的物流业务，市场空间就会很大。例如，张学友的 40 场全国巡回演唱会，就有上千万元的物流运输需求，而这样的活动几乎天天都有。引入文体演艺行业一体化综合后勤保障物流服务，也能为文化产业的快速发展提供坚强的后勤保障，有效地控制演出成本。因此，演艺物流的市场空间很大，发展前景也很广阔。

目前，很少有公司把这一细分市场作为自己的主业。我们建议：

(1) 在公司现有的业务中，增加演艺物流，设立专门的演艺物流部，探索拓展演艺物流客户的方法，积累演艺物流服务的经验。

(2) 目前，主要把客户集中在能够年组织或主办 80 场以上、每场 5 000 人以上演艺项目的场馆或项目组织方，并通过签署战略合作协议的方式为之提供文体演艺活动的一体化综合后勤保障物流服务。例如，与武汉洪山体育馆、深圳大剧院、上海东亚体育文化中心、上海大舞台、上海体育场、北京展览中心等签署战略合作协议，与港台、大陆一线演唱明星签署演艺物流代理协议，未来相关场馆承办、明星巡回演唱的所有文体赛事活动都会由新华物流来负责物流环节的服务。

这种定位的理由有四：一是大型场馆或大型活动组织方的活动较多，能够保证规模效应；二是大型场馆或大型活动组织方都比较有经济实力，回款有保证；三是这些活动所涉及的设备都比较高端，能够彰显新华物流的物流服务品质；四是这些活动所涉及的公司、人员、设备都比较高端，有利于提升新华物流的品牌效应。

在行业内形成“演艺物流专家”的品牌后，再把客户扩大到能够组织或主办2 500人以上演艺项目的场馆或项目组织方。当地方分支机构有了一定程度的发展后，再把客户扩大到能够组织或主办 1 000 人以上演艺项目的场馆或项目组织方。

四、结语

目前，国内还很少有物流公司认识到演艺物流这座金矿的价值。发现这一市场是个创新，抓住这个市场也需要勇气和智慧。只要定位准、动手快、团队精，相信新华物流有限公司能够在这个领域迅速发展，成为行业的排头兵！

【案例分析】

富日只做超市后台的生意

家住杭州市景芳三区的蒋先生 2002 年在易初莲花购物中心买了台洗衣机，正如蒋先生的要求，洗衣机在第二天准时送货上门，但来送货的并不是易初莲花的人，而是杭州富日物流有限公司的员工。

在杭州，富日物流公司为多家超市、便利店和卖场提供配送服务，永乐、苏宁、国美家电连锁以及华润万佳超市等大型零售商在杭州的物流配送都交由它来完成。富日的总经理王卫安认为，作为一家规模不大的物流公司，富日的竞争力就在于“生产厂家和大型的批发商只要将订单指令发送到我们的调度中心，富日即可根据客户指令将相关物品直接送到零售店或消费者手里”。

2003年，富日成立刚两年，但客户已经从最初的几家发展到了150多家，2002年1年内完成仓储物流吞吐量26万吨。快速发展的原因，就是它从一开始就把业务目标瞄准了商业流通领域。

富日物流成立之初，相关人员曾对杭州的物流市场做过一个调研，包括杭州的地理位置、基础建设、市场区域等。调研显示：地处流通经济异常活跃的长江三角洲，杭州这几年零售业超市大型化和连锁店经营发展迅猛，仅市区就有1 600个门店。而这些连锁店所面临的共同问题就是店内自行配送投资太大而且管理困难，急需一个独立的平台来提供物流配送服务。

如此诱人的市场空缺，富日没有错过。

富日在杭州东部下沙路建了一个20万平方米的配送中心，可以同时储存食品、电器、化妆品、药品、生活用品等8 000多个品项，这很好地解决了当地商业流通行业因为商品多样化带来的仓储难题。零售行业单件商品配送较多，为了提高车辆的满载率，富日物流通过信息化系统的准确调度，将不同客户送往同一区域、同一线路的货品合理配车作业，大大降低了运营成本。

退货和换货作业是物流企业对客户的后续服务，富日所服务的客户类型使它比别的物流公司更多地要面对这个难题。富日借鉴了国外的一些先进经验，专门设立退换货管理区域，将不同的货户、不同的货品退货集中起来，组织人员进行管理、分类，把能够继续使用、无质量问题的重新打包成箱，无法继续使用的则挑拣出来，进行回收处理。

“货品质押”是富日物流的又一特色服务。富日与中国银行、招商银行等几家银行签约，供应商可将存放于富日配送中心的货品作为抵押获得银行贷款，同时，富日为银行免费保管这些被抵押的货品。通过这种运营模式，供应商的资产得到了盘活，库存压占的成本降低了很多。这也使作为第三方物流商的富日获得了更多的客户资源。

按照王卫安的想法，下一步富日物流将全面提升物流资讯系统及网络传输能力，真正达到与货主联网、信息共享，实现物流系统网上操作及互联网在线查询。富日还在积极拓展电子商务网上订单业务，因为宅配送物流需求正在不断增长。

富日的日子越来越好过了。一些跨国企业将其制造中心设在杭州后，同样需要本土的第三方物流企业为其提供全方位的物流服务。除了为杭州市区内的零售做配送外，富日同时也获得了许多大型快速消费品生产商在华东地区的物流份额，比如康师傅、伊莱克斯等。富日为他们提供仓储、配送、装卸、加工、代收款、信息咨询等物流配套服务。在沪杭高速上，每天都会有富日的几十辆载货车和集装箱运输车奔往宁波港、上海港以及华东地区的其他城市。

王卫安展开了富日的前景图：富日600亩物流园区第二期工程已有了初步的规划，园区交通将极其便利，处于杭海路和绕城公路及九堡大桥江北出口交会处，同时它还毗邻杭州汽车站的新址。王卫安对于物流园的选址颇为满意。这个项目总投资达2.9亿元，建筑面积为20万平方米，其中设有低温物流中心、中转库房和其他一些配套设施。另外，富日还将开辟15万平方米的大型停车场，以构建浙江东部地区最大的空车配货中心（即配载中心）。

2002年，杭州的人均GDP超过了3 000美元，商贸流通业已进入一个新的时期，迫切需要现代物流业来支持。杭州市有关部门在一份物流调查报告中提到："一个以杭州为中心，沟通浙江省内外公路、铁路、水运、航空等多种方式的便利快捷的交通网络已经形成。"浙江的4小时经济圈正式建立后，无疑又给杭州的物流业注入了一剂强心针。

杭州富日的规模并不大，成立时间也不长，但在创业之后获得了良性增长的动力，因为它发现做第三方物流用不着"大而全"，只要能为一类客户提供满意的服务，就可以好好地生存下去。

问题

1. 富日创业之后获得的良性增长的动力，在于其坚持了什么样的定位？
2. 富日开建占地600亩的物流园区，是否意味着准备离开原来的定位？
3. 杭州人均GDP超过3 000美元对富日的发展会带来怎样的影响？

【课外拓展】

调查当地最有特色且定位完全不一样的两个物流公司，比较其市场细分的标准、物流目标市场选择的标准以及物流市场定位的内容、依据、方法及策略。

项目四
物流服务项目设计

【学习目标】

知识目标

1. 能够陈述物流服务项目的概念、特征及阐释物流服务项目开发的意义；
2. 能够识别物流服务项目的开发方式，概括物流服务项目的开发程序；
3. 能够列举物流服务项目的开发策略。

能力目标

1. 能够利用物流服务项目的各种开发方式，进行物流服务项目开发，能够根据物流服务项目的开发流程组织物流服务项目开发；
2. 能够运用物流服务项目的开发策略，组织物流服务项目开发；
3. 能够撰写物流服务项目开发策划书并制作和演示PPT；
4. 在调研、探究、讨论、撰写报告、展示成果的过程中全方位地锻炼学生的自我学习、信息处理、数字应用、与人交流、与人合作、解决问题、革新创新、外语应用、社会适应、自我保护能力，培养学生的敬业精神和职业操守，提升其综合素质；
5. 能够在工作中形成认真负责、耐心细致的工作作风，尊重他人、理解包容、换位思考的心态，规范操作、安全生产、文明服务的习惯，节约能源与材料、爱护设备、保护环境、敢于创新的意识。

【工作情境】

迅达物流经过详细的市场调研，决定进入该省的商务信函快递市场或药品冷链物流市场。但对切入细分市场后提供什么样的物流服务，市场上已经有什么样的服务，公司高层想了解得详细一些、深入一些，并在此基础上提出自己的物流服务项目。公司决定和贵校开展合作，进行项目外包，以便给贵校物流管理专业的学生提供真实任务的“工学结合”机会。接下这个任务后，物流管理专业决定组织班上的学生成立相应的项目团队，在深入调研的基础上，竞争性地完成调查和设计任务，撰写物流服务项目开发策划书。

【工作任务】

在市场调研的基础上，撰写新物流服务项目开发策划书。

【任务分析】

了解物流服务和物流服务项目的特征和种类，分析物流服务项目开发的必要性和可行性，并按照物流服务项目开发的方式和方向，按照物流服务项目开发的流程，结合物流新服务项目的开发策略，设计、策划新的物流服务项目，撰写新物流服务项目开发策划书，并制作、演示 PPT，向他人介绍、展示新的物流服务项目。

【工作流程】

本项目实训的作业流程如图 4—1 所示。

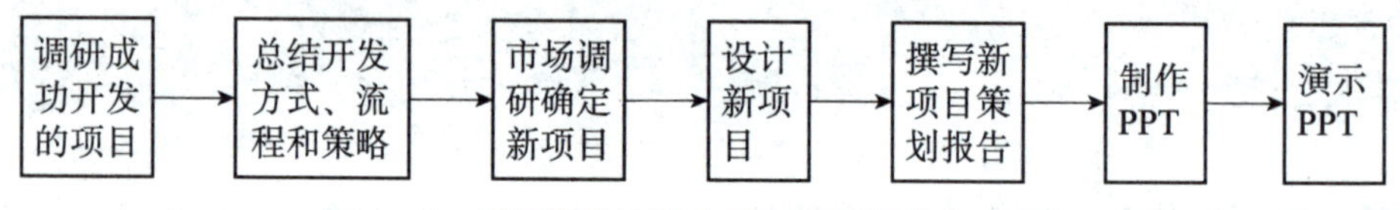

图 4—1 撰写新物流服务项目策划书的作业流程

【知识准备】

随着经济的发展、科技的进步、消费者主权意识的觉醒、消费需求的变化、市场竞争的加剧及物流服务生命周期的客观存在，企业要想取得成功，绝不能仅仅依靠现有的物流服务项目，而必须不断开发新的物流服务项目。

引导案例

施多特公司为客户量身设计物流服务项目

德国的施多特（Stute）公司主要从事运输及运输代理、旅游、仓储及技术服务等业务，属于典型的第三方物流经营者。该公司的员工只有400人，年营业额却达4亿马克，在国内设有20多个分公司。该公司成功的秘诀之一是利用自己的运输与仓储优势，为用户设计物流服务项目。

施多特公司为KHD公司设计物流服务项目。KHD公司在科隆一波资建造了一家现代化柴油发动机厂，施多特公司闻讯后经过认真的分析和研究，在征得KHD公司赞同并愿意与其合作的情况下，在距柴油发动机工厂10余千米处建造了一座与之配套的仓储中心，全面负责该厂生产所需要的全部物品（主要是零配件）的分送及集中作业；为KHD公司在科隆一波资的生产经营提供强有力的后勤保障服务，使施多特自己的运输、运输代理、仓储及技术服务等业务特长得以充分发挥。

施多特公司为德国奥宝汽车公司设计物流服务项目。施多特公司按照奥宝公司凯萨劳腾分厂生产的特点，投入1 300万马克设计建造了一座面积达9 000平方米的仓储中心。仓储中心负责汽车分厂300多家协作厂、供应商的零配件集散。仓储中心收货后将零配件重新包装并装入特制的箱内，通过运载工具送到工位，便于工人组装车辆。奥宝公司生产分厂对供货有严格的要求。由于两个单位的生产和业务运作都由电子计算机联网进行控制作业，所以，当奥宝公司分厂的电子计算机发出指令后，仓储中心2小时左右就会供货到工位，衔接非常紧密，从未出现过差错。生产厂家享用这样的物流服务系统，可以专门致力于组装生产，而不需要自己建立耗资巨大的仓库。供需双方各自专业化经营，在相互依存中，彼此都得到益处。

引导问题

1. 施多特公司成功的秘诀及其原因是什么？

2. 案例中施多特公司作为物流企业，开发了哪些物流服务项目？采取了哪些具体措施？

3. 根据施多特公司的成功案例，你认为物流服务项目设计需要注意哪些方面？

物流服务就是要满足服务需求者的需求，提供有效的供给，而且无论在量上还是质上都要使服务需求者感到满足。物流服务的最终目的是为服务需求者提供一种需求可得性的保证。这种保证包括两方面的内容：能力保证（物流企业拥有提供需求者所期望的物流服务的能力）和品质保证（物流企业应能提供满足物流服务需求者所需质量要求的服务）。

根据不同的划分标准，物流服务有不同的种类（见表4—1）。根据物流活动的类型、功能要素可将物流服务分为：运输服务、配送服务、仓储服务、流通加工服务、装卸搬运服务、包装服务和信息服务。根据物流运作依托的物流技术的形态，可将其服务产品分为物流硬件服务（如提供工具、设备、设施）和物流软服务（如物流规划、物流预测、物流设计、物流信息挖掘）。根据物流服务的内容，可将物流服务分为基本服务（如运输、仓储、配送）和延伸服务（如货物配载、采购、招标、分拣、加工、包装、贴标签、退货处理、安装、调试和维修），延伸服务可以帮助物流企业逐步由客户的非核心业务不断向其核心业务延伸。

表 4—1　物流服务分类列表

划分依据	物流服务的种类
物流活动的类型和功能要素	运输服务、配送服务、仓储服务、流通加工服务、装卸搬运服务、包装服务和物流信息服务
物流技术的形态	物流硬件服务和物流软服务
物流服务的内容	基本服务和延伸服务

物流服务项目是一种为创造和提供特定物流服务作业而在既定资源约束下所开展的一次性和独特性的物流服务工作。不同物流服务项目的共同特性包括：目的性（为实现特定组织目标服务）、独特性（产出物和活动都有独特之处）、一次性（项目有始有终但只有一次）、制约性（会受各种资源和条件的制约）、不确定性或风险性（有意外损失或收益的可能性）。当物流服务项目实施后进入不断重复的常规性物流服务作业阶段时，物流服务项目就会转化成物流服务运营。

物流服务项目根据其不确定性或风险性可以分为开放性物流服务项目、半开放性物流服务项目、半封闭性物流服务项目、封闭性物流服务项目四类（见表 4—2）。

表 4—2　物流服务项目的分类

项目类别	风险与多要素集成管理要求	信息缺口	案例
开放性物流服务项目	很高	高于 50%	新产品开发、入市
半开放性物流服务项目	较高	30%～50%	改造物流配送线路
半封闭性物流服务项目	较低	10%～30%	大型文体活动物流服务
封闭性物流服务项目	很低	低于 10%	工厂内部物流

一、物流服务项目的开发流程

引导案例

联邦快递“隔夜送达”的物流服务项目设计

20 世纪 60 年代中后期，人们并没有“隔夜送达”的强烈需求，但美国经济的持续发展让耶鲁大学本科生费德里克·史密斯看到了这种需求在未来的前景。史密斯仔细观察了市场上从事快递服务的航空运输公司，发现这些公司都没有在晚上运送的服务，也无法直接送达目的地。开发“快速准时”、“隔夜送达”的快递服务有商机！

1965 年，费德里克·史密斯在一篇期末论文中提出，希望成立一家能保证包裹“隔夜送达”的公司，并提出利用“转运中心”运输系统（即将货物集中于转运中心后再出货）来实现“隔夜送达”的目标。不过，这篇论文却因为不具可行性而被教授打了低分。

但史密斯坚持认为，随着高科技产业和信息技术的飞速发展，体积较小的高科技、高价值商品的运送将会越来越受到客户重视，“隔夜送达”必将成为市场主流。为此，他委托市场调查机构开展市场调查，委托研究机构验证“转运中心”营运模式的可行性。

毕业之后，费德里克·史密斯从家族继承了一笔遗产，他用这笔钱买了一家急于脱手的小型航空公司。

经过多方论证，史密斯认为“隔夜送达”的需求会带来巨大的创业机会，“转运中心”营运模式也是完全可行的。他将所有的材料整理成一份《联邦快递“隔夜送达”创业计划书》，并用这份资料去说服投资者提供资金。

资金到位后，1971 年，史密斯在航空公司的基础上成立了联邦快递公司（见图 4—2），将其设想的全新快递模式付诸实践。公司强调的特色就是可以 24 小时全天候运送，并且直接而准时地送达目的地。

图 4—2　联邦快递的 LOGO

除“隔夜送达”外，联邦快递提出的另一个全新服务理念便是货物派送过程中的“信息追踪”。通过这一服务，客户可以随时掌握托运货物的信息，一旦发生物件损失或者投递延误，客户可在最短时间内无须通过快递公司追踪物件流向。

刚成立的联邦快递只有 14 架货机，运营第一天仅投递 186 件包裹。但经过 40 多年的发展，其业务如今已遍及全球 220 多个国家和地区，日运送量超过 800 万件，年营业额近 350 亿美元，员工人数超过 28 万人。

可以说，美国联邦快递公司从创立之初就凭借强大的创新能力走在市场前沿，其提出的“隔夜送达”、“转运中心”等经营理念和模式如今已被物流业广泛认可和运用。联邦快递的成功，是对将梦想变成现实、化不可能为可能的一次成功诠释。

引导问题

1. 联邦快递“隔夜送达”的物流服务项目设计经过了哪些流程？

2. 费德里克·史密斯为什么要委托市场调查机构开展市场调查，并委托研究机构验证“转运中心”营运模式的可行性？

3. 联邦快递能够有今天的成就，哪个因素最重要？

物流新服务是指物流企业根据用户需求的变化或是根据自己对于未来用户需求的预测推测出来的在服务形式、服务内容上不同于以往的物流服务。物流新服务既可以根据用户的需求被动推出，也可以由物流企业根据对未来用户需求的预测而主动推出。物流新服务既包括完全创新的物流服务，也包括已经存在但进入新市场的物流服务、有所改进和提高的物流服务、形式变化的物流服务、服务线扩展的物流服务。

物流行业对物流新服务的开发方式主要有三种：引进物流技术、自行研究与技术引进相结合、自行设计物流项目。

联邦快递自行设计的“隔夜送达”物流服务项目的市场推广非常成功，但设计流程并不完整。一个完整的物流服务项目设计的流程，大致要经过识别客户需求、识别服务项目、进行项目构思、选定服务项目、完善项目方案、物流项目开发六个阶段，如图

4—3 所示。

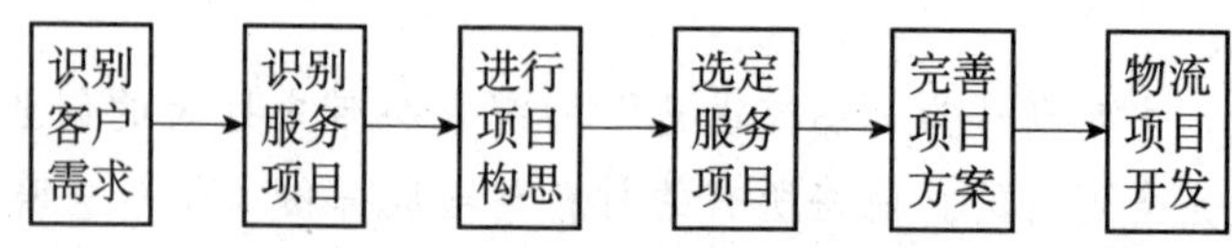

图 4—3　物流新服务项目开发流程

物流项目开发后，如果市场试销成功，物流企业就可以开展批量服务。企业的高层管理者如果对物流新服务的开发结果感到满意，就应着手用包装和市场营销方案把这种新服务品牌化。

（一）识别客户需求

物流服务项目是为物流客户而设计的，必须首先了解和识别客户的物流需求。物流需求的识别始于物流需求、问题或机会的产生，目的是以更好的方式来实现客户所期望的目标。物流企业需要通过收集信息和资料，进行调查和研究，最终确定客户的物流需求，并将该需求用语言或文字详细地论述。如进入深秋，大批客户有把冬衣及时、安全地从南方送到北方的需求。

（二）识别服务项目

识别物流服务项目是指面对客户的物流需求，物流企业从可能的物流项目方案中选出一种可能的项目方案来满足这种需求。因为客户要求及时、安全地从南方向北方邮寄一件冬衣，在平信、挂号信、包裹邮寄、运输等多种方式中，包裹可能比较合适。

（三）进行项目构思

项目构思又称项目创意，是指物流企业为了满足客户提出的物流需求，在满足客户的系列限制条件的基础上，为实现客户预定的目标所作的开发新服务项目的设想。联邦快递的“隔夜送达”和“转运中心”运输系统就是一个很好的项目构思。

虽然并非所有的设想都能变成现实的物流服务项目，但寻求尽可能多的物流服务创意却为开发物流新服务项目提供了较多的机会和可能。物流新服务项目的创意主要来源于顾客、专家、竞争对手、企业销售人员、经销商和企业高层管理人员等。另外，创意奖励机制也会激励企业员工寻求新的创意。

项目构思一般分为准备、酝酿和调整完善三个阶段。每个阶段的工作内容如表 4—3 所示。

表 4—3　　项目构思各阶段的工作内容

项目构思的阶段	工作内容
准备阶段	明确拟定构思项目的性质和范围；调查研究，收集资料和信息；进行资料、信息的初步整理，去粗取精；研究资料和信息，通过分类、组合、演绎、归纳、分析等多种方法，从所获取的资料和信息中心挖掘出有用的信息和资源。

续前表

项目构思的阶段		工作内容
酝酿阶段	潜伏	潜伏过程实质上就是把所拥有的资料和信息与所需构思的项目联系起来，经过全面的系统的反复思考，进行比较分析。
	创意出现	创意出现就是通过大量综合、类比、借鉴、推理等思维过程而“灵机一闪”地出现的与项目有关、具有一定的新意，但又不完全成熟或全面的某些想法或构思。
	构思诞生	构思诞生是指通过多次多方面的创意出现和反复思考，形成了项目的初步轮廓，并用语言、文字、图形等可记录的方式明确地表现出来。
调整完善阶段	发展	将诞生的构思作进一步的分析和设计，在外延和内涵上作进一步的补充，使整个构思趋于完善。
	评估	由项目成员、外请的技术专家、顾问对已形成的项目构思进行分析和评价，或是对形成的多个构思方案进行评价筛选。
	定形	对已通过发展和评估的项目构思，从客户满意度、环境匹配度、资源保障、成本、预期经济效益等方面作进一步的调查分析，不断改进、修正和完善，将项目的构思细化成具体可操作的项目方案。

项目构思的方法可参见后文的“物流服务项目设计的方法策略”。

（四）选定服务项目

选定服务项目即从若干个候选项目中筛选出一个服务项目。对于在项目构思阶段所获得的创意，物流企业必须根据自身的资源、技术和管理水平等进行评估，研究其可行性，挑选出可行性强的创意，淘汰不可行或可行性较低的创意，使公司有限的资源集中于成功机会较大的创意上。筛选创意一般考虑两个因素：一是物流新服务创意能否与物流企业的利润目标、销售目标、销售增长目标、形象目标等战略目标相适应；二是企业有无足够的资金能力、技术能力、人力资源来开发这种创意并销售成功。

（五）完善项目方案

经筛选保留下来的物流服务创意还要通过服务方案发展阶段和服务方案测试阶段方能发展成为物流服务方案。

1. 服务方案发展阶段

服务方案发展阶段主要是将物流服务的构思转化成操作性强的物流服务方案，需要从宗旨、理念、目标，实现目标的条件和资质，仓储、运输和配送等各环节的标准化业务流程，方案实施的时间表，工程、技术、经济各方面的条件和情况，报价，服务承诺，质量保证体系，组织结构，管理规章制度，人员培训，岗位设立和企业文化等具体的规划以及实施规划的方法和措施进行清晰的描述。

2. 服务方案测试阶段

服务方案测试就是用文字、图画展示服务方案以观察目标消费者的反应，检验服务方案符合消费者要求、满足消费者需要或欲望的程度。通过服务方案测试，要系统、精练和创新地说明物流新服务项目的特征、满足的需要及程度、推出的理由、消费者购买的可能性、消费者发现和喜欢新服务项目独特利益的可能性、潜在消费群。

（六）物流项目开发

根据物流新服务项目设计方案，物流企业研究与开发部门、工程技术部门及营销部门就可以把这种服务方案转变为可以提供的服务，进入试服务阶段。只有在这一阶段，以文字、图形及模型等描述的服务设计才变为具体服务。如果物流服务概念不能成为技术上和商业上可行的物流服务，就意味着服务开发所耗费的资金将全部付诸东流。

物流项目开发后，如果市场试销成功，物流企业就可以开展批量服务。企业的高层管理者如果对物流新服务开发结果感到满意，就应着手用包装和市场营销方案把这种新服务品牌化。

二、物流新服务项目的设计策略

引导案例

利和的增值服务

帝亚吉欧（Diageo）是全球领先的酒精饮料生产商，拥有 Johnnie Walker、Guinness、Tranqueray、Simirnoff 和 Baileys 品牌。Diageo 的饮料在 180 多个国家和地区销售，公司在伦敦及纽约证券交易所上市。

2006 年以前，Diageo 供应亚洲的 92%的产品都是在苏格兰生产，然后在欧洲储存。每个亚洲国家独立地按它们对市场的需求预测向 Diageo 总部下订单，然后 Diageo 从欧洲把产品运送到每一个亚洲市场。但货品在送抵亚洲市场出售前，都需要重新调整包装及标签，以符合各地市场在质量标准、消费场合、法规和税务上的不同要求。这种运作模式存在的问题包括：前置时间太长而令地方仓库积累较高的存货，对市场变动的反应缓慢，有时因应付大规模的订单而忽视了准时交递产品给小市场。不过，亚洲的经济从 2000 年开始迅速发展，时尚的餐馆和酒吧区在主要城市快速增长。Diageo 注意到其亚洲业务自 2000 年以来成倍增长，特别是中国内地的零售业从 2004 年开始全面向外资开放后，洋酒的需求大幅上升，于是 Diageo 便寻找方法去改进其亚洲供应链的效率。

在认识到亚洲市场的重要性后，Diageo 便找寻一种物流方案去解决亚洲市场繁复的供应链状况。利和经销提出了一个延后策略方案，即在物流中心进行产品的储存及包装，使产品延至付运前才贴标签及包装。虽然这个方案对 Diageo 是项新建议，但管理物流中心正是利和经销最有经验和最擅长的。利和经销拥有通过操作物流中心把多个大型品牌的产品分销至多个国家的丰富经验，一些国际品牌如联合利华、欧莱雅及添柏岚就是类似的客户。利和经销为 Diageo 设计的方案包括几个部分：就 Diageo 产品的市场分布选择最佳的物流中枢位置；在亚洲区内运输和交货时选择最优惠的关税路线；设计一套包装方案，包括产品在最终市场出售时的特别标签和包装。这个亚太区物流中枢的产品将供应给东南亚 11 个市场，包括新加坡、印度、印度尼西亚、澳大利亚、泰国、中国香港、中国内地、中国台湾、日本、菲律宾及韩国。

利和经销考虑进口及出口物流、关税政策、各亚洲国家的消费模式和需求预测等因素，为客户选择物流中心的地点。在分析 Diageo 的物流中心方案时，利和经销考虑到新加坡是亚洲市场服务的理想地点，而且新加坡的关税政策对进口和出口物品具有吸引力(香港对酒精类饮品有进口关税)。新加坡口岸也是亚洲最有效率的一个口岸，它可以处理从国外进入的大量货柜，并且能在一天内办妥清关手续。于是，Diageo 与利和经销在新加坡开设物流中心，并在 2006 年 10 月开始运作，组成了 Diageo 在亚洲的第一条含酒精饮料供应链。

利和经销在新加坡的物流中心拥有一个完全自动化的存储和检索系统。利和经销视 Diageo 为长期合作伙伴，并且相信，用这种在当时技术水平最先进的 ASRS 系统处理 Diageo 的产品，可以令双方的合作关系更紧密。用了 ASRS 系统，整个过程实际上需要零人手操作，从货品到达仓库开始，至储存在预先安排的货架，再到将检索出的货品分送到市场，都由全自动的机械及计算机操作。这个高度计算机化的系统在库存层面上消除了人为的错误，并容许 100%的可见性，能在任何时候显示产品的确切地点。Diageo 的计算机系统也直接与利和经销的仓储系统进行了连接，可实时地掌握各亚太区市场的供应链状况。这套计算机系统还具有温度控制功能，可将仓库的温度控制在 22℃～24℃，令 Diageo 的产品质量更有保证。

除了全自动化的存储和检索系统外，这个新的亚太区物流中心还有一条高速的半自动化的生产线（每分钟 120 瓶），配合熟练的人手来处理复杂的包装操作。

除了使用新加坡而不是欧洲的物流中心去服务亚太区的市场外，利和经销还为 Diageo 提供了一项创新的增值服务，就是针对各销售市场贴上合适的标签并使用半自动化的生产线进行高速包装。例如，当威士忌酒瓶从苏格兰的制造场所运抵新加坡的物流中心时，瓶身是半空白的。一旦 Diageo 新加坡物流中心从中国市场接受了一份订单，所需数量的威士忌酒瓶便会放到一条粘贴标签的生产线上，酒瓶会被贴上中文标签及中国规定的必须标示的信息。此外，该物流中心还可以提供以下增值服务：为个别品牌在节日推广时进行特色包装，如圣诞节或情人节的礼品包装；对货品在付运前进行 100%的检测，确保产品的包装、卷标、质量符合要求。

在选择新加坡作为物流中心后，Diageo 在每个亚太区市场都能减少库存量和缩短交货时间。这个集中化的物流中心帮助 Diageo 降低了地区的总库存量，减少了每一个亚洲市场的周期存货，并且有助于平抑需求波动。这意味着每个市场每次会买较少数量的货品，但会增加发货频率，也意味着每个市场均可节省存货成本。另一个更显著的成效是可缩短供货周期。由于不需要从欧洲检索货源，亚洲客户订货、收货的时间从以往的 8 周降到 2 周左右。此外，产品的质量亦得到更好的控制，尤其在亚洲市场，消费者经常以洋酒来送礼，产品的外观及质量会大大影响消费者对产品的选择。

经过一年的运作，新加坡物流中心的效益得到 Diageo 的肯定，由开始时只负责 Johnnie Walker 品牌到处理 10 个品牌。在货物处理的数量上，也由 2007 年的处理 75 万箱增加至2008年的处理230万箱。整个新加坡物流中心设计的货物处理总容量是350万箱/年，而且具备可扩充容量的能力以适应可能不断上升的亚洲市场需求。

引导问题

1. 利和提供了哪些增值服务？请举例说明。

2. 利和增值服务的能力为它带来了哪些好处？

3. 在物流服务项目的设计过程中，除了增值策略，你还知道哪些策略？有好的例证吗？

物流服务项目设计除了要注意流程合理和技术可行外，设计策略也需要高度关注。物流服务项目设计的策略包括增值策略、方法策略、战略策略和路线策略。

（一）物流服务项目设计的增值策略

物流服务的关键是提供物流增值服务。物流增值服务是指借助完善的信息系统和互联网，发挥专业物流管理人才的经验和技能，在完成物流基础任务的基础上，根据客户需求提供的创造出新价值的信息提供、金融服务、战略咨询和风险规避等各种延伸业务活动。向客户提供增值服务目前已经成为物流企业提升核心竞争力的重点。

物流活动具有包装、装卸搬运、运输、储存保管、配送、流通加工、信息处理等基本功能（见图4—4）。在上述七大功能中，前面五种属于基本服务，而流通加工和信息处理便是物流的增值服务，它们能够满足客户的特定需求（如剪切客户实际需要量的钢材），显著增加客户价值，是围绕物流服务而展开的创新性服务。增值服务具有从属性（从属于物流基本服务）、创新性（满足了客户需求而过去没有）、增值性（最先推出新的物流增值服务可以获得高额利润）和进化性（经过一定时期的激烈竞争，增值服务也会“沉淀”下来变成基本服务）。

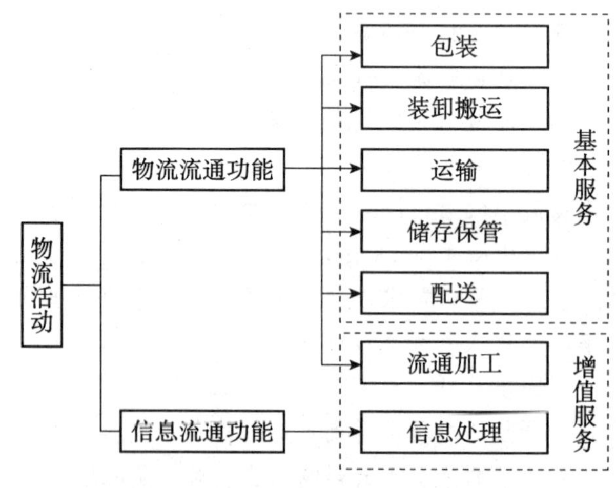

图4—4 物流的基本服务和增值服务

1. 增值物流服务的设计方向

增值物流服务的设计方向主要包括：

（1）增加便利性。

为客户提供简化流程、减少环节、简化手续、简化操作的服务，如提供“一条龙”服务、“门到门”运输服务（见图 4—5 和图 4—6）、网上下单、提供完备的操作或作业提示、24 小时营业、可视化追踪等。

图 4—5　德邦物流送货上门，增加便利性

图 4—6　快递公司上门收货，增加便利性

【案例 4—1】　中海物流“Door to Door”的中石油物流解决方案

中石油项目是由中海物流与中海集运总部共同成立项目工作组，在相关口岸成立营销、操作、服务小组，根据客户需求制定完整的“Door to Door”物流解决方案，采取三车皮进港装港发运、公路散货车入港装箱发运、集卡到门发运、集卡装箱班列发运、散货车装班列发运等组合物流运输模式，搭建和中石油匹配的网络运营体系，为中石油提供全程的海上运输和内陆配送服务。先期开展中石油北方至华南七港运输流向的固体化工集装箱运输服务，承担由北方大连、营口口岸以集装箱整箱海运运输至华南黄埔、南沙、湛江、蛇口、海口、汕头、厦门、马尾等地的仓库或中石油客户。在成功运作的基础上，中海物流和中石油共同努力，正稳步开展更大的合作。

（2）加快反应速度。

市场瞬息万变，现代流通过程加快，客户要求物流企业建立一体化信息网络、设计便捷的流通渠道，提高物流系统的快速反应能力（见图4—7），如戴尔要求供应商15分钟内把配件送到指定的仓库门口。

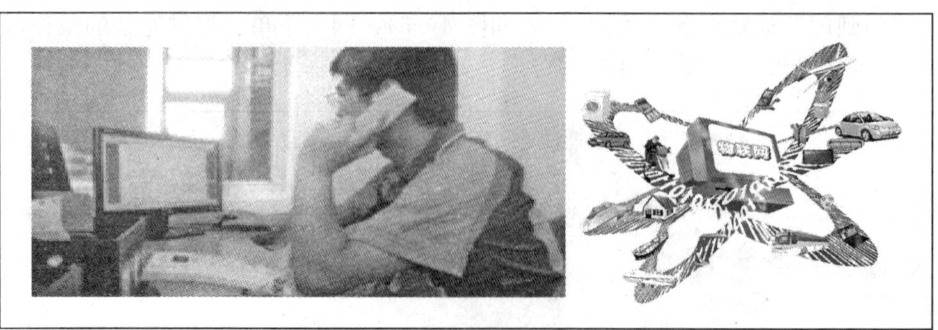

图4—7　电话、网络、物联网能够加快物流企业的反应速度

（3）降低服务成本。

越来越多的企业特别是电子商务企业，要求物流服务商采用比较适用但投资较少的物流技术和设施设备，或者推行物流管理技术，如运筹学中的管理技术、射频识别技术（RFID）、物联网技术等，以提高效率、降低成本（见图4—8和图4—9）。

图4—8　条形码技术能提高效率、降低成本，但正被RFID取代

（4）开展延伸服务。

延伸服务包括向前延伸和向后延伸。开展市场调查与预测、代为采购、订单处理属于向前延伸；配送、咨询、教育与培训、货款回收与结算属于向后延伸。

（5）提供全程服务。

以物流企业先进的设备、科学的管理、广泛分布的物流网点为基础，为物流客户提供一票到底的全程物流服务。如中储物流公司能够为客户组织全国性及区域性的仓储、运输、加工包装、分销、国际贸易代理、进口货代、供应链管理等，进行综合、全过程的物流服务。图4—10为铜马物流的公路全程物流服务示意图。

（6）进行项目服务。

为具体的重大基础设施或综合性的展会、运动会、音乐会等提供专门的物流服务，

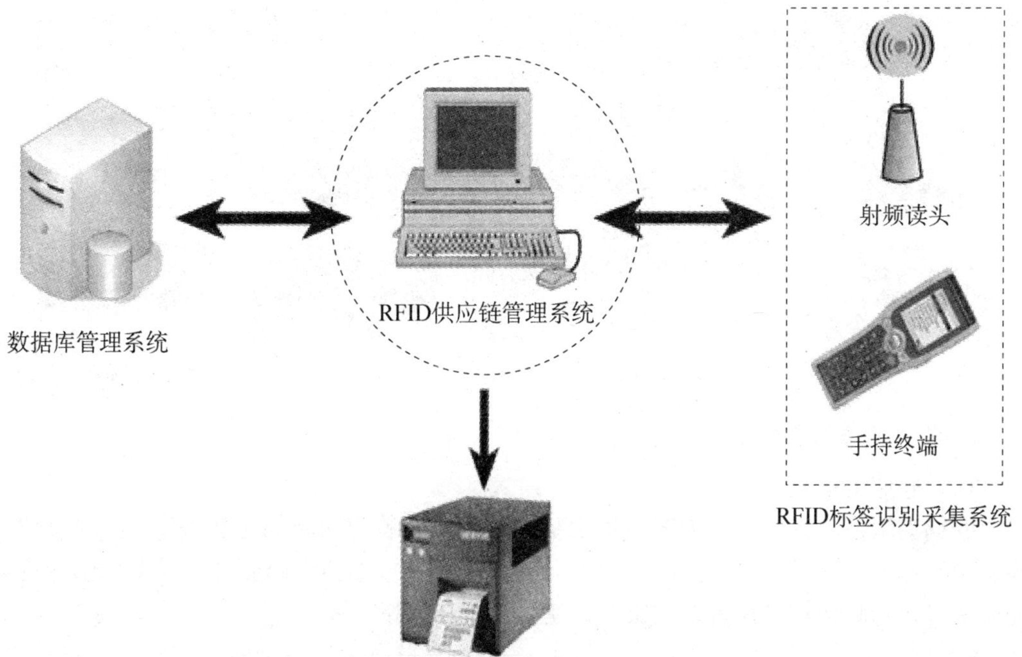

图 4—9　RFID 系统、数据库管理系统有助于节约成本

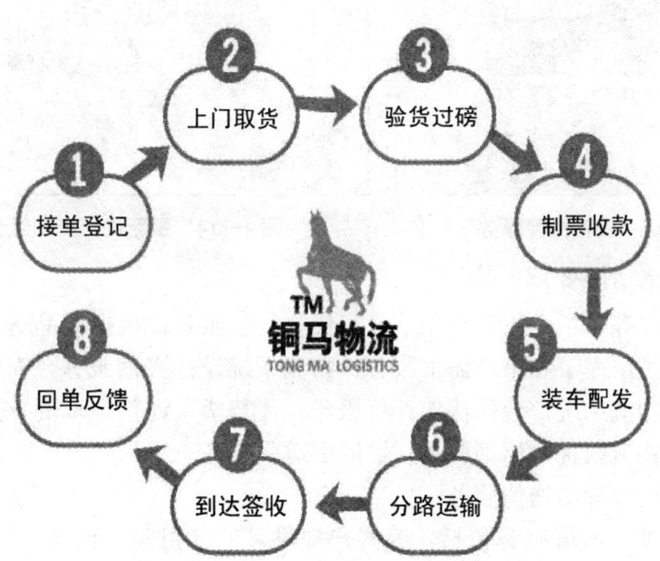

图 4—10　铜马物流的公路全程物流服务流程

如为北京奥运会进行建筑材料运输服务（见图 4—11）、为三峡水电站进行发电机组运输服务（见图 4—12）等。

图 4—11　奥运项目物流

图 4—12　三峡工程项目物流

2. 物流增值服务的发展途径①

(1) 仓储型增值服务。

仓储型增值服务包括：为客户提供货物检验、安装、简单加工服务（见图 4—13），重新包装和产品组合服务（见图 4—14），打价格标签或贴条形码服务，提供低温冷藏等特殊服务，为顾客提供存货查询服务、建立缓冲仓库等。

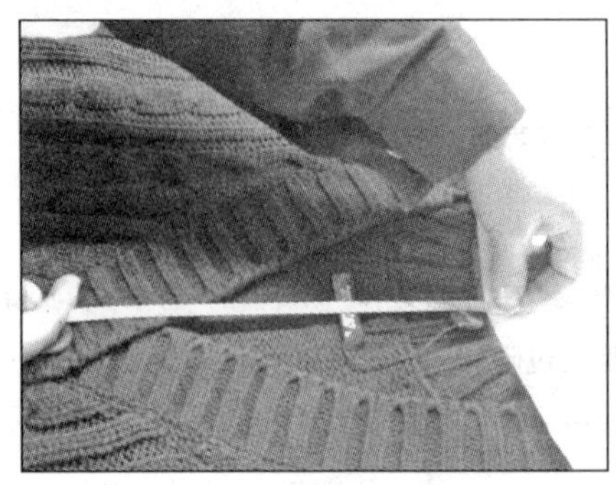
图 4—13　货物检验服务

图 4—14　重新进行产品组合服务

(2) 配送型增值服务。

配送型增值服务包括：物流费用结算和代收货款服务；根据商品进货、出货信息来预测未来的商品进出库量和市场需求服务；物流系统设计咨询服务，充当货主的物流专家，为货主设计物流系统；合作伙伴评价服务，代替货主评价运输商、仓储商及其他物流服务供应商；物流教育与培训服务；协同配送服务等。

(3) 国际货运代理型增值服务。

国际货运代理型增值服务包括：为客户提供订舱（租船、包机、包舱）、托运、仓储、包装、监装、装卸、集装箱拼装拆箱、分拨、中转及相关的短途运输服务；报关、报验、报检、保险服务；内向运输与外向运输的组合服务；多式联运、集运的物流一体化服务（见图 4—15）；维护、维修等相关的物流操作服务；货运代理设计服务；货运代理咨询服务；情报信息服务；在线追踪采购订单、集装箱服务。

① 参见曾中文：《发展物流增值服务途径与策略》，载《合作经济与科技》，2007 (12)。

图 4—15 多式联运和中转运输服务

(4) 物流咨询增值服务。

物流咨询增值服务主要包括：制定战略规划服务；组织结构与制度设计服务；物流市场调研服务；营销策划与管理服务；企业诊断服务；物流人才的开发、培训与管理服务（见图 4—16）。

图 4—16 万联网提供的物流培训增值业务

(5) 金融增值服务。

金融增值服务包括：仓单质押融资服务、货物质押融资服务、信用担保融资服务。

(6) 承运人型增值服务。

承运人型增值服务包括：提供全程追踪服务、电话预约服务、车辆租赁服务等。

(7) 信息型增值服务。

信息型增值服务包括：向供应商下订单，并提供相关财务报告；接受客户的订单，并提供相关财务报告；运用网络技术向客户提供在线的数据查询和在线帮助服务。

3. 为客户提供增值服务的技巧

(1) 借助先进技术，实现增值服务。

先进技术能够大大提升效率，为客户带来增值服务。如借助信息化领域的无线互联网技术、“3G”系统、射频标示技术、射频识别技术、条形码技术，自动化领域的自动引导小车技术、搬运机器人技术，智能化领域的电子识别和电子跟踪技术、智能交通与运输系统及集成技术，先进的计算机技术、线路优化技术等，都能提高物流运作效率。

（2）借助信息技术，实现增值服务。

信息技术为物流企业向客户提供增值服务提供了强有力的技术保障。信息技术支撑的信息系统能够实现与客户的高效沟通、互动，实现物超所值。

（3）对症下药，提供一体化的物流解决方案。

我国物流企业大多是从传统的储运、货代企业转变过来的，擅长运作单项服务内容，但缺乏将多个单项服务内容有机组合起来的经验。这在客观上要求物流企业尤其是第三方、第四方物流企业向一体化物流解决方案提供商转变，能够站在供应链全局的高度为客户提供量身定做的物流解决方案，并通过专业经验、技能、商业资源与信息技术的整合应用，作为更中立的角色为客户提供最合适的解决方案，为物流客户提供增值利益。

（4）借助金融服务，实现增值服务。

目前，融资难仍然是制约中小企业发展的最大瓶颈。一旦供应链上资金紧张，相关企业的日子就很难熬。有实力的物流企业提供的物流金融、供应链金融、物流产业金融，成为物流供应链中重要的增值服务。

【案例4—2】 怡亚通涉足供应链金融

从2010年3月份开始，按照深圳市政府颁发的《深圳市小额贷款公司试点管理暂行办法》，深圳市认定的重点物流企业怡亚通（见图4—17）开始涉足金融业务，以企业自有资金向供应链上、下游的客户提供500万元以内的贷款，在解决小企业融资难问题的同时，其自身也获得了较好的收益，在一年半的时间里迅速成为集团内业绩发展最好的二级公司。

怡亚通提供的小额贷款金额为100万～500万元，贷款期限为2～6个月，年利率在18.5%左右。物流金融的形式也日益多样化，有货物质押贷款、商业返利质押贷款、应收款保理融资等。

图4—17 怡亚通的LOGO

（二）物流服务项目设计的方法策略

新物流服务项目的设计是一种创造性的活动，无固定的模式或现成的方法可循，需要结合具体情况进行具体分析，但仍有一些常用的方法可以借鉴、参考。

1. 项目混合法

根据项目混合的形态，项目混合法可分为项目组合法和项目复合法。项目组合法就是把两个或两个以上的项目相加，形成新项目。这是通常采用的最简单的方法。物流企业为了适应市场需要，往往将物流企业自有或社会现有的几个相关项目联合成一个项目，但经过组合后的项目基本上仍保留原被组合项目的性质。例如，运输加仓储、仓储加配送、干线运输加配送、多式联运等（见图 4—18 至图 4—21）。项目复合法就是将两个以上的项目，根据市场需要复合形成一个新的项目。项目经过复合后可能变成性质完全不同的新项目。例如，整合物流过程而形成的电子商务供应链一体化（见图 4—22）。

图 4—18　项目组合：运输加仓储

图 4—19　项目组合：仓储加配送

图 4—20　项目组合：干线运输加配送

图 4—21　项目组合：多式联运

2. 比较分析法

项目设计者通过对自己所掌握或熟悉的某个或多个特定的项目（既可以是典型的成功项目，也可以是不成功的项目）进行纵向分析或横向联想比较，从而挖掘和发现新项

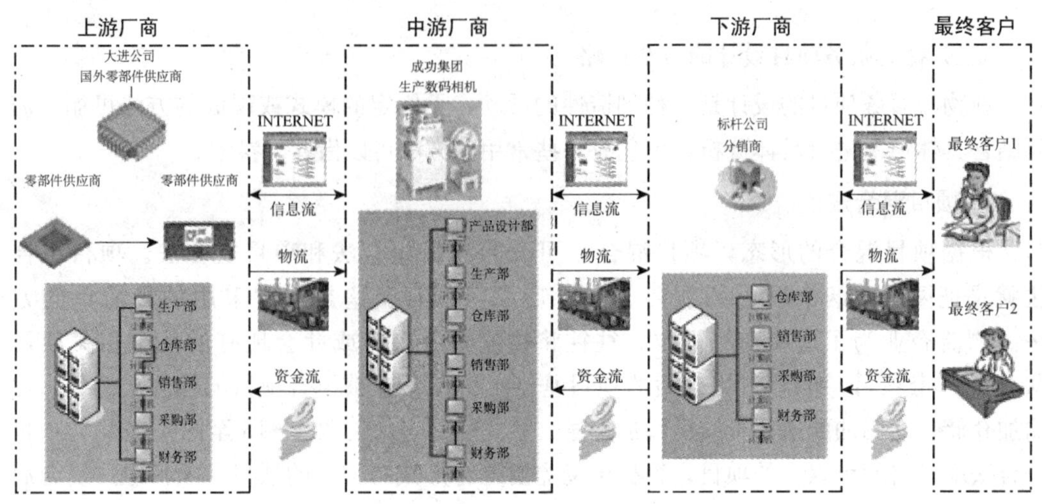

图 4—22 项目复合：电子商务供应链一体化

目。这种方法是将现有项目从内涵和外延上进行研究和反复思考，因而比项目组合法、项目复合法要复杂些，而且要求项目设计者具有一定的思维深度，掌握大量有价值的信息。如在比较四大国际快递巨头的典型服务项目的基础上，分析共性和差异，在共性的基础上，找到新的、有市场需求的差异，就能够设计出新的快递服务项目，如食品快递、生鲜快递、商务信函快递、IT 高附加值快递等。

3. 集体创造法

一个成功的项目设计，它所涉及的问题和因素很多，需要广博的知识、大量的商业信息以及多方向、多层次的思维。因此，单靠个人，往往很难顺利地完成项目设计。发挥集体的力量，依靠群众的力量，借助专家的智慧进行项目设计就成为项目设计的必由之路。集体共同创造，可以取长补短；不同思维观点相互交织碰撞，可以相互启发，从而取得完善的项目设计方案。集体创造法通常有如下几种：头脑风暴法、逆向头脑风暴法、多学科法、集体问卷法。

1）头脑风暴法又称脑力刺激法或智力激励法。创造过程的中心是发现设想，提出新构思。开展这种集体创造时，需要召集较多的人，一般 6～12 人最好，共同讨论畅谈。头脑风暴法需要遵循两个原则：讨论者应自由表达自己的想法，任何人暂时不评价；认真归纳总结，从中找出有价值和新颖的设想。此外，需要遵循四条规定：不许对他人的想法作出批评或表示惊讶，鼓励畅所欲言，鼓励多提设想和看法，追求综合改进。

2）逆向头脑风暴法是一种通过将焦点集中在反对意见上，从而获得新创意的小组座谈会形式。参加会议的人员以批判的眼光揭示某种设计存在的潜在问题、一旦实施可能出现的不良后果以发现创意缺点，然后再就如何解决这些问题展开讨论。

3）多学科法即召集来自不同学科的专家进行项目设计和完善。

4）集体问卷法即给每位参加集体构思创造的人一份与项目构思相关的主要问题的问卷，要求每个人在一定的时间内将问题的解决方法以及对项目设计的某些想法、设想记录在问卷上。然后将问卷收回，将内容汇集整理，并加以总结，再提交集体讨论会，做进一步讨论、研究、比较和筛选，最后形成一致通过的方案。这种方法将意见调查和头脑风暴法进行了综合，效果较好，常被采用。

4. 创新法

创新法包括信息整合创新法、聚集式创新法、发散式创新法、逆向式创新法和不同导向创新法。

1）信息整合创新法即在广泛搜集相关信息并进行整理、归并、比较的基础上，开展方向更明确、借鉴更充分、方法更科学的创新。

2）聚集式创新法即在一个特定的范围内或通过视频会议系统、虚拟网络、交流群，一群人高密度地聚集在一起，紧紧聚焦于某个物流问题或物流服务项目，以集体智慧产生新创意的方法。

3）发散式创新法强调通过联想和迁移对同一个问题形成尽可能多的答案并寻找多种正确途径。

4）逆向式创新法即以悖逆常规、常理或常识的方式去寻找解决问题的新途径、新方法。如在货不走、工具走的基础上，物流行业有了电梯、扶梯、传送带。逆向可以从多个角度进行，如原理相反、功能相反、结构相反、属性相反、因果相反、方向相反、程序相反、观念相反等。

5）不同导向创新法。从创新的导向看，创新的方法还可分为顾客导向的创新（根据顾客反馈的需求来指导物流服务项目的创新）和成果导向的创新（在收集顾客想要达成的渴望成果的基础上开始创新）。

5. 现代化法

现代化法即在迅速变化的高新技术时代，不断在原有的服务线或服务项目中增加现代化因素，如货达短信通知、车辆 GPS 跟踪定位、无线互联网技术、射频识别技术、微信应用技术等，提高物流效率，方便客户。

【案例 4—3】 比较原始的快递

（1）自行车快递。在快递进入中国的初期，自行车是最早派上用场的，就如电影《十七岁的单车》中描述的那样。现在，自行车在交通堵塞的城市重新回归。如广州繁华的商业区经常发生堵车，有时连摩托车都无法前进。而由于自行车可以在人行道上通行，自行车快递也就应运而生，卡特斯自行车速递就是其中的一家。自行车快递主要在市中心的写字楼密集区递送一些数量过多、电子邮件不能传递的文件、光盘、加急信件等，价格按距离和邮包重量计算。有的公司还分出普通、特快、慢速等各种收费标准供客户选择。

（2）摩托快递。以摩托作为快递的主要交通工具，如北京飞康达物流服务有限公司、上海平凉摩托快递服务社。

（3）地铁快递。在北京、广州、深圳这样的同城快递市场中，一些快递公司发明了地铁快递模式。快递公司会派一名员工买一张地铁车票，从早到晚在地铁内穿梭一天，当地铁每到一站时，该员工会将在前一站收到的快件，隔着检票口旁边的栅栏递送给当地骑着自行车赶来的配送员，同时收取揽到的新快件，然后回到车上赶赴下一站。

问题

1. 现代化的物流服务与原始的物流服务仅仅体现在交通工具上吗?

2. 比较原始的自行车快递、地铁快递体现了哪些现代化的元素?

3. 试用比较分析法比较自行车快递、滑轮快递、轮板快递、摩托快递、货车快递、地铁快递、航空快递。

6. 差异化法

差异化法是指物流企业在提供物流服务的过程中，通过服务品质、服务创新、服务特性、品牌塑造、配销通路等体现物流服务项目或物流企业的独到之处，为物流客户提供别具一格的物流服务线或物流服务项目，取得差异优势，使顾客甘愿接受较高的价格。这就是人们通常所说的“人无我有，人有我优，人优我新”。

实现物流服务差异化的方法如表 4—4 所示。

表 4—4　　实现物流服务差异化的方法

差异化途径	举例
功效差异化	隔夜达、次晨达、定日达、精准卡航
客户定位差异化	顺丰速运对地方公司实行直接管理，在丢失率和破损率等关键指标上远低于其他快递公司，逐渐获取并把持了快递市场中的高端需求群体
服务对象差异化	顺丰速运尽量只接信函和小件的“零售”包裹，很少接那些“批发”的大件
服务内容差异化	在基本服务内容和增值服务内容上表现出差异
服务流程差异化	大学新生开学或毕业生毕业离校时，一些托运公司等客上门，但宅急送却率先提出“上门为学生服务”
服务人员差异化	一些快递公司可能在人才市场上招几个民工就开张，而规范的公司却需要受过良好训练的人才能服务客户，而且应选派高素质、高级别的服务人员为重要客户服务
服务工具外形差异化	通过对服务过程中使用的仓库、车辆、标示、颜色等进行差异化设计，区别于其他物流企业
服务中使用工具材料差异化	一些企业率先使用可回收材料制成的新托盘、可折叠的货架、绿色包装材料
营销策略差异化	在价格策略、分销策略、广告宣传策略、门店环境策略、人员推销策略、公共关系策略等方面表现出现差异
品牌差异化	TNT 在国际上使用“TNT”品牌，在中国使用“天地华宇”品牌
价格差异化	对高端客户收取高价，对中低端客户收取低价
文化差异化	UPS 要求员工清廉，希望通过清廉文化让客户了解其运送货物的安全性，而国内一些快递企业员工自盗成风
服务环境差异化	服务网点的位置、装修的档次、服务的温馨程度的不同导致环境的不同
服务渠道差异化	国内大多数快递公司用加盟制来实现营业网点的扩张，而顺丰速运和中国邮政是使用自己的直营网络，宅急送则形成“内网＋外网”的网络结构

续前表

差异化途径	举例
服务标准差异化	一些大中型物流公司可能有自己的服务标准，而一些小型物流公司可能根本就没有服务标准，不同员工的服务差异很大
服务手段差异化	一些物流公司的服务手段可能比较原始、单一，而现代物流公司的服务可能现代而综合、手段多样化

（三）物流服务项目设计的战略策略——“绿化”策略

【案例 4—4】　中远物流变身“绿巨人”

在全球严格控制碳排放的背景下，绿色物流正成为大型物流运输企业的追求目标。中远物流在行业内率先实施了 HSE 管理体系，并通过了 ISO 环境管理体系、OHSA 职业安全健康管理体系认证，每年投入巨资，对运输车辆和物流设备进行更新和改造，以满足生态环境对车辆的特别要求。中远物流还利用量化的方法和科学的工具来实现这一目标。2007 年年底，中远物流与国际商业机器公司合作，通过实施 IBM 的绿色供应链解决方案，帮助中远物流优化供应链、降低成本、提高服务水平并降低碳排放量。该绿色供应链项目通过 IT 系统对中远物流的供应链进行优化，对各个供应链的选址、数量、能量、运输、设计、燃油、路线进行平衡的安排，甚至还包括燃油种类的选择和用量确定。系统还可以记录在运输、仓储等每一段物流活动所产生的碳排放数据。经过努力，中远物流的碳排放总量削减了约 10%，相当于少烧 44 万吨汽油。

在运输华能糯扎渡电站大件设备的过程中，由于云南公路的条件限制，如考虑全程公路运输，既破坏了当地的原生态环境，又将酿成多种资源的浪费。后经多方论证，中远物流采用了国际多式联运物流的解决方案，创造了“四个首次”的纪录：首次为业主量身打造运输船舶，首次组建澜沧江上第一支大件船队，首次实现澜沧江上第一次大件运输，首次采用了“境内—境外—境内”跨国多式联运的物流解决方案。

【案例 4—5】　安徽天长建国内首个低碳物流园区

在皖江示范区“两翼”之一的滁州市天长市汊涧镇境内，安徽益民低碳物流园区建成了国内首个低碳物流园区。该园区规划首次提出“低碳物流园区”的概念，并融进园区的功能规划中，按照低碳标准对道路、运输、仓储、包装、建筑、办公、照明、绿化、水循环、屋顶设计等各个环节进行了有针对性的规划设计，对于节能降耗，提高经济运行质量，指导物流行业发展，具有重要的现实意义。

问题

1. 通过中远物流、安徽益民低碳物流园区的实践，你是如何理解物流企业的“绿化”策略的？

2. 实施“绿化”策略的中国物流企业多吗？为什么？

物流服务“绿化”策略即物流企业提供的是绿色物流服务，实现绿色物流营销。绿色物流是指在物流过程中抑制物流对环境造成危害的同时，实现对物流环境的净化，使物流资源得到最充分的利用，实现经济利益、社会利益和环境利益的统一和可持续发展。绿色物流以绿色消费为前提，以绿色观念为指导，以绿色法制为保障，以绿色科技为物流技术支撑。绿色物流也能够增强产品的竞争力，提高物流企业的经济效益，提升企业形象和品牌知名度。

绿色物流包括物流作业环节和物流管理全过程的绿色化。从物流作业环节来看，包括绿色包装、绿色运输、绿色装卸、绿色流通加工、绿色仓储、废弃物循环物流等；从物流管理过程来看，主要是从环境保护和节约资源的目标出发，改进物流体系，既要考虑正向物流环节的绿色化，又要考虑供应链上的逆向物流体系的绿色化。

物流企业要实现物流服务的绿色化，可以通过以下八个策略来实现：

1. 集约资源策略

绿色物流的本质就是集约资源。集约资源也是物流业发展的主要指导思想之一。通过整合现有资源、优化资源配置，物流企业可以提高资源利用率，减少资源浪费。

2. 绿色包装策略

绿色包装可以分解为包装材料的绿色化（如尽量采用可降解材料制成的包装）、包装方式的绿色化（尽量合理简化包装）、包装作业过程的绿色化（包装模数化、包装的大型化和集装化、采用通用包装和周转包装、对包装材料梯级利用和对废弃包装物再生处理、开发新的包装材料和包装器具）。绿色包装可以提高包装材料的回收利用率，有效控制资源消耗，避免环境污染。

3. 绿色运输策略

运输过程中的燃油消耗和尾气排放是物流活动造成环境污染的主要原因之一。打造绿色物流，可以从四个方面入手：一是采用绿色运输方式，尽量减少公路运输的比例；二是采用环保型运输工具，采用节能型或使用清洁燃料的动力机车，注重对运输车辆的养护，减少能耗及尾气排放；三是建立绿色物流网络，在对运输线路合理布局与规划的基础上，通过缩短运输路线，提高车辆装载率等措施，减少无效运输，实现节能减排；四是采用绿色货运组织模式，如通过共同配送、采取复合一贯制运输方式、尽量采用第三方物流，降低车辆出动次数、行使里程。

4. 绿色仓储策略

绿色仓储策略主要包括两个方面：仓库合理选址，以利于节约运输成本；仓储科学布局，使仓库得以充分利用，实现仓储面积利用的最大化，减少仓储成本。

5. 绿色流通加工策略

在流通加工的分割、计量、分拣、组装、价格贴付、标签贴付、商品检验等环节中，可以通过三个方面的措施实现绿色流通加工：一是变消费者加工为专业集中加工，以规模作业方式提高资源利用率，减少环境污染，如冷冻仓库集中帮助屠宰场进行生肉切割、包装，以减少分散切割及包装所带来的能源和空气污染；二是集中处理消费品加工中产生的边角废料，可以减少消费者分散加工所造成的废弃物污染，如净菜配送公司对蔬菜集中加工，可以减少居民分散加工所带来的垃圾丢放及相应的环境治理问题；三是合理设置流通加工中心，减少运输、配送成本。

6. 绿色装卸管理策略

绿色装卸管理策略主要包括：在装卸过程中进行正当装卸，避免因货品的损坏造成资源浪费以及废弃物污染；消除无效搬运，提高搬运的灵活性，合理利用现代化机械，保持物流的均衡顺畅。

7. 废弃物循环物流策略

废弃物循环物流策略主要包括：建立废弃物的分类收集、运输、包装与存储、回收加工及最终处理链条，加速废弃物的处理。

8. 绿色信息策略

物流企业应围绕绿色物流，及时搜集、整理、储存、利用相关信息，促进物流服务和物流营销的绿色化。

在具体的执行策略上，物流企业还可以积极参与 ISO14000 环境管理体系标准认证，用国际标准来规范自身的物流行为，塑造绿色物流形象，进而增强在国际市场上的竞争力。广州新邦物流有限公司是我国最先开始实施 ISO14000 环境管理体系标准认证的第三方物流企业。

（四）物流服务项目设计的路线策略

物流服务项目设计的路线策略包括领先策略、紧跟策略、补缺策略、超越自我策略。

1. 领先策略

领先策略是指物流企业在激烈的产品竞争中采用新理念、新原理、新技术、新结构优先开发出全新物流服务项目，从而先入为主，抢得市场先机。

领先策略开发的物流服务项目多从属于原创设计。领先策略的项目开发投资数额大，研发工作量大，新物流服务项目的实验时间长。

2. 紧跟策略

紧跟策略是指物流企业针对市场上已有的物流服务项目进行模仿或进行局部的改进、完善或创新，但基本原理和结构与已有的物流服务项目相似。

采用紧跟策略的物流企业跟随既定物流服务项目的先驱者，以求用较少的投资得到成熟的定型服务，然后利用其特有的市场或价格方面的优势，在竞争中对早期开发者的市场进行侵蚀。

3. 补缺策略

物流市场上总存在着未被满足的需求，这给一些物流企业留下了一定的发展空间。该策略要求物流企业详细地分析市场上现有物流消费者的需求，从中发现尚未被占领的市场，开发适合消费者需求的物流服务项目。

4. 超越自我策略

超越自我策略是指物流企业在自己已有的物流服务项目的基础上，进一步创新、改进物流服务项目。宅急送在1994年创业之初以做同城快运起家，搬家、定车、包车、送鲜花、送牛奶、送蛋糕、送烤鸭、接孩子甚至洗抽油烟机，什么都做。1995年开始为企业发货、送货、仓储配送、城际配送，客户逐步由零散客户转向企业客户。在逐步的业务摸索中，宅急送锁定了“全国24小时门到门”服务，开始了真正意义的起飞。目前，宅急送以2D10和2D17服务项目为其核心产品。

超越自我策略要求物流企业注重研究消费需求和原有物流服务项目，拥有超越自我的气魄和勇气，并有强大的技术和研发团队作后盾。

【案例4—6】　物流公司拾遗补缺　触角伸向生活用品

在南宁物流市场，争做跨地区搬家和托运学生行李的“生活业务”的物流公司越来越多。“生活业务”的兴起，与南宁市几近饱和的货物流通市场不无关系。

物流公司悄然做起“生活业务”，着实让市民从中得到实惠。从柳州搬家到南宁的梁先生告诉记者说，他搬家前，原先想雇一辆朋友的货车，可想到一路上的各种费用至少也得花200多元，与物流公司的运费一比，并没有多大差别。于是，他干脆请一家物流公司将家搬到南宁。一些大中专院校的学生对物流公司的“生活业务”也情有独钟，每年寒暑假，许多学生就给物流公司打来电话，请他们去托运行李。

【操作训练】

按照图4—1所示的作业流程，完成如“宅急送‘次日达’2D10和2D17服务项目开发策划书”的成果。该报告印刷精美，包括封面、摘要、目录、正文、参考文献、附录、致谢。正文的内容如下。

宅急送“次日达”2D10和2D17服务项目开发策划书（正文部分）

一、宅急送“次日达”2D10和2D17服务项目的开发背景

1994年，在北京国防大学一间10多平方米的宿舍里，宅急送靠7个人3辆车开始创业了。宅急送以做同城快运起家，开始如同一个搬家公司，定车、包车、送鲜花、送牛奶、送蛋糕、送烤鸭、接孩子甚至洗抽油烟机，什么都做，没有明确的市场定位，打一枪换一个地方，靠挣到的小钱维持公司的正常运作和生存。因无核心业务，创业之初的30万元资金很快用完，幸亏1995年10月日本长野县一城株式会社社长小林利夫带来180万元资金，宅急送得以继续生存，业务开始转向代为企业发货、送货、仓储配送，服务也逐步由零散客户转向企业客户。1999年，在经历了同城快递、提货送货、仓储配送、城际配送等一系列业务摸索后，宅急送明晰了自己的市场定位——做社会零散货物的全国24小时门到门快运。“全国24小时门到门”服务成为国内首创，也运作得比较成功，主要客户是大企业客户，占20%的大企业客户创造了宅急送80%的营业收入。

但面对日益激烈的市场竞争，宅急送必须找到新的增长点。

但以什么项目切入？因为没有大笔资金的投入，新项目也必须集中在某个区域而非全国；不能做2千克以下的信函项目，避免和中国邮政EMS形成正面交锋。宅急送开始了市场调查。

二、市场调查识别客户需求

根据宅急送的调查数据，在经济活跃的长三角地区，60%的货物不会流通到全国各地，而是从昆山到苏州、从苏州到无锡或者从无锡到南京——不需要全国的流动网络，货物在区域内流动。

当时还没有大的物流公司提供这种物流服务，有的也只是一些个体户式的小物流公司的自发市场行为。没有形成网络使客户只能一条线找一个个体户承包、企业名气小和实力差是两大主要缺点。

2004年1月，中国邮政快递率先在长三角地区的22个城市实行EMS限时专递——"次晨达"快递服务。价格偏高，运营初期服务也不尽如人意。

这是一个巨大的市场空白！宅急送通过市场调查敏锐地识别了客户的需求：长三角地区有大量货物需要在区域内流动。

三、深入调研识别客户需求

经过进一步的深入调研，宅急送发现：长三角等区域内单件重量在10千克以下的小件货物占据区域内货物运输量的70%以上。2千克～10千克的货物运输成为宅急送的目标。由于主要是运送各种零配件，无论是发货方还是收货方对时间都有明确的要求，要求确保货物安全、送达时间精确，以避免影响生产。

四、根据客户需求设计"次日达"2D10和2D17服务项目

2003年年底，宅急送开始物流新服务项目的构思和设计。2004年，针对长三角等区域内单件重量在2千克～10千克的小件货物推出了两项区域内"次日达"新服务——"2D10"和"2D17"核心服务项目。"2D10"是指当天下午5点前上门收货，第二天上午10点前送货到门，即"开门见货"，保证客户一上班就能收到货；"2D17"是指当天下午5点前上门收货，第二天下午5点之前送货到门。

在设计中，宅急送应用了信息增值策略（及时汇总、反馈各种信息并运用网络技术向客户提供在线的数据查询和在线帮助服务），差别化策略（在名称上与邮政的"次晨达"区别，命名为"次日达"，在价格上更便宜），绿色战略策略（通过运输线路优化的绿色运输、绿色包装、绿色装卸和逆向物流实现绿色物流，减少油耗和空气污染，降低社会成本），补缺加领先的路线策略（在单件重量在2千克～10千克的小件货物空白市场上，要做就做最好，成为市场领先者）。

在长三角地区顺利推出"次日达"2D10和2D17服务项目后，宅急送也逐渐在华北区、珠三角地区推广。至此，宅急送的服务精品由原来的"全国24小时门到门"转变为区域间"2D10"和"2D17"。

五、"次日达"2D10和2D17服务项目的优势分析

与中国邮政的"次晨达"相比，"次日达"在价格上有明显优势。"次晨达"的新平

台虽然将成本大幅降低，一件1千克的货物，“次晨达”仍需要80元，而宅急送根据货物装箱后的长、宽、高三边之和来计算价格：70厘米、80厘米、90厘米、100厘米分别对应10元、15元、20元、30元。而“次日达”的小件服务500克至5千克快件仅收取20元费用。

为提高效率，宅急送需要在省会城市的分公司开通不同形式的市内班车，市内班车为“2D10”和“2D17”的首末端工作，快速提取货物、派送货物。点与点用物流班车连成线，线与线织成网，形成小的区域物流网，保证“2D10”和“2D17”的时效性。为此，宅急送在市内班车建设上增加投入，2004年新增派送车辆超过200辆，保证每个分公司至少有5辆班车。

六、“次日达”2D10和2D17服务项目的推广激励

为推广这两项新业务，宅急送实行“全民皆兵”策略：每一名员工都是市场开发员，每一名员工都是创利中心。宅急送为快递员设立明确的激励机制，按票提成，提货2元/票，送货1元/票，其他员工也可以投入小件业务的拓展之中，按1元/票提成。为此，制作宅急送“小件快递全国门到门服务卡”，卡上预留服务专员空格，由司机、快递员等人员自行填写姓名、联系方式，以方便提成兑现。

【案例分析】

刘武的业务创新

1963年出生的刘武是广东澄海人，1979年高中毕业后踏入社会，成为澄海供销社的一名会计。由于他勤奋聪慧，颇受单位领导赏识，两年间就成为供销社财务主办。改革开放的大潮率先在广东大地涌起，汕头成为经济特区，新思想和发生在身边的巨大变化激荡着他年轻的心。已进入汕头供销储运公司工作的他渴望能成为一个改革开放大潮的弄潮儿。不久，机会来了，储运公司在广州设立转运站，他被派驻广州。

与物流结下不解之缘源于他读书和自学过程中刻骨铭心的感受。秦始皇修建的秦直道、沟通中西方贸易的古代丝绸之路、联通南北的京杭大运河、震惊世界的郑和七下西洋……古代先贤们的伟大壮举激励着刘武，他要将祖先创造的曾经走在世界前列的物流史再创辉煌！

但好景不长，转运站因亏损面临倒闭。难道真的无路可走了吗？不！当时流传着这样一句顺口溜：“东西南北中，发财到广东。”全国各地商客来广州采购服装及日用品，但常常无法顺利运回，如果能解决这个困扰各地商家的难题，就会带来源源不断的生意。有了生意，更要有创新的思路。如果能将千家万户的零担整合成整车，何愁不能打开一片新天地！关键时刻，年仅27岁的刘武勇敢地向领导提出承包的请求，接管转运站。

80元钱购买的一个手提箱，装载着刘武的梦想和希望，中国最早的物流人就这样开始了他的世纪攀登。株洲、长沙、郑州、石家庄、北京、天津、上海……日夜兼程，他

不厌其烦地与各地商业储运公司逐一洽谈，仅凭一己之力硬是完成了一次大规模社会资源的整合。每一座城市都留下了他坚定的脚印。

“24小时服务，零担合装整车”，从广州发出的火车源源不断地驶向全国，一个月竟拼装高达两百多个火车皮，创利高达百万元！刘武在中国储运界声名鹊起，以致出现这样的说法：“在中国，不知道广州的刘武，就不是干储运的！”

但是，正当转运站如日中天、日进斗金之时，他却作出一个令所有人都深感意外的决定：放弃转运站，辞职下海。

这一决定缘起与外商的一次谈判。客户提出了一些基本要求，比如全过程服务、定时定点送达客户、残损率低于万分之三等，这些要求在当时中国传统储运分块经营、多头负责的模式下是根本无法满足的。最后，这位外商遗憾地表示：生机勃勃的中国市场让他欣喜不已，但落后的储运模式和运作质量却让他困扰万分。更表示将会高价引进在国外为他们服务的物流供应商来中国为他们服务。这次谈判让刘武终身难忘，他深深地感受到：中国传统的储运模式已经不能适应中国经济发展的需求，中国物流不发展，必将成为制约中国经济发展的“瓶颈”！

在这场关乎中国现代物流业的未来，关乎中华民族物流业兴衰荣辱的世纪攀登面前，只能赢，不能输！必须义无反顾地挺起脊梁！1994年，由刘武创办的中国第一家民营物流企业——广东宝供储运有限公司宣告成立，从此他率领的宝供军团便拉开了中国现代物流突围战的序幕。绑在国际战车上谋求发展无疑是一个充满智慧的战略选择。

1993年9月在成都召开的“全国商业储运工作会议”上，当时还是转运站站长的刘武，主动给前来参会的宝洁公司分管物流的邓云雄敬酒。邓云雄便向刘武道出宝洁的苦衷，运输环节多，破损率高，面对多家供应商让宝洁苦不堪言。

“何不让我来试一试呢?”刘武胸有成竹地说。邓云雄沉默不语，目光中透出怀疑，内心却在权衡是否要冒这个风险。但刘武随后娓娓道出他的解决方案，沉稳神情下表露的自信，让邓云雄下了决心，就让刘武试试。

五天后，刘武从上海打电话通知邓云雄货已到库，他才轻吐了一口气。同时又深感惊讶，本需十天才能送达的货物，竟然只用了五天就到了，而且残损率为零！邓云雄哪里知晓，刘武在广州亲自监装货物，而后即刻飞赴上海，从上海火车站全程监督直到亲自送达客户手中。

就这样，一个崭新的“门对门一体化服务”模式诞生了！这一现在看来简单的运作模式，在当时，有效地解决了困扰外资企业多时的责任不清、残损严重、时间不可控等诸多储运问题，也为当时习惯于“马路警察、各管一段”的传统储运同行开启了向现代物流运作模式转变的领航灯。

但刘武没想到，与宝洁公司的合作一开始就危机四伏！

宝洁作为全球日用品第一品牌，对其全球供应商采取了严格而统一的质量控制标准体系GMP。这是美国食品药物管理局（FDA）针对食品和药品制定的质量管理标准，包括生产制造、仓储、运输等各个环节，宝洁则用来考核自己的供应商。

达摩克利斯之剑高悬在宝供的头顶！

对宝供的考评有19项关键指标，每年作一次评估。1995年1月宝洁产品开始进入宝供的仓库，1996年3月13日第一次评估，宝洁给广州仓库打了零分，上海和成都的仓库平均负40分，这就意味着宝供将被淘汰出局！

命悬一线，生死关头，刘武对宝洁承诺："再给我们一个月时间。"同时，他对宝供的员工们说："宝供要在世界物流业拥有一席之地，采用国际标准是我们必须做的，宝洁的大考正好给我们提供了机会，我们要坚定信心，主动拥抱国际标准，不断提高宝供的管理水平！"

这是一场决定生死的命运之战，厚达百页的英文资料要消化，组织员工学习培训的灯光彻夜不息，有的员工手拿书本上厕所时竟睡着了。整改的力度也不断加大。面对低矮简陋的旧式仓库，宝供采用各种方法积极改造：海绵封边提高密封度，开通风口调节温度和湿度……千方百计达到规定要求。

评估的一刻终于到了，紧张的气氛难以形容，所有员工都屏住呼吸。95分！宝供获得宝洁全球颁发的"初级顶峰奖"，其中，成都仓库得了100分！深沉的刘武此时流下了激动的泪水。而后宝供连续3年获此奖项，升级为"顶峰奖"，意味着此后3年GMP免检。要知道，获得100分的仓库，全球只有2个，一个在日本，另一个就是中国宝供。

GMP让宝供脱胎换骨，成为宝供晋身现代物流企业的起点。随后，更一发不可收，刘武又大胆地把工业化的生产模式和操作标准运用到物流实践中来，第一个在中国建立了先进的现代物流运作管理系统和质量保障系统。这两大系统的运用，极大地降低了物流环节的残损率。宝供万分之一的残损率，仅仅是当时普遍的5%的残损率的五百分之一！同时，运作可靠性达到98%，运作效率提升2～3倍，为行业树立了高水准的崭新的标杆！

世事难料！与跨国公司的突围战刚刚落下帷幕，另一场更加严峻的生死博弈又在前方等待着宝供。一些大型储运公司，因没拿到宝洁的业务而向宝供发难，四家国有大公司在珠海开会，研究对宝供的"剿杀计划"，他们发出的最后通牒是：要么断绝与宝洁的来往，否则就阻断宝供的仓库使用。

面对传统势力的围追堵截，刘武急中生智，再次求变，跳出储运公司的圈子，到业外企业去租仓库寻求合作。

几年后，当年强势的储运公司心悦诚服地放下身段和宝供合作，因为大家看到宝供模式确实做到了为客户降低库存，减少资金积压，提高服务水平，并且为促进业务的有效增长创造了巨大的价值，得到市场和客户的高度认可。

1996年珠海航展上的一次巧遇，成就了刘武心驰神往的现代物流信息技术之梦。那天，刘武与公司顾问唐慕竹在航展上巧遇他的弟弟唐友三，这位资深的中科院教授正在演示将互联网技术首次应用于航空展，通过互联网对外发布信息。踏破铁鞋无觅处，这不正是刘武苦苦探求的运用于物流管理中的创新技术嘛！

珠海的彻夜长谈，刘武与唐友三相见恨晚。这次会晤，刘武让唐教授印象深刻，谈起世界物流发展的前沿技术、中国现代物流业的现状与困境、与国际物流企业的差距，谈到产业报国，谈到只有靠自己的努力，才能走在世界现代物流领域的前列，为中华民族争气。两颗赤诚的报国之心产生了强烈的共鸣！

唐友三加盟宝供，带领顾小昱等几十位IT精英潜心研究，昼夜攻关，终于在1996年成功研发出中国第一套互联网物流信息管理系统，用互联网编织了中国现代物流产业的第一张“天网”。而中国当今的三大互联网公司——阿里巴巴、百度和腾讯均成立于1998—1999年。

宝供的“天网”一面世便惊艳了中外物流界，也使宝供如虎添翼。在联合利华的招标中，宝供与德国DHL公司等著名国外物流公司同台竞标，与联合利华系统的无缝电子对接，使得宝供最终胜出；红牛公司物流部部长，坐在自己的办公室通过计算机查询，运输和仓储等各个环节便了然于心，当即决定与宝供合作；飞利浦电子公司传递订单发货一直使用传真机，几十个分销中心、几十台传真机数百人操作，人工成本高、效率低，发现了宝供的“天网”后，马上上门主动寻求合作。

接单、发运、到达、签收……所有业务流程都在宝供的信息系统内实现，客户通过网络实时动态地监控管理各个物流环节，进而实现共享数据、数字对接，有效支持了客户的业务拓展。“中国现代物流之父”刘武在中国现代物流领域又掀起了一场信息化革命。

事业无疆。刘武又在思考一个新问题：未来的市场竞争就是供应链与供应链的竞争，如何变革及优化现有的供应链管理？在采购环节，追求零库存；在生产环节，追求柔性化生产；在销售环节，追求减少流通环节，直接面对消费终端。这些变革，都需要一个强有力的物流系统进行支撑。这个物流系统需要具有强大的整合能力、管理能力、快速反应能力。要具备上述能力，宝供就必须下定决心建立真正属于自己的“地网”，也就是物流整合服务平台。

2000年刘武出访德国，为宝供实施“基地战略”到物流业发达的欧洲取经，回国不久就在苏州产业聚集区布下了第一颗棋子。两年后，一个总投资2亿元，占地123.5亩，由两栋大型现代化物流仓库、3 000平方米办公大楼和2 000平方米生活区组成的宝供现代化物流基地在苏州吴中区落成。

第一家进库的飞利浦就立即感受到宝供现代化物流基地的魔力，物流效率大大提高，立体货架提高了5倍的存储效率；机械自动化的应用，提高了货物的进出吞吐能力，原装卸一台40英尺货柜需要5小时，而现在只需要半小时；原手工装卸破损率高，现破损率为零，并实现了电子化、信息化管理。随后，中石油、卡夫饼干等也纷纷入驻……

“基地战略”从此便高歌猛进，花开全国：2002年投资2亿元，建立占地180亩的广州基地；2004年投资2亿元，建立占地100亩的上海基地；2005年投资2亿元，建立占地140多亩的北京基地；2006年投资2亿元，建立占地190亩的合肥基地；2007年投资5亿元，建立占地350亩的沈阳基地；2007年投资10亿元，建立占地800亩的南京基地；2007年投资5亿元，建立占地350亩的顺德基地；2009年投资2亿元，建立占地100亩的成都基地；2010年投资3亿元，建立占地200亩的合肥基地……

第一个吃螃蟹，宝供的“基地战略”堪称中国现代物流业的又一次整合革命！它彻底改变了中国传统的仓储理念、模式、标准。代之而来是现代化库存管理中心，多种运输方式交换作业中心，增值服务中心，信息处理中心，商品聚合、分拨配送中心，信息收集、处理、发布中心。立体仓库节省土地80%以上，提高作业效率高达10倍，增加了加工、包装、贴码等仓库服务功能。

刘武以每台百万元人民币从德国购进70多台专用叉车，可升到12米高。又投资数百万美元买断国际最先进的仓库管理系统源代码，在此基础上加以开发完善，以适应客户个性化的需求，形成宝供独特的仓库管理系统和管理技术。

宝供“地网”为现代物流和供应链的整合打下了坚实的基础，使各种先进供应链理念的实现成为可能。同时，引发了中国物流基础设施的大变革，使传统仓库演变为更加集约化的高效货架或综合理货平台，为人多地少的中国开辟出一条可持续的物流发展之路。

平台化管理，产品化服务。从为企业的物流体系规划到物流模式的设计，再到为企业采购以及产品存储、分拨配送、加工包装、信息处理、金融服务等供应链一体化服务是宝供的一大创举。

宝供模式，已成为中国现代物流业的一座里程碑！

作为中国现代物流业的推动者和领跑者，刘武投入数千万元，从1997年开始连续15年举办中国物流高级技术与管理研讨会。会上，海内外物流业的顶尖学者发表专题演讲，官产学研共聚一堂，成为中国物流界传播现代物流理念及模式、介绍先进的物流解决方案、分享物流操作的技术和方法、解决物流实践中存在问题的思想盛宴。随后，刘武又设立了“宝供物流奖励基金”，奖励为中国物流作出贡献的杰出代表。为传播现代物流理念，他还曾应时任江苏省委书记李源潮的邀请，赴江苏为3 000多名厅局级干部及大型企业负责人作了“现代物流——经济发展的引擎”的专题报告。2008年，应中共中央政治局委员、广东省委书记汪洋的邀请在广东流通工作会议上作了有关物流的专题报告。他还担任多所大学的客座教授为学生传授现代物流知识。为扩大中国物流的国际影响，他的身影还多次出现在国际讲坛上……

宝供的成功，其意义不在于创造了多少就业机会，产生了多少税收，而在于为社会提供了一种现代物流领域的专业化管理模式，催生和拉动了中国现代物流产业的大发展，为众多企业创造了转型升级、科学发展的便利条件。

刘武获得了“中国十大物流风云人物”、“中国物流改革开放30年杰出贡献人物”等多项荣誉。宝供作为中国5A物流企业，连续多年入选“中国物流百强企业”，以其令人惊叹的速度引领着中国物流业的发展，麦肯锡评价宝供为“中国领先的第三方物流企业”，摩根士丹利眼中的宝供是“中国最具价值的第三方物流企业”，在美智对中国物流企业进行的认知度调查中，宝供以40%的认知度雄踞国内外同行榜首，成为中国物流一张最亮丽的名片！

作为行业的领跑者，除了要脚踏实地地践行最先进的运作模式，更需要仰望星空去探索行业的发展趋势，成为一颗启明星，引领行业不断开拓、创新和进步。

2011年10月24日，占地2 000亩，一期总投资25亿元的宝供澄海国际玩具商贸物流城在汕头开工；投资5亿元在广州兴建专为中小企业提供原材料的大型电子商务交易平台也已经上线，全力为中小企业排忧解难。

如今的宝供，已在国内80多个城市建立分公司或办事处，宝供与国内外100多家包括宝洁、联合利华、安利、红牛、卡夫、美赞臣、飞利浦、三星、索尼、中石油、中石化、阿克苏诺贝尔、福田汽车、丰田汽车、吉利汽车、李宁等世界500强及国内大型制造企业结成战略联盟，为它们提供物流规划、物流运作、增值服务、信息服务、资金服务等供应链一体化的综合服务，成功地为这些企业在降低运营成本、提高服务水平等方面创造了巨大的价值。

这是何等振奋人心的辉煌成就！

构建支持全球供应链双向一体化服务平台，构建支持区域经济协调发展供应链一体化服务平台，构建支持行业供应链一体化服务平台。宝供的未来之路还很长、很广阔……

问题

1. 宝供在刘武的带领下，先后进行了哪些业务创新？背景是什么？
2. 你认为宝供的不断成长，关键靠什么？

【课外拓展】

你所在的城市有无推行“绿化”策略比较成功的物流企业？调查3家，汇总并说明其具体的“绿化”措施。

项目五
物流目标客户开发

【学习目标】

知识目标

1. 能够描述开发物流新客户的步骤，能够列举开发物流新客户的方法；
2. 能够描述巩固物流老客户的流程，能够列举巩固物流老客户的方法；
3. 能够描述物流项目招投标的过程、标书的结构，能够列举投标的六个时间控制点和两个有效期。

能力目标

1. 能够在调研的基础上撰写“物流新客户开发方案”，并根据方案运用开发物流新客户的技巧实施新客户开发；
2. 能够在调研的基础上撰写“物流老客户维护方案”，并根据方案运用巩固物流老客户的技巧对服务质量进行有效跟踪，处理投诉，维系与客户的关系，从而巩固物流老客户；
3. 能够熟练地制作标书并进行招投标；
4. 在调研、探究、讨论、撰写报告、展示成果的过程中全方位地锻炼学生的自我学习、信息处理、数字应用、与人交流、与人合作、解决问题、革新创新、外语应用、社会适应、自我保护能力，培养学生的敬业精神和职业操守，提升其综合素质；
5. 能够在工作中形成认真负责、耐心细致的工作作风，尊重他人、理解包容、换位思考的心态，规范操作、安全生产、文明服务的习惯，节约能源与材料、爱护设备、保护环境、敢于创新的意识。

【工作情境】

迅达物流在前期调研的基础上，选定了冷链物流项目和商务信函快递项目。由于商务信函快递项目由迅达物流自己的团队开发客户，因此迅达物流希望将冷链物流项目的客户开发工作外包给贵院的物流管理专业，并愿意拿出 3 万元的资助经费。贵院物流管理专业接受了这个任务后，决定在本届开设物流营销的班级进行项目化竞争，企业最终采用哪个小组的“物流目标客户开发策划书”，就由该小组的同学获得 3 万元的资助经费。

【工作任务】

在调研的基础上撰写物流目标客户开发策划书并实践。

【任务分析】

要完成一份完整的物流目标客户开发策划书，要从新客户和老客户两方面进行分析。对于新客户，要搜集一群新目标客户的资料，然后过网络邮件、电话、即时通信或信函等交流方式接近物流潜在客户，进一步搜集物流客户资料，了解客户需求，识别客户，判断客户的价值。筛选出有需求、有价值的客户后，要根据掌握的信息，设计拜访、面见客户及进行推销和洽谈的方式，列举出客户可能提出的疑问、异议，并准备好答词，以促成交易和签约。对于老客户，要设计一些维系客户关系的具体措施，以稳固关系、扩大销售。

【工作流程】

整个流程如图 5—1 所示。

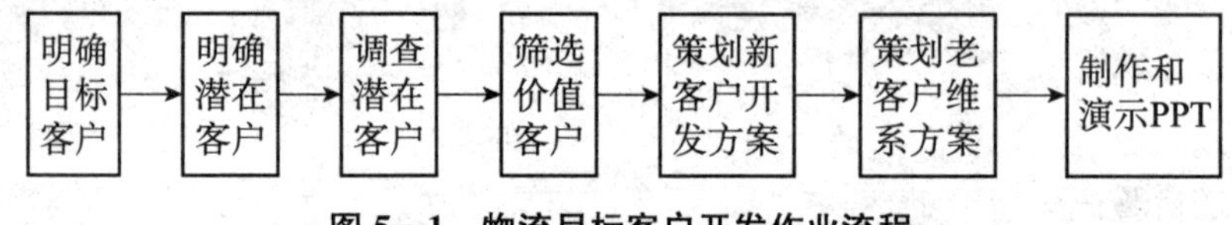

图 5—1　物流目标客户开发作业流程

【知识准备】

物流目标客户开发包括开发物流新客户、巩固物流老客户、以投标方式获得物流客户三种途径。

引导案例

靠节约成本的物流设计开发新客户

刘兵仔细地把刚签好的合同放在公文包里，兴奋地走出旷达公司广州工厂（简称旷达）的大门。

顺致公司是一家欧洲物流公司，全球有180多个分支机构。旷达公司是一家总部在欧洲的领先的电气元件制造公司，包括广州工厂在内全球共有8家制造工厂。刘兵是顺致公司的销售员。4个月前，刘兵从旷达公司在奥地利某分公司处得到旷达公司的联系方式及物流业务的简单信息。刘兵拨通了该公司的电话，找到物流部的联系人并与他约定第三天上门拜访。

在拜访过程中，刘兵详细介绍了顺致公司的物流服务及公司背景，并了解到旷达的物流现状：全球共7个供应商分布于4个国家，平均每月共计空运进口量为15吨，海运拼箱进口为90立方米。其中，德国2个供应商和奥地利1个供应商为主要供应商，3家的总计货运量约占70%，每家供应商每周发两次空运及一次海运拼箱至广州。目前，为旷达提供物流服务的是快步公司，快步公司已为旷达服务逾5年。

快步公司为旷达设计的进口空运路线为：国外机场空运至香港机场，然后转船海运至广州黄埔港。海运路线为：国外起运港海运至香港，然后转船海运至广州黄埔港。

旷达要求刘兵以现有的运输路线报价作比较。顺致公司和快步公司在市场竞争中，公司知名度、服务水平处于同一层次。刘兵按现有的运输路线报价，结果总体费用比快步公司高不少，即使降价至最低水平，仍高出一些，以这样高的价格肯定不会被旷达选择。费用高主要因为空运进口，空运至香港然后转船至黄埔不是顺致公司的优势航线，而从欧洲主要机场至广州机场才是顺致公司的优势航线。在向物流部建议更换路线前，刘兵先后拜访旷达的物资供应部、报关部等部门，了解物料供应频率、库存均衡点、在广州机场报关的可行性、调整进口频率的可行性等，在得到相关部门的回复后，刘兵向物流部提出直接进口至广州机场，同时将德国其中一个供应商的空运发货周期改为每周一次，减少每次的发货量。通过这样的调整，旷达公司的物流成本将比原来平均下降4%，同时不影响生产需要。经过3个月与旷达公司包括副总裁、物流部经理在内的管理层接触、拜访，在第3个月的中旬，刘兵获得了旷达公司德国和奥地利空运及海运进口的运输合同。

引导问题

1. 刘兵为什么能获得旷达公司德国和奥地利空运及海运进口的运输合同？
2. 根据案例总结物流客户开拓的大致流程。
3. 刘兵为获得与旷达公司的合同做了哪些方面的准备工作？
4. 从该案例中我们可以看出物流营销与普通产品营销有哪些区别？
5. 你觉得刘兵如果要和旷达公司长期合作还要在哪些方面努力？
6. 作为专业的物流营销人员我们应该具备哪些专业素养？

一、开发物流新客户

物流企业在市场调研、市场细分的基础上，根据客户需求设计出符合客户需要的物流服务项目，接下来最重要的任务就是与新老客户沟通交流，或以投标方式获得物流客户，获得订单。

引导案例

销售高手密密麻麻的记事本

几年前，山东省有一个煤炭物流的大项目，运祥物流公司志在必得，组织了一个有十几个人的攻关小组，住在当地的宾馆里，天天跟客户在一起，还帮客户做标书、设计运输方案，关系处得非常好，大家都认为拿下这个订单十拿九稳，但是一投标，却输得干干净净。

中标方的代表是其貌不扬的刘女士。事后，运祥物流公司的代表问她："你们是靠什么赢了大订单？要知道，我们很努力啊！"刘女士反问："你猜我在签这个合同前见了几次客户？"运祥公司的代表就说："我们待了整整一个月，你肯定去得更多。"刘女士说："我只去了3次。""只去了3次就拿下2 000万元的订单？肯定有特别好的关系吧？"但刘女士说在做这个项目之前，一个客户方面的人都不认识。

那到底是怎么回事儿呢？

她第一次来山东，谁也不认识，就分别拜访局里的每一个部门，拜访到局长的时候，发现局长不在。到办公室一问，办公室的人告诉她局长出差了。她就又问局长去哪儿了，住在哪个宾馆。她马上就给那个宾馆打了个电话说：我有一个非常重要的客户住在你们宾馆里，能不能帮我订一个果篮，再订一个花盆，写上我的名字，送到房间里去。然后又打了一个电话给她的老总，说这个局长非常重要，已经去北京出差了，无论如何要在北京把他的工作做通。她马上订了机票，中断拜访行程，赶了最早的一班飞机飞回北京，下了飞机直接就去那个宾馆找局长。等她到宾馆的时候，发现她的老总已经在跟局长喝咖啡了。在聊天中得知局长会有两天的休息时间，老总就请局长到公司参观，局长对公司的印象非常好。参观完之后大家一起吃晚饭，吃完晚饭她请局长看话剧，当时北京在演《茶馆》。为什么请局长看《茶馆》呢？因为她在济南的时候问过办公室的工作人员，得知局长很喜欢看话剧。局长当然很高兴，第二天她安排车把局长送到飞机场，然后对局长说：我们谈得非常愉快，一周之后我们能不能到您那儿作深入交流？局长很痛快就答应了这个要求。一周之后，她的公司老总带队到山东与局长进行了交流，她当时因为有事没去。

老总后来对她说，局长很给面子，亲自将所有相关部门的有关人员都请来，一起参加了技术交流。在交流的过程中，大家都感到了局长的倾向性，所以这个订单很顺利地拿了下来。当然后来她又去了两次，第三次合同就签下来了。

运祥物流公司的代表听后说：你可真幸运，刚好局长到北京开会。

刘女士掏出了一个小本子，说："不是什么幸运，我所有的客户的行程都记在上面。"打开一看，密密麻麻地记了很多名字、时间和航班，还包括他的爱好是什么，他的家乡是哪里，这一周在哪里，下一周去哪儿出差。

引导问题

1. 案例中的运祥物流公司花了不少心思，为什么最后还是竞标失败？

2. 在搜集客户资料时，你认为应该搜集哪些方面的资料？

3. 根据该案例，谈谈该如何搜集物流客户资料。

4. 作为销售人员的刘女士，哪些素质促成了该交易？

5. 作为销售人员，我们应该具备哪些方面的专业技能？

从这个案例我们可以看出，开发物流新客户主要把握两个方面：开发物流新客户的流程和开发物流新客户的基本方法。

（一）开发物流新客户的流程

新市场、新客户的开发是每个物流公司及销售人员都必须面临和解决的现实问题。新市场开发的成效与质量的好坏，对一个企业的成长及销售人员的个人提升至关重要。要为一个新的物流服务项目打开市场，物流销售人员应按照图 5—2 所示的流程去开发新客户。当然，前提是已经做好了两件事：熟悉自己和对手的服务，弄清了自己服务的卖点；市场细分划定了新客户圈，弄清了客户对象。

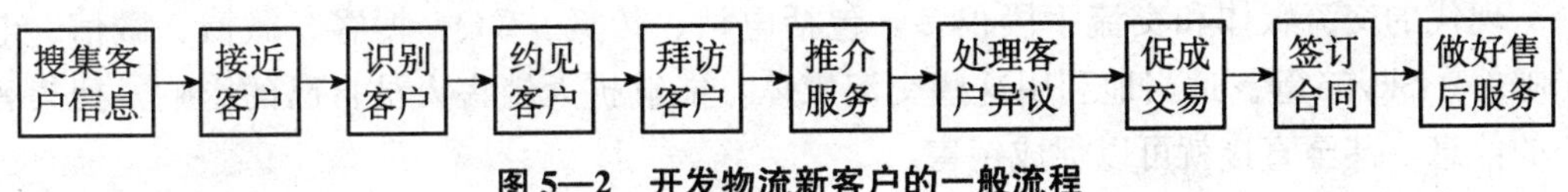

图 5—2　开发物流新客户的一般流程

1. 搜集客户信息

销售人员开发新市场，事前的准备非常重要，知己知彼，百战不殆。知己是了解自己的企业、服务，知彼是熟悉客户。如何通过一切可能手段找到目标客户？常用的方式和方法包括：

（1）资料分析法。

寻找有物流需求的客户可通过统计资料、黄页、各类网站（政府主管部门网站、专业网站、行业协会网站、企业网站）、专业展会、专业研讨会、专业报纸、专业期刊等进行搜集，并对资料进行分析，找到潜在的物流客户。通过该方式搜集的物流客户非常广泛，这属于广泛撒网的方式。其中，统计资料可从国家相关部门的统计报告、行业统计数据、公开出版的统计年鉴中查找，也可以根据有关生产、商业企业公布的资料进行统计。

（2）合作伙伴推荐法。

通过自己的合作伙伴推荐其客户或同行，可以获取其他有类似物流需求的客户信息。

（3）销售人员人际网络拓展法（原理见图 5—3）。

人际关系是物流企业和物流销售人员的另一项重要的资产。销售人员可以启动自己的人脉网，帮助寻找客户。物流销售人员的人际关系越广，接触潜在客户的机会就越多。因为根据六度空间理论（也称小世界理论，原理见图 5—4），最多通过六个人就能够认识世界上任何一个陌生人。因此，销售人员可以通过自身拥有的社交网络来找到一些物流潜在客户。一个捷径是加入已有的圈子，如同乡会、同学会、篮球俱乐部等。加入圈子，就能形成快速扩大的涟漪效应，让潜在客户知道自己、了解自己。

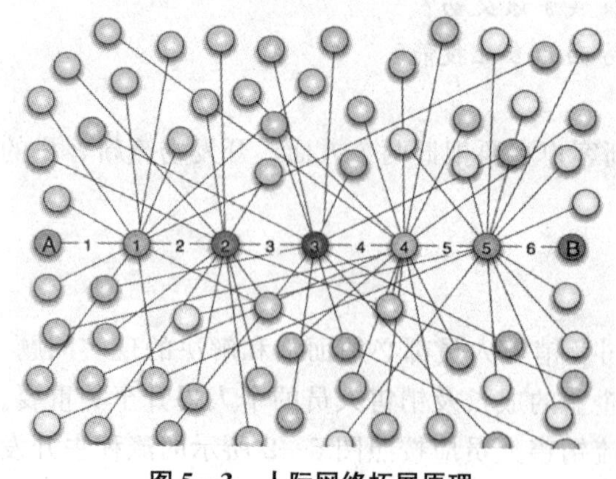

图 5—3 人际网络拓展原理

图 5—4 六度空间原理

（4）现代交流媒体沟通法。

现代的交流媒体和交流手段很多，包括电话、传真、QQ、博客、微博、微信、电子邮件、Skype 等。适当地利用这些交流媒体，能够扩大销售人员自己的影响，搜集客户的信息，甚至直接就可以促成销售。

（5）经常参与行业活动混脸熟法。

销售人员可以经常参加各种专业展会、论坛、峰会、活动，积极发言，表现活跃，在客户中先混个脸熟，方便自己获得客户信息，也有利于以后的上门拜访。

（6）热情接待主动找上门的客户。

受物流企业形象、声誉的影响，一些客户会慕名主动接洽、上门。销售人员可以记下客户的联系方式，加强后续的跟进、交流、沟通，以获得客户信息。

（7）以个人品牌吸引客户主动上门。

个人可以通过出色的演讲、豪爽的性格、广泛的人际、高雅的谈吐、有品位的着装、意见领袖、公益领袖、担任社会职务打造个人品牌，吸引客户主动上门，主动提供信息，而且指定要与你做生意。

在搜集客户信息的过程中，要了解客户的状况，包括：物流服务的决策流程，关键人物的职位，客户组织机构，各种形式的通信方式，区分客户的使用部门、采购部门、支持部门，了解客户具体使用人员、管理层和高层客户，客户现在的物流是自营还是外包，客户的业务结构和业务量情况，客户所在行业的基本状况，竞争对手的资料等。

2. 接近客户

接近客户是由接触潜在客户向切入主题迈进的阶段。接近客户主要分四步：明确接近客户的主题和时间、选择接近客户的方式、正确使用接近话语、讨论主题。

（1）明确接近客户的主题和时间。

每次接近客户有不同的主题，例如，主题是想和未曾碰过面的潜在客户约见面时间，或想约客户参观物流系统或软件演示。

（2）选择接近客户的方式。

接近客户可以通过电话、传真、信函、电子邮件、直接拜访等方式。主题与选择接近客户的方式有很大的关联，例如，主题是约客户见面，电话是很好的接近客户的工具，但要留意的是最好不要将主题扩散到销售服务的特性或销售价格。

（3）正确使用接近话语。

专业销售技巧中，初次面对客户时的话语称为接近话语。接近话语展开的步骤如图5—5所示。

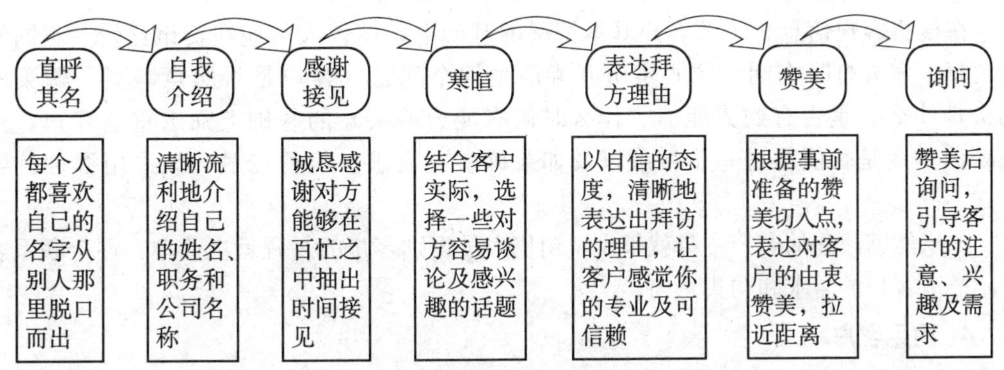

图5—5　接近话语的展开步骤

接近客户的前30秒，在相当程度上决定了本次行动的成败，所谓“接近半分钟，准备下大功”。

在这一阶段，要成功针对客户的需求，引起客户的注意，调动客户的兴趣。另外，有一些细节要注意：巧用名片，不仅可以缩短自我介绍的时间，还可以顺利地交换联系的方式；声音要有亲和力、感染力，用自己的声音吸引住客户；善用幽默来活跃气氛。

（4）讨论主题。

围绕约定的主题展开初步交流。从接触客户到切入主题的这段时间，要注意两点：

1）打开潜在客户的“心防”，即在游说别人之前，一定要先消除对方的戒心。接近是从“未知的遭遇”开始的，任何人碰到从未见过面的人，内心深处总会有一些戒心，谁都不例外。如当客户第一次接触销售人员时，他可能是“主观的”，可能会因为销售人员个人的穿着打扮、头发长短、品位，甚至高矮胖瘦等，而产生喜欢或不喜欢的直觉；他可能是“防卫的”，即客户和销售人员之间有道防御的墙。只有在销售人员能迅速地打开潜在客户的“心防”后，客户才能敞开心胸，用心听销售人员的谈话。打开客户“心防”的基本途径是先让客户产生信任感，接着引起客户的注意，然后是引起客户的兴趣。

2）销售物流服务前，先销售自己。接近客户的第一个目标就是先将自己销售出去。这就需要准备自己的职业形象。个人形象是销售工作中的“敲门砖”，销售物流服务前要先销售自己，通过设计自我形象，以良好的外在形象和内在形象去开展营销。外表形象方面，应塑造完美的仪表、着装得体、勤修边幅；行为举止方面，应注重礼貌礼仪、行为举止有风度、善于倾听和使用肢体语言；内在形象方面，通过知识、见识、修养修炼产生让人愉悦的气质，让客户喜欢自己。

3. 识别客户

识别客户[①]是在确定好目标市场的情况下，利用一系列技术手段，根据大量的客户特征、需求信息等，从目标市场的客户群体中筛选出可能需要物流服务的客户，即可能的购买者，作为企业实施客户开发和客户关系管理的对象。

在搜集客户信息、了解客户基本情况的基础上，销售人员应在资讯比较、不同侧面观察、多方打听询问、留心辨听并弄清楚四个问题（客户是否愿意购买、购买的动机是什么、是否有购买能力、什么时候有能力购买）的基础上筛选重点客户，并判断该企业是否值得进一步接触以及如果确实有需求、值得接触，该采用哪种接触方式。

如果能够找到的客户本身就很少，销售人员识别客户的过程就更简单：逐个联系客户，摸清客户的需求和购买意向。

4. 约见客户

约见客户是指销售人员与客户协商确定约见对象、约见事由、约见时间和约见地点的过程。约见在推销过程中起着非常重要的作用。它是推销准备过程的延伸，又是实质性接触客户的开始，是为正式拜访"热身"。

（1）约见的内容。

1）确定约见的对象。即确定与对方哪个人或哪几个人接触。应尽量设法直接约见有购买决策权的人。

2）确定约见的事由。任何推销约见的最终目的都是销售物流服务，但为了使客户易于接受，销售人员应仔细考虑每次约见的理由。根据销售实践，下列几种访问理由和目的可供参考：认识朋友，建立人际关系；市场调查，如了解客户目前物流的状况、了解客户目前物流服务的问题所在；介绍自己企业物流服务的优势或新开发的业务，引起客户的兴趣；网站介绍；提供服务，如要求进行进一步的调查工作，以制作建议书；联络感情；要求客户参观展示；签订合同；收取货款；慕名求见；当面请教；礼仪拜访；代传口信；等等。关键是要给对方一个无法拒绝的理由。即使客户想推辞，也要机智地化解客户拒绝约见的理由。

3）确定约见的时间。要想推销成功就要在一个合适的时间向合适的人推销合适的物流服务。细节方面要做到：尽量为客户着想，最好由客户来确定时间；根据客户的特点确定见面时间，如注意客户的生活作息时间与上下班规律，避免在客户最繁忙的时间

---

① 识别客户有三方面内容：识别客户的需求、识别潜在客户、识别有价值的客户。识别客户的需求即弄清客户想要得到满足且有支付能力的物流需求，进而找出满足客户需求的方法。识别潜在客户即从目标消费者中甄别出可能需要物流服务的客户，即可能的购买者。识别有价值的客户即从已经交易的客户中筛选出两类客户——能给公司带来最大利润的客户、能带来可观利润并且有可能成为最大利润来源的客户。这里讲的客户识别是指识别潜在客户。

约见客户；根据推销物流服务的特点确定约见与洽谈的时间，以能展示服务优势的时间为最好；应根据不同的访问事由选择日期与时间，如联络感情就在周末或饭点前；约定时间时应考虑交通、地点、路线、天气、安全等因素；讲究信用，做到守时，最好是提前5分钟以上，并做好形象准备；合理利用访问时间，提高推销访问效率，如在时间安排上，在同一区域内的客户安排在一天访问，并合理利用访问间隙做好与销售有关的工作。

4）确定约见的地点。地点应照顾客户的要求，最经常使用也是最主要的约见地点是办公室，但客户的居住地、公共场所也可以作为约见地点。

（2）约见的方式。

常用的约见客户的方式有：

1）面约。即销售人员与客户当面约定再见面的时间、地点、方式等。面约切忌以貌取人。面约应尊重接待人员，要想顺利地约见预定对象，必须取得接待人员的支持与合作。

面约前应做好约见前的各项准备工作，如必要的介绍信、名片、合同书等，要刻意修饰一下自己，准备好态度与微笑。

面约的过程中，应认真观察，有针对性地提问，注意倾听，挖掘客户背后的某些需求。

2）函约。即销售人员利用各种信函约见客户。

3）电约。即销售人员利用各种现代化的通信手段与客户约见。如电话、电子邮件、QQ等即时通信方式。

4）托约。即销售人员拜托他人代为约见，如留函代转等。

5）广约。即利用大众传播媒体如QQ群、微信群、OA办公系统等把约见目的、内容、要求以及时间、地点等广而告之。

5. 拜访客户

初次拜访是与客户的“第一次亲密接触”。通过与潜在客户的关键人物面对面的接洽能最有效地了解客户物流需求信息，因为物流服务相对而言比较复杂，通过电话或信函进行物流服务项目的推广有时不能很好地表达，需要借助PPT、短片进行介绍，所以需要登门拜访。

登门拜访一般包括职业形象准备、开场白、深入沟通交流、礼貌告辞等环节。

（1）职业形象准备。

从外表形象、行为举止、内在修养等方面进行准备，争取让客户一见倾心。

（2）开场白。

开场白的礼仪首先是打招呼、问候、自我介绍，然后感谢聆听及相关人员对拜访的协助，进行必要的寒暄，并清楚地表达拜访理由及必要的赞美，最后通过询问引起客户的注意，了解客户的需求并调动客户的兴趣。

在这一阶段，要记住客户的名字，能够直呼其名是一种尊重。接近阶段的一些技巧也可以应用。

(3) 深入沟通交流。

深入沟通交流主要是指推介服务、处理客户异议、促成交易达成。下文将详细阐述。

(4) 礼貌告辞。

拜访结束，物流营销人员要再次感谢客户在百忙之中的接待和服务，一一握手，然后恳请接待人员在方便的时候访问自己的企业，并敬请接待人员留步。

6. 推介服务

在礼节性、程式化的交流后，就进入实质性的业务交流阶段。其流程一般为：指出客户需求或期望、有针对性地介绍服务、提出物流服务的建议。

(1) 指出客户需求或期望。

依据调查的资料，陈述客户目前的状况，指出客户目前期望解决的问题或期望得到满足的需求。

(2) 有针对性地介绍服务。

在交谈中，物流销售人员应根据客户的关注点、特殊需求，有针对性、有重点地介绍自己推销的物流服务的特性及优点，强调能够满足客户的特殊需求，或解决客户的特殊问题。

(3) 提出物流服务的建议。

针对客户的特殊需求或特殊问题，物流销售人员应代表自己所在的物流公司提出个性化的物流服务解决方案或建议。因此，物流销售人员必须掌握将物流服务的特性转换为客户利益的技巧，具体可以分为如图5—6所示的三步。在介绍物流服务时，最好运用销售辅助物，如幻灯片、成功物流策划案例、报导成功案例的报刊等。

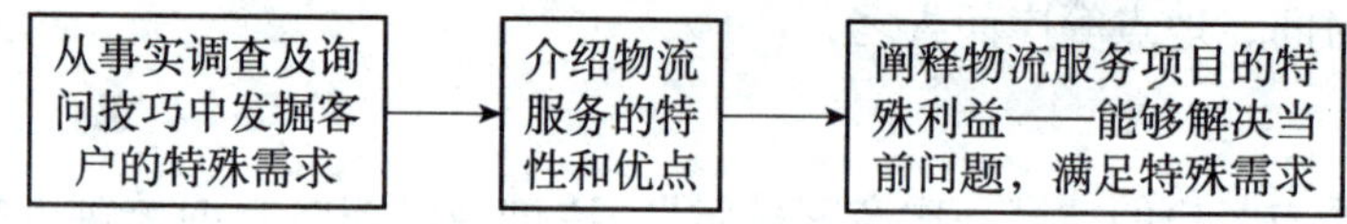

图5—6 将物流服务特性转换为客户利益

在推介过程中，可以灵活应用以下方法：根据客户需求来推介物流服务；与其推介，不如巧妙说服；满足客户被重视的心理需求；以自嘲的方式消除负面影响；用笔给客户算个账；让客户成为你的物流服务推销员；适度暴露一些“小缺点”；不要一味贬低对手，适时给竞争对手的物流服务项目一个正面评价。

7. 处理客户异议

在物流营销的每个步骤，接触的物流客户都有可能提出异议，物流销售人员越是懂得处理异议的技巧，就越能冷静地化解客户的异议。其实，任何物流销售都是从客户的拒绝开始。

客户异议是在销售过程中客户对物流销售人员的不赞同、质疑或拒绝。异议可以分为真实的异议、虚假的异议、隐藏的异议三种（见表5—1）。

表 5—1　客户异议的分类和表现

异议分类	表现
真实的异议	1.“我们现在的物流供应商已经做到了 2 小时内送达，你们 4 个小时就没有什么优势了。” 2.“条形码技术能够改为射频识别技术吗?”
虚假的异议	1. 客户找借口敷衍而不想诚意地会谈，如：“我没有时间!”“这种运输服务功能不是早就有了吗?”“我马上要开会，我们以后再联系!” 2. 销售人员解说产品时，客户带着不以为然的表情。
隐藏的异议	以真的异议或假的异议来争取解决隐藏异议的有利环境，如客户希望降价却顾左右而言他： 1.“最近你们的服务质量好像有点下降。” 2.“3 月份的货损同比提高了 5%!” 3.“上个月出现了 3 次送货不及时，这在过去是不敢想象的。”

没有异议的客户才是最难处理的客户。冷静分析客户的异议，从异议中判断客户是否有需要，了解客户对解决方案的接受程度，有助于获得更多的决策信息。产生异议的原因有可能是由客户引起的，也有可能是由于销售人员自身引起的。

1）异议来自客户方面的原因有三种：理性原因，如客户因信息不充分或缺乏经验而理解错误；感性原因，如出于情感和心理上的不满和恐惧；战术性原因，如客户寻找不存在的缺陷或扩大不足来进行策略性的试探。

2）异议来自销售人员可能是由于物流销售人员欠缺沟通技巧造成的。物流销售人员导致的客户异议种类及表现如表 5—2 所示。

表 5—2　物流销售人员导致的客户异议种类及表现

序号	导致客户异议的原因	具体表现
1	无法赢得客户的好感	举止态度让客户产生反感
2	做了夸大不实的陈述	为了说服客户往往以不实的说辞哄骗客户
3	使用过多的专门术语	介绍产品时使用过于高深的专门知识让客户觉得自己无法胜任使用
4	事实调查不正确	引用不正确的调查资料
5	不当的沟通	说太多或听太少，无法把握住客户的问题点
6	物流服务展示失败	展示失败会立刻遭到客户的质疑
7	姿态过高让客户词穷	处处说赢客户，让客户感觉不愉快

物流销售人员在与客户交流的过程中应注意聆听客户说的话，区分真实的异议、虚假的异议及隐藏的异议；不可用夸大不实的话来处理异议。处理异议应把握四个原则：与客户会面前做好充分的面对异议的准备，具体程序如图 5—7 所示；选择恰当的时机；争辩是销售的第一大忌；要给客户留“面子”。

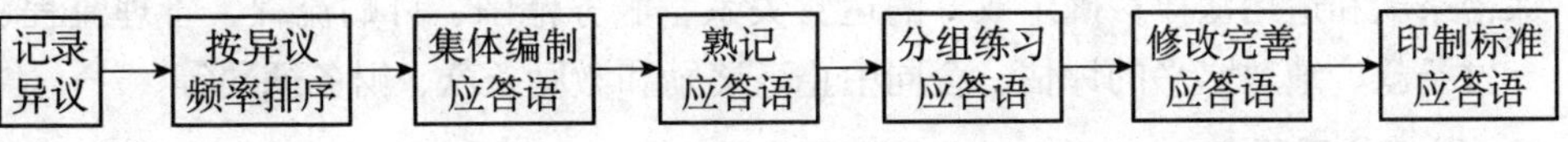

图 5—7　客户异议的标准应答语

【案例 5—1】 物流销售如何给客户留“面子”?

客户的意见无论是对是错、是深刻还是幼稚，物流销售人员都不能表现出轻视的样子，如不耐烦、轻蔑、走神、东张西望、绷着脸、耷拉着头等。而应该双眼正视客户，面部略带微笑，表现出全神贯注的样子。

物流销售人员不能语气生硬地对客户说：“您错了”、“连这您也不懂”。也不能显得比客户知道得更多：“让我给您解释一下……”“您没搞懂我说的意思，我是说……”

这些说法明显地抬高了自己、贬低了客户，会挫伤客户的自尊心。

8. 促成交易

在销售物流服务的过程中，物流服务的说明、展示及解决异议等只是销售的辅助工具，目的是用来和客户达成协议。但在物流销售中存在一个有趣的现象：那些没有被打动的客户没有进一步产生购买行为的原因是“物流销售人员没有请求我们这样做”——物流销售人员在实践中没有积极促成交易。有的物流销售人员害怕提出成交要求后，如果客户拒绝，会破坏洽谈气氛；有的物流销售人员希望等待客户先开口；有的物流销售人员是在多次碰壁之后放弃了继续努力。实际上，心理学证明，拒绝比提出请求更难。因此，销售人员一定要敢于提出请求。当然，如果被拒绝，你可以说：“那你再考虑考虑，改天再谈”，为今后再谈留下伏笔。

价格有时是影响成交的关键因素。因此，在价格方面要注意：多谈价值，少谈价格；站在客户的立场谈价格；以客户最喜欢的报价方式报价；必要时稍微降价，满足客户的“占便宜心理”，但也要敢于拒绝客户在价格方面的不合理要求。

【案例 5—2】 今天是您第一次要求我们订货

一位物流销售人员多次前往一家公司推销物流服务。

一天该公司物流采购部经理拿出一份早已签好字的合同，物流销售人员愣住了，问客户为何在过了这么长时间以后才决定购买，客户的回答竟是：“今天是您第一次要求我们订货。”

启示

绝大多数客户都在等待物流销售人员首先提出成交要求。即使客户主动购买，如果物流销售人员不主动提出成交要求，买卖也难以成交。因此，物流销售人员必须主动提出成交要求。

9. 签订合同

交易最后要体现在合同上。合同要写清楚双方该如何处理与对方的关系，以及各自特定的职责。内容条款应包括：确定双方的法律责任，如责任的界定、知识产权的保护、保密条款和适用法律；确定双方的运营关系、服务范围、订购流程、管理流程、价格、支付条款、绩效水平的评估、合同中止、奖励和激励条款、财务惩罚等。

10. 做好售后服务

售后服务主要包括履行合同、合同纠纷处理和客户关系维护。物流服务是无形的，服务质量的高低取决于各服务环节处理能力的高低，取决于客户对物流服务的体验。忠实履行合同条款，注重服务细节及客户体验。对于客户的投诉，要能及时、巧妙解决。当出现合同纠纷时，要在耐心沟通的基础上，分清责任，依法处理。

真正的销售始于售后服务。完美的售后服务，能够超出客户的期望，提升成交客户的满意度，有利于巩固新客户、留住老客户。做好客户关系维护，相当于生意上的感情投资，有利于构建长期的合作关系，也有利于不断扩大合作范围、提升业务量。

（二） 开发物流新客户的基本方法

1. 搜集客户资源的方法

要开发新客户，应先找出潜在客户，而潜在客户必须多方寻找。下面的 9 种方法有助于开拓更多的潜在客户：

（1）五步原则法。

当物流销售人员碰到一个陌生人走进了自己的五步范围时，应友好而热情地自我介绍。而物流营销人员的任务是将名片递给他们。由此，物流销售人员认识了一个几乎没有可能认识的人，得到了一名潜在客户并可能被推荐给别的潜在客户。

（2）连锁介绍法。

连锁介绍法是指公司或销售经理恳请现有客户介绍未来潜在客户的方法，又称黄金客户开发法。如一个物流销售经理目前拥有 10 个客户，该物流销售经理请每个客户为他介绍 2 个潜在客户，很快他就有了 30 个客户，如果这 30 个客户每人再介绍 2 个客户，很快他就有了 90 个客户，以此连锁反应，客户将迅速增加。

（3）电梯人际拓展法。

每次在电梯碰见一个陌生人的时候，都同他（她）打招呼、换名片，并在一周内同他电话联系或见面。假定一天有 3 个机会，一年将结识超过 700 个新朋友，而其中就有部分人能够为你介绍业务。

（4）内部继承法。

物流销售人员可从前任的物流销售人员手中接收有用的客户资料，详细地掌握各项资料的细节。

（5）购买客户资料法。

一些机构掌握了批量客户的资料，可以通过购买的方式获得。

（6）直接拜访法。

直接拜访能迅速地掌握客户的状况，效率极高，同时能磨炼物流销售人员的销售技巧及培养选择潜在客户的能力。

（7）直邮法。

直邮法是一种具有个人资讯功能、通过直邮的媒体进行寄递而创造客户的广告方式。现代“大直邮”不仅包括邮政的商业信函广告，还包括邮送广告、企业形象邮件（企业明信片、拜年卡、邮资封）、手机短信广告、互联网邮箱广告、俱乐部营销广告（网上论坛互动、会刊交流、各种优惠服务）等。直邮能够帮助物流企业迅速大量地接触客户。

(8) 电话拜访法。

电话最能突破时间与空间的限制，是较经济、有效率的接触客户的工具。物流销售人员若能规定自己每天找出时间至少给 5 个新客户打电话，一年下来能增加 1 500 个与潜在客户接触的机会。

(9) 展示联系法。

物流服务展会、行业会议是获取潜在客户的重要途径之一。物流销售人员需要搜集客户的资料、客户的兴趣点以及现场解答客户的问题。

2. 接近客户的方法

(1) 寻找共同话题法。

和客户交往如同谈恋爱，要有共同语言。当销售人员找到与客户的共同话题时，客户自然愿意交谈，销售的机会自然就来了。但要注意的是，销售人员的谈话要跟得上客户的节奏，客户愿意聊就多聊一会儿，客户不愿多聊就适可而止。另外，如果你不是某一方面的专家，最好不要深入讨论，露出马脚反而得不偿失。

【案例 5—3】 寻找共同话题法示例 1

在一次拜访中，小王偶然看到客户老总的书架上放着几本物流金融方面的书，小王最近刚好写了几篇物流金融的文章，对当前物流金融的发展和理论研究前沿相当熟悉，就和这位老总聊起了物流金融的话题。结果两个人聊得热火朝天，从仓单质押到动产质押，从保兑仓到开证监管，从银行的物流金融业务到专业的物流银行，从物流兼并到物流产业基金……聊得都忘了时间。

直到中午的时候，老总才突然想起来，问小王："你销售的那个物流服务项目怎么样?"小王立即抓住机会给他作了介绍，他立马就说："好的，按你说的，让我们先试用一次，没问题的话就先签一年的合同!"

【案例 5—4】 寻找共同话题法示例 2

杜江经营着一家冷链物流公司，他一直想把自己的冷链服务推销给某市的一家大饭店，但是一无所获，而且已经丧失了信心。

经做营销老师的朋友提醒，杜江下决心改变策略。于是，杜江打听那个饭店的经理最感兴趣的是什么，他所热衷的又是什么，并最终发现饭店的张经理是一个叫做"爱心协会"的组织的成员。由于他的热心，最近还被选为了协会会长。

杜江再去拜见张经理时，一开始就谈论他的"爱心协会"。得到的反应令人吃惊，张经理跟杜江谈了半个小时，关于他的组织、他的计划，语调充满热情。告别时，张经理还给他的"客人"办了一张"爱心协会"的会员证。几天之后，这家大饭店的行政总监突然打电话，要杜江立即把冷链物流的报价表送去。

那位行政总监见到杜江的时候，疑惑不解地说："我真不知道你对张经理做了什么手脚，他居然被你打动了。"

启示

1. 从研究客户的兴趣爱好入手，找到共同关心的话题，以此为推销的突破口，投其所好，进行感情投资，这是推销成功的关键。

2. 先交朋友，建立友谊，后做生意，推销才不会困难。

3. 推销是从拒绝开始的，遇到困难不退却，不到最后不言放弃，及时调整推销的思路，改变推销的策略，才能达到成功推销的目的。

（2）赞美接近法。

每个人都渴望得到别人的重视与赞美，只是大多数人都把这种需要隐藏在内心深处。因此，赞美接近法能够迅速拉近与客户的心理距离。

【案例 5—5】　赞美接近法示例

物流业务员杜欣走进酒店经理办公室推销酒店用品物流服务项目，见王经理正在埋头写一份东西，从表情看很糟，从桌上的混乱程度可以判定王经理一定忙了很久。杜欣想：怎样才能使王经理放下手中的活计，高兴地接受我的推销呢？杜欣通过观察发现，王经理有一头乌黑发亮的长发。于是杜欣赞美道：

"好漂亮的长发啊，我做梦都想有这样一头长发，可惜我的头发又黄又少。"

只见王经理疲惫的眼睛一亮，回答说："没以前好看了。太忙，瞧，乱糟糟的。"

杜欣马上送上一把梳子，说："梳一下更漂亮，您太累了，应该休息一下。注意休息，才能永葆青春。"

这时，王经理才回过神来问："你是？"

杜欣马上说明来意。王经理很有兴趣地听完杜欣的介绍，并很快决定下单。

启示

没人会拒绝赞美。这位业务员推销成功的原因如下：第一，善于观察，及时发现了这位经理的闪光点，为成功推销奠定了良好基础；第二，赞美术的巧妙运用，有效地消除了这位经理抗拒、防范推销的心理，在非常愉悦轻松的气氛中很快就接受了业务员的推销。

（3）迂回接近法。

直来直去地接近客户，往往会使客户产生抵触情绪，采取迂回的方法，去关心客户所关注的人或事，更能够增进与客户之间的感情，顺利赢得客户的"芳心"。

【案例 5—6】　迂回接近法示例 1

物流公司的业务员李平，曾经和一家公司的王总打了好长时间的交道都没有拿下订单。

该公司在内部培训的时候就重点研究了对方的情况，提醒这位业务员要"迂回前进"。培训之后，李平一直在思考如何接近王总的方法。当从王总的员工那里知道他很喜欢钓鱼，李平也常去王总去的那家公园，装作偶遇的样子，常跟他在一起钓鱼聊天，在那里和他建立了朋友关系，慢慢地取得了他的信任。

后来，李平顺利地跟王总签订了合同。

【案例 5—7】 迂回接近法示例 2

物流推销员秦辉到某制造公司推销物流服务，被拒之门外。女秘书给他提供了一个信息：经理的宝贝女儿正在集邮。

当天下班后，秦辉赶到图书馆翻阅了有关集邮的报刊，并借回一摞集邮书，充实自己的集邮知识。然后托邮局的朋友弄了两套精美的邮票，第二天一早又去找经理，告诉他是专门为其女儿送邮票的。一听说有精美的邮票，经理热情相迎，还把女儿的照片拿给秦辉看，秦辉趁机夸其女儿漂亮可爱，于是两人大谈育儿经和集邮知识，非常投机，一下子熟识起来。

（4）现场体验法。

有些客户对于物流销售人员销售的物流服务不了解，自然就很难接受物流服务。要让客户了解物流服务，就得为客户现场演示，让客户亲身体验一下，促使他产生兴趣。现场演示法是一种比较传统的营销接近方法，如街头杂耍、卖艺等都采用现场演示的方法招徕客户。

【案例 5—8】 现场体验法示例 1

某国内著名快递公司业务员张攀听说某高校有大量快递寄往北京。

为拿下这个大客户，张攀为该校办主任演示了一次现场体验。一天内免费为该高校寄送了两件到北京的快递，一个早上 9:30 收件，一个中午 12:00 收件，短信反馈的签收时间分别是当天下午 14:30 和晚上 20:30。

张攀介绍了公司以自己的货运专机、签约的航班代运保证快递的时效性，并保证年快件量达到 1 万件时给予 8 折优惠，年快件量达到 5 000 件时给予 9 折优惠，并出示了货运专机运行时刻表、航班代运的签约文件以及起草好的合同。

张攀用这种方法，多次获得了大客户的订单。其实客户的要求很简单，他并不关心快递的流程，他关心的只是实际的时效。

启示

通过现场体验让客户真正地看到物流服务的优点，客户自然就会相信你的物流服务，成交也就水到渠成了。

【案例 5—9】 现场体验法示例 2

一位新型物流托盘销售人员与准客户见面后，并不急于开口说话，而是从大提包里拿出一件物流托盘，将其装入一个大纸袋里，然后用火点燃纸袋，等纸袋烧完后，纸袋里面的物流托盘仍然完好如初。这一夸张的演示，使客户产生了极大的兴趣，没费多少口舌，这位销售人员便拿到了订单。

（5）用关心攻坚法。

没有人会拒绝别人的关心。当销售人员对客户表现出自己的友善时，大部分客户会动心。

【案例 5—10】 用关心攻坚法示例 1

远达物流公司参加了一家公司的物流招标活动，这家公司的总经理对于远达物流的服务并不是太看好。他看起来很严肃，一副拒人于千里之外的表情。

后来远达物流的业务员张敏了解到，总经理之所以这么严肃，是因为他的夫人最近生病住院了，所以心情很不好。张敏立即打听到总经理夫人所住的医院。巧的是，张敏的叔叔就在这家医院任副院长。

第二天，张敏就带上一些对症的营养品，看望了那位总经理的夫人，并且通过关系把她调到了专人看护病房，进行精心的护理。

过了两天，招标会召开，这位总经理一改严肃的模样，满面笑容地上来和张敏握手，感谢张敏对他夫人所做的一切："我的夫人已经好多了，马上就可以出院了，真不知道怎么感谢你的帮助呀!"

结果，这次招标会远达物流不费吹灰之力就取得了成功。

【案例 5—11】 用关心攻坚法示例 2

胡嘉是一名优秀的物流销售人员。他关心人的习惯使他更加优秀。

胡嘉在书店看到对客户有所帮助的书时，都会毫不犹豫地买下来，即使在图书馆里看到对客户有所帮助的书，也会复印下来，送给客户，以便能够对客户有所帮助。靠这个方法胡嘉结识了许多客户。

有一次，胡嘉在一本杂志上看到一篇关于怎样建立局域网的文章，觉得对于自己的一位客户应该很有帮助，因为他们正在搭建自己的物流局域网。于是就买了一本送给了他们，结果，通过这篇文章客户顺利地将自己的局域网建了起来。就这样，他们成了胡嘉的长期客户，而且一直以来都合作得很愉快。

启示

人心都是肉长的，当你触及他内心最为柔软的部分时，他就会对你产生好感，甚至产生知恩图报的心理。一名优秀的销售人员从来就不应放过任何能够帮助客户的机会。

(6) 赠品接近法。

许多上门来的销售人员为了很快与对方熟识，往往借助一些小赠品，以拉近双方的距离，这就是最常见、最典型的送礼接近法。

有时，恰如其分的小小馈赠会成为成功推销的润滑剂。因为顾客普遍具有渴望免费午餐的心理，投其所好就可能成功打开销售的大门。因此，在进行推销的过程中，可以使用较低价值的东西作为礼品赠送给顾客作为其购买业务员所推销物流服务的附带品。赠品可以是扑克、折扇、钥匙扣、名片夹、钱包、笔记本、便签筏、皮带、领结、台历、挂历等。

【案例 5—12】 赠品接近法示例 1

"请将此函寄回本公司，即赠送中国古代钱币一套。"这是中国一家物流公司的销售人员寄给准顾客的一封信中所写的话。

信发出后效果很好，公司不断收到回信。于是，销售人员拿着套装的古代钱币，逐一拜访这些回函的准顾客："我是××物流公司的业务员，我把你需要的中国古代钱币拿来送给您。"

启示

客户当然欢迎免费的馈赠和服务。一旦业务员面见了顾客，就可以逐步将对方引入物流服务的话题，开展推销行动。

【案例 5—13】 赠品接近法示例 2

地中海黑啤俱乐部在寻找新物流公司的消息传开后，想要吸引这家大户公司的物流销售人员立刻蜂拥而至，总计有 25 家之多。

其中一家物流公司的销售人员非常聪明，因为他心里明白，如果要让公司保有一丝希望，他必须想出一个有创意的点子。泛泛之流的手段于事无补，得给人以"既有创意，消息又灵通"的第一印象才行。这位销售人员考虑了数晚之后，想出了一个自认能够捷足先登的办法。

他请专人送了一盒礼物给这家公司的副总裁。盒子里装了各式各样的速食麦片、即溶咖啡、即食布丁、速成洋芋泥、瞬间胶、瞬间染发剂、即成指甲，还有一罐浓缩的柳橙汁。在盒子里他附上了一张手写的纸条，上面写着：

"利用这些速成产品，您也许可以在繁忙的一天中拨出几分钟给我打一个电话。"

第二天早上，地中海黑啤俱乐部的副总裁打电话来，要该销售人员给他们公司做一次简介。结果，这位销售人员赢得了地中海黑啤俱乐部的订单。

当然，赠品接近法也有弊端。一是额外增加了推销的成本，要么是销售人员承担，要么是公司承担；二是精明的顾客往往不对赠品感冒，而且赠品太次也有损物流服务项目及公司的形象；三是有时候赠品抢占顾客的眼球更甚于所推销的服务，这会导致流失一部分对赠品不感冒但对物流服务项目有兴趣的顾客。

(7) 好奇接近法。

好奇接近法是指物流销售人员利用准顾客的好奇心理达到接近顾客的目的。在实际的营销工作中，当与准顾客见面之初，物流销售人员可通过各种巧妙的方法来唤起顾客的好奇心，引起其注意和兴趣，然后从中说出推销物流服务的利益，转入营销面谈。唤起好奇心的方法多种多样，物流销售人员应经常训练，运用自如。

【案例 5—14】 好奇接近法示例

物流销售人员蔡青用电脑制成了一张乐遥彩券，把自己的照片放入所有的号码栏内。然后用彩色打印机印出彩券，再把彩券贴到一张厚纸板上，最后覆以锡纸，制成刮刮乐的表面，并附上一段中奖说明文字："在直排、横排或对角线中，只要出现三张相同的照片，您就中奖了！"

蔡青把这张制好的彩券寄给大型制造企业的物流主管。令人惊奇的是，每一位主管都回了他的电话，包括目前并不缺物流服务的物流主管。有一位物流主管特地打电话来告诉他："我们接到成千上万的推销电话，虽然目前我们公司还不需要物流服务，可是我倒想看看制作这张彩券的到底是何方神圣!"

启示

好奇心是人们普遍存在的一种行为动机，顾客的许多购买决定有时也多受好奇心的驱使。物流销售人员利用好奇心来接近顾客、招徕买家是一种行之有效的好方法。

(8) 提问接近法。

提问接近法是指物流销售人员直接向准顾客提问，利用所提的问题引起顾客的注意和兴趣，并引发讨论，从而促成营销面谈。

提问时，物流销售人员可以先提一个问题，然后根据顾客的反应再继续提出其他问题。例如："张经理，你认为企业目前的配送准点率低是什么原因造成的?"配送准点率自然是经理关心的问题，物流销售人员这一提问，可能会引起自己与张经理之间关于配送准点率的讨论，无疑将引导张经理逐步进入营销面谈。

物流销售人员也可以一开始就提出一连串的问题，使得顾客无法回避。例如，美国某图书配送公司的一位女销售人员贝蒂，总是从容不迫、平心静气地提出下述问题来接近顾客："如果我送您一套关于个人效率的书籍，您打开书后发现内容十分有趣，您能读一读吗?""若您读了以后非常喜欢这套书，您会买下吗?""若您没有发现其中的乐趣，您将书籍塞进这个包里给我寄回，行吗?"贝蒂的开场白简单明了，使顾客几乎找不到说"不"的理由。

(9) 产品接近法。

让产品先接近客户，让产品作无声的介绍，让产品默默地推销自己，这是产品接近法的最大优点。明信片销售人员可以一言不发地把产品送到客户的手中，客户自然会看看货物，一旦客户产生兴趣，开口讲话，接近的目的便达到了。

【案例 5—15】　产品接近法示例

乔治是芝加哥的一个打字机销售人员。一天，他去拜访联邦快递金考服务中心的经理，目的是向该中心的办公室推销一套新型打字机。

经理去了外地，乔治便主动请求经理的秘书花几分钟的时间来讨论一下打字机的情况。在讨论中他诱使秘书说出了她对自己工作中使用的打字机的看法，喜欢它什么和不喜欢它什么。乔治抓住她提到的一个缺点赶紧邀请她到下面的汽车里去看一看和试一试自己推销的新型打字机。

他成功地向秘书从头到尾地展示了一番，离去时还特意为占用了秘书的时间向她表示歉意。

几个星期之后，乔治赴约再次造访，女秘书热情地安排他与经理见面，结果很快就成交了。

(10) 情绪同步接近法。

与客户情绪同步，有利于增加销售人员的亲和力，达到快速地进入客户的内心世界，从对方的观点、立场看事情，听事情，感受事情，或者体会事情的目的。如客户有活力、自信，销售人员就应表现出兴奋并将笑容常挂脸上；客户严肃、循规蹈矩、不苟言笑，销售人员就应进入客户的频道，和他在情绪上保持一致；客户比较随和，爱开玩笑，销售人员也应同他一样幽默活泼，才比较自然。

【案例 5—16】 情绪同步接近法示例

海捷红酒供应链公司营销部的副总张兴为扩大公司进口的一种新品牌的澳大利亚红酒的市场，多次拜访一个开了 10 家连锁饭店的潜在大客户，想把新的红酒配送给这个客户，但对方不是态度冷淡，就是敷衍了事。

有一次，他再度尝试去拜访这位客户，当他走进对方的办公室，还未来得及问候，这个客户一见到他就很生气地一拍桌子说："你怎么又来了，我不是告诉过你我最近很忙，没有空吗？你怎么那么烦人！你赶快走！我没时间理你！"

一般销售人员遇到这种情况，心里会很不舒服，张兴非但没有心里不舒服，反而马上就想到了"情绪同步"这四个字。他立刻用和客户几乎一样的语气说："陈董，怎么搞的？我每次来，都发现您的情绪不好，您到底为了什么事情烦心？我们坐下来谈谈。"

讲完之后，那个客户马上闭嘴，变得非常听话。这时，那个客户也用相类似的语气说："张先生，我最近实在是烦死了。为什么呢？你知道我是从事连锁餐饮行业的，我好不容易花了很多时间培养了 3 个分店经理，计划今年下半年开 3 家分店，什么东西都准备好了，结果上个月我新培养的这 3 个分店经理却都让我的竞争对手以高薪给挖走了。"张总听了拍拍他的臂膀，说："哎，陈董啊，您以为只有您才有这么烦心的人事问题嘛？我也跟您一样啊。您看看，我们最近不是有新的澳大利亚红酒要上市嘛，前几个月我好不容易用各种方法招来十几个新的业务人员，每天我早上加班，晚上也加班培训他们，想把我们的市场打开。结果才一个多月的时间，十几个新的业务人员走得只剩下五六个了！"

接下来的几分钟，他们互相报怨，现在的员工是多么难培养，人才是多么难寻找……讲了十几分钟。最后，张兴站起来拍拍那位陈董的臂膀，说："陈董，好了，既然我们俩对于人事的问题都比较头痛，咱们也先别谈什么人才流失的事了。正好我车上带了一箱新的红酒，搬下来你先免费尝一尝，不管好喝不好喝，过两个星期，等我们两个人都解决了人事问题后，我再来拜访您。"陈董听了后就顺口说："好吧！那你就先搬下来再说吧。"搬下来后，两个人挥手互道再见就离开了。

这位张总最后接洽这个客户了吗？当然接洽了。在谈话的过程中，有没有从头到尾地推销他的产品？没有。事实上他花了大部分时间同这个老板建立亲和关系，这就是情绪同步。

（11）介绍接近法。

包括自我介绍法、托人介绍法等。自我介绍法是指销售人员在遇到客户时，以自我介绍的方式接近客户。托人介绍法是指通过与客户熟悉的人的介绍来直接或间接地接近客户，如在邮件中称经某人介绍。

【案例 5—17】　介绍接近法示例

销售人员王维正提前电话预约后，提前 5 分钟到达张经理办公室门口。敲门并得到张经理“请进”的邀请后，王维正以稳健的步伐走向张经理，当视线接触至张经理时，轻轻地行礼致意，视线放在张经理的鼻端。当走近张经理面前，停下，向张经理深深地点头行礼，面带微笑。

王维正边递名片边自我介绍：“张经理，您好！我是大华物流公司的销售人员王维正，请多多指教。”

张经理：“请坐！”

王维正：“谢谢，非常感谢张经理在百忙中拨出时间与我会面，我一定要把握住这么好的机会。”

张经理：“不用客气，我也很高兴见到你。”

王维正：“张经理，您的理念确实反映出贵公司经营的特性，独树一帜，也很有远见。我相信贵公司在提高服务效率、注重服务质量方面不遗余力，已经做得非常多。我谨代表本公司向张经理报告有关本公司最近推出的一个快递方案，非常适合贵公司这样有大量文件需要外送的公司采用。”

张经理：“新的快递方案？”

王维正：“是的。张经理平常那么注意提高服务效率、注重服务质量，我相信张经理对于如何保证快递的安全、时效知道得一定很多，不知道目前贵公司有哪些保证快递安全、时效的措施呢？”（先夸奖，再询问）

…………

3. 识别客户的方法

在识别客户阶段，可以通过 MAN 法则识别客户（见图 5—8）。

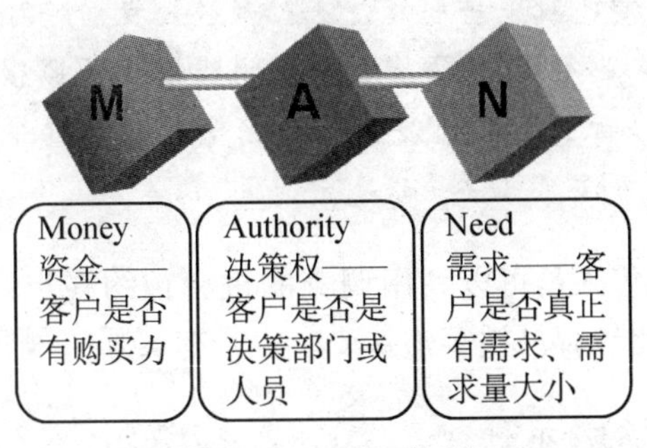

图 5—8　MAN 法则

潜在客户应该具备 MAN 法则的特征，但在实际操作中，会碰到更多的情形，应根据具体状况采取如表 5—3 所示的对策。如果潜在客户欠缺了 MAN 法则的某一条件，仍然可以开发，只要应用适当的策略，便能使其成为物流企业的新客户。

表5—3　MAN法则潜在客户的不同情形及物流营销对策

序号	客户MAN种类	物流营销对策
1	M+A+N	是有望客户，理想的销售对象
2	M+A+n	可接触，配上熟练的销售技术，有成功的希望
3	M+a+N	可接触，但要设法找到具有决定权的人
4	m+A+N	可接触，需调查其业务状况、信用条件等给予融资
5	m+a+N	可以接触，应长期观察、培养，使之具备另一条件
6	m+A+n	
7	M+a+n	
8	m+a+n	非客户，停止接触

说明：购买能力大用M表示，购买能力小用m表示；有购买决定权用A表示，无购买决定权用a表示；需求量大用N表示，需求量小用n表示。

4. 约见客户的方法

预约客户的常用方法除了前面介绍过的接近客户的方法以及后文要介绍的推介服务的方法、促成交易的方法外，还包括电话约见和当面约见两类。

(1) 电话约见的方法。

1) 求教预约法。一般来说，人们不会拒绝主动找上门来虚心求教的人。销售人员在使用此法时应认真策划，把要求教的问题与自己的销售工作有机地结合起来，以期达到约见的目的。

【案例5—18】　求教预约法示例

业务员："张总，您好！我是佳美快递的王霞，'山中无老虎，猴子称霸王'的'王'，'彩霞满天'的'霞'。听说您是深圳本土成长起来的手机制造专家，可以打搅您几分钟，请教几个手机物流的问题吗？"

张总："我正好有点空，就和你聊几句吧！"

…………

业务员："您不愧是专家，很多我疑惑不解的问题您三言两语就说清楚了。这个星期您什么时间比较方便，我来当面拜访您？"(进一步确定时间)

(如果张总不愿意) 业务员："没有关系，记得有个王霞很想请教您就行了。您工作再忙，也能抽个20分钟的时间让我来当面请教您吧？如果这个星期不行，您看下个星期您什么时间比较方便？"(进一步确定时间)

2) 调查预约法。销售人员可以利用调查的机会预约客户，这种方法隐蔽了直接销售物流服务这一目的，比较容易被客户接受，也是在实际中很容易操作的方法。

【案例5—19】　调查预约法示例

业务员："小姐您好！可以打搅您几分钟吗？我是某某快递公司的业务顾问，我想请您做个问卷调查，回答问卷上以下几个问题：

A. 贵公司经常使用快递吗？

B. 贵公司每年的快递费用大约是多少？

C. 贵公司是否只固定使用 1 家快递公司？

…………

如果您有机会掌握为公司节省快递费用的方法，您愿意抽出 60～90 分钟的时间吗？"

如果客户愿意的话，你可以这样说："非常谢谢您的合作，为了表示对您的感谢，我想赠送给您一堂免费的美容课，课上我们聘请的专家会教您如何正确地保养皮肤。如果购买专家推荐的化妆品，还可免费享受我们公司的快递服务。您看，这个星期您什么时间比较方便，周二还是周四？"（进一步确定时间）

如果客户不愿意，则这样说："没有关系，今天非常谢谢您的合作。为了表示感谢，以后我会定期寄一些本公司有关皮肤保养和产品介绍的小册子给您，您是否愿意把您的地址和电话给我呢？"

3）连续预约法。销售人员利用背景调查、第一次当面预约时所掌握的有关情况实施第二次或更多次当面预约。销售实践证明，许多销售活动都是在销售人员连续多次预约客户后才引起客户对销售人员的注意和兴趣的，进而为以后的销售成功打下了坚实的基础。

【案例 5—20】　连续预约法示例 1

业务员："很遗憾您最近事情比较多，难以分身接受我的拜访。但我们下周有个高端客户的免费体验活动，费经理能拨冗出席吗？我会专门接待您！"（进一步确定时间）

【案例 5—21】　连续预约法示例 2

业务员："林董，看来您最近确实挺忙的，但要注意身体哦！我们本周六下午 3:00开始在小梅沙有个联谊活动，你可以约几位兴趣相投的朋友、同事一起来，放松放松，我也可以跟您直接交流，更有乐趣。你看，能不能腾出空来共赏蓝天碧海？"

（2）当面约见的方法。

当面约见客户是一种简便易行的方式，也极为常见。在许多场合，当面约见是在客户毫无准备的情况下进行的，难免会影响客户的工作，占用客户的时间。因此，一些销售人员难免会受到对方的冷遇、怠慢，有时少数客户还会故意安排秘书、助手挡驾，给销售人员设置各种障碍。此时，销售人员有几种工作方法与应对技巧：

1）当面陈述请求法。约见的主要任务是为随后的正式洽谈铺平道路，引起对方的兴趣与注意，使顾客认识到购买的重要性。因此，在当面陈述自己的请求时，无论语气还是用词，必须坦率诚挚、中肯动听，避免与对方发生争执与分歧。

【案例5—22】 当面陈述请求法示例

"王总，我是深圳优先达物流公司的营销主管。今年年初，我们公司开发出一种集中配送新模式，专供深圳、东莞、惠州的IT产业的厂家使用。目前，深圳、东莞、惠州已有300多个厂家采用，包括华为、中兴、深圳联想、酷派、TCL等，他们对使用效果的反馈都很好，认为我们的集中配送新模式可以有效地减少包装破损率，保证准点率，而且费用更低，联系方便。因此，我很想把这种集中配送新模式推荐给贵公司，现在您能否抽出半小时时间，由我给您详细介绍一下?"

启示

销售人员首先将自己的身份和自己的企业介绍给客户，以使对方了解自己的来意。紧接着，详细说明所推荐服务的性能、作用和功效情况，以使客户更了解自己上门的目的，引起对方的足够关注，从而成功地接近客户。

2）大意说明法。当进行大宗的合同物流采购时，客户一般都会先委托下属如秘书、助理等人员去和物流公司的销售人员洽谈，而不是直接与销售人员正面接触。但下属又没有最终的决策权，因而销售人员在与这类人员接洽时，应面带微笑，先自我介绍单位名称，除非对方追问，一般不要作进一步应答，以免言多必失。可以一边强调与其上司，即真正的购买决策者面谈的必要性，一边只对自己的来意作大概的陈述，而故意将重要的问题保留，待与决策者见面时再作详述。尤其是在推销的一些关键问题上更应慎重，否则就很难与决策者相见。

【案例5—23】 大意说明法示例

"李秘书，这种空铁联运模式的线路和效率大致如此，装箱规格则由贵公司自选。至于销售价格，我想还是和张总见面后，我们再一起商议吧。"

启示

销售人员用了"我们再一起商议"的说法，显示了平等对待、共同协商，不会伤害对方的自尊心，使对方愿意安排与上司见面的时间。另外，销售人员避轻就重地提醒对方，当李秘书自知无权作出购买决定后，也会迅速将有关情况汇报给上级主管。一旦上司阅过资料，听完汇报，发觉尚有一些重要问题必须召请销售人员当面说明时，约见的机会也就来了。

3）告诫警示法。有些客户的秘书和下属难免会待人傲慢，常常借故不让销售人员见到客户本人，给上门拜访设置各种障碍，从而使销售人员的工作难以开展。告诫警示的方法是销售人员利用这些助手、秘书、下属的心理弱点，略带告诫地提醒对方，以达到拜见客户的目的。

【案例5—24】 告诫警示法示例

客户的秘书或下属故意设卡刁难。

销售人员（肯定而自信）："我拜见你们老总的目的，正是要设法解决贵公司生产的收音机全国铺货不及时、巨额广告没有换来对等收益的老大难问题。如果他知道我今天来拜访而没有见面，事后他一定会非常懊悔，甚至怪罪于你。与其如此，不如让我亲自找你们老总谈。”秘书或下属权衡再三，还是只能放行。

启示

有告诫警示，也有问题提示，还有利益总结。准备工作很充分！

5. 拜访客户的方法

拜访客户有两种方法：

（1）预约拜访。

预约拜访是指已经和客户通过电话、邮件等方式约好了会面的时间。

（2）陌生拜访。

陌生拜访是指没有预约，首次直接去客户处进行拜访。

对于大的客户、高级的物流管理人员，一般应采取预约拜访的方法。而对于街边小店、小物流公司，则可以采用陌生拜访的方式。

6. 推介服务的方法

当顺利地做了开场白，引起客户的注意，并陈述能带给客户的利益后，物流销售人员同时要探究出自己能向客户提供的提高效率、降低成本、增值服务、售后服务、付款方式等特殊利益，并判断哪些是客户真正需要的。这些真正的需求，可通过状况询问法、问题询问法、暗示询问法三种事实调查确认。

（1）状况询问法。

为了解对方目前的状况所做的询问称为状况询问。状况询问的目的是了解潜在客户的物流运作状况及可能的心理状况。日常生活中，状况询问用到的次数最多。

【案例 5—25】　状况询问法示例

1. “您公司的货物如何包装？”
2. “您公司的货物主要销往哪些省份？”
3. “贵公司的物流业务外包了哪些？”

（2）问题询问法。

问题询问是指在客户回答了状况询问后，为了探求客户的不平、不满、焦虑进而提出的问题，也就是探求客户潜在需求的询问。

【案例 5—26】　问题询问法示例

销售人员：“您公司货物主要销往哪些省份？”（状况询问）

客户：“华中和华北都有。”

销售人员：“是不是贵公司自己负责运输？”（状况询问）

客户：“不是啊！外包了。”

销售人员：“现在物流服务商的服务质量如何？是不是有不好的地方？”（问题询问）

客户："嗯，老丢货，运输不准时。"

启示

经过问题询问能使物流销售人员找出客户不满意的地方，知道客户有不满之处，这样就有机会去发掘客户的潜在需求。

(3) 暗示询问法。

发掘了客户可能的潜在需求后，可用暗示的询问方式，提出对客户不平、不满的解决方法，称为暗示询问法。

【案例 5—27】 暗示询问法示例 1

销售人员："保证 98%的准时率，2%的货损率，同时价格还要低，这样的物流服务您认为怎么样?"

专业的物流销售人员应该能够熟练地交叉使用以上三种询问方式，而客户经过合理的引导及提醒，将不知不觉说出潜在需求。

一旦发现了客户的潜在需求，销售人员可立即自信、坚定地展示物流服务项目，证明能满足客户的需求。这时需要配合一定的沟通表达技巧。除了针对客户的需求和期望组织好物流服务项目的描述外，还需要配合一定的肢体语言，采用恰当的语调和用语，使用最为广泛的表达方式。

【案例 5—28】 暗示询问法示例 2

销售人员：陈处长、李科长，大家好！感谢陈处长及李科长能抽出时间来，协助我对贵企业配送车的使用现状做调查，让我能提出更适合贵企业的建议方案。一辆好的配送车，能比同型货车增加 20%的载货空间，并节省 30%的上下货时间。调查显示，贵企业目前配送的文具用品体积不大，但大小规格都不一致，并且客户多为一般企业，客户数量多且密集，属于少量多次进货的形态，一趟车平均要装载 50 家客户，因此上下货的频率非常高，挑选费时，并常有误拿的情形发生。如何正确、迅速地在配送车上拿取客户采购的商品，是提高效率的重点。关于这点二位是否赞同?

陈处长：对，如何迅速、正确地从配送车上拿取客户要的东西是影响配送效率的一个重要因素。

销售人员：另外，配送司机一天中大部分时间都在驾驶座位上，因此驾驶座位的设置要舒适，这就是配送司机们一致的心声。李科长也提到，由于配送车每天长时间在外行驶，配送车的安全性绝对不容忽视。的确，一辆专业配送车的设计，正是要满足上述这些功能。本企业新推出的专业配送车 G10 正是为满足客户对提高配送效率而专门开发设计出来的。它除了比一般同型货车超出了 15%的空间外，并设计有可调整的存放位置，您可依据空间大小的需要，调整出 0～200 个置物空间，最适合放置大小规格不一致的配送物，同时能活动编号，依号码迅速拿取配送物。贵公司目前因为受制于取货及放置的不便，平均每趟只能配送 50 个客户，若使用此种型号的配送车，您可调整出 70 个置物空间，经由左、右及后面的活动门依编号迅速拿取客户所要的东西。

配送车的驾驶座位，有如活动的办公室。驾驶室的位置调整装置能依驾驶人员的特殊喜好，调整为最适合他的位置。座位的舒适度，绝对胜过一般内勤职员的座椅，并且右侧特别设置了一个自动抽取式支架，能让配送员书写报表及单据，使配送人员感到企业对他们的尊重。

由于配送车在一些企业并非专任司机使用，而采取轮班制，因此，配送车的安全性极为重要。G10 型配送车有保护装置、失误动作防止、缓冲装置等。电脑安全系统控制装置能预先防止不当的操作带给人、车的危险。贵公司的配送人员也常有轮班、换班的情形，使用本车能得到更大的保障。或许有人会说，万一安全系统的电脑出现故障而不知道，不是更危险吗？这个问题非常好，因为在设计时也有人提出过，我们的解决方法是，若安全系统发生故障，配送车一发动，就会有“哔哔”的声音发出。

陈处长：G10 车，听起来不错，但目前我们的配送车还没到企业规定的汰旧换新的年限，况且停车场也不够。

销售人员：陈处长说得不错。停车场地的问题，的确给许多企业带来困扰。贵公司的业务在陈处长的领导下，每年增长 15%，为了配合业务增长，各方面都在着手提升业务效率。若您使用 G10 配送车，每天平均能提升您 20%的配送量，也就是您可以减少目前五分之一的配送车辆，相应的，也可以节省五分之一的停车场地。虽然贵企业的配送车目前仍未达到企业规定的使用年限，汰旧换新好像有一些不合算。的确，若是您更换为和目前同型的车，当然不合理，可是您若采取 G10 型专业配送车，不但能因增加配送效率而降低整体的配送成本，还能节省下停车场地的空间，让贵公司两年内不需为停车场地操心。向陈处长报告，目前贵公司 50 辆配车中有 10 辆已接近汰旧换新年限，是否请陈处长先同意选购 10 辆 G10 专业配送车，旧车我们会以最高的价格估算过来。

问题

1. 该销售人员是如何阐述物流公司的利益点的？
2. 该配送车最大的优势在哪里？

7. 处理客户异议的方法

（1）忽视法。

忽视法是指当客户提出一些和眼前的交易扯不上直接关系的反对意见，并不是真的想要获得解决或讨论时，物流销售人员只要面带笑容地同意即可。只要让客户满足了表达的欲望，就可采用忽视法，迅速地引开话题。

【案例 5—29】 忽视法示例

1. 微笑点头，表示“同意”或表示“已经听了您的话”。
2. “您真幽默！”
3. “嗯！真是高见！”
4. “不错！”
5. “您的观点倒是很新颖。”

（2）补偿法。

当客户提出的异议有事实依据时，物流销售人员应该承认并欣然接受，强力否认事实是不明智的举动。同时，物流销售人员要给客户一些心理补偿。客户可能要求产品的优点越多越好，但真正影响客户购买与否的关键点其实不多，补偿法能有效地弥补物流服务本身的弱点。

【案例5—30】 补偿法示例

潜在客户："这个物流服务项目的设计方案很独到，节约了大量的时间，可惜成本太高了。"

物流销售人员："您真是专业，别人不能做的我们都做到了，单价仅比同行略高。"

（3）太极法。

太极法取自太极拳中的借力法则。当客户提出某些不认同的异议时，物流销售人员应立刻回复说："这正是我认为您需要购买的理由！"即物流销售人员应立即将客户的反对意见，直接转换成客户必须购买的理由。

【案例5—31】 太极法示例

代理点："贵企业把太多的钱花在做广告上，为什么不把钱省下来作为折扣，让我们的利润多一些？"

物流销售人员："就是因为我们投下大量的广告费用，客户才会被吸引到指定地点仓储和运输，不但能节省您销售的时间，还能顺便销售其他产品，您的总利润还是最大的吧！"

（4）询问法。

询问法在处理异议中扮演着两种角色：透过询问，把握住客户真正的异议点；透过询问，直接化解客户的反对意见，如有时物流销售人员可以采用向客户提出反问的技巧，直接化解客户的异议。

【案例5—32】 询问法示例

客户："我希望您将价格再降百分之十！"

物流销售人员："刘总经理，我相信您一定希望我们给您百分之百的服务，难道您希望我们给您的服务也打折吗？"

（5）"是的……如果……"法。

当意见被直接反驳时，客户的内心总是不痛快，甚至会被激怒，尤其是遭到一位素昧平生的物流销售人员的正面反驳。屡次正面反驳客户，会让客户恼羞成怒，尽管是事实，也还是会引起客户的反感。因此，物流销售人员最好不要开门见山地直接提出反对意见。在表达不同意见时，尽量采用"是的……如果……"的句法，软化表达不同意见的语气。用“是的”同意客户的部分意见，用“如果”表达不同的意见。

【案例5—33】 “是的……如果……”法示例

A：“您根本没了解我的意见，因为情况是这样的……”

B：“平心而论，在一般的状况下，您说的都非常正确，如果情况变成这样，您看我们是不是应该……”

A：“您的想法不正确，因为……”

B：“您有这样的想法，一点也没错，当我第一次听到时，我的想法和您完全一样，可是如果我们做进一步的了解后……”

启示

两种表述有天壤之别。养成用B的方式表达不同的意见，物流销售人员将受益无穷。

(6) 直接反驳法。

直接反驳客户容易陷入与客户的争辩中而不自知，往往事后懊恼。但有些情况下，物流销售人员必须直接反驳以纠正客户不正确的观点。例如，客户对企业的服务、诚信有所怀疑时，客户引用的资料不正确时。客户若对企业的服务、诚信有所怀疑，则物流销售人员拿到订单的机会几乎是零。如果客户引用的资料不正确，物流销售人员能以正确的资料佐证自己的说法，客户会很容易接受，反而对物流销售人员更信任。使用直接反驳技巧时，在遣词用语方面要特别留意，态度要诚恳，对事不对人，切勿伤害客户的自尊心，要让客户感受到物流销售人员的专业与敬业。

技巧能帮助物流销售人员提高效率，同时对异议秉持正确的态度，在客户提出异议时能保持冷静、沉稳，才能辨别异议的真伪，才能从异议中发觉客户的需求，才能把异议转换成销售机会。因此，物流销售人员们训练自己处理客户异议时，不但要练习技巧，也要培养自己面对客户异议的正确态度。

8. 促成交易的方法

(1) 利益汇总法。

物流销售人员把先前向客户介绍的各项物流服务项目利益中特别获得客户认同的地方，汇总并扼要地再次提醒客户，加重客户对利益的感受，同时要求达成协议。在做完物流服务项目介绍时，或者在书写建议书做结论时，可以运用利益汇总法向关键人士提出成交要求。

【案例5—34】 利益汇总法示例

“胡经理，我们的这个物流方案能够将贵公司的运输效率提高20%，成本下降2%，解决贵公司过去一直存在的准时送货率不高的问题。贵公司的相关部门都对这一方案很满意。您看，我们今天是否可以签合同了呢?”

(2) 前提条件法。

通过给客户一定的压力，促使客户加速作决定，同时能测出客户的心理底线。如果客户仍然不能作出正面的决定，表示客户期望超出物流销售人员能够提供的。

【案例 5—35】 前提条件法示例

销售人员：“这套高速分拣系统您已经看过两次了，也看出来您对这套系统非常满意，我想一定有其他什么问题困扰您？”

客户：“因为最近工作非常忙，安装这套系统的时间是三天，我担心影响工作。”

销售人员：“您的员工周末是否加班？”

客户：“周末不加班。”

销售人员：“如果我们利用周末及晚上的时间安装，并保证下周一您就可以使用新的系统，您是否愿意签这个协议？”

（3）价值成本法。

当销售的物流服务确实能为客户改善工作效率、增加产量或降低成本时，物流销售人员可选择运用价值成本法作为成交的手段，它能发挥极强的说服力。

【案例 5—36】 价值成本法示例

方总经理：“我不知道为什么你们公司派了三个顾问师，替我们改善库存与采购系统，两个月的时间要支付 240 万元的费用，相当于每个人每个月 40 万元，我都可以雇用三个厂长了。”

销售人员：“报告总经理，贵企业提供的每月平均库存为 6 000 万元，由于生产数量逐年成长，库存金额与平均库存时间也逐年上升。我们的顾问群花了两个星期对贵企业的采购作业流程、生产排程、现场生产、作业流程的现状进行了详细的了解，我们确信，通过执行我们的改善方案，贵企业在半年后，库存金额能降至 3 000 万元，您的利息费用每年最少可下降 300 万元左右，您节省的费用足够支付顾问费。”

方总经理：“话是不错，您怎么保证将库存降至 3 000 万元？”

销售人员：“要做到库存降低，采购作业方就要有改善，特别是交货期间及交货品质这两个要点，生产排程及作业方式也要调整、更改，品质的监控制度，库存金额的降低只是最后显现的结果。因此，您只要同意签下合约，您每个星期都会收到一份报告，它会告诉您，我们本星期要完成哪些事项及上星期完成的状况，在这个时候，您可以视我们的绩效随时停止合约。我们会让您清楚地看出您投入的每一分钱都能够得到明确的回报，若您认为不值得，您可立刻终止付款。因此，您支付给本企业的顾问费都是从您节省的费用中拨出的，事实上您根本就不需要多支付任何额外的费用，却能达成提升工厂管理品质的目的。总经理，我诚恳地建议您，这的确是值得一试的事情，您若可以现在就签约，我可以安排一个半月后，开始进行这个专案。”

（4）证实提问法。

证实提问法就是提出一些特殊问题，对方回答这些问题之后，就表明其更加感兴趣而且愿意继续深入下去。物流销售人员提出证实性问题时，其实是在寻找给自己正面激励的答案。证实提问法可以分为直接询问法、选择法、错误矫正法。

1）直接询问法。很多物流销售人员极度畏惧直接向客户开口要求订单，他们害怕客户会拒绝。事实上，当你对客户有一定把握的时候，简单而直接地提出成交要求，让客户有一个简单回答或处理的机会，就可以把订单签下来。

【案例5—37】　直接询问法示例

销售人员："王总，您看是否可以在预约单上签下您的大名，好让我安排出货手续?"

2）选择法。选择法是向潜在客户提供两个选择，每个选择都对销售有利，这比只提出一项建议要好得多，因为一项建议有可能被对方一口否决，提供两个选择有助于客户思考什么对自己更有好处，以及他们实际上需要什么。

【案例5—38】　选择法示例

销售人员："陈经理，您看是周一给您送过来，还是周二比较方便?"

（提示：如果客户不确定，他将提出异议或者竭力改变话题。）

3）错误矫正法。在现场讲解示范时应自始至终地认真听取对方的言论，为的是以后成交时，可以利用这些错误的结论。所谓错误的结论就是用以为检验潜在客户对继续进行交易的严肃程度，营销人员可以故意给出一个错误结论，如果客户不加以矫正，表明客户对此并不严肃；如果客户矫正，说明客户的购买热情已经被点燃了。

【案例5—39】　错误矫正法示例

销售人员在一个公司销售条码机。在销售人员说明产品时，公司主管对部门副经理说："部门经理10月份来，如果我们今天决定购买的话，在他来之前能安装好吗?"

许多销售人员会忽视他们的谈话，认为是对自己的打断。但是职业的销售人员听到之后，将会记住，然后他会微笑着与主管进行下列对话。

销售人员："可以看出来您非常愿意添加这项设备。噢，您的部门经理是在11月份来吗?"

主管："不，是在10月份。"

销售人员："那么9月份的第一个星期就应该开始安装了。"

（5）富兰克林法。

富兰克林法是在与客户的交流过程中，把物流服务项目的利弊整理并书写出来，帮助客户决策的方法。

【案例5—40】　富兰克林法示例

地点：总经理办公室

销售人员：陈总，谢谢您拨出这么长一段时间，听了我们推荐的普通纸传真机的产品说明，刚才我们一起也看了实际的操作演示，我们可以以贵企业订单部目前实际使用的需求状况，以贵企业的立场评估这台传真机的优点与缺点，如果您不介意的话我们就在纸上描述出来。（取出一张纸，在中间画一条线，左边写上有利点，右边写上不利点，等待陈总的许可。）

您提到过普通纸接收能让您很容易地在收到的资料上进行批示；您也希望按固定规格输出纸张，便于归档，又不易遗失；30 张 A4 纸的记忆装置，让您不用担心缺纸而遗漏信息；它的速度比您目前的传真机速度要快，能节省许多长途电话费；纸张容量是 200 张，不需要经常换纸；况且纸张是放在外盒，一眼就能发现是否缺纸；普通纸的成本还不到热敏纸的四分之一，纸张成本也大大节省。这些都是您使用后立刻能获得的好处。当然，这台机器还有一些功能，目前贵企业使用得可能较少，但相信随着贵企业业务的增长，这些需求一定会日渐增加。

陈总，您看（将有利点、不利点分析表再次递给陈总看）。您选择的这台普通纸传真机，不但能提升工作效率，费用方面还能节省，越早换机越有利。陈总，是不是明天就把机器送来？

（6）哀兵策略法。

当销售人员山穷水尽无法成交时，由于多次拜访多少和客户建立了一些交情，此时，若销售人员面对的客户不仅在年龄上或头衔上都比自己大时，可采用哀兵策略，以让客户说出真正的异议。当销售人员知道了真正的异议，并能化解这个真正的异议，订单将唾手可得。采用哀兵策略的步骤如图 5—9 所示。

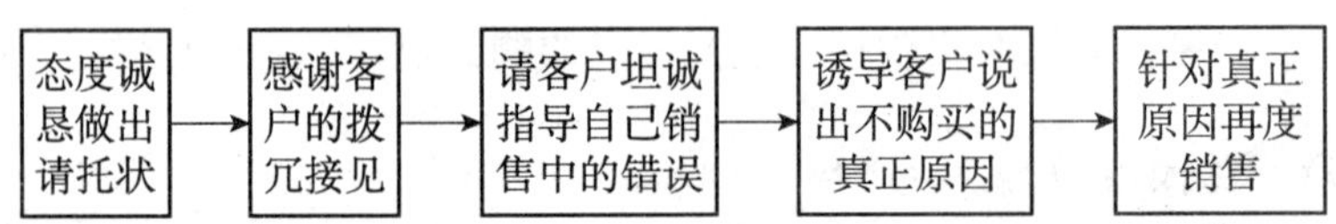

图 5—9 采用哀兵策略的步骤

【案例 5—41】 哀兵策略法示例

销售人员：白总经理，我已经拜访您好多次了，您对本公司的汽车性能也非常认同，汽车的价格也相当合理，您也听朋友夸赞过本公司的售后服务，今天我再次拜访您，不是向您销售汽车的，我知道总经理是销售界的前辈，我在您面前销售东西实在压力很大，大概表现得很差，请总经理本着爱护晚辈的心理指点一下，我在哪些地方做得不好，让我能在日后改善。

白总经理：你不错，人勤快，又对汽车的性能了解得非常清楚。看你这么诚恳，我就坦白告诉你，这一次我们换 20 部重型卡车，当然换车一定要比过去的卡车更高级一些，以激励士气，但价钱又不能比现在贵，否则短期内我们宁可不换。

销售人员：报告总经理，您实在是位好的经营者，购车也以激励士气为出发点，今天真是又学到了新的东西。我给您推荐的车是由美国原装进口的，成本偏高，因此价格不得不反映成本，但是我们公司月底将进口在墨西哥代工生产（OEM）的同级车，成本较低，并且总经理一次购买 20 部，我一定说服公司尽可能地达到您的预算目标。

白总经理：喔！的确很多美国车都在墨西哥代工生产，贵公司如果有这种车，倒替我解决了换车的难题了！

（7）货比三家法。

服务的优缺点、价格的高低都是比较的产物，有比较才有鉴别。在商务谈判中，货比三家法是常用的促成交易的技巧。货比三家是一种主动选择，主要目的是引导客户寻找性价比好的物流服务：要么在同等价格中选择质量较好的物流服务，要么在同等质量中选择价格较低的物流服务。当然，还有诸如付款条件、交货时间、结算周期、融资贷款等条件需要加以综合考虑。最终在比较中，以最有利于自己的方式促成交易。

【案例5—42】　货比三家法示例

销售人员："您看，我们和××物流公司、××物流公司的送货时间差不多，响应时间却缩短了15%，而价格还低了5%。这个配送服务的性价比您还不满意？"

（8）激将成交法。

激将成交法是指销售人员采用一定的语言技巧刺激顾客的自尊心，使顾客在逆反心理的作用下完成交易行为的成交技巧。使用激将成交法，可以减少顾客异议，缩短整个成交阶段的时间。如果对象选择合适，更易于完成成交工作。合理地采用激将法，不但不会伤害对方的自尊心，还会在购买中满足对方的自尊心。但是，由于激将成交法的特殊性，使得它在使用时，因时机、语言、方式的微小变化，可能会导致顾客的不满、愤怒，以致危及整个推销工作的进行，因此必须慎用。

【案例5—43】　激将成交法示例1

一个物流企业想以2 200元的价钱卖出一个合同物流项目给一个著名的跨国公司，跨国公司的业务主管与物流企业的销售人员经过很长一段时间的讨价还价，初步把价格讲到2 100元，但跨国公司的业务主管还想再降50元。

物流销售人员这时可以使用激将法："都说你们公司是知名的跨国公司，一直都很慷慨地照顾我们这些中、小企业的生意，区区50元都不让步，这样是不是有点显得小气了？况且你们的公司在赚钱方面很有一套，还会在意这点？也太掉价了吧。"

这位跨国公司的业务主管肯定认为自尊心受到了挫伤。这时，如果物流销售人员再找一个台阶让他下来，买卖就成交了。

【案例5—44】　激将成交法示例2

一位女士在邮政挑选平信、挂号信还是快递时，喜欢快递的时效，但又不愿意出较高的价格，正犹豫不决。

营业员适时说了一句："要不征求一下您先生的意见再决定。"

这位女士一般会回答："这事不用和他商量。"从而立即作出购买决定。

9. 签订合同的方法

合同的形式主要有书面形式、口头形式和其他形式（如公证形式、鉴证形式、批准形式、登记形式等）。物流合同以书面形式、口头形式为主，而且在现代商业社会，书面合同占绝大多数。签订合同的方法包括：

（1）谈判签订合同。

通过正式的谈判，对合同条文的主要内容逐一确认，并由双方的法律顾问把关后，签订正式的书面合同。目前，比较大的标的合同以及管理规范的公司都要求签订书面合同。

（2）中标签订合同。

通过招标确定物流供应商后，客户会根据招标文件与物流供应商签订正式的书面合同，但内容上一般不会有大的变动。

（3）酒场签订合同。

部分客户喜欢与物流供应商的代表在酒桌上把酒言欢，一拼高下，喝得尽兴后才答应合作。这种口头合同一般还需要进行书面确认。

（4）服务续签合同。

一些客户在得到满意的物流服务后，一般会与物流供应商续签合同，但会根据以往的经验，不断细化合同的条款。

10. 做好售后服务的方法

建立了合作关系后应该进行客户关系维护。定期回访及联络客户，及时了解其物流需求的变化；适度发展与客户的私人关系。

二、巩固物流老客户

引导案例

他如何能留住客户？

张先生是智享物流公司的销售员，智享物流公司是一家中等规模的物流运输供应商。明为公司是全球领先的聚安酯制造商，每月均从其他国家的分工厂进口大批原材料及生产物料。智享物流公司一直向明为公司提供从其瑞士工厂到广州机场的门到机场运输服务，双方合作已经一年。一年前，智享物流公司通过比其他运输供应商低的报价获得了瑞士线的业务。张先生一直跟进明为公司的业务，据张先生了解，明为公司瑞士线的运输仅占明为总运输量的8%，每月只有不到1吨的空运业务量，而且获取的利润处于中下水平。而明为公司还有从其他7个国家的海运及空运进口运输，其中韩国、新加坡、美国这三地的业务共占其总量的70%以上，三地的空运总量每月约100国际标准箱和80吨，目前由迅捷物流公司和高峰物流公司处理。迅捷物流公司、高峰物流公司也与明为公司合作了很长时间，明为公司的海外供应商也分别与迅捷物流公司、高峰物流公司在日常操作层面中有稳定的合作和沟通。迅捷物流公司和高峰物流公司与智享物流公司比，规模大，知名度高，在竞争中处于第一梯队，以服务稳定著称。智享物流公司负责的瑞士线，在服务过程中，满意度虽然在明为公司规定的范围内，但由于低报价的限制，曾在市场的旺季期间出现过几次运输延误，满意度得分比迅捷物流公司、高峰物流公司低。

由于业务关系，张先生对明为公司的接触以采购及物料管理员（欧洲线）为主，很多对明为公司运输需求的了解主要从欧洲线的管理员处获得，而与负责美洲线和亚洲线的管理员接触不多。为争取韩国、新加坡、美国这三地的业务，张先生和该部门的经理有多次接触，部门经理认为智享物流公司的服务不过不失，基本符合明为公司的要求，认为目前的运输供应商之间业务的分配比例合理，无意改变。张先生也曾尝试接近生产及供应链副总裁，但未果，并被告知运输供应商的遴选权和遴选操作在经理层，副总裁负责审核经理提交的遴选报告。

另外，张先生曾就韩国、新加坡、美国这三地的业务向客户提交报价方案，价格比目前明为公司使用的方案低，但差别不大，况且此前曾发生过运输延误，明为公司认为该三地没有更换运输供应商的必要。

引导问题

1. 张先生如何能获得明为公司更多的业务呢?
2. 分析明为公司现在的物流需求有什么改变。
3. 对智享物流公司的服务进行SWOT分析。

以往的物流企业经营侧重于赢得新客户，但鉴于当前国际知名物流公司纷纷进入中国市场，抢占市场的竞争使得客户资源越发宝贵，巩固老客户、发展与客户的长期合作关系就变得非常重要。从某种意义上来说，留住和巩固老客户比开发新客户更重要。物流企业最宝贵的资产不是服务，而是拥有的忠诚客户。企业应该像管理其他资产那样珍惜老客户，这是物流企业成功和更富竞争力的最重要的因素。

从营销成本的角度考虑也是如此。企业向潜在客户推销产品的成功率大约为15%，向现有客户推销产品的成功率则达到50%，而企业向潜在客户推销产品的花费大约是现有客户的8倍。

巩固物流老客户有自己独特的流程和基本方法。

(一)　巩固物流老客户的流程

我国物流企业的客户关系管理还处于起步阶段，大多数物流企业对老客户的管理不规范。如众多的客户信息都掌握在物流销售人员手中，一个核心物流销售人员的跳槽就可以带走企业众多客户，物流销售人员私下与客户分享回扣等。而国外物流企业如UPS、TNT、马士基等企业凭借雄厚的实力、先进的管理理念、出色的服务，特别是对客户的全方位关怀使得国内大多数企业纷纷向他们伸出合作之手，让国内同行感到巨大的竞争压力。

物流公司通过客户关系管理来有效巩固老客户非常重要。一般而言，巩固老客户的流程应该包含如图5—10所示的五部分。

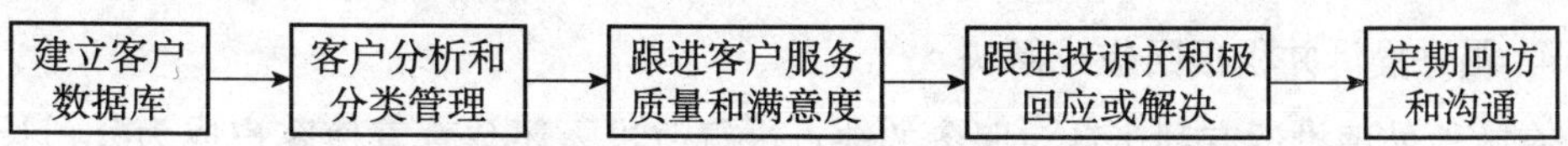

图5—10　巩固老客户的流程

1. 建立客户数据库

全面了解和掌握客户需求，有助于物流公司为该客户提供及时而周全的服务。客户数据库中的客户信息包括内部信息（生产信息、销售信息、技术信息）和外部信息（市场需求信息、竞争信息、用户信息）。按照信息利用程度和难易程度，可划分为基本信息（如物流服务的采购时间、地点、数量、品种）、统计信息和文本信息。建立客户数据库后，物流企业可以通过数据挖掘、数据分析来认识客户的行为和偏好，了解客户消费模式及习惯的变化，清晰地勾画出客户的发展潜力及可能为物流企业带来的效益，从而让物流销售人员锁定目标客户，实施重点攻关。同时，要注意验证并更新客户信息，将客户过时的信息及时删除。

【案例 5—45】 UPS 专门建立客户档案

UPS 专门建立客户档案，详细记录每个客户的单位信息、联系办法、目前所销售和使用商品的情况、对本公司服务的评价以及联系人的姓名、职务、兴趣爱好等内容。

2. 客户分析和分类管理

利用已有的数据分析不同客户之间的差异。一是从利润贡献方面的数据分析不同的客户对于物流企业的不同价值，按照帕累托法则，80%的利润来自 20%的“黄金客户”，对这些客户需求给予最多的关注和投入，没有盈利潜力的一般客户则可以“解雇”他们。二是根据以往的销售数据分析客户需求。不同的客户对于物流服务的需求也不同，物流企业可以根据客户需求为客户提供不同的物流服务。

物流企业的客户分析、分类管理一般采用 ABC 分类法。ABC 分类法又称帕累托分析法，它是根据事物在技术或经济方面的主要特征，进行分类排队，分清重点和一般，从而有区别地确定管理方式的一种分析方法。根据 ABC 分类法可以排列客户与企业的利润关系，调整物流企业的销售方向和重点。

3. 跟进客户服务质量和满意度

目前，物流企业主要采用电话、传真等沟通方式与客户联系。客户大多由于时间因素或嫌麻烦而不太愿意主动联系，而物流销售人员也缺乏主动询问的习惯，所以难以获取客户的反馈信息，让物流企业很难把握客户的满意程度。这就需要物流企业建立客户质量跟踪系统，加强与客户的沟通和联系，不断提高客户满意度。基于客户资料库的客户质量跟踪系统能够解决以下问题：能够分析客户质量、客户需求、客户满意度等，提高服务质量；消息提醒、互动沟通，最大限度地提高客户成交概率；客户管理融入营销推广，促进客户关系，产生经济效益；强化客户竞争力，优化客户解决方案；提高客户资源的质量。

4. 跟进投诉并积极回应或解决

有效地处理投诉有利于针对服务的缺点进行改进，还孕育着使客户成为公司长期客户的机遇，因此物流企业需要建立鼓励客户投诉的机制。在面对物流客户的投诉时，物流销售人员应先处理客户情感后处理物流服务事件，先耐心倾听客户抱怨再设法平息客户抱怨；填写物流投诉处理卡，建档记录客户投诉，并迅速采取行动改进服务，随时跟进客户投诉，让对方感觉到投诉的问题正在或者即将被处理。

5. 定期回访和沟通

面对客户的投诉，物流公司还应该针对有问题的客户进行定期回访。通过回访获得客户反馈是非常低廉的市场调研手段，能够在沟通中深入了解客户需求。及时回访可以向客户直观展示企业的客户服务、工作作风和办事效率，增进信任，如果帮助客户解决问题，还能够获得客户忠诚。对投诉解决是否满意的回访应该在解决投诉后的两到三天内进行。一到两月后还可以进行定期的客户满意度回访。

（二）巩固物流老客户的基本方法

巩固物流老客户（客户关系维护）有三个层次。

第一层次，维护客户的手段主要是利用价格刺激来增加客户的财务利益。在这一层次，客户乐于和企业建立关系的原因是希望得到优惠或特殊照顾。如物流企业对客户实行一些奖励性手段。虽然这些奖励计划能改变客户的偏好，但却很容易被竞争对手模仿。因此，很难长久保持与客户的关系优势。

第二层次，物流企业不仅为客户增加财务利益，还为他们增加社会利益，并且社会利益优先于财务利益。企业的员工可以通过了解单个客户的需求，使服务个性化和人性化来增强企业和客户的社会性联系。如与客户保持频繁的联系，及时掌握其需求的变化，还可以与其共享私人信息，以长期维系。

第三层次，在增加财务利益和社会利益的基础上，附加了更深层次的结构性联系。结构性联系是指提供以技术为基础的客户化服务，从而为客户提高效率和产出。物流企业在提供这类服务时，可以设计出一个传递系统，而竞争者要开发类似的系统可能需要一定的时间，因此不易被模仿。

物流企业无论在哪一层次上实施客户维护策略，都可以建立不同程度的企业与客户间的联系，为客户提供不同的个性化服务。从客户那里得到有价值的反馈信息后，物流销售人员可以协调公司作出相应的调整，如改进网站设计、改进物流服务、改进广告以及销售策略等。

巩固物流老客户至少有以下九种方法：

1. 定期采用调查表及问卷

可以用多种方式公布调查表，如发布在网站、电子刊物、新闻通讯、直邮资料上，以及放置在产品包装箱内等，也可以张贴在网上信息公告板、电子邮件讨论列表。

2. 为客户创建在线社区

通过为客户创建在线社区，包括聊天室、公告板、讨论组等，物流销售人员可以作为主持人定期了解客户对物流服务的言论和看法。

3. 向一组客户分发物流服务项目信息

通过这种方式请客户使用并评论你的物流服务，请客户将评论表寄回。尽管评论表回收率并不一定理想，但得到的反馈信息大都很有价值。

4. 为物流公司网站访问者提供免费的在线服务

这些物流在线服务可以是在线查询货物状态、在线寄件、费用及托运时间查询、投递地点、包装材料下载、电子商务等。同时可以请他们填写一个关于物流服务质量等的简短的调查表。图 5—11 为顺丰速运的网上在线服务界面。

图 5—11 顺丰速运的网上在线服务界面

5. 创建客户服务中心小组

可以邀请 10～12 个最忠诚的客户定期会面，座谈关于客户服务的意见。

6. 定期与客户保持联系

可以为客户发送免费的电子专业刊物、纸质内刊，询问物流服务客户的满意度。

7. 提供尽可能多的联系方式

提供免费电话号码、传真号码、业务员 QQ 号码、业务交流 QQ 群号码、微信号码、微信群，方便客户表达意见。

8. 在客户的生日或假日定期保持联系

可以在元旦、春节给客户寄送礼物以示感谢，通过 E-mail、短信、微信等方式发送节日问候、发送明信片、打电话亲自祝贺客户节日愉快等。

9. 邀请客户出席公司会议、午宴，参观车间或业务讨论会

为客户创造特别的参与机会，如晚会、野餐、舞会、球赛、联合郊游活动等，在这些活动中物流公司员工与客户可以相互交流，从而可以得到对物流公司业务有价值的反馈信息。

【案例 5—46】 客户时刻反馈

日本有一种了解客户态度的新方法，称为“客户时刻反馈”（zero customer feedback time）。这是什么意思呢？这就是假如他们找到一个新的物流仓储外包客户，一个星期后会打电话回访：“该公司物流仓储服务怎样？”“如果想改进物流服务应当怎样改进？”客户：“如果能通过信息按时段反馈货物状态就更好了！”“服务态度不佳。”

“交货有延迟……”记下这些意见，并转给仓储部门，用于改善服务水平。

于是，他们从“客户时刻反馈”发展到“时刻改进产品”（zero product improvement time）。这就使他们增加了很多物流服务项目，客户服务水平不断提高。因此如果所有的人（工人和管理人员）都来关心物流服务，就要问一问自己：“我是否愿意选择这个物流公司的货运服务?”经理也要问一问：“我是否愿意把我的货品交给他们来仓储?”

资料来源：根据相关资料改编，http：//marketing. manaren. com/khgl/show-6814-1/。

问题

1. 请小组讨论除了所介绍的方法外，还有其他收集客户反馈的方法吗?

2. 请问收集客户反馈是否只是物流销售人员的责任? 如果不是，你认为哪些人应该参与其中?

三、以投标方式获得物流客户

引导案例

兴华物流公司通过投标获得物流客户

物流服务的需求方通过物流服务项目的招标方式进行业务外包，将使其以较低的成本得到较高质量的物流服务。随着物流市场的进一步规范与发展，进行物流项目招投标将成为物流服务交易的主要形式。

2009 年 9 月 20 日，位于浙江省台州市椒江区的星星集团有限公司对外发布了“星星集团有限公司 2010 年度物流项目招标文件”，对星星冷柜、冰箱产品的终端配送进行招标。

兴华物流公司已经在全国家电配送领域占有一席之地，浙江又是其一直想进入的市场。因此，当负责浙江片区的营销员王华荣向公司报告星星集团有限公司招标物流服务的消息后，公司决定以投标的方式来获得物流客户，争取进入浙江市场。

标书的购买日期是 9 月 20 日—10 月 10 日，投标截止时间为 2009 年 10 月 12 日 11:30，开标时间为 10 月 12 日 14:00。

因为总部在深圳，兴华物流公司以邮购的方式在 9 月 24 日获得了标书。在组织专门团队研究可能的竞标对手、标书的技术和商务要求、报价策略后，公司于 9 月 28 日完成了标书的初稿。在有些细节问题和星星集团有关人员详细沟通后，国庆长假期间，顺利完成了标书的制作，并在 10 月 8 日完成了标书的印刷。在认真核对、确认无误后，10 月 11 日，开标前一天的下午，投标文件由兴华物流公司的老总李进递交至开标地点——浙江省台州市椒江区星星集团有限公司。

开标当天的上午，兴华物流公司的老总李进带队拜访了星星集团有限公司的有关领导，感谢他们在撰写标书过程中提供的各种帮助。

10月12日14:00，开标大会准时召开。经过开标、评标、定标，兴华物流公司因为沟通充分、进入浙江市场的愿望强烈并在价格上拥有优势，一举中标。而星星集团有限公司的星星冷柜、冰箱产品终端配送招标，也经过招标、投标、开标、评标、定标五个环节，顺利结束。

引导问题

1. 一个完整的招标程序要经历哪些步骤？
2. 兴华物流公司为什么能够竞标成功？
3. 请列出兴华物流公司竞标过程中的关键时间点和关键事件。
4. 兴华物流公司在竞标过程中的哪些做法值得学习？

物流业务招标的实质就是通过引入竞争机制，在众多的物流公司之间实行优胜劣汰。这对企事业单位提升物流的管理和运作水平、改善终端客服水平、降低物流成本、增强市场竞争力等具有重要意义。现在，稍微大一些的物流服务项目都需要通过招标来进行，因此，越来越多的物流企业通过投标获得物流服务项目。

物流业务招投标在实际操作中通常都是由招标单位作为招标主体、物流公司作为投标主体，但也有例外，即由第三方物流机构把物流管理和业务一起转包或分包。另外，有时也涉及招标代理机构和投标代理机构。物流招投标涉及的主体如图5—12所示。

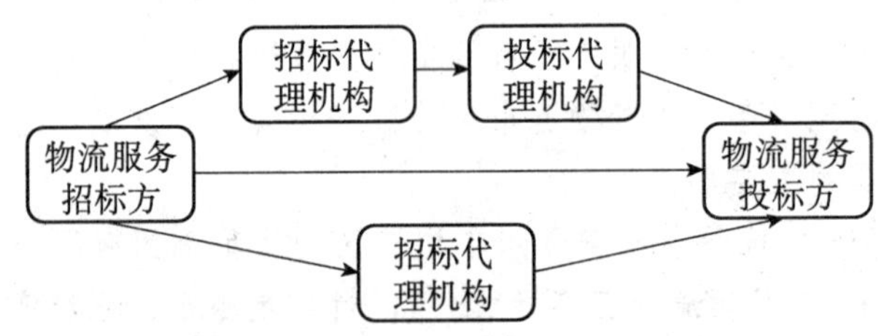

图5—12 物流招投标涉及的主体

物流招投标的流程如图5—13所示。

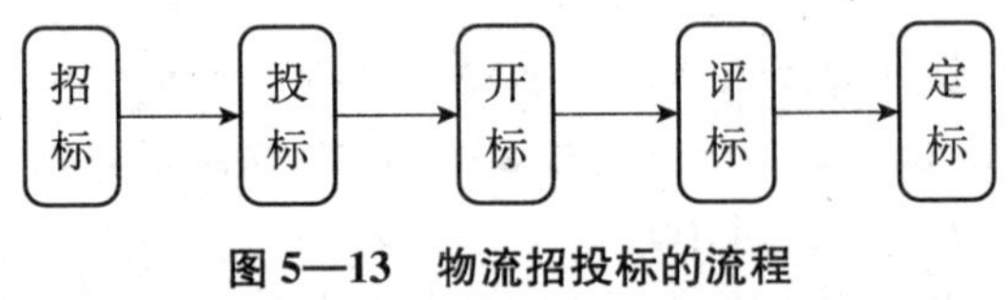

图5—13 物流招投标的流程

目前，被广泛采用的物流业务招投标的方式主要有内部招标（即议标）、有限招标（即邀标）、公开招标和自行公开招标四种。内部招标是指招标单位依靠自身的力量和资源，组织并完成物流业务的招标工作。有限招标是指招标单位委托一家第三方中介机构，在有限范围内帮助其完成物流业务招标工作，有资格参加投标的投标方由招标单位确定。公开招标是指招标单位委托一家第三方的招标中介机构来组织、实施物流业务招标的全部工作，在全社会范围内进行物流业务招标。自行公开招标是指招标单位在少数招投标专家的协助下（如必要），独立完成面向全社会进行物流业务招标的全部工作，自行公开招标是目前工商企业采用得最多的一种物流业务招标方式。不同招标方式的对比如表 5—4 所示。

表 5—4　　不同招标方式的对比

招标方式	是否聘请招投标中介机构	是否指定参加的投标企业
内部招标	否	是
有限招标	是	是
公开招标	是	否
自行公开招标	否	否

(一) 制作物流服务项目标书

物流服务项目标书分为招标书和投标书两种。

1. 物流服务项目招标书的基本结构

标准的国内竞争性招标书的格式参照世界银行贷款项目范本的中文版本，它的基本结构是固定的，模块结构和基本内容如表 5—5 所示。

表 5—5　　招标书的模块结构和基本内容

模块	基本内容
投标须知*	项目名称、用户名称、投标书数量、投标地址、截标日期、投标保证金、投标有效期和评标的考虑因素等
投标人资格	公司规模、业绩、资质、信誉
招标文件*	主要内容可分为三大部分：程序条款、技术条款、商务条款。包含九项内容：招标邀请函，投标人须知，招标项目的技术要求及附件，投标书格式，投标保证文件，合同条件（合同的一般条款及特殊条款），技术标准、规范，投标企业资格文件，合同格式
投标文件*	构成内容、格式和顺序、报价表的格式、递交格式、密封形式、费用分担的内容、投标文件澄清内容的交流形式、投标保证金的金额和形式
评标	评标依据和原则、评标小组构成、招标人澄清（一般是声明不承诺最低价中标，而且没有义务解释未中标的原因）、评标因素
授予合同	中标通知如何发送、合同的生效、合同变更数量的权利、拒绝投标的权利、增加订货的选择权
合同条款*	交货时间、付款方式、交货、运输和验收、服务、保修、技术支持

说明：带 * 为必备条款。

2. 物流服务项目投标书的基本结构

根据招标书的要求，投标书的内容可能存在差异，但投标书的基本结构大致相同，如表 5—6 所示。

表 5—6 **投标书的模块结构和基本内容**

模块		基本内容
封页		投标内容、投标主体、投标时间
商务部分	投标函	
	法定代表人授权书	
	企业资质证明文件	营业执照、税务登记证、组织机构代码证、法定代表人身份证复印件、公司近期财务报表复印件及上年度税务局盖章的纳税清算表或税务局出具的完税证明
	投标报价单	分项报价和总报价
技术部分	联系方式	联系人、联系地址、固定电话、传真、手机、电子邮件
	公司概况	企业背景、注册资金、经营范围、企业组织结构、办公地点、人员情况等
	公司经营现状	近三年的经营业务、业务量、收入情况、经营构架、与区域企业的合作情况或与招标企业的合作情况
	服务网点现状和比较优势	服务网点数量、服务网点分布情况概述、服务网点直营与加盟比例、网点经营状况、比较优势
	服务方案	物流服务规划方案设计、服务目标、为达到目标而采取的措施、服务承诺及响应措施
	涉讼情况	近三年公司、法人代表、委托投标人行贿犯罪档案查询结果告知函

3. 物流服务项目投标书的制作流程和注意事项

(1) 物流服务项目投标书的制作流程。

物流服务项目投标书的制作流程如图 5—14 所示。

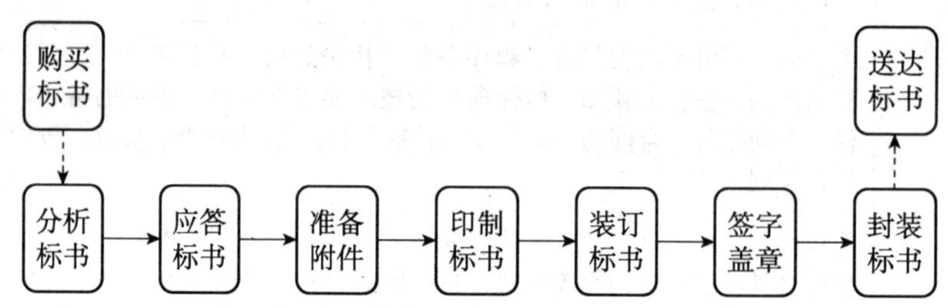

图 5—14 物流服务项目标书的制作流程

1) 购买标书：根据购买标书的截止时间和开标时间，以标明的价格，采用现场购买或邮购的方式购买。

2) 分析标书：关键是看投标资质要求、招标内容及技术要求、评分要点、交标书时间及地点、投标保证金额及付款方式。

3) 应答标书：除了常规的部分外，投标书应对招标书的技术规范要求进行逐条详细应答，并加上对招标项目的解释和澄清。

4) 准备附件：投标企业各种资质文件、业绩文件、各种授权文件、法律文件需要以附件形式附上。

5) 印制标书：按照封面、目录、正文、附件、封底的顺序，按照规定的份数，印制标书。

6）装订标书：正、副本按照招标书规定的装订尺寸、装订方式（左侧装订或顶部装订、有钉装订或无钉胶装等）进行装订。正、副本封面上要明确标明“正本”、“副本”。

7）签字盖章：正、副本需要签字、盖章的地方都要分别签字、盖章（有需要法人签名的地方可以盖法人章代替）。正、副本封面需要盖投标单位公章。副本中所有与投标人公司有关的复印件均需盖章。

8）封装标书：按照招标文件要求，将正、副本分开封装或者合装，用牛皮纸或纸质文件袋包装，封装袋上按照招标文件要求标明招标单位、项目名称、项目编号、投标商名称和“于×年×月×日×时×分（开标时间）之前不得启封”字样。封装袋上需要盖章。所有封口处、封装袋四角、侧边均需盖章。

9）送达标书：在投标时间截止前将封装的标书送到指定地点。

（2）物流服务项目投标书制作的注意事项。

物流服务项目标书制作过程中应注意三点：标书须全面反映使用单位的需求，不能有疏漏；投标单位必须对标书的内容进行实质性的响应；须科学合理地设计方案和定价。

（二）物流服务项目投标

1. 物流服务项目投标的基本流程

物流服务项目投标的基本流程如图5—15所示。

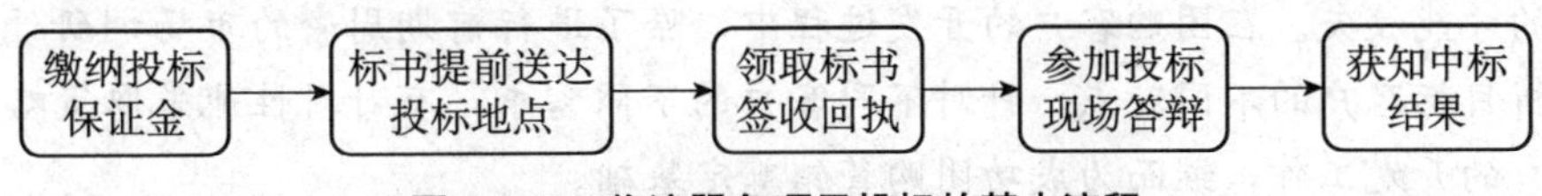

图5—15 物流服务项目投标的基本流程

2. 物流服务项目投标的注意事项

物流服务项目投标要注意五点：标书按要求密封；提前缴纳保证金；注意投标、开标的时间节点；已提交的投标文件可进行个性补充或者更正，也可撤回；精心准备答辩。

在整个投标过程中，要掌握六个时间控制点和两个有效期：

（1）六个时间控制点。

1）发/卖标书时间。在正式开始发/卖标书到截标前都可以购买标书，只有购买了标书的公司才有参与投标的资格。

2）截标时间。在规定的时间前递交投标书，迟到者将被拒绝投标。

3）开标时间。标书中提到的公开唱标的时间，一般都是在正式截标后不久。

4）中标确认时间。招标单位公布中标单位，并向中标者发出中标通知书。

5）签订合同时间。按照《中华人民共和国招标投标法》第四十六条的规定，招标人和中标人应当自中标通知书发出之日起30日内，按照招标文件和中标人的投标文件订立书面合同。

6）保证金退回时间。投标公司如果没有在退回时间截止前办理清退手续，将造成资金损失。

（2）两个有效期。

1）投标有效期。各投标商投标的方案和价格的有效期，一般为 90 天，这个时间是留给用户评标、合同谈判和合同执行的，在这个有效期内，各个投标商的方案和价格必须保证是可以兑现的。

2）投标保证金的有效期。投标保证金的有效期一般为投标截止后的 20 天内。

【操作训练】

按照如图 5—1 所示的作业流程，完成如“商务信函‘定时达’团购目标客户开发策划书”的项目作业成果。该报告印刷精美，主要内容包括封面、摘要、目录、正文、参考文献、附录、致谢。正文的主要内容如下。

商务信函“定时达”团购目标客户开发策划书（正文部分）

在白热化的通路竞争中，团购作为一种特殊的渠道销售，越来越受到物流企业的青睐，团购也正在成为众多物流厂商的主推渠道。

迅达物流在详细的商务信函快递市场调研和对比分析的基础上，设计了一个商务信函“定时达”项目，并设计了物流营销策略组合，普遍撒网，但更重点关注、开拓团购客户。

一、基础工作：打好客户攻坚第一仗

有的才能放矢。在团购客户的开发过程中，除了进行前期周密的市场调研外，还要准确分析目标客户的不同特点，针对不同客户的不同需求，有针对性地采取策略，才能做好客户的开发工作，继而为成功团购营销奠定基础。

1. 第一步：进行详细的市场调研

在开发团购客户之前，一定要进行详细的市场调研：一是找到所要开发的目标团购客户，二是摸清潜在目标团购客户的基本资料。

寻找目标客户的方法：

（1）通过查找城市黄页或登录重点客户网站的方式，寻找本地区的行政企事业单位，以及有可能成为目标客户的其他社会团体及其相应的联系方式。

（2）发动现有的经销商或终端商，利用其良好的社会资源平台，为企业提供有团购机会的客户群。

（3）在当地主流媒体发布相关的团购信息，借此吸引更多的团购受众。

（4）根据人际网络关系法则，资源共享，通过与企业内部、朋友、同事或其他渠道之间的探讨与交流，来获取更多的准目标团购客户。

在得到了相关目标团购客户的名单及其资料后，接下来的工作就是要对这些客户进行调研和分析：

（1）这些行政、企事业单位或其他社会团体等目标客户的经营状况如何，是否有团购的可能性；

(2) 有没有搞团购、发福利的历史和传统；

(3) 如果有，是哪个部门负责采购的；

(4) 具体的经办人是谁，此人的偏好有哪些；

(5) 采购企业的具体地址；

(6) 采购部门及其经办人的联系方式；

(7) 预计团购日期等。

然后，将以上准客户名单根据成交可能性的高低，进行列表和排序。

2. 第二步：明确进攻路线，搞定目标客户团购进攻路线表

可以运用“四环联合术”搞定目标客户。

第一环：邮寄团购资料。

邮寄资料的时间选在重大节日的前两个月为最佳。按照第一步搜集到的客户信息，有针对性地邮寄团购资料。团购资料除了企业简介、物流服务特色简介、有针对性的物流项目宣传资料外，还可以有针对性地制作“团购建议书”。“团购建议书”应当站在采购方利益设计的角度进行制作，主要阐述团体购买给采购方带来的好处、团购优惠办法以及与竞争对手相比的优势。好的“团购建议书”是团购客户负责人向上级汇报的依据，是取得决策者批准的关键资料之一。

第二环：客户拜访。

一般在邮寄资料后的3～7天要对客户进行首次拜访。重点客户登门拜访，普通客户电话拜访。“临时抱佛脚”式的拜访效果一般都很差，要想成功至少需要3次以上的拜访。节日前的5～15天是团购决策的黄金时间，因此在此段时间应当加大拜访频次。

在拜访中争取与团购负责人和决策者成为朋友，请客吃饭等初级公关手段的效果并不理想。让客户免费试用一次物流服务是一个说服他们不错的方法。在拜访中要不断完善团购客户负责人和决策者档案，不但要记录个人的常规信息，而且要记录他们及其家人的爱好、生日等私人信息。如大为物流的业务员每次拜访都不忘把最新的企业内刊带给客户，让客户与他们一起感受企业的荣誉和进步。许多团购客户正是通过这份小小的企业内刊认可了企业，从而成为该企业的团购客户。

第三环：为目标客户下单造势。

团购采购者要考虑内部职工和决策者的满意率，因此在选择团购物流服务时除了考虑价格因素外更加青睐名牌服务。对采购者来说，名牌至少意味着广告能看到、口碑好、能方便地订购。如果商务信函“定时达”刚上市，还没有进入行业三甲，可以考虑用造势的手法“扮演名牌”。即在节假日前的10～15天里密集刊登“××集团团购商务信函‘定时达’服务”、“商务信函‘定时达’与××集团签署战略合作协议”等系列报纸软性广告和平面广告。在事先多次拜访过的团购客户眼中，商务信函“定时达”的知名度、抢购热度就能积极影响团购客户的选择。

第四环：成功进行客户公关。

采购负责人和决策者无非关心两件事情：公司的利益和个人的利益。只要抓住这两点一般都会摧城拔寨。回扣已经成为决定团购成败的关键秘籍，是影响核心人物决策的

关键武器。回扣送给谁？用什么方式送？这就需要根据具体情况而定。但回扣并非客户公关的唯一武器，其他能取得核心人物和职工双方好感的公关更有杀伤力，比如赞助客户年度演讲大赛、开展“帮助××企业职工把关爱送给父母”、组织客户到企业现场参观座谈等活动可能取得意想不到的效果。

二、渠道创新：执行要从“细节入手”

工夫要下在平时，并且注重策略和执行上的创新，每一个细节的创新都可能是在团购市场获得成功的关键。

1. 工夫在平时，贵在坚持

对于极可能有采购需求的重点客户，营销人员要很执著地联系其有决策权的主管人员，周末、节假日、生日都要发短信祝福，逢年过节可以给其寄贺卡和年历之类的促销品。

2. 动之以情，感动客户

团购的最大特点就是采购方的灵活和主观性强，对其负责人晓之以理是没有用的，负责人可能没有时间也没有心情听营销人员讲大道理。因此，以情动人往往能收到很好的效果，贵在真诚，贵在合适。如通过为其孩子培养业余爱好的方式接近重点客户的负责人，以感动客户。

3. 寻找新的渠道和突破口

团购渠道开发不能放过任何一个可能带来增量的单位，如批发商、机关、企业、厂矿、监狱、游乐园、学校，甚至大使馆等。平时多利用各种渠道去接触主管福利团购的人。一旦发现有了新的机会，如大的公益活动、军队异地演习、企业厂庆等，要充分利用。抓住每一个可以利用的商机，推销物流服务，挖掘客户的购买欲望。

4. 发挥小礼品的巨大作用

很多采购主管对上门或是以其他方式结识的推销员一般印象都不深，因此有必要加深其印象。比如可以谨慎地、有目的地选择一些不太贵重但寓意深刻的小礼品，而且要含蓄地告之自己的联系方式，以期给对方留下深刻印象。印象越是深刻，带来商机的可能性和概率越大。

【案例分析】

开发新客户的五个技巧

当拥有了丰富的客户资料后，如何去开发呢？这里结合我们的经验和体会提供一些技巧方面的意见，仅供参考。

(1) 结合自己的物流服务特点和优势，在丰富的客户资料中仔细选择潜在客户，挑选出可能适合你的物流服务的客户群。你所销售的物流服务的特点和优势是你能够吸引新客户的最大亮点。而新客户愿意与你接触，无外乎以下几种情况：

一是你的物流服务是新开发的，客户需要增加这样的新物流服务，物流服务本身对客户很有吸引力；二是客户对原来的物流供应商不满意，而你正好有同类物流服务可提供；三是客户对物流服务的需求量增加，原来的物流供应商无法满足客户对量的需求，客户本身需要寻求新的物流供应商；四是你的物流服务与客户正在用的其他物流公司的服务相比，服务质量相同或更好，价格上具有明显的竞争优势。

面对众多类似的客户，你的选择非常重要。千万不要每家都联系一下，希望广种薄收，而事实上一家也深入不下去。同时，选择客户一定要客观，千万不要在自己没有足够的条件和实力的情况下去联系大型企业，如世界500强企业。生意还是有所谓的“门当户对”的。大型企业的生意谁都希望做，但大型企业对供应商的选择往往有比较高的门槛。相反，一些中小型企业可能更容易接触和接近。

(2) 联系客户的心态在一定程度上决定了新客户是否愿意和你深入接触。千万不要给新客户一种急于求成的感觉。不要让客户觉得你的物流企业必须马上有新的订单才可以生存。生意也是一种姻缘，只有双方都觉得合适的时候才有真正的生意。一定要给新客户这样一种感觉：我们有稳定的销售渠道，但我们的企业是进取和开拓的，与您联系是同时给你我一个新的机会。

(3) 联系方法上，建议首次联系尽量采用电话和传真相结合的方式。通过电话，尽量找到这家公司具体与你的物流服务相对口的部门的采购经理或具体人员。知道对方的名字和传真号码是第一步，如果你发出去的传真上有具体负责这类物流服务的收件人、物流服务的简要介绍以及你公司的网址，而采购商对你的物流服务也有兴趣，那么他一定会回复你的。在以后的联系中，你就可以与相关人员进行E-mail往来。千万不要采用邮件群发或传真群发的方法联系客户，群发的结果可能就是永远没有回复。目前，国外对垃圾邮件和垃圾传真已经相当反感，这也是大多数进口商特别是采购经理不愿公开电子邮件地址的重要原因。

(4) 建立专门展示物流服务的网站对联系和开发新客户非常重要，既可以给新客户详尽的物流服务介绍，又可以避免过早的物流服务传递带来的昂贵费用。网站中的物流服务内容越专业、越详尽、越具体越好，使客户能一目了然。

(5) 对于一时没有下订单的新客户，千万不要急于催促，更不要轻易放弃，可以定期给客户传递一些物流服务的图片、视频、展板、PPT。只要你比别人做得好，客户最后是属于你的。

问题

1. 你认为拜访客户之前业务员应该做哪些准备工作？
2. 为什么不能给新客户一种急于求成的感觉？
3. 为什么首次联系要尽量采用电话和传真相结合的方式？
4. 为什么千万不要采用邮件群发或传真群发的方式联系客户？
5. 物流销售人员怎样才能比别人做得更好？

【课外拓展】

调研你周边的一个物流企业，描述其开拓新客户、维护老客户的基本方法、基本流程和独特的经验。

项目六 物流营销策略制定

【学习目标】

知识目标

1. 能够描述物流营销组合的发展脉络，列举物流营销组合的内容，陈述物流营销组合的限制条件；
2. 能够识记物流服务产品、物流服务定价、物流服务分销、物流服务促销的内容、方法、策略；
3. 能够描述物流服务生命周期理论，并列举物流服务生命各周期的营销策略。

能力目标

1. 能够制定物流服务产品、物流服务定价、物流服务分销、物流服务促销策略，并能组合成一套富有吸引力的物流营销策略，撰写物流服务项目营销策略组合策划报告；
2. 在调研、探究、讨论、撰写报告、展示成果的过程中全方位地锻炼学生的自我学习、信息处理、数字应用、与人交流、与人合作、解决问题、革新创新、外语应用、社会适应、自我保护能力，培养学生的敬业精神和职业操守，提升其综合素质；
3. 能够在工作中形成认真负责、耐心细致的工作作风，尊重他人、理解包容、换位思考的心态，规范操作、安全生产、文明服务的习惯，节约能源与材料、爱护设备、保护环境、敢于创新的意识。

【工作情境】

迅达物流经过详细的市场调研和对比分析，决定进入该省的商务信函快递市场，并明确了细分市场和目标客户群，开发了自己的创新服务项目，开发了部分客户。但公司还缺乏物流营销策略组合（或初步制定的物流营销策略组合缺乏吸引力），已经接触过的客户难以成为现实客户。公司决定和贵校开展合作，进行项目外包，以便给贵校物流管理专业的学生提供真实任务的“工学结合”机会。接下这个任务后，物流管理专业决定组织班上的学生自愿组成 4 人一组的项目团队，竞争性地完成物流营销策略组合设计任务，撰写物流营销策略组合策划书。假如你就是其中某个 4 人小组中的一员，且被任命为组长，请组织调研，形成物流营销策略组合策划报告，并制作 PPT 演示。

【工作任务】

调研一个物流项目的完整的营销策略组合，能够针对商务信函快递市场撰写物流营销策略组合策划书。

【任务分析】

要完成物流营销策略组合策划书，就得明确营销目标，在宏观分析、市场调查分析和竞争对手调查分析的基础上，从产品策略、价格策略、渠道策略、促销策略四个方面制定营销策略，并进行成本预算和营销效果估计。

【工作流程】

整个流程如图 6—1 所示。

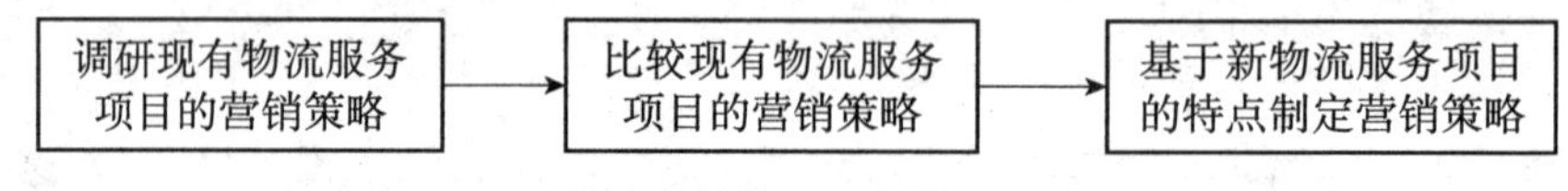

图 6—1 物流营销策略组合策划的作业流程

【知识准备】

物流营销组合是现代物流营销的核心。在竞争日益激烈的市场环境下，物流企业只有系统地考虑客户需求和自身发展的目标，为客户设计出一套自己能够提供的最优化、最经济的物流运作方案，并且通过设计一套科学、合理的营销策略组合，让更多的客户乐于接受物流运作方案，才可能经营成功。

如果说物流企业经营成功、发展壮大是营销目标，那么物流营销组合就是物流企业达到其营销目标的路线，就如同汽车的行车路线（见图 6—2）。

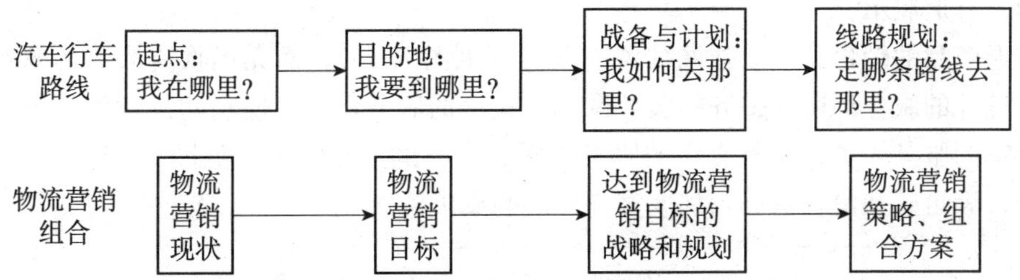

图 6—2　物流营销组合是物流企业达到其营销目标的路线

物流营销组合就是在分析市场机遇、进行市场细分、确定目标市场、设计物流服务项目、初步接触客户后，根据客户需要，将可控的产品策略、价格策略、渠道策略和促销策略等进行最佳组合，并整合社会资源和企业内部的营销资源，使它们有机结合、系统地发挥作用，以实现物流企业的营销目标、满足客户需求、创造竞争优势。

物流营销组合经历了从战术 4P 理论到战略 4P 理论、4C 理论、4R 理论的发展。

其一，战术 4P 理论。1960 年杰罗姆·麦卡锡提出的企业营销整体策略是由相互联系的产品（product）策略、定价（price）策略、渠道（place）策略以及促销（promotion）策略所组成的（见图 6—3）。

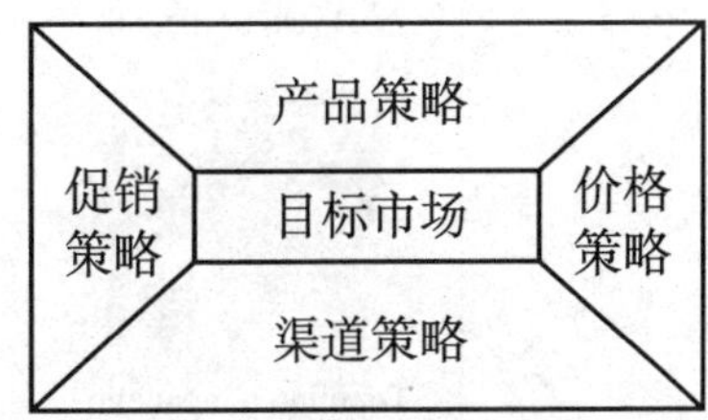

图 6—3　物流营销战术 4P 组合策略图

其二，5P 理论。因为包装在物流营销中的重要意义，包装（packaging）也被加入 4P，成为 5P。还有一种 5P 在 4P 的基础上加了定位（position）。

其三，战术 6P 理论。1984 年，菲利普·科特勒教授提出了在大市场营销中应增加两个“P”，即政治权力（political power）和公共关系（public relation），将市场营销组合的范围扩展到 6P。

其四，7P 理论。战术 4P 理论无法适应 20 世纪 70 年代服务业的迅速发展，布姆斯和比特纳于 1981 年在传统市场营销理论 4P 的基础上增加了三个服务性的“P”，即人（people）、有形展示（physical evidence）、服务过程（process），成为 7P。

（1）人。

在物流企业承担服务操作的人，在消费者眼中也是物流服务的一部分，甚至消费者本身也会参与创造、享受额外的价值（见图 6—4）。

图 6—4　熊猫、灰太郎卡通快递员、小丑快递员将“人”变成递送服务的一部分

（2）有形展示。

有形产品的销售，应该强调抽象的联想（见图 6—5），而无形物流服务的营销，则应通过良好的服务环境（整齐的服务设施、先进的服务设备、便利的订购和支付条件）、整洁干练的服务人员、完整有序的服务资料、完善的后续服务（见图 6—6），增加顾客的感知、满足感和消费信心，加速客户作出购买决策。

图 6—5　意大利 Esselunga 超市让人浮想联翩的广告

图 6—6　井然有序的操作现场、整洁干练的快递员都是一种无形展示

（3）服务过程。

服务过程即服务通过一定的程序、机制以及活动得以实现的过程，是市场营销战略的一个关键要素。如果客户在获得物流服务前必须排队等待，那么物流企业就必须考虑时间等待的因素（见图 6—7）。

图 6—7　群众排队办理业务

4P 和 7P 的差异如表 6—1 所示。

表 6—1　4P 和 7P 的差异

	4P	7P
侧重点	侧重于早期营销对产品的关注，是实物营销的基础	侧重于产品之外对服务的关注，是服务营销的基础
角度	站在企业的角度	更倾向于消费者
策略	侧重于对产品的推销，是推的营销	侧重于对客户的说服，注重拉的策略
要素	注重宏观层面从产品的诞生到价格的制定、通过营销渠道和促销手段使产品最终到达消费者手中的粗略过程	增加了微观的元素，考虑到营销过程中的等待时间，有形展示、消费过程中所接触的人员的要求等细节

其五，战略 4P 理论。1986 年，当营销战略计划变得重要时，菲利普·科特勒教授又提出了战略计划的探查（probing）、细分（partitioning）、优先（prioritizing）、定位

(positioning) 的战略 4P。

战术 6P 加上战略 4P，就构成了 10P。物流营销组合理论已经由过去的旧 4P 发展为现在的新 10P。其实，不论是 4P、6P 还是 10P，都是企业面对市场需求所采取的营销策略组合。营销组合是一组必须同等对待的工具，没有一个元素能独立存在，必须相互支持。如果彼此冲突，就会迷惑目标市场且无法实现目标。4P 中每一个 “P” 又分别有若干次一级的因素，这样就使得营销组合千变万化。现实中，不同类型的物流公司运用了大相径庭的营销策略，而且经营同类产品的物流公司也会运用多种多样的营销组合策略。

其六，4C 理论。20 世纪 80 年代，美国营销专家劳特朋向传统的 4P 理论发起挑战，提出 4C 理论。4C 理论强调以顾客需求 (customer needs/wants) 为导向，充分考虑顾客所愿意支付的成本 (cost)、照顾顾客的便利性 (convenience)、与顾客进行沟通 (communication)。4P 是 “把任何人当成消费者”，提醒 “消费者请注意了”，而 4C 是 “把消费者看作人”，提醒自己 “注意消费者”。在物流市场竞争加剧、物流企业提供的是物流服务的特殊商品的形势下，4C 理论对物流企业开展物流营销具有更强的指导作用。

其七，4R 理论。20 世纪 90 年代，美国舒尔茨提出了 4R 理论 (见图 6—8)：建立并发展与顾客之间的长期关联 (relevancy)，构建命运共同体，以充分了解顾客的需求及其变化；提高市场的反应速度 (reflect)，以对顾客的需求变化作出及时的反应；与顾客建立稳定、紧密的关系 (relation)，降低顾客流失率和营销费用；注重回报 (return)，企业所做的一切都是为了获得一定的合理回报。4R 理论以关系营销为核心，重在建立顾客忠诚。它既从厂商的利益出发，又兼顾顾客的需求，是一个更为实际、有效的营销制胜术。

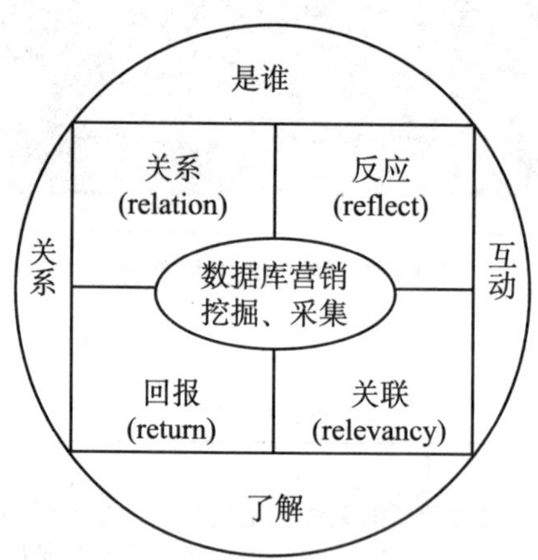

图 6—8 物流营销的 4R 模型

物流市场营销组合具有三大特点：可控性 (物流企业自身可以控制，较少受外部因素影响)，可变性 (物流营销组合的产品、价格、渠道、促销四大因素又包含若干子因素，局部子因素又可组合成子组合，变化无穷) 和整体性 (物流企业营销组合策略需要围绕企业经营目标进行整体谋划，充分考虑产品策略、价格策略、渠道策略、促销策略的相互协调与配合，为目标顾客提供一体化的服务解决方案，物流企业各职能部门在采取部门策略时也要从整体出发）。

表 6—2 为 4P 的营销组合要素。

表 6—2　　4P 的营销组合要素

产品策略	价格策略	渠道策略	促销策略
品质	基本价格	分销渠道	人员推销
特点	价格水平	覆盖区域	广告
范围	价格变动幅度	中间商类型	营业推广
外观	折扣	营业场所	公共关系
增值服务	折让		直复营销
商标	支付方式		赞助
品牌	支付期限		
设计	信用条件		
包装	谈判政策		

物流营销组合在物流企业实际工作中有三方面的重要意义：物流营销组合是制定营销战略的基础，是应付竞争的有力手段，是协调物流企业各部门工作的纽带。

另外，物流企业在应用物流营销组合策略时还必须考虑本企业的营销战略、营销环境、目标市场特点、自身的资源情况等约束条件。由于这些条件的变化，物流企业市场营销组合活动也是不断变化的。

一、物流服务产品策略

引导案例

中海物流和宅急送的产品策略组合

作为一个具有雄厚资质、综合实力的第三方物流企业，中海物流不仅致力于为全球客户提供专业化的仓储、配送、运输、货代、物流软件开发等服务，还能为客户提供贴身的供应链一体化物流整合方案以及个性化的物流信息化解决方案等服务。仓储、配送、运输、货代、物流软件属于单项服务，仓储加配送、运输加货代就属于组合服务，而供应链一体化则属于综合服务，这就是中海物流为适应不同的客户需求而进行的产品组合（见图 6—9）。

专业化服务

运输服务　客货代理

物流软件　仓储配送

综合性解决方案

第三方物流　物流信息化

供应链管理　典型案例

图 6—9　中海物流的产品组合

宅急送提供次日递、隔日递、三日递和四日递四种主营服务，同时提供代收货款、仓储、分拣、包装、项目维护、保险理赔、异地调货、到付结算等增值业务。其产品组合策略如图 6—10 所示。

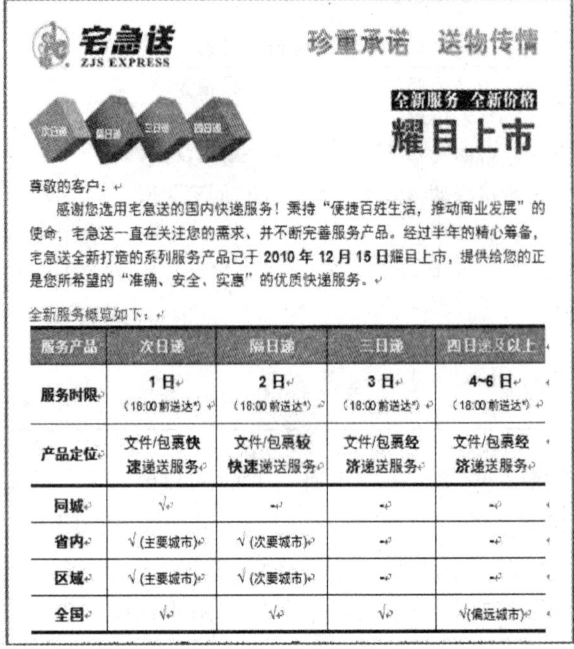

宅急送 ZJS EXPRESS

珍重承诺　送物传情

全新服务 全新价格

耀目上市

尊敬的客户：

感谢您选用宅急送的国内快递服务！秉持“便捷百姓生活，推动商业发展”的使命，宅急送一直在关注您的需求、并不断完善服务产品。经过半年的精心筹备，宅急送全新打造的系列服务产品已于 2010 年 12 月 15 日耀目上市，提供给您的正是您所希望的“准确、安全、实惠”的优质快递服务。

全新服务概览如下：

服务产品	次日递	隔日递	三日递	四日递及以上
服务时限	1 日（18:00 前送达*）	2 日（18:00 前送达*）	3 日（18:00 前送达*）	4~6 日（18:00 前送达*）
产品定位	文件/包裹快速递送服务	文件/包裹较快速递送服务	文件/包裹经济递送服务	文件/包裹经济递送服务
同城	√	-	-	-
省内	√（主要城市）	√（次要城市）	-	-
区域	√（主要城市）	√（次要城市）	-	-
全国	√	√	√	√（偏远城市）

图 6—10　宅急送的产品组合策略

引导问题

1. 运输、仓储、装卸搬运、包装、流通加工、配送、信息、物流解决方案、采购、销售、结算、订单处理、数据传输可以组合出多少种物流服务项目？
2. 你能够为组合出的物流服务项目找一个对应的现实案例吗？
3. 为什么中海物流只提供八种物流服务项目？
4. 宅急送推出次日递、隔日递、三日递和四日递四种主营服务主要考虑了哪些因素？

物流服务产品策略是物流营销 4P 组合的核心，是价格策略、渠道策略和促销策略的基础。物流服务产品策略直接决定和影响着价格策略、渠道策略和促销策略的制定与实施，对物流企业营销的成败关系重大。在现代社会，每一个物流企业的生产经营活动都是围绕着物流服务进行的，即通过及时、有效地提供消费者所需要的物流服务而实现物流企业的发展目标。物流企业如何开发满足消费者需求的物流服务，并将物流服务迅速、有效地传送到消费者手中，构成了物流企业营销活动的主体。而且随着科学技术的快速发展，社会的不断进步，消费者需求特征的日趋个性化，市场竞争程度的加深、加广，导致了产品的内涵和外延也在不断扩大。

菲利普·科特勒以现代观念将产品界定为：产品是指为留意、获取、使用或消费以满足某种欲望和需要而提供给市场的一切东西。它包括各种有形物品（电视机、化妆品、家具等）、服务（美容、咨询、物流等）、人员（体育、影视明星等）、地点、组织（消费者协会等）、观念（环保、公德意识等）和想法（创业点子、商业点子等）。

现代物流营销理论研究产品是从整体产品的角度分析的。产品的整体结构，一般包括核心产品、有形产品、期望产品、附加产品和潜在产品五个层次（见图 6—11）。

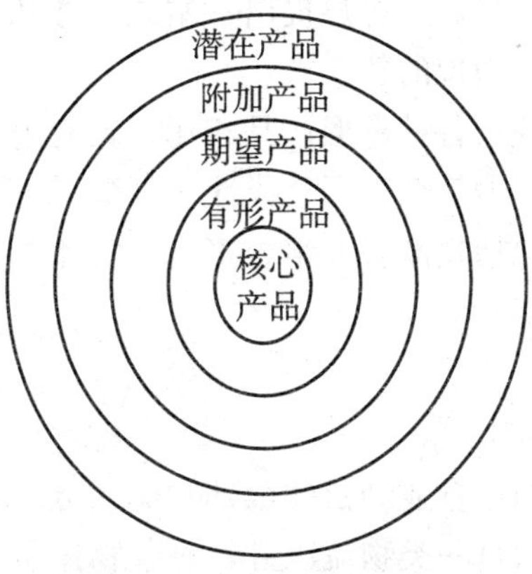

图 6—11　整体产品结构示意图

其一，核心产品。

核心产品是客户购买产品（服务）时真正追求、最终需求的基本效用和利益，是产品整体概念中最基本也是最主要的部分。消费者购买某种产品并非是为了拥有该产品实体，而是为了获得能满足自身某种需要的效用和利益。客户到快递公司快递商业信函，要求快递公司尽快把他的信函送出去，表面上他们所谈的是快递，其实客户真正的要求是速度，让对方尽快收到他的信函。至于快递公司收多少费用，怎么送出去，都是次要的问题，客户心中的核心问题是速度。

其二，有形产品。

有形产品是核心产品借以实现的形式，即向市场提供的实体或服务的形象。有形产品如果是实物，通常表现为产品外观、造型、花色、品种、质量、式样、品牌、包装等。有形产品如果是服务，通常表现为服务设施和设备、服务过程、服务质量、服务标准等。如物流服务作为有形产品，就表现为在物流活动中通过仓储、运输、装卸、搬运、分拣、加工、配送等环节所需要的设施、设备、人员、工具、包装而展现的服务过程、服务质量、服务标准。

其三，期望产品。

期望产品是消费者购买产品时期望的一整套属性和条件，如对于选择快递的人来说，期望该服务能安全、快捷地将物品送达。

其四，附加产品。

附加产品是产品包含的附加服务和利益，主要包括运送、安装、调试、维修、产品保证、零配件供应、技术人员培训等。附加产品来源于对消费者需求的综合性和多层次性的深入研究，要求营销人员正视消费者的整体消费体系，但同时必须注意消费者是否愿意承担因附加产品的增加而导致的成本增加的问题。物流服务的附加产品表现为通过电话或网络下订单、物流信息的汇总分析、帮助交易结算和资金融通、代理物流环节的衔接、开展免费业务咨询、免费送货、技术培训等。

其五，潜在产品。

潜在产品是指物流需求者在接受物流服务的过程中对物流服务产生的新需求，物流企业可以据此开发新的服务项目。如客户提出一站式服务和多式联运服务，物流企业可以将核心产品延伸，满足市场涌现的新需求。

物流企业提供的物流服务与各种有形产品相比，具有附属性（附属和服务于商流）、非物质性、变化性、专业性、增值性、可替代性（可被企业物流替代）六大特征。

物流服务产品策略主要包括物流服务组合策略、物流服务包装策略、物流服务品牌策略、物流服务生命周期策略。

（一） 物流服务组合策略

物流服务组合是指一个物流企业经营的全部物流服务线、物流服务项目的组合。物流服务线是指物流企业提供的每一类物流服务，每条物流服务线下的每一个具体的物流服务就是物流服务项目。如中远物流对外提供的物流服务线有仓库运作管理、物流系统方案设计、物流业务咨询三类服务，其中，仓库运作管理这条物流服务线又包含仓储、配送、库存、运输、增值服务五个物流服务项目。

物流服务组合取决于宽度、长度、深度和一致性四个因素。物流服务组合的宽度即物流企业拥有多少不同的物流服务线，一个物流公司拥有的物流服务线越多，物流服务组合就越宽；物流服务组合的长度即物流企业所有物流服务线上的服务项目的总数，服务项目的总数越多，物流服务组合就越长；物流服务组合的深度即物流企业每条物流服务线上的服务项目数，物流服务线中包含的服务项目越多，物流服务组合就越深；物流服务组合的一致性即每条物流服务线之间在最终用途、生产条件、分销渠道或者其他方面相关联的程度，相关联的程度越密切，说明物流企业各条物流服务线之间的一致性越高。图 6—12 和表 6—3 为物流服务组合示例。

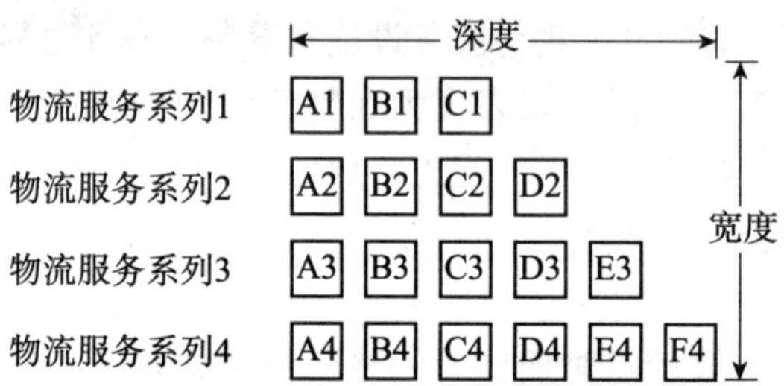

图 6—12 物流服务组合示例

表 6—3 我国第三方物流企业的服务组合

宽度	深度
运输	公路运输、铁路运输、航空运输、干线运输、普通货物运输、危险品运输、国际集装箱运输、海关监管货物运输、整车运输、快递、快运
仓储	中转仓储、分销仓储、中转平台仓储、融通仓储、零配件仓储、库存分析、退货管理

续前表

宽度	深度
配送	分销配送、联合运输、共同配送、直接换装、同城配送、异地配送
流通加工	来料加工、半成品加工、包装、贴标签、零件加工、零件组装
采购	国际采购、国内采购、原材料采购、零件采购、产品采购
物流方案的咨询	提供理赔和投诉服务、信息咨询、供应链管理咨询与设计、生产物流设计、物流选址、物流园区规划
物流人才培训	物流理念培训、操作人员培训、物流管理培训、物流技术培训
运输代理	揽货、订箱、订舱、交接、中转、分拨、报关、报检、订船

1. 物流服务组合的方向

物流企业可以根据市场竞争情况、自身实力、经营目标等因素，对物流服务组合的宽度、长度、深度和一致性进行最优决策，形成不同的动态性服务组合策略。

（1）扩大服务组合策略。

扩大服务组合策略主要包括开拓服务组合的宽度、加强服务组合的深度、增加服务组合的长度。其中，开拓服务组合的宽度是指增添一条或几条服务线，扩展服务范围；加强服务组合的深度是指在原有的服务线内增加新的服务项目。

扩大服务组合的具体方式包括：在维持原服务品质和价格的前提下，增加同一服务的规格、型号（如邮政以前在邮寄时只提供一个规格的包装箱，现在提供多种大小不同的包装箱）；增加不同品质和不同价格的服务项目；增加与原服务相类似的服务；增加与原服务项目毫不相关的服务项目。

扩大服务组合能够满足不同偏好的顾客多方面的需求，提高服务的市场占有率；能够充分利用企业信誉和商标知名度，完善产品系列，扩大经营规模；能够充分利用企业资源和剩余服务能力，提高经济效益；能够减小市场需求变动性的影响，分散市场风险，降低损失程度。

（2）缩减产品组合策略。

缩减产品组合策略是削减产品线或产品项目，特别是要取消那些获利小的服务项目，以便集中力量经营获利最大的服务线或服务项目。

缩减产品组合的具体方式包括：减少服务线数量，实现专业化经营；保留原服务线，削减服务项目；停止提供某类服务。

缩减产品组合能够使物流企业集中资源和技术力量改进保留服务的品质，提高企业、服务项目的知名度；能够在专业化的服务中提高生产效率，降低生产成本；能够减少资金占用，加速资金周转；有利于企业向市场的纵深发展，寻求合适的目标市场。

（3）高档服务策略。

高档服务策略，就是在原有的服务线内增加高档次、高价格的服务项目。

实行这种服务策略有助于提高企业现有服务的声望和企业的市场地位，也更容易为企业带来丰厚利润，并带动企业经营管理水平的提高。采用这种策略的物流企业也要承担原有低端形象使得高档服务不容易打开销路从而影响新服务项目开发费用迅速收回的风险。

（4）低档产品策略。

低档产品策略是在原有产品线中增加低档次、低价格的服务项目。

实行这种服务策略有助于物流企业借高档品牌服务的声誉吸引消费水平较低的顾客慕名购买该服务中的低档廉价服务，有助于扩大市场占有率和增加销售总额，也能够充分利用企业现有的服务提供能力，补充服务项目空白，形成产品系列。但也存在拉低物流企业原有市场声誉和品牌服务的市场形象、加大营销费用的风险。

2. 物流服务组合策略的进化

物流服务组合策略的进化模式有“渐进型”和“突变型”两种。

（1）“渐进型”模式。

“渐进型”模式是指物流企业利用已有的服务技术优势、品牌优势与市场渠道，在原有服务项目的基础上进一步提高物流服务满足用户需求的程度，将物流市场用户不断地转移到较高一级的改进服务上。

（2）“突变型”模式。

“突变型”模式是指物流企业在促进现有服务升级换代的同时，密切注意科技方面的重大突破，及时促进服务品质的变化，开拓出新的更高技术含量、更高服务标准、更方便客户的新服务项目替代已经成熟的旧服务项目，在下一个周期的市场竞争中继续占据有利地位。

（二） 物流服务包装策略

包装是在流通过程中，为保护产品、方便储运、促进销售，依据不同情况、按照一定的技术方法而采用的容器、材料、辅助物及所进行的操作的总称。一般情况下，包装与利润成反比，包装越省，利润就越高。但包装也绝不是越省越好，如果节省的包装降低了物品的防护效果，就会造成储存、装卸、运输的不便。适度、美观、经济是包装应遵循的基本原则。因此，企业要进行科学的包装决策。对于物流企业而言，包装能够带来巨大的增值服务效益。

包装具有两重功能。1）自然功能，即物质功能或实用功能，主要表现为保护功能、便利功能；2）社会功能，即精神功能或审美功能，主要表现为促销功能、引导消费功能、体现文化品位创造附加值功能、体现企业品牌信誉功能、引导保护生态环境功能。

包装可以从不同的角度分类，如表6—4所示。

表6—4　　包装的分类

分类标准	分　类
包装功能	集合包装、周转包装、运输包装、销售包装、礼品包装
包装层次	内包装、中包装、外包装
包装容器的软硬	硬包装、半硬包装、软包装
包装使用的范围	专用包装、通用包装
包装使用的次数	一次用包装、多次用包装、周转包装
包装的技术方法	防震包装、防湿包装、防锈包装、防霉包装

续前表

分类标准	分　类
产品种类	食品包装、药品包装、机电产品包装、危险品包装
产品经营方式	内销产品包装、出口产品包装、特殊产品包装
包装材料	纸制品包装、塑料制品包装、金属包装、竹木器包装、玻璃容器包装、复合材料包装

包装设计的原则：1）图像生动形象，尽量采用新材料、新图案、新形状以引人注目；包装应与所服务的物品价值或质量匹配；2）包装应能显示所服务的物品的特点和风格；3）包装的造型和结构应考虑所服务的物品的运输、使用、保管和销售；4）包装上的文字应能增加客户的信任感，并根据客户心理突出重点；5）包装应符合客户的心理要求，不与民族习惯、宗教信仰抵触。

包装决策的程序。包装决策通常分为以下三个步骤（见图 6—13）：1）建立包装观念，确定这种包装的基本形态、目的和基本功能。2）决定包装因素，即包装的大小、形状、材料、色彩、文字说明以及商标图案等。包装因素之间要互相协调，例如，包装的大小和材料有关，材料和色彩有关。而且决定这些包装因素时，必须和定价、广告等市场营销因素协调一致。如果企业已对某产品作出优质优价的营销决策，则包装的材料、造型、色彩等都要与之配合。3）进行包装试验。包装设计出来以后要经过试验，以考察包装是否能满足各方面的要求。包装试验分四种：工程试验、视觉试验、经销商测试、消费者测试。

建立包装观念 → 决定包装因素 → 进行包装试验

图 6—13　包装决策的三步骤

物流服务的包装不是产品意义上的包装，而是通过对服务人员的服饰设计、服务场所和交通工具的美化设计、品牌和标示的美化设计、物流服务项目本身的推广宣传，来达到促销的效果。物流服务包装能吸引注意力，说明产品的特色，给消费者以信心，形成一个有利的总体印象。一些消费愿意为良好包装带来的外观、形象和声望多付些钱。因此，一些物流营销人员把包装策略（packaging strategy）称为继 4P 之后的第五个“P”。

物流服务包装可以采取以下策略：

1. 统一包装策略

物流企业对自己提供物流服务的相关要素（包括仓储等基础设施、运输工具、一线运营人员的着装、名片、标志、广告词、广告片、软广告等）采用统一的设计，使客户一看就明白是哪个物流公司的。这种策略可以节省设计、包装的费用，壮大物流服务的声誉，提升物流服务的形象。图 6—14 和图 6—15 分别是 DHL 和天天快递的统一包装。

图 6—14 DHL 的统一包装

图 6—15 天天快递的统一包装

2. 分等级包装策略

物流企业对不同服务等级或不同服务质量的物流服务分别使用不同的包装和宣传。高档服务，包装精致、大力推广和宣传，以宣示服务的质量和档次；中低档服务，推广简略些，以减少服务宣传推广成本（见图 6—16 和图 6—17）。

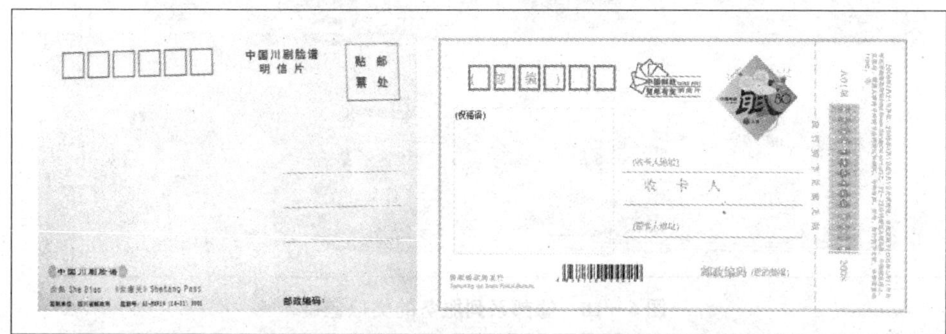

图 6—16 有奖贺年卡相对于明信片体现了分等级包装

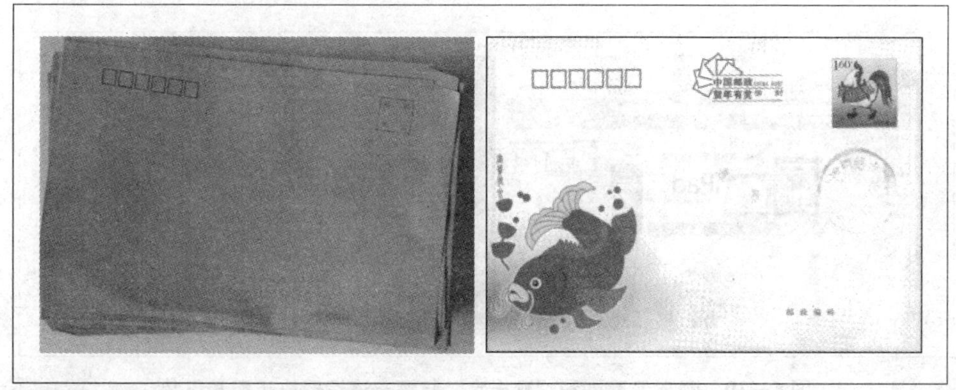

图 6—17 有奖贺年信封相对于普通信封体现了分等级包装

3. 类似包装策略

物流企业对其提供的系列服务采用相同的图案、近似的色彩、相同的造型进行包装，便于顾客识别出本企业的服务，扩大企业的影响。对于忠实于本企业的顾客，类似包装无疑具有促销的作用，企业还可因此而节省包装的设计、制作费用。特别是在推出新服务项目时，可以利用企业的声誉，使顾客首先从包装上辨认出物流企业，迅速打开市场（见图 6—18）。但类似包装策略只能适用于质量相同的服务，对于那些品种差异大、质量水平悬殊的服务则不宜采用。

4. 配套包装策略

按消费者的消费习惯，将几种有关联的服务项目组合、打包、成套供应，便于物流客户购买、享受，扩大物流服务项目的销售，也有利于企业推销新服务项目。如顺丰速运 2010 年推出“顺丰 E 商圈”，出售品类包括礼品、茶叶、特产、数码、电脑、手机、

图 6—18 德邦系列服务的类似包装

居家用品、箱包、钟表、首饰等，并推出了自己的支付平台“顺丰宝”来解决支付问题（见图 6—19）。

图 6—19 顺丰 E 商圈和“顺丰宝”与顺丰速运形成了配套包装

5. 附赠包装策略

在物流客户购买某项物流服务项目或某个物流服务项目组合后，可以附赠一种物流服务、产品（或几种可任选一种的服务、产品组合）（见图 6—20），引起消费者的购买兴趣。如在顺丰 E 商圈购物，可免费使用顺丰速运。

图 6—20 赠品：联邦快递撕不烂的纸钱包、嘉里物流钥匙挂件

6. 改变包装策略

当由于某种原因使服务项目的销量下降、市场声誉跌落时，物流企业可以在改进产品质量的同时，改变包装的形式，从而以新的服务形象出现在市场上，改变服务在消费者心目中的不良地位。如物流企业标志色彩的变化或标志的更换，原来配套或附赠的物流服务项目现在独立销售、宣传等。当然，物流企业在改变包装的同时必须配合好宣传工作，以消除消费者以为服务质量下降或其他的误解（见图 6—21 和图 6—22)。

图 6—21　德邦物流的旧 LOGO 和新 LOGO

图 6—22　天地华宇运输车外包装的改变

（三）物流服务品牌策略

物流品牌是指物流企业名称、术语、标志、符号、图案或其组合，包括物流品牌名称、物流品牌标志、物流商标（见图 6—23 和图 6—24）和物流网络域名，如四大国际快递巨头分别有自己的物流网络域名。

图 6—23　FedEx 企业名、标志、信念、符号组合

图 6—24　宅急送企业名、标志、符号组合

物流品牌的基本作用是区别不同企业的物流服务，有利于物流客户识别和购买，有利于物流企业开拓市场。

物流品牌具有属性显示、利益转化、价值体现、文化象征、个性代表、使用者定位六大属性。

物流品牌有“三度”（见图6—25）：知名度、美誉度和忠诚度。

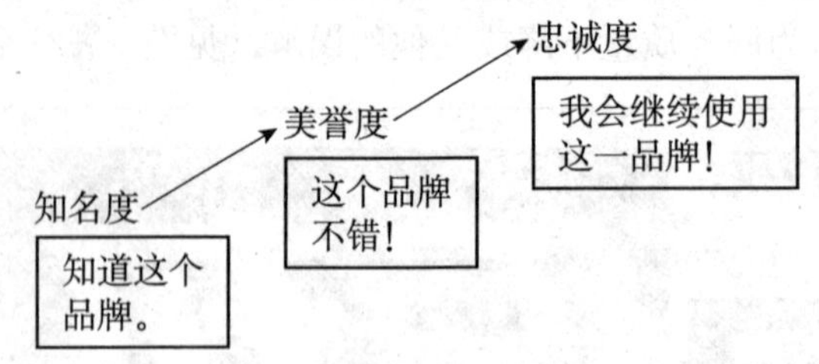

图6—25 物流品牌的“三度”进阶

物流品牌策略是一系列能够产生物流品牌积累的物流企业管理与市场营销方法，包括4P与品牌识别在内的所有要素。主要有：品牌化策略、品牌来源策略、品牌名称与形象策略、品牌归属策略、品牌发展策略、品牌再定位和品牌更新策略。品牌决策的步骤如图6—26所示。

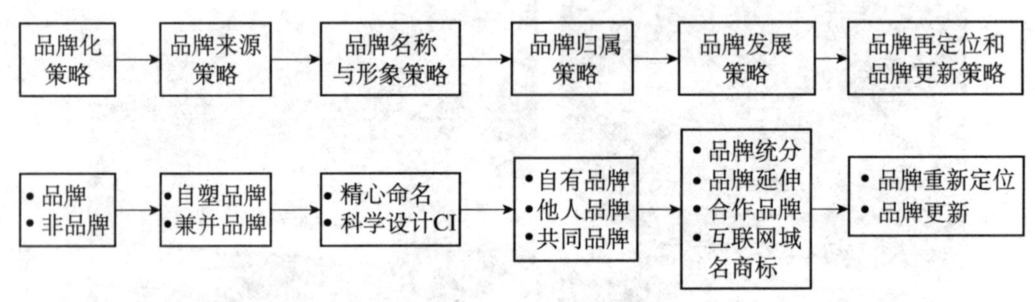

图6—26 品牌决策的步骤

1\. 品牌化策略

品牌化策略即是否要品牌，要就是品牌策略，不要就是非品牌或无品牌策略。

创品牌是一项耗工耗财的长期艰苦劳动。物流企业如果不管自身状况如何，一味去争创名牌，很可能适得其反、得不偿失。如果自量其力，可以采取无品牌化策略，即不使用商标策略和采用零售商标策略。

2\. 品牌来源策略

品牌来源策略即是自我塑造一个新的物流品牌、沿用过去的品牌、借用他人的品牌、购买他人的品牌，还是兼并他人的品牌。

3\. 品牌名称与形象策略

品牌名称策略即品牌命名应取好听（语意直白响亮）、好记、好认、好理解、好传播（具备全球观念，重视品牌格调）的名字。命名的策略包括：以人物命名，如松下物流、三井物流、杜邦物流；以企业理念命名，如青岛交运“交的是朋友，运的是真情”；

以寓意命名，如锦程物流、飞马物流、迅达快递、曹操跑腿服务中心、赤兔马快递公司；以数字命名，如66顺物流；以业务性质命名，如中储、中邮、中远、中集、中海、中包；以翻译命名，如Fasting物流（发斯腾物流）；以谐音命名，如佳吉快递谐音加急快递；以英文缩写命名，如EMS。

品牌形象策略即将物流企业的标志、企业名称、企业理念、企业色彩等视觉要素进行艺术而形象的设计，让人一目了然，给人以强烈的印象的策略。它既便于将企业精神和文化形成一种具体的形象向公众传播，也有利于让公众产生认同感和价值感。图6—27和图6—28分别为EMS和日本宅急便的LOGO。

图6—27　EMS的LOGO

图6—28　日本宅急便的LOGO

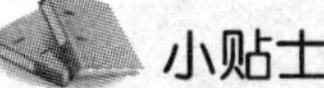

小贴士

色彩的含义

红色：乐观、动力、活跃、兴奋、性感、热情、刺激、激进、强大、积极

紫色：灵性、王权、神秘、智慧、改革、独立、启迪、尊重、财富

金黄色：欢庆、高兴、活力、幸福、理想主义、希望、想象力、阳光、豁达、青春

蓝色：真实、康复、宁静、稳定、和平、协调、智慧、信任、平静、信心、保护、安全、忠诚

绿色：天然、羡慕、康复、肥沃、好运、希望、稳定、成功

橙色：野心、娱乐、快乐、积极、平衡、华丽、热情、狂热、慷慨、振奋、豪爽

4. 品牌归属策略

品牌归属策略是指物流企业在决定为其服务打造品牌之后，是使用自有品牌还是使用他人品牌，或是部分服务使用自有品牌还是部分服务使用他人品牌的品牌共存决策。

5. 品牌发展策略

品牌发展策略包括品牌统分策略、品牌延伸策略、合作品牌策略、互联网域名商标策略。

(1) 品牌统分策略。

品牌统分策略又称家族品牌策略，是指本物流企业的服务项目是使用一个品牌还是使用不同的品牌，它包括个别品牌策略（物流企业不同的服务分别采用不同的品牌），统一品牌策略（物流企业不同的服务采用同一个品牌），大类服务品牌策略（物流企业不同的大类服务分别采用不同的品牌），多品牌策略（物流企业同时经营两种或两种以上相互竞争的品牌，以免在某一品牌出现市场危机时全军覆没），企业名称与个别品牌名称并用策略（物流企业各种不同的服务分别使用不同的品牌名称，而且各种产品的品牌名称前面还冠以企业名称），副产品策略（大型物流企业以一个品牌涵盖企业的系列服务项目，同时各个服务项目打一个副品牌，以副品牌突出服务的个性形象，但宣传重心仍然是主品牌），新品牌策略（为新产品设计一个新的品牌）。

（2）品牌延伸策略。

品牌延伸策略是指物流企业利用已成功的品牌推出新服务或改良的服务的策略。例如，宅急送在快递的基础上进入电子商务领域，开办“E 购宅急送”；顺丰速运也推出“顺丰 E 商圈”和支付平台“顺丰宝”（见图 6—29）。

图 6—29　品牌延伸：宅急送推出“E 购宅急送”，顺丰速运推出“顺丰 E 商圈”和“顺丰宝”

（3）合作品牌策略。

合作品牌又称双重品牌，是指两个或更多的品牌在一个服务上联合起来，每个品牌都期望另一个品牌能强化整体的形象或购买意愿。合作品牌的形式有多种：中间产品合作品牌，如某运输公司的广告说，它使用米其林轮胎使运输更快捷安全；同一企业合作品牌，如 TNT 与华宇并存；合资合作品牌，如中外运敦豪。

（4）互联网域名商标策略。

互联网域名商标策略是指企业在互联网上注册与自己的企业商标名称一致的域名，通过网络宣传自己的品牌、传递信息。

6. 品牌再定位和品牌更新策略

一种品牌在市场上最初的定位也许是适宜的、成功的，但是到后来物流企业可能不得不对其重新定位，因为竞争者的品牌可能严重削减了本企业的市场份额、客户偏好可能会转移、时代特征和社会文化发生了变化、企业自身决定进入新的细分市场等。在作出品牌再定位决策时，首先应考虑将品牌转移到另一个细分市场所需要的成本，包括产品品质改变费、包装费和广告费。一般来说，品牌再定位的跨度越大，所需成本就越高。其次，要考虑品牌定位于新位置后可能产生的收益。收益大小是由以下因素决定的：某一目标市场的消费者人数；消费者的平均购买率；在同一细分市场竞争者的数量和实力，以及在该细分市场中为品牌再定位要付出的代价。

品牌再定位后就需要进行品牌更新。品牌更新包括形象更新（如塑造环保新形象、调整档次）、服务更新换代、管理创新（见表 6—5）。

表 6—5　服务重新定位的方法

服务属性 \ 目标市场	未改变的目标市场	改变的目标市场
未改变的产品属性	形象重新定位	市场重新定位
改变的产品属性	产品重新定位	全部重新定位

（四）物流服务生命周期策略

物流服务生命周期即物流服务项目从投入市场到被市场淘汰的全过程，是市场周期而不是使用寿命。物流服务生命周期一般分为投入期、成长期、成熟期、衰退期（见图 6—30）。投入期的广告投入、渠道投入、服务成本费用高，销量有限，物流服务项目无利润或利润低；成长期，说明物流服务项目得到市场认可，服务成本迅速下降，销售额迅速上升，利润迅速增加；成熟期，物流服务项目销售趋于缓和甚至下降，广告费用增加，利润增长停滞或开始下降；衰退期，物流服务项目销售额迅速减少，利润迅速下滑，直到完全退出市场。

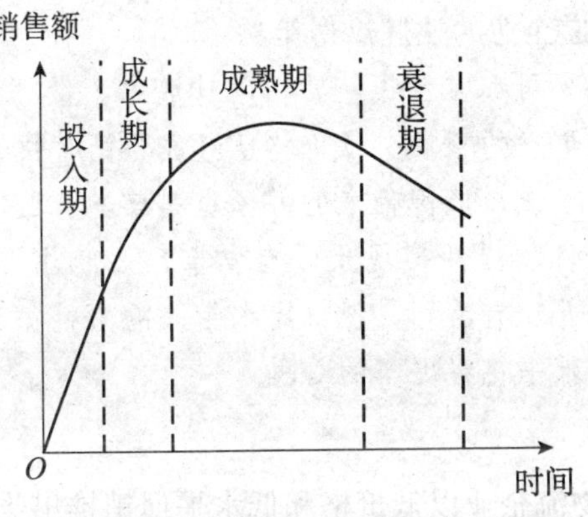

图 6—30　物流服务生命周期

在物流服务生命周期的不同阶段，物流企业需要采取不同的营销策略。

1. 物流服务投入期的营销策略

物流企业在投入期的营销策略应突出“短”，尽量缩短投入期的时间，迅速打开市场，加速向成长期过渡。物流企业主要可以从促销和价格两个方面考虑，主要有以下四种策略可供选择。

（1）快速掠夺策略。

快速掠夺策略又称快速撇脂策略，是指物流企业以高价格和高水平促销将物流新服务项目推向市场，以高价格获得高毛利，以高水平促销尽快打开销路。与快速掠夺策略相匹配的策略就是广告轰炸策略。如天地华宇推出“定日达”后，在多种媒体上进行了较长时间的广告轰炸。成功地实施这一策略，可以获取较大的利润，尽快收回投资。

实施该策略的市场条件是：市场上有较大的需求潜力；目标客户具有求新心理，急于尝试新的物流服务方式，并愿意为此付出高价；企业面临潜在竞争者的威胁，需要及早树立品牌。

（2）缓慢掠夺策略。

缓慢掠夺策略又称缓慢撇脂策略，是指物流企业以高价格和低水平促销将物流新服务项目推向市场，以高价格和低促销费用获得高毛利。与低水平促销相匹配，可以使用产品试用策略，让部分感觉不错的试用者当义务宣传员，现身说法，言传身教。

实施该策略的市场条件是：市场规模相对较小，竞争威胁不大；大多数客户对该服务没有太多疑虑；适当的高价格能让市场接受。

（3）快速渗透策略。

快速渗透策略是指物流企业以低价格和高水平促销将物流新服务项目推向市场，以低价格赢得客户，以高水平促销吸引市场注意。此种策略下，物流企业的目的是先发制人，以最快的速度打入市场，带来最快的市场渗透率和最高的市场占有率。快速渗透策略需要非常注重物流服务内在的质量和项目的包装宣传，因为“佛靠金装，人靠衣装”。

实施该策略的市场条件是：服务市场容量很大；潜在客户对服务种类不了解，对价格十分敏感；潜在竞争比较激烈。

【案例 6—1】 民营快递企业的快速渗透策略

现在许多民营快递公司都在亏钱经营，不计成本，做“赔钱赚吆喝”的买卖，只为了提高知名度，占领更多的市场。低价格已经成为民营快递抢占市场份额的法宝。

然而，对于消费者来说，低价带来的并不全是实惠，还有低端服务。现在，快递业投诉率居高不下，丢件、损件等现象时有发生，人们往往抱怨有关部门失于监管、快递公司不负责任，却并没有看到，低价战术带来的恶性循环已使许多快递公司没有精力和财力为提高服务水平花费更多的心思。

（4）缓慢渗透策略。

缓慢渗透策略是指物流企业以低价格和低水平促销推出物流新服务项目。低价是为了使市场迅速接受新服务，低水平促销则可以实现更多的利润。缓慢渗透策略需要稳定物流服务项目的功能，以服务的质量、性能、价格、服务等获得消费者的长期信赖与忠诚，站稳市场。

实施该策略的市场条件是：市场容量较大，潜在客户易于或已经了解此项新服务且对价格十分敏感，有相应的潜在竞争者准备加入竞争行列，促销弹性较少，促销基本上效果不大。

2. 物流服务成长期的营销策略

如果物流服务得到市场认可，更多的客户对物流服务感兴趣，销量就可能会迅速增长，物流服务项目就进入成长期。旺盛的市场需求、高额的利润会引来竞争对手的进入。因此，成长期物流企业的营销重点是突出“好”，建立品牌偏好，扩大市场占有率，巩固市场地位。物流企业可以通过以下六种营销策略来尽可能地维持市场的快速增长。

(1) 服务质量持续改进策略。

质量是物流服务的生命，市场的追捧、客户的信任都基于物流服务的质量。如果物流服务质量不能得到充分保证，即便有一时的销售业绩，也会面临短暂辉煌、昙花一现的局面。物流企业需要在听取客户意见、分析对手服务质量的基础上，不断改进服务质量。

(2) 提供增值服务策略。

在提高服务质量的同时，做好售后服务、增加新的特色服务、提供增值服务和配套服务，有利于扩大市场占有率。

(3) 进入细分市场策略。

从价格、产品适用性、功能上进行细分，从而进入新的细分市场，争取新的消费者，不断扩大服务的用户范围。

(4) 建立新分销渠道策略。

通过设立分支机构、代理机构扩大营业网点，方便集运、疏运，以更方便的服务吸引更多的客户。

(5) 广告诉求目标转变策略。

成长期阶段的服务已经基本定型，消费群体也已形成，竞争者开始瓜分利润，若广告宣传还是停留在项目本身会因缺乏新意而被消费者冷落。此时，物流企业应将物流服务广告的诉求目标从建立对服务的认知转向对服务的信任上，如变纯粹宣传物流服务为宣传物流服务的品牌与商标形象，能再一次引起消费者对物流服务的关注，推动消费者购买。

(6) 适时降价策略。

物流企业可以考虑自己的成本、竞争对手的成本、消费者的价格预期等因素，在适当的时候降低价格，以吸引更多的消费者。

3. 物流服务成熟期的营销策略

物流服务的成长期可能相当短，但成熟期一般都会长一些，销售增长缓慢或稳定。处于成熟期的物流服务，物流企业只要保住市场占有率，就可以获得稳定的收入和利润，但物流企业要解决好生产能力与销售量之间的矛盾。因此，成熟期物流企业的基本策略应突出一个“长”字，营销重点是维持市场占有率并积极扩大物流服务销量，争取利润最大化。处于成熟期的物流企业可以采取以下营销策略：

(1) 市场调整策略。

不断寻找新的市场需求，开发新的细分市场，吸引非使用者并将其转变为使用者，增加物流客户对物流服务的使用量，并强化揽货业务能力。也可以对品牌进行重新定位，以吸引更大的和增长更快的细分市场。例如，飞机货运服务成长的关键是不断地寻找新用户，说服他们相信空运比陆运有更多的好处；汽车运输企业可以努力进入新的细分市场，如新增的区域市场、区域内的新配件配送市场等；早餐配送企业努力劝说人们除了可以享受早餐配送服务外，还可以享受中餐、晚餐、野外聚餐的配送服务。天地华宇物流在市场成熟期的市场调整方面值得借鉴。天地华宇物流在全国630多个市设立分支机构，为其进行揽货业务；进一步提高物流服务产品的质量，从耐用性、可靠性、及时性、经济性、准确性、完整性等角度综合考虑；调整营销组合，采取降低价格、强化广告及其他促销手段，如召开物流技术研讨会等。

（2）服务改进策略。

改进物流服务的特性能吸引新用户，增加现有用户的使用量，从而改善销售。物流服务改进可采用三种具体形式：质量改进、特色改进（如增加售后服务、新的特色服务、增值服务和配套服务等）、式样改进（如小丑、卡通人物送货）。

（3）营销组合调整策略。

物流服务营销者还可以通过改变一个或多个营销组合元素来努力增加营业额，如运用调整价格、改进包装、扩大渠道、更新广告、加强销售服务等手段刺激现有客户和吸引新的客户。

4. 物流服务衰退期的营销策略

在衰退期，由于技术变化、客户兴趣减退，多数物流服务的销量和利润都会直线下降，竞争对手也逐渐退出市场。此时，物流企业应突出一个“转”字，采取以下营销策略：

（1）维持策略。

物流企业继续过去的营销策略，保持原有的细分市场和原有的营销组合策略，把销售维持在一定水平上，直到这种物流服务完全退出市场为止。这种策略也称继续策略。

（2）集中策略。

物流企业把各种资源集中到最有利的细分市场、最有效的销售渠道和最容易销售的服务项目上，同时减少广告宣传规模和促销活动，维持一定的销售量，以赢得尽可能多的利润。

（3）收缩策略。

大幅度降低促销水平，尽量减少促销费用，大幅度精简人员，以增加当前利润。这种策略也称榨取策略。

（4）放弃策略。

对于衰退比较迅速的或亏损严重的物流服务项目，物流企业必须当机立断，放弃经营，退出市场。既可以采取完全放弃的方式，也可以采取逐步放弃的方式，使其所占用的资源逐步转向其他物流服务，力争将物流企业的损失减少到最低限度。

物流企业应根据物流服务生命周期不同阶段的特点实施不同的营销策略。尽量缩短物流服务的投入期，使消费者尽快熟悉和接受新物流服务项目；设法保持与延长物流服务的成熟期，防止物流服务过早地被市场淘汰；对已进入衰退期的物流服务应明确是尽快以新物流服务替换老物流服务，还是通过促销使物流服务的生命力再度旺盛。

当然，物流企业也可以通过制定物流服务生命周期的转移策略，成功实现企业的战略转移。物流服务生命周期转移策略示意图如图6—31所示，C、D、E即为战略转移点。在第一代物流服务处于成熟期至衰退期的转折点C点时，物流企业应及时推出第二代物流服务，不能早也不能晚。如果原物流服务在市场中处于衰退期，新的换代物流服务又不能及时问世，就会使物流企业错过C点继续下滑，则其他企业会乘虚而入，抢夺市场，造成新物流服务的机会丧失。同样，若原物流服务的市场销售没有滑至C点，新产品已问世，则会对原物流服务产生排挤，不能充分发挥其经济效益。战略转移点实为企业的盈亏临界点。由于不同物流企业的经营宗旨不一样，因此战略点可高可低，并不一致。但不论战略点如何，物流企业至少要具备一定的战略眼光——新服务项目进入成长期后，就要研发第二代新服务项目或第三代新服务项目。

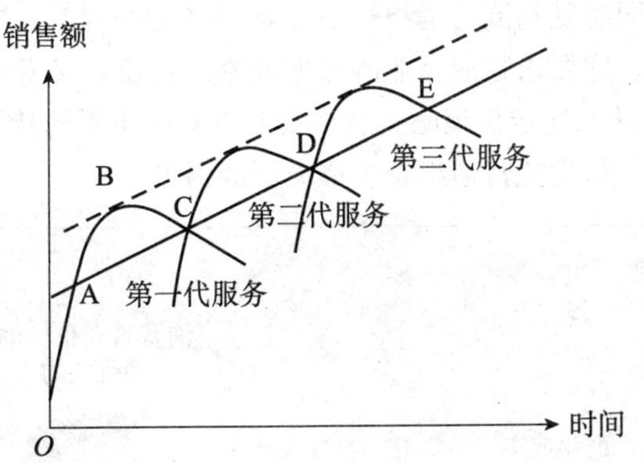

图 6—31　物流服务生命周期转移策略示意图

二、物流服务价格策略

引导案例

青岛海运价格出现“负运费”

2006年2月，尽管适逢新春佳节，但是海运市场的不景气让青岛海运业的许多人都高兴不起来。刘清是青岛一家外资航运公司北美航线的负责人，对于青岛海运未来趋势明显持悲观态度。

2005年9月份以后，具有标志意义的“负运费”再次出现在青岛海运市场。“负运费”是指运输货物不需要负担运费部分的基本费，而且船舶公司可能会倒过来给一些补贴。“负运费”是海运公司或货代公司为吸引客户，迫不得已采取的非正常的价格竞争手段。这种情况主要出现在一些竞争过度的航线如近洋的日本等航线。当然也不可能全部免费运输，基本都有一些附加条件，零运费一般都要求货物必须是整箱的，拼箱不会有这样的待遇，而且基本费为零并不意味着所有费用全为零。

实际上，“负运费”以前就有，2005年的再次出现说明了青岛海运市场的价格竞争变得更加激烈。船多了，货少了，必然出现供大于求的情况，最终就影响了运价。2007年元旦前，日本航线的运价一度跌到每集装箱50美元以下，海运公司在日本航线上基本靠燃油附加费维持。而春节期间因出货多，日本航线的每标箱上涨了50～100

美元。

引导问题

1. 影响物流服务定价的因素有哪些？如何确定物流服务的价格？
2. 如何理解海运业的“负运费”？
3. 在“负运费”下，航运公司如何生存？
4. 你知道哪些定价方法？青岛海运业的“负运费”采取的是哪种定价方法？

物流服务定价策略是物流营销组合中一个十分关键的组成部分。价格通常是影响交易成败的重要因素，同时是物流营销组合中最难以确定的因素。物流企业定价的目标是促进销售，获取利润。这要求物流企业既考虑成本的补偿，又考虑消费者对价格的接受能力（见图6—32），从而使定价策略具有买卖双方双向决策的特征。此外，价格可以对市场作出灵敏的反应，是物流营销组合中最灵活的因素。

图6—32 物流企业定价要考虑成本和消费者对价格的接受能力

物流服务定价要坚持效益性、可行性、社会性、科学性、竞争性五大原则，面向利润（可分为获取最大化利润和适度利润）、销售额、市场占有率或稳定价格四大目标，并考虑内部、外部两大类因素。内部因素包括物流企业的营销目标、物流营销组合和物流成本。外部因素包括市场结构（处在完全竞争、完全垄断、垄断竞争、寡头垄断四种市场上的物流企业定价差别很大，买方构成的市场和卖方构成的行业之间力量相差悬殊时也会导致定价权的转移），市场需求（需求量的大小、需求的急迫程度、需求的价格弹性），市场竞争，国家政策，行业特征，消费者行为与心理（冲动和情感型、理智和经济型、习惯型三种人士对价格的反应迥异）。

物流服务定价关键是把握定价程序、定价方法和定价策略。

（一） 物流服务定价程序

物流服务定价程序是指根据物流企业的营销目标，确定适当的定价目标，综合考虑各种定价因素，选择适当的定价方法，具体确定物流服务价格的过程。

一般来说，物流企业的定价程序可分为如图 6—33 所示的九个步骤。

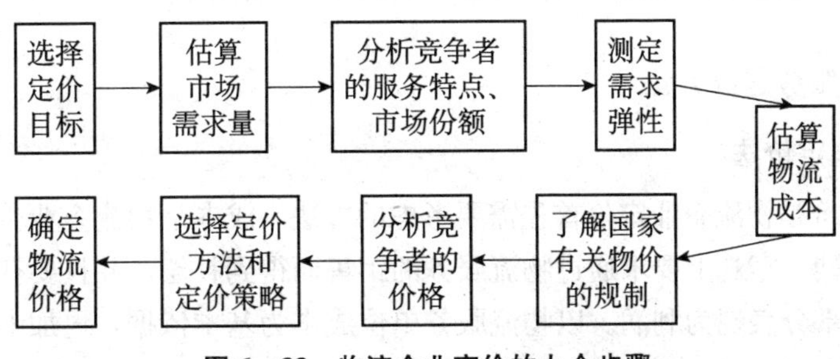

图 6—33　物流企业定价的九个步骤

1. 选择定价目标

物流企业的定价目标首先要从企业的营销目标出发，对物流市场上物流服务的供求状况、竞争状况以及定价策略和市场营销的其他因素综合考虑加以确定。

2. 估算市场需求量

一般情况下，估算老的物流服务的需求量比较容易，根据以往的需求情况进行推测就行，但对于物流新产品则很难准确地估算，需要请专家从多个角度进行验证。

3. 分析竞争者的服务特点、市场份额

分析竞争者的物流服务存在的优势和劣势以及已经占据的市场份额，就能够判断自己的物流服务所处的相对位置、具有的竞争优势，摸清市场以给自己的物流服务留下市场空间。

4. 测定需求弹性

需要测定需求的价格弹性、需求的交叉弹性和需求的收入弹性。物流服务项目的需求受到该服务项目的价格、其他相关服务的价格以及物流不同客户的收益水平等因素的影响，找出该种影响程度与趋势就可以制定相应的市场营销策略。

5. 估算物流成本

物流企业服务项目的成本费用是制定物流服务项目价格的最低限。估算出自己的物流成本，也就找到了定价的底线。

6. 了解国家有关物价的规制

物流企业了解和执行国家有关物价的政策和法规，不仅可以明确定价的指导思想，利用其为企业服务，还可以避免不必要的损失。

7. 分析竞争者的价格

分析竞争者的价格，判断对手定价的理由、价格的高低、定价的方法和策略，为自己的定价树立参照系。

8. 选择定价方法和定价策略

在明确市场空间、估算物流成本、了解国家有关的物价规制、分析竞争者的价格的基础上，可以选择适合自己的定价方法和定价策略。

9. 确定物流价格

按照选择的定价方法和定价策略，推算出自己的定价水平。

（二）物流服务定价方法

1. 成本导向定价法

成本导向定价是物流企业定价首先需要考虑的方法。成本是物流企业生产经营过程中所发生的实际耗费，客观上要求通过物流服务的销售而得到补偿，并且要获得大于其支出的收入，超出的部分表现为利润。以物流服务单位成本为基本依据，再加上预期利润来确定价格的成本导向定价法，是中外企业最常用、最基本的定价方法。成本导向定价法又衍生出了总成本加成定价法、目标收益定价法、边际成本定价法、盈亏平衡定价法。

（1）总成本加成定价法。

该方法是指把所有为提供某种物流服务而发生的耗费都计入成本，计算出单位服务的变动成本，合理分摊相应的固定成本，再加上一定的目标利润率来决定价格。如单位服务价格为4 000元，物流企业的目标利润率是25%，则定价为5 000（=4 000×（1+25%））元。

采用成本加成定价法，确定合理的成本利润率是关键，必须考虑市场环境、行业特点等多种因素。

（2）目标收益定价法。

该方法是指根据企业的投资总额、预期销量和投资回收期来确定价格，又称投资收益率定价法或目标利润定价法。其计算步骤如下：

1）确定目标收益率。目标收益率可表现为目标投资收益率、目标成本利润率、目标销售利润率、目标资金利润率等多种不同的方式。

$$\text{目标收益率}=\frac{1}{\text{投资回收期}}\times 100\%$$

2）确定目标利润。由于目标收益率表现形式的多样性，目标利润的计算也不同，其计算公式为：

目标利润＝总投资额×目标投资收益率

目标利润＝总成本×目标成本利润率

目标利润＝销售收入×目标销售利润率

目标利润＝资金平均占用率×目标资金利润率

3）计算售价。具体公式为：

售价＝（总成本＋目标利润）/预计销售量

目标收益定价法的优点是可以保证企业既定目标利润的实现，适用于在市场上具有一定影响力的企业、市场占有率较高或具有垄断性质的物流企业。目标收益定价法的缺点是只从卖方的利益出发，没有考虑竞争因素和市场需求的情况。

（3）边际成本定价法。

边际成本是指每增加或减少单位物流服务所引起的服务总成本的变化量。根据经济学原理，当边际收入等于边际成本时，物流企业获利最大，此时的销售量最佳，物流服务价格也最优。这种方法要求对物流企业的销售量和物流服务成本预先加以确定，然后根据两者间的关系推算价格水平。

由于边际成本与变动成本比较接近，而变动成本的计算更容易一些，在定价实务中多用变动成本代替边际成本，因此边际成本定价法又称变动成本定价法或边际贡献定价法。因为这种方法分析的起点是使物流企业的利润最大化，所以是一种适合于物流企业长期采用的中长期价格制定方法。

（4）盈亏平衡定价法。

盈亏平衡定价法就是运用盈亏平衡分析原理来确定物流服务价格的方法，又称保本定价法、均衡分析定价法或收支平衡定价法，如图 6—34 所示。在销售量既定的条件下，物流服务的价格必须达到一定的水平，物流企业才能做到盈亏平衡、收支相抵。既定的销售量就称为盈亏平衡点，如果价格低于这一界限，就会亏损，高于这一界限则有盈利。科学地预测销售量和已知固定成本、变动成本是盈亏平衡定价的前提。

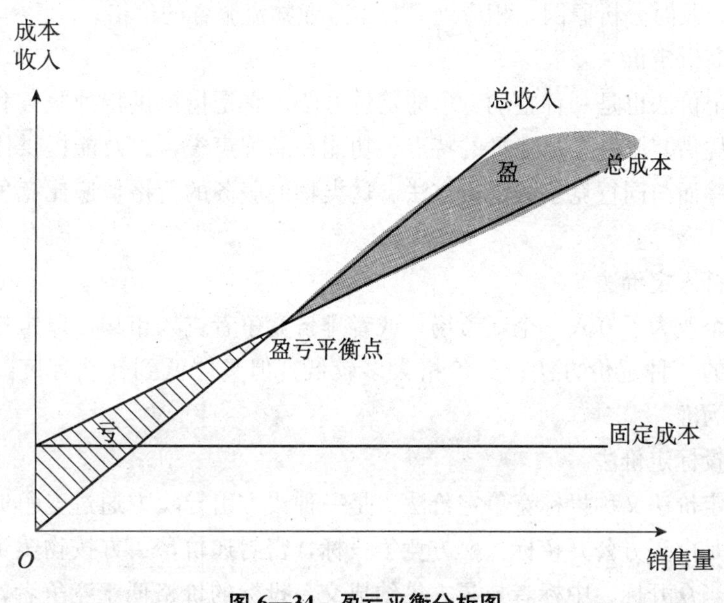

图 6—34　盈亏平衡分析图

2. 竞争导向定价法

（1）随行就市定价法。

随行就市定价法又称流行水准定价法，是指在市场竞争激烈的情况下，物流企业为保存实力采取按同行竞争者的物流服务价格定价的方法。该方法特别适用于完全竞争市场和寡头垄断市场，适用于需求弹性比较小或供求基本平衡的物流服务。一些小型企业多采取随行就市定价法。价格定高了，就会失去客户；而价格定低了，需求和利润也不会增加。因此，随行就市是一种较为稳妥的定价方法，也是竞争导向定价方法中广为流行的一种。

随行就市定价法定价的具体形式有两种：一种是随同行业中处于领先地位的大物流企业价格的波动而同水平波动，另一种是随同行业物流服务平均价格水平的波动而同水平波动。在竞争激烈、市场供求复杂的情况下，单个物流企业难以了解消费者和竞争者对价格变化的反应，采用随行就市的定价方法能为企业节省调研费用，而且可以避免贸然变价所带来的风险；各行业价格保持一致也易于同行竞争者之间和平共处，避免价格战和竞争者之间的报复。

（2）主动竞争定价法。

与随行就市定价法相反，主动竞争定价法不是追随竞争者的价格，而是以市场为主体，以竞争者为参照物的一种常用的营销绩效定价方法。定价时，首先将市场上竞争物流服务价格与企业估算价格进行比较，分为高、一致及低三个价格层次；其次，将本企业物流服务的功能、质量、成本、产量等与竞争企业的物流服务进行比较，分析造成价格差异的原因；再次，根据以上综合指标确定本企业物流服务的特色、优势及市场定位，在此基础上，按定价所要达到的目标，确定物流服务价格；最后，跟踪竞争物流服务的价格变化，及时分析原因，相应地调整本企业物流服务的价格。

（3）优质高价定价法。

优质高价定价法也是一种主动竞争的定价方法。它是指提供特种服务和高质量服务的物流企业，凭借其服务本身独具的特点、功能和品牌声誉，以及能提供比别的企业更高水平的保证等而与同行竞争的定价方法。这类物流服务的价格普遍比竞争者的服务价格高。

（4）低价打入定价法。

这是物流企业为了打入一个新市场，或者排挤竞争者进入市场，以维持和扩大市场占有率而采用的一种定价方法。其价格大多较低，但具体低到什么程度，应以进入市场、打开销路为准。

（5）密封投标定价法。

密封投标定价法又称投标竞争定价法，是一种买方引导卖方通过竞争成交的一种定价方法。一般是由买方公开招标，卖方竞争投标，密封递价，买方按物美价廉的原则择优选取，到期当众开标，中标者与买方签约成交。投标的价格低于竞争者，可增加中标机会，但若太低，不能保证企业收益。投标价格皆不以本企业的成本和主观愿望为依据，而是根据买者（或承包方）竞争出价的情况而定，需要估计竞争者的报价后确定。

3. 需求导向定价法

需求导向定价是指按照客户对物流服务的认知和需求程度制定价格，而不是根据卖方的成本定价。这类定价方法的出发点是客户需求，认为企业提供物流服务就是为了满足客户的需求，所以物流服务的价格应以客户对物流服务价值的理解为依据来制定。若成本导向定价的逻辑是“成本＋税金＋利润＝价格”，则需求导向定价的逻辑是“价格－税金－利润＝成本”。

需求导向定价的主要方法包括认知价值定价法、需求差异定价法、反向定价法。

（1）认知价值定价法。

认知价值定价法又称理解价值定价法，这是利用物流服务在消费者心目中的价值，也就是消费者心中对价值的理解程度来确定物流服务价格水平的一种方法。消费者对物流服务价值认知和理解程度的不同，会形成不同的定价上限，如果价格刚好定在这个限度内，那么消费者既能顺利购买，企业也将更加有利可图。对快递而言，考验的就是速度，如果你的快递速度是别人的两倍，你的快递定价就可以是其他同行的 1.5 倍或更高。

（2）需求差异定价法。

需求差异定价法又称差别定价法，是指根据销售的对象、时间、地点的不同而产生的需求差异，对相同的物流服务采用不同价格的定价方法。同一物流服务的价格差异并不是由物流服务成本的不同而引起的，而主要是由消费者需求的差异、消费者的购买心理、服务质量、地区差别以及时间差别等所决定的。需求差异定价法的优点是可以使物流企业定价最大限度地符合市场需求，促进物流服务销售，有利于物流企业获取最佳的经济效益。采用这种方法定价，一般是以该物流服务的历史定价为基础，根据市场需求变化的具体情况，在一定幅度内变动价格。

这种方法的具体实施通常有四种方式：一是基于客户差异的差别定价。如会员制下的会员与非会员的价格差别，学生、教师、军人与其他客户的价格差别，新、老客户的价格差别，国外消费者与国内消费者的价格差别等。二是基于不同地理位置的差别定价。如班机与轮船上由于舱位对消费者的效用不同而价格不一样，同城快递在一、二、三线城市会有不同的定价。三是基于服务差异的差别定价。功能和质量相同的同种物流服务虽然对每个客户实施起来的成本不同，但物流企业在定价时，并不根据成本的不同定价，而是按服务质量的不同来定价。四是基于时间差异的差别定价。在需求旺季，物流服务需求价格弹性化，可以提高价格；在需求淡季，价格需求弹性较高，可以采取降低价格的方法以吸引更多客户。

实行需求差异定价法必须具备一定的前提。这些前提条件包括：符合国家的相关法律法规和地方政府的相关政策；市场能够细分，且各细分市场其有不同的需求弹性；不同价格的执行不会导致本企业以外的企业在不同的市场间进行套利；客户在主观上或心理上确实认为物流服务存在差异。

（3）反向定价法。

反向定价法又称逆向定价法，是指物流企业依据消费者能够接受的最终销售价格，计算自己从事经营的成本和利润后，逆向推算出物流服务的批发价和零售价。这种定价方法不以实际成本为主要依据，而是以市场需求为定价的出发点，力求使价格为消费者所接受。反向定价法的优点是：价格能反映市场需求情况，有利于加强与中间商的良好关系，保证中间商的正常利润，使物流服务迅速向市场渗透，并可根据市场供求情况及时调整，定价比较灵活。缺点是：忽视了成本的因素，容易造成物流服务的质量下降和客户的不满，并导致客源减少。

4. 服务组合定价法

服务组合定价法包括系列服务定价策略、可选服务定价法、必选服务定价法、附带服务定价法、副产品定价法、服务捆绑定价法。

（1）系列服务定价策略。

系列服务定价策略是指对一组相互关联的物流服务，依照每种物流服务的弹性确定这类服务的价格差异，价格弹性大的服务定低价，弹性小的服务定高价。

系列服务定价策略的类型可以分为服务线定价策略、替代服务定价策略、互补服务定价策略。

1）服务线定价策略。物流企业通常开发出来的是服务线，而不是单一服务。当提供的系列服务存在需求和成本的内在关联时，为充分发挥这种内在关联性的积极效应，物流企业可采取服务线定价策略。在服务线中选择两种服务，并使其价格分别为高端价格和低端价格。靠低端价格的服务项目打开销路，靠高端价格的服务项目提升整个产品线的品质，指导、刺激需求。对服务线上介于终端价格之间的服务，企业要确立明显的质量差别，并用价格的差异来表现质量的差别，使这些服务在相应的市场上受到消费者的认同。图 6—35 为宅急送的服务线定价。

服务产品	次日递	隔日递	三日递	四日递及以上
服务时限	1 日 （18:00 前送达*）	2 日 （18:00 前送达*）	3 日 （18:00 前送达*）	4~6 日 （18:00 前送达*）
产品定位	文件/包裹快速递送服务	文件/包裹较快速递送服务	文件/包裹经济递送服务	文件/包裹经济递送服务
同城	√			
省内	√（主要城市）	√（次要城市）		
区域	√（主要城市）	√（次要城市）		
全国	√	√	√	√（偏远城市）
价格	20	16	12	8

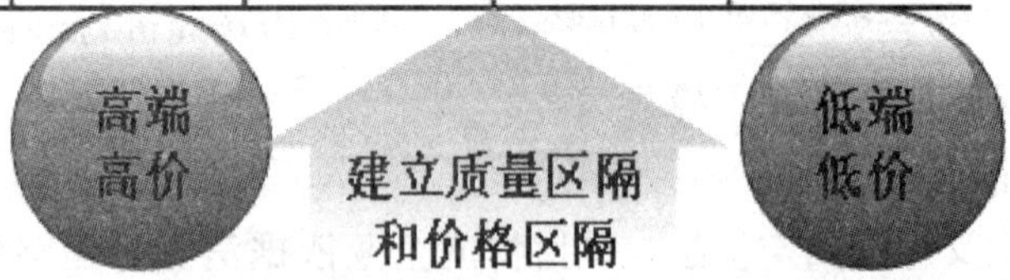

高端高价　建立质量区隔和价格区隔　低端低价

图 6—35　宅急送的服务线定价

与上述差异价格策略相反，统一定价是另外一种服务线定价策略。为吸引消费者、促进销售，有的物流企业针对消费者的求廉心理，对其经营的同类服务用整齐划一的价格，实行薄利多销。如邮局对于所有的明信片邮寄服务，一律统一定价为 0.8 元；同城文件快递一律 8 元（见图 6—36）。

图 6—36　有奖、手绘、企业、卡通四种明信片邮寄服务一律 0.8 元

2）替代服务定价策略。替代服务是能使消费者实现相同消费满足的不同物流服务，它们在功能、用途上可以互相替代。如普通信件、挂号信、特快专递可互相替代（见图 6—37）；若特快专递提价，其需求量就会下降，普通信件、挂号信的需求则会相应地上升（见图 6—38）。物流企业可以利用这种效应来调整服务结构。

图 6—37　普通信件、挂号信、特快专递可以互相替代

3）互补服务定价策略。互补服务是指在功能上互相补充，需要配套使用的服务。如快递与快递信封、包裹邮寄与包裹等。互补服务中发挥主要功效的服务是基础服务或互补服务中的主件，而发挥辅助功效、低价的服务是辅助服务或互补服务中的次件。互补服务的价格相关性表现在它们之间需求的同向变动上。如降低包裹、纸箱的价格引起包裹、纸箱的需求上升后，对包裹邮寄服务的需求也会相应提高。物流企业可以利用这种互补效应及主、次件的关系，通过降低某种服务尤其是基础服务的价格来占领市场，再通过增加其互补服务的价格使总利润增加（见图 6—39）。

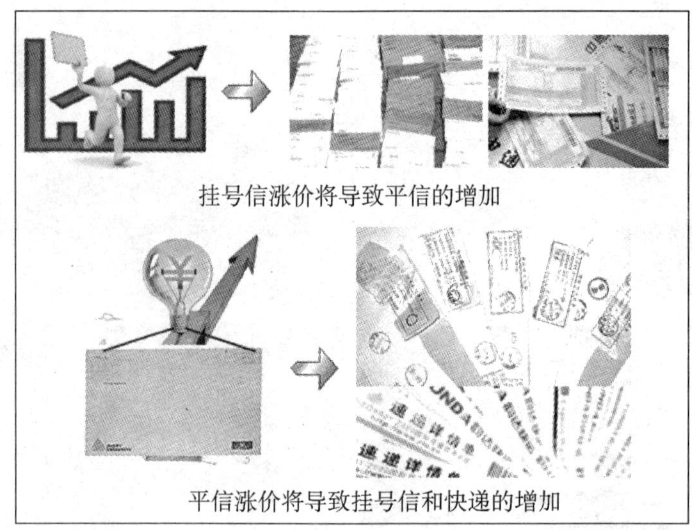

图 6—38　替代服务之间价格与销售数量之间的正比关系

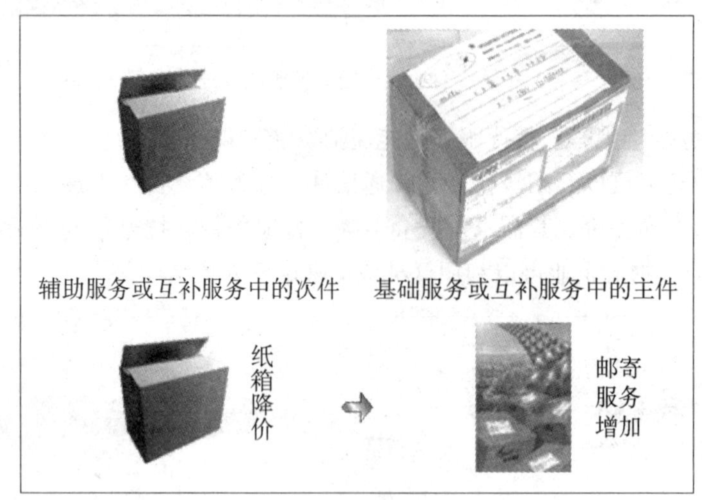

图 6—39　互补服务价格与数量之间的反比关系

（2）可选服务定价法。

许多物流企业在推出主干服务的同时，也提供可选的服务或者特色服务。例如，冷链服务企业在提供冷藏运输的主干服务同时，也提供冷藏汽车和保温汽车的选择、集中冷藏和单独冷藏的选择服务。可选服务可以根据消费者的需求程度，进行偏低的定价。

（3）必选服务定价法。

物流企业的一些服务是客户在消费时必须选择的。对于这种服务，物流企业可以采取高价策略。

（4）附带服务定价法。

附带服务定价法又称连带服务定价策略，许多物流企业在提供主要服务的同时，也提供必须与此服务配套使用的附带服务。例如，运送商品的统计表，进行简单的加工和包装，客户资金周转不灵时提供资金融通等。这些附带服务的定价可高可低。

（5）副产品定价法。

在物流服务过程中，经常会有副产品，如粗加工后剩余的边角料、废弃的包装。如果副产品没有任何价值但要处理掉它们又很费钱，这就会影响主要产品价格的制定。物流企业可以为这些副产品努力寻求一个市场，并且只要价格能够高于为收集、储存和运输这些副产品所花费的成本就可以接受。

（6）服务捆绑定价法。

服务捆绑定价组合定价，可以有不同的组合定价形式。

1）业务与业务组合定价。对某个客户，把其需要的众多业务打成一个或几个包，为每个业务包定价。例如，为一客户运输木材，运输商可以先将木材进行简单的粗加工，以减少边角余料的无效运输，并为粗加工与运输定价。如果到达目的地后顺便为客户捎回退货，那么运输和捎回退货的定价可以稍高。

2）客户与客户组合定价。为单个客户的混装运输可以收取零担货运的价格，如果几个客户能够组织装满一车货，则可以按照整车定价的方式收费。

3）物流业务与非物流业务的组合定价。例如，运输总量超过 1 万吨，赠送 50 张电影票或某商场的 2 000 元购物券之类。

4）现实物流业务与虚拟世界利益组合定价。例如，运输总量超过 1 万吨，赠送某网络游戏 100 小时的免费游戏卡。

此外，还有物流业务与时间组合定价（分时段优惠）、业务与地点组合定价（特定地点或用户指定地点价格打折）、物流业务与行为组合定价（如使用顺丰速运，可参与抽取免费机票观摩北京顺丰杯物流技能大赛的名额）、业务与客户组合定价（如教师节对教师快递采取 8 折优惠）、业务与客户关系组合定价（如老用户和新用户、高端用户和低端用户等分别定价）等组合定价方式。

（三）物流服务定价策略

1. 新服务定价策略

（1）撇脂定价策略。

撇脂定价策略又称取脂定价策略，是指在物流服务生命周期的最初阶段，把具有新、奇、特特点的服务的价格定得很高，以攫取最大利润。

撇脂定价的市场条件是：市场有足够的购买者，他们的需求缺乏弹性，即使把价格定得很高，市场需求也不会大量减少；高价使需求减少，但不至于抵消高价所带来的利益；在高价情况下，仍然独家经营，别无竞争者；高价使人们产生“这种服务是高档的”的印象。

（2）渗透定价策略。

渗透定价是指企业把其创新服务的价格定得相对较低，以吸引大量客户，提高市场占有率。

渗透定价的市场条件是：市场需求对价格极为敏感，低价会刺激市场需求迅速增长；物流企业的生产成本和经营费用会随着生产经营经验的增加而下降；低价不会引起实际和潜在的竞争。

（3）满意定价策略。

满意定价策略是一种介于撇脂定价策略和渗透定价策略之间的定价策略。其所定的价格比撇脂价格低，而比渗透价格要高，是一种中间价格。这种定价策略由于能使生产者和客户都比较满意而得名，因此又称君子价格或温和价格。

2. 区域定价策略

物流企业不仅要为当地客户提供物流服务，也要为外地客户提供物流服务。区域定价策略是指物流企业在定价时，对于提供给位于不同区域的客户的同种服务，分别制定不同的价格，因为由服务而产生的运输、仓储、保管费用都会发生变化。区域定价策略包括两种：

（1）统一交货价格。

统一交货价格又称送货制价格，是指物流企业的物流服务不分路途远近，制定统一的价格。

（2）分区运送价格。

分区运送价格又称区域价格，是指物流企业根据客户所在地区距离的远近，将服务覆盖的整个市场分成若干个区域，在每个区域内实行统一的价格。

3. 折扣折让定价策略

物流企业为了争取客户，扩大销量，鼓励客户及早付清货款、大量购买、淡季购买，在基本价格的基础上直接或间接降低价格，就是折扣与折让（见图 6—40）。直接折扣的形式有数量折扣、现金折扣、功能折扣、季节折扣，间接折扣的形式有回扣和津贴。

图 6—40 快递公司的折扣广告

（1）数量折扣。

按购买数量的多少，分别给予不同的折扣，购买数量越多，折扣越大，以鼓励大量购买或集中向本企业购买。数量折扣包括累计数量折扣和一次性数量折扣两种形式。累计数量折扣规定客户在一定时间内，购买服务若达到一定的数量或金额，则按其总量给予一定折扣，以鼓励客户经常向本企业购买，成为可信赖的长期客户。一次性数量折扣规定一次购买某种服务达到一定的数量或购买多种服务达到一定的金额，则给予折扣优惠，以鼓励客户大批量购买，促进服务多销、快销。

（2）现金折扣。

现金折扣是给予在规定的时间内提前付款或用现金付款者的一种价格折扣，其目的是鼓励客户尽早付款，加速企业资金周转，降低销售费用，减少财务风险。采用现金折扣一般要考虑三个因素：折扣比例、给予折扣的时间限制、付清全部货款的期限。典型的付款期限折扣表示为“3/20，N/60”，其含义是在成交后 20 天内付款，买者可以得到 3%的折扣，超过 20 天，在 60 天内付款不给予折扣，超过 60 天付款要加付利息。

（3）功能折扣。

中间商在物流服务分销过程中所处的环节不同，其所承担的功能、责任和风险也不同，物流企业据此给予的不同折扣称为功能折扣。功能折扣的结果是形成购销差价和批零差价。

（4）季节折扣。

季节折扣是指对在淡季购买物流服务的客户给予一定的优惠，使企业的生产和销售在一年四季能保持相对稳定。如冷链物流企业可以在冬天给予客户一定的折扣。

（5）回扣和津贴。

回扣是间接折扣的一种形式，它是指购买者在按价格目录将货款全部付给销售者以后，销售者再按一定比例将货款的一部分返还给购买者。津贴是企业为特殊目的，对特殊客户以特定形式所给予的价格补贴或其他补贴。例如，当中间商为物流企业的服务提供了包括刊登地方性广告、设置演示大厅等在内的各种促销活动时，物流企业可以给予中间商一定数额的资助或补贴。

4. 心理定价策略

心理定价主要是通过分析和研究客户的消费心理，利用客户不同的心理需求和对价格的不同感受，有意识地运用到服务定价中以促进销售。心理定价策略包括尾数定价策略、整数定价策略、声望定价策略、如意定价策略、习惯定价策略、招徕定价策略等。

（1）尾数定价策略。

尾数定价又称零头定价或缺额定价，是指给物流服务定一个零头数结尾的非整数价格。如一项快递服务定价 11.89 元，消费者会认为这种价格经过精确计算，购买不会吃亏，从而产生信任感。同时，价格虽离整数仅相差几分或几角钱，但给人一种低一位数的感觉，符合消费者求廉的心理愿望。

（2）整数定价策略。

整数定价与尾数定价正好相反，物流企业有意将物流服务价格定为整数，以显示物流服务具有一定的质量。整数定价多用于价格较贵的服务，以及消费者不太了解的服务，让消费者产生“一分价钱一分货”的感觉，从而有利于销售。

（3）声望定价策略。

声望定价即针对消费者“便宜无好货、价高质必优”的心理，对在消费者心目中享有一定的声望、具有较高信誉的服务制定高价。如中国邮政作为中国的老牌国有企业，将EMS定价为22元；UPS确保国际快件3日送达、国内快件1日取件的服务和品牌，使它可以凭声望定价。享受这种服务的人，往往不在乎价格，而最关心的是服务能否显示其身份和地位，价格越高，心理获得满足的程度也就越大。

（4）如意定价策略。

如意定价策略是指根据客户希望吉祥如意、生意兴隆、顺利、发财的心理，物流企业在定价时多用谐音“发”的“8”和象征顺利的“6”。

（5）习惯定价策略。

有些服务在长期的市场交换过程中已经形成了为消费者所接受的价格，成为习惯价格。物流企业在对这类服务定价时要充分考虑消费者的习惯倾向，采用“习惯成自然”的定价策略。对消费者已经习惯了的价格，不宜轻易变动。降低价格会使消费者怀疑服务质量是否有问题。提高价格会使消费者产生不满情绪，导致购买的转移。在不得不提价时，应采取改换包装或品牌等措施，减少消费者的抵触心理，并引导其逐步形成新的习惯价格。

（6）招徕定价策略。

招徕定价策略是为了满足消费者的求廉心理，物流企业将物流服务价格定得低于一般市价，个别价格甚至低于成本，以吸引消费者、扩大销售的一种定价策略。采用这种策略，虽然几种低价服务不赚钱或最开始的一单生意不赚钱，甚至亏本，但从总的经济效益或长远效益来看，由于低价服务带动了其他物流服务的销售，物流企业还是有利可图的。

5. 刺激性定价策略

刺激性定价策略是为了刺激消费者的购买而采取的价格策略。主要包括拍卖式定价、团购式定价、抢购式定价、与服务未来利润增长挂钩的持续回报式定价、会员积分式定价。

6. 关系定价策略

对于那些与自己有长期固定关系的客户、一次性购买服务数量或品种多的客户，物流企业可以给予优惠的定价，以刺激客户多选择自己的物流服务而抵制竞争对手的物流服务。

7. 价格调整策略

价格调整主要有调高和调低两种。

1）价格调高的原因包括企业成本增加、服务供不应求等，而且从长期来看，价格也有不断上升的趋势，如果成功提价，将直接促进利润的上涨。但价格升高会引起客户、中间商的不满，导致他们转向选择其他竞争者的物流服务。只要有可能，物流企业都应该采用其他的办法来弥补成本的增加和满足增加的需求而避免涨价。

调高价格的方法包括明调与暗调两种方式。明调即公开涨价。在将涨价的消息传递给客户时，物流企业应避免形成价格欺诈，要通过与客户的交流活动来支持价格上涨，告诉客户为什么必须涨价，物流企业的销售人员还应帮助客户找到节省费用的办法。2009年，中国民营快递的集体涨价就属于公开涨价。暗调是通过取消折扣、实行服务收费、减少不必要的服务项目、拆散服务等方式不露痕迹地实现变相涨价。顺丰速运拟从2011年3月7日起在北京等16个城市的部分区域收取3元的取件费（后来未执行），就属于暗涨。

2）在物流服务供过于求、竞争加剧导致市场占有率下降、成本下降、希望挤占竞争对手的市场时，都可以考虑降价。前两者属于被迫降价，后两者属于主动降价。降价也可以分为两种，即明降和暗降。明降即公开宣布降价，暗降体现为增加增值服务、提高服务质量、增加折扣的方式，形式上没有降价但实际上降了价。

三、物流服务渠道策略

引导案例

宅急送、宝供、顺丰和EMS的渠道比较

宅急送的销售渠道是以网络化为特征的，通过逐步营建覆盖全国的网络，实现向客户提供国内门到门的物流服务。宅急送在全国建立了四级网络结构，即子公司、分公司、营业所、营业厅。子公司按中国行政大区设立，分公司设在省级行政城市，营业所和营业厅设在城市繁华地段。宅急送在全国有3 000多个经营网点（其中有众多的加盟店），各经营网点（加盟店）形成合作网络，网络覆盖全国2 000多个城市和地区。在合作网络的建设上，宅急送从增加网络数量向提高网络质量转变，由派送型合作网络向市场拓展型网络转变，适时发展加盟商。

如果说宅急送的网络化是地域横向广的话，宝供的一体化则是业务纵向的深，为客户提供基于供应链的一体化物流服务，渠道以自建为主，也有少许加盟店。目前，宝供已在全国80多个城市设有分公司（子公司）和办事处。

顺丰和EMS都坚持自建渠道，不允许加盟，以控制服务质量和效率。顺丰自1993年成立以来，每年都投入巨资完善由公司统一管理的自有服务网络，截至2014年1月，顺丰已拥有近24万名员工，1万多台运输车辆，14架自有全货机以及遍布中国及海外的7 800多个营业网点。EMS投递网络覆盖全国各地，业务通达全国31个省（自治区、直辖市）的所有市县乡（镇），是所有快递公司中渠道最宽、覆盖面最大的。EMS实行全国、省、地市、区县、街道（乡）五级网络结构。

引导问题

1. 建立营销渠道策略有自行建立直销服务网络、借用他人服务营销网络和建立营销

战略联盟，宅急送、宝供、顺丰和 EMS 分别属于哪一种？

2. 分销渠道可以按照渠道层次划分为零层渠道、一层渠道、二层渠道、三层渠道等。宅急送、宝供、顺丰和 EMS 的渠道层次有何不同？

3. 宅急送、宝供、顺丰和 EMS 的渠道、网点和目前的发展态势符合“渠道为王”的观点吗？

物流分销渠道是指物流企业在将其物流服务提供给消费者进行消费的过程中所经历的一系列互相依存的中间环节（包括企业和个人），由这些中间环节所形成的通道就是物流分销渠道。物流分销渠道成员包括运输企业、货主、仓库、货运站场、配送中心、物流企业、各种代理商（如货运代理、船舶代理、报关报检代理、集装箱代理、转运代理等）、揽货点等，起点是物流供应商，终点是物流最终消费者（见图 6—41）。

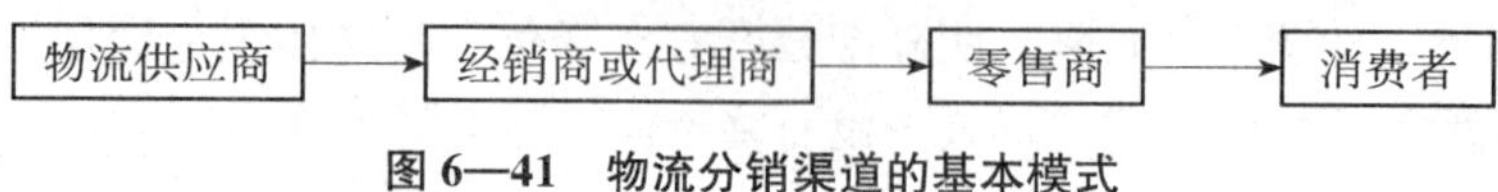

图 6—41　物流分销渠道的基本模式

物流分销渠道具有开拓市场、市场调查研究、服务项目推广、接触潜在客户、服务显在客户、财务融通、转嫁风险、实体配送、招商引资等功能，具有层次少（物流服务的特点使得物流服务的销售一般以直销为主，分销渠道较短，大多数是零层渠道即直接分销渠道）和可控性强（由于分销层次少，物流企业可以直接控制营销）的特点。

分销渠道可以按照渠道层次划分为零层渠道、一层渠道、二层渠道、三层渠道等，如图 6—42 所示。

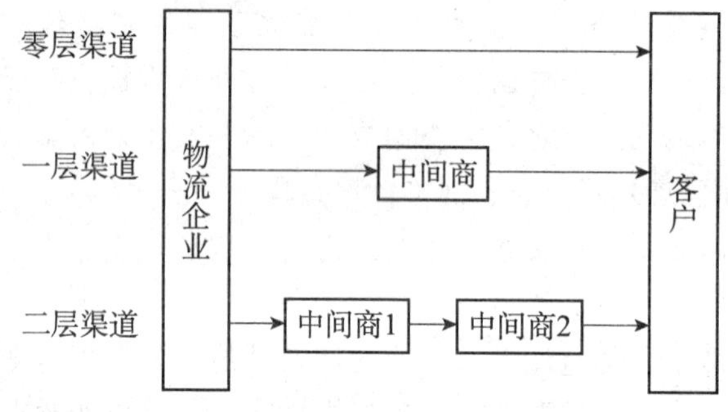

图 6—42　不同层次的分销渠道

物流分销渠道可以按照不同的标准分类。具体分类如表 6—6 所示。

表 6—6　物流分销渠道的分类

划分依据	类型	特点
是否有中间商参与	直接渠道	无中间商
	间接渠道	有中间商
中间环节多寡	长渠道	中间环节多
	短渠道	中间环节少
渠道层次中中间商数目的多少	宽渠道	同时选择两个以上的同类中间商
	窄渠道	只选择一个中间商

分销渠道各成员之间互相联系的方式形成的体系被称为分销渠道系统。目前，物流企业的分销渠道系统有直接渠道系统、垂直营销系统、水平营销系统、多渠道营销系统。1）直接渠道系统即物流直接与客户沟通、交流、推销，存在上门推销、网络营销、数据库营销、广告营销、电话直销、电视直销、邮购直销、会议直销等典型形式。2）垂直营销系统由物流企业者、批发商和零售商所组成的一种统一的联合体，其中某个渠道成员拥有其他成员的产权，或者是一种特约代营关系，或者这个渠道成员拥有相当的实力使其他成员愿意合作。垂直营销系统可以由生产商、批发商或零售商支配，各渠道成员通过规模经济、讨价还价的能力和减少重复服务获得效益。垂直营销系统的细分如表 6—7 所示。3）水平营销系统即由两家或两家以上的物流公司联合，利用各自的资金技术、网点、运力、线路、品牌等优势共同开发和利用物流市场机会，通常在资金、专业技术等不足或风险过高时合作。4）为解决单一分销渠道不能覆盖整个市场需求的问题，多渠道营销系统对同一或不同的细分市场采用多条渠道的分销体系以有效占领市场。多渠道营销系统有两种具体形式：一种是物流企业通过两条以上的竞争性分销渠道销售同一种物流服务，另一种是物流企业通过多条分销渠道销售不同的物流服务。

表 6—7　　垂直营销系统的细分

系统结构名称	定义	典型形式
公司式垂直营销系统	一家公司拥有和统一管理若干层次、成系列的分支、分销机构	总公司—分公司（子公司）
管理式垂直营销系统	由某一规模大、实力强的物流企业，把不在同一所有权下的物流企业和分销企业联合起来	快递行业的加盟制连锁
契约式垂直营销系统	不同的物流企业和营销机构在合约的基础上进行的联合	合同制下的供应链一体化、多式联运

分销渠道关系到物流企业在什么地点、什么时间、由什么组织向消费者提供物流服务。物流企业应设计经济、合理的分销渠道，把服务提供给目标市场，并加强对分销渠道的管理，在必要时及时调整分销渠道。

（一） 物流服务分销渠道的设计

每一个物流企业都需要设计自己的分销渠道去销售自己的物流服务。分销渠道设计是物流企业为实现分销目标，对各种备选渠道结构进行评估和选择，从而开发新的营销渠道或改进现有渠道的过程。

分销渠道的设计流程如图 6—43 所示。

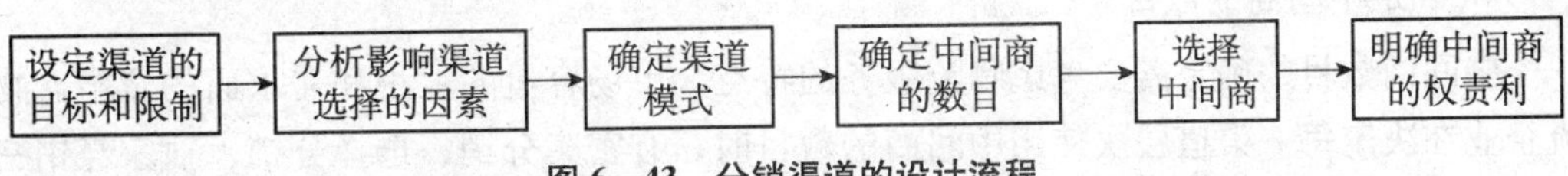

图 6—43　分销渠道的设计流程

1. 设定渠道的目标和限制

渠道目标主要有两个层次。一是基本目标，即选择中间商、建立分销渠道要达到什么样的分销效果。好的分销效果一般得益于渠道的销量大、成本低、信誉佳、覆盖率高、冲突低、合作好、物流企业对渠道的控制强。二是手段目标，即要建立什么样的分销渠道，这一渠道在实现基本目标的过程中能够发挥什么作用。

渠道限制即选择渠道时必须考虑的限制条件，如不与竞争对手共用渠道、渠道不超过某个区域范围等。

2. 分析影响渠道选择的因素

影响渠道选择的因素如表 6—8 所示。

表 6—8　　　　影响渠道选择的因素

因素	细分因素	对应的渠道决策
物流对象	物品的大小和重量	物品大、重的渠道短
	物品的数量	数量少的渠道短
	物品的保鲜期和易损性	保鲜期短、易损坏的渠道短
	物品的价值	价值高的渠道短
物流服务	标准化程度	标准化程度高的渠道长
	技术复杂性	技术复杂的渠道短
	运作过程要求高低	运作过程要求高的渠道短
	服务的频率	服务频率高的渠道短
	所处生命周期的阶段	投入期和成长期应采用直接渠道，衰退期应压缩分销渠道
市场	目标市场的分布	目标市场规模大且集中的采用直接渠道
	目标客户的习惯	根据客户习惯决定渠道
	销售的季节性	旺季采用间接渠道，淡季采用直接渠道
	竞争者的渠道选择	避免与竞争者使用同样的渠道
企业资源	经营实力	实力强的可选择直接渠道或间接渠道，实力弱的靠中间商开拓市场
	对渠道控制的强烈程度	希望控制渠道的采用直接渠道
	营销能力和促销策略	营销能力强、促销策略好的采用直接渠道
宏观环境	政治、经济、科技、社会、自然资源环境	根据具体情况决定渠道

3. 确定渠道模式

确定渠道模式的主要内容包括：是否采用中间商、决定分销渠道的长短和宽窄、决定采用固定渠道还是流动渠道。

4. 确定中间商的数目

中间商数目的确定需要考虑物流服务的特点、市场容量的大小和需求面的宽窄。物流企业在决定每一渠道层次使用中间商的数目时，有密集分销、选择分销、独家经销三种可供选择的分销渠道策略。

1）密集分销即物流企业对经销商不加任何选择，经销网点越多越好，力求使物流服务能广泛地和消费者接触，方便消费者购买，适用于价格低廉、无差异性的物流服务或普遍使用的小而标准的物流服务的销售。

2）选择分销即物流企业在特定的市场里，选择几家批发商或零售商销售特定的物流服务，如采取特约经销或代销的形式把经销关系固定下来。选择分销适用于一些选择性较强、专用性较强、技术服务要求较高的物流服务，如化工物流。

3）独家经销即物流企业在特定的市场区域内，仅选择一家批发商或代理商经销特定的物流服务。这种策略一般适用于新物流服务、名牌服务以及有某种特殊性能和用途的物流服务。

5. 选择中间商

选择中间商需要在评估中间商的基础上进行。评估中间商主要考虑的因素包括中间商的市场范围和特长、实力和信誉、经营时间的长短及其成长记录、营销能力和管理水平、对物流服务的熟悉程度和合适程度、地理位置、服务水平、运输和储存条件、预期合作程度、接受控制的意愿、要价等。当中间商是销售代理商时，还需评估其经销的其他物流服务大类的数量与性质、推销人员的素质与数量。

6. 明确中间商的权责利

选择中间商、建立了合作关系后，需要明确物流企业与中间商彼此的责权利，主要包括价格政策（物流企业应给出价目表和折扣明细表）、销售条件（主要的付款条件）、区域权利（中间商在多大的范围内能够特许、独家代理）以及广告宣传、人员培训、信息沟通、责任划分等方面的权责。

（二） 物流服务分销渠道的管理

物流企业建立物流服务分销渠道后的重点是通过分销渠道管理，实现分销的基本目标。分销渠道管理的内容包括加强信息交流、解决渠道冲突、激励渠道成员、评估渠道成员以及进行渠道调整。

1. 加强信息交流

物流企业应加强与中间商的沟通，定期联系、拜访中间商。通过持续的信息沟通，实现：加深私人之间、企业之间的感情；增加对市场信息的了解；促进中间商对物流企业营销政策、服务内容、企业文化的理解，减少分歧；加强对中间商业务的指导，及时提供各种支持性服务；加强对中间商的控制，增加中间商进入其他物流企业分销体系的难度。

2. 解决渠道冲突

分销渠道中渠道成员之间利益的暂时性矛盾称为冲突。渠道冲突主要有垂直渠道冲突和水平渠道冲突两种。

（1）垂直渠道冲突。

垂直渠道冲突又称纵向冲突，是指同一营销系统内不同渠道层次的各企业之间的利益冲突。它表现为中间商因同时销售了竞争者的同类物流服务而引发的冲突。由于物流企业的服务是无形的，物流企业的代理商可能同时代理几家同类物流企业的服务，由此而引发的冲突是客观存在的。对于这类冲突，物流企业应强化系统内的职能管理，增加渠道成员间的信任，加强信息的传递和反馈。

（2）水平渠道冲突。

水平渠道冲突又称横向冲突，是指同一营销系统内同一层次的各代理企业之间的冲突。如果同一层次上选择众多中间商分销，则可能造成中间商之间相互抢生意的情况。对这种冲突，物流企业一般通过各种条令、规则来消除。

3. 激励渠道成员

促使中间商进入渠道的因素和条件已构成一部分激励的因素，但还需不断地激励——监督、指导与鼓励。激励方式一般可采用奖励、惩罚和分享部分管理权等方式。要注意尽量避免激励过度和激励不足这两种情况。当物流企业给予中间商的优惠条件超过它所取得业绩与努力水平所需条件时，就会出现激励过度的情况；当企业给予中间商的条件过于苛刻，以至于不能激发中间商的努力时，则会出现激励不足的情况。激励不足时，可以采取提高中间商可得的毛利率、放宽信用条件等措施，使之更有利于中间商。

4. 评估渠道成员

评估渠道成员是指物流企业定期按一定标准衡量渠道成员的表现，从渠道经济效益、对渠道的控制力等方面进行评估。评价内容有销售配额完成情况、平均存货水平、向客户交货的时间、对损坏和遗失物品的处理以及与本企业的合作情况等。

5. 进行渠道调整

当市场发生变化或中间商评估出现重大问题时，必须对整个渠道系统或部分渠道成员加以调整。物流企业分销渠道的调整可从以下三方面进行：

（1）调整个别渠道成员。

如剔除经营不善、效率低下的中间商，或者根据业务发展的需要增加合适的中间商。

（2）调整某一分销渠道。

如当发现某种物流服务的分销渠道不理想时，可以考虑在整个市场上或在某个区域市场上撤销分销渠道；或者为了将新开发的物流服务项目打入市场，开辟新的分销渠道。

（3）调整整个分销渠道。

调整整个分销渠道往往在物流市场发生某种重大变革时才会出现。这种决策不仅会改变渠道系统，还将迫使物流企业改变其市场营销组合和市场营销政策。如以直接分销渠道取代原来的间接分销渠道。

四、物流服务促销策略

引导案例

一组物流广告欣赏

图 6—44 至图 6—49 分别为 DHL、EMS、FedEx、UPS、TNT、宅急送的广告。

图 6—44　DHL 的书刊翻页广告

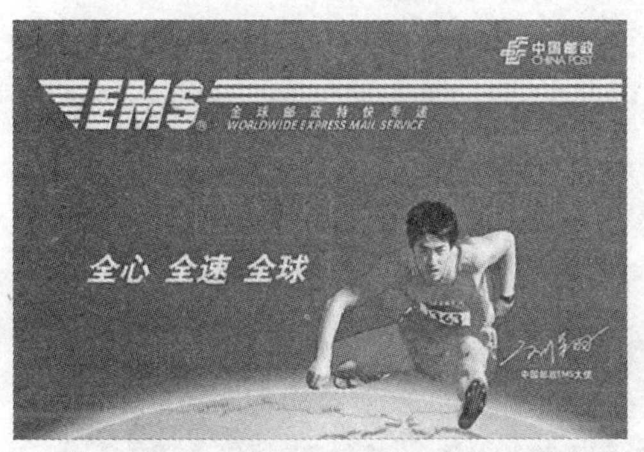

图 6—45　EMS 的广告

图 6—46　FedEx 的广告

图 6—47　UPS 的广告

图 6—48　TNT 的车身广告

图 6—49　宅急送的广告

引导问题

1. 每个广告的诉求是什么？传达了哪些信息？
2. 这些广告使用了什么媒体？
3. 这些广告在载体、内容表达上有哪些创新？
4. 除了广告，你还知道哪些促销方式？

物流服务促销策略是指物流企业如何通过人员推销、广告促销、营业推广和公共关系促销等各种促销方式，向消费者或用户传递物流服务信息，引起他们的注意和兴趣，激发他们的购买欲望和购买行为，以达到扩大销售的目的。按照物流服务信息传递的载体是否为人力，物流服务促销可以分为人员促销和非人员促销两类，非人员促销又包括广告促销、公共关系促销和营业推广三种。

物流服务促销能够起到传递信息、刺激需求、突出服务特色、树立企业形象、增强消费偏好、扩大销量等作用。

物流企业促销的目标如表 6—9 所示。

表 6—9　　物流企业促销的目标

目标层次	细分目标	目标内容
基本目标		建立客户对物流服务及物流企业的认知和兴趣；使服务内容和物流企业本身与竞争者产生差异；沟通并描述所提供物流服务的种种利益，说服客户购买或使用该项物流服务；建立并维护物流企业的整体形象和信誉。
具体目标	客户目标	增进对新的物流服务和现有物流服务的认知；鼓励试用物流服务；鼓励非用户参加服务展示或试用现有服务；说服现有客户继续购买物流服务而不中止使用或转向竞争者，增加客户购买物流服务的频率；促成与客户发展战略伙伴关系；加强物流服务的区别利益；加强物流服务广告的效果，吸引客户的注意；获得关于物流服务价格、技术发展趋势等市场研究信息。
	中间商目标	说服中间商销售新服务；说服现有中间商努力销售更多服务；防止中间商在销售场所与客户谈判价格。
	竞争目标	对一个或多个竞争者发起攻势或进行防御。

（一）人员推销

人员推销是指物流企业派出推销人员直接与顾客接触、洽谈、宣传商品，以达到促进销售目的的活动过程。人员促销既是一种渠道方式，也是一种促销方式。

人员推销的任务是寻找顾客，传递信息，推销自己、物流企业和物流服务，收集信息和提供服务。人员推销具有沟通的双向性、促销方式的灵活性、沟通对象的选择性和针对性、沟通过程的情感性、推销人员角色的双重性（既是推销人员，也是市场调查员）、服务过程的完整性（推销人员的工作从寻找顾客开始，到接触、洽谈、达成交易、参与并监督服务过程、了解顾客使用后的反应等）。

1. 人员推销的流程

人员推销的流程如图 6—50 所示。

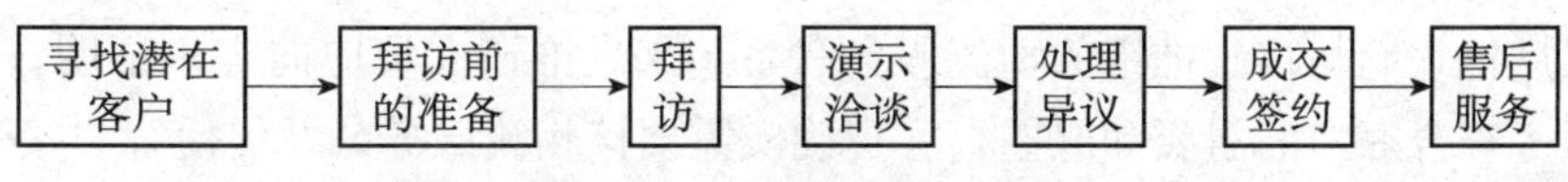

图 6—50　人员推销的流程

1）寻找潜在客户即寻找对物流服务有需求或购买欲望的个人、企业或团体。寻找的方法包括调查访问、电话或电子邮件征询消费意愿、上专业网站查找、查看黄页、寻求社区帮助、获得政府部门或行业协会统计资料、举行服务推介会、参加专业展会或会议、举行免费新服务或新技术售前培训班、举行技术研讨会等。

2）拜访前的准备主要包括五方面：准备自己（包括外表、服饰、举止、表情、心态等），准备服务（熟悉自己推销的物流服务，准备详细的文字、图片、视频资料），准备企业（要熟悉企业的历史、文化、服务、特色等），准备市场（要熟悉物流市场、市场细分、竞争对手、市场容量、客户的地理分布、需求特点、市场的短期发展趋势），准备客户（了解客户的背景、特长、需要、购买动机、实力与信用等）。

3）拜访客户包括拟订访问计划（拜访谁、为什么拜访、拜访时推销什么、在什么时间拜访、在什么地点拜访、用什么方式拜访等）、约见客户、接近客户、演示洽谈、处理异议。

4）成交签约。推销活动的目的就是促成交易，签署协议。推销人员应在推销过程中，抓住客户通过表情、体态、语言及行为等表现出的各种成交意向，促成交易。

5）售后服务。签约并不意味交易的结束，推销人员应善始善终，跟踪服务，保证服务质量，及时解决服务问题，促使客户的重复购买。

2. 人员推销的模式

推销模式是指根据推销活动的特点及对客户购买活动各阶段的心理演变应采取的策略，归纳出一套程序化的标准推销方式。推销模式使推销有了可以依据的理论、步骤与法则，促进了推销效率的提高。应用最广泛的五种推销模式是爱达（AIDA）模式、迪伯达（DIPADA）模式、埃德帕（IDEPA）模式、费比（FABE）模式、吉姆（GEM）模式。

（1）爱达模式。

推销专家海因兹·姆·戈德曼总结的AIDA（译为“爱达”，A是指attention，即引起注意；I是指interest，即诱发兴趣；D是指desire，即刺激欲望；最后一个字母A是指action，即促成购买）是指一个成功的推销人员必须把客户的注意力吸引或转变到物流服务上，使客户对推销人员所推销的物流服务产生兴趣，这样客户需求也就随之产生，而后再促使客户采取购买行为，最后达成交易。爱达模式比较适用于门店、现场的推销，如柜台推销、展销会推销，也适用于新推销人员以及首次接触客户的推销。

（2）迪伯达模式。

推销专家海因兹·姆·戈德曼根据自身的推销经验总结出DIPADA（译为“迪伯达”，D是指definition，即定义；I是指identification，即识别；P是指proof，即证实；A是指acceptance，即接受；D是指desire，即欲望；A是指action，即行动）六步推销方法。迪伯达推销模式认为，在推销过程中，推销人员必须先准确地发现客户的需要和愿望，然后把它们与自己推销的物流服务联系起来。推销人员应向客户证明，他所推销的物流服务符合客户的需要和愿望，客户确实需要该物流服务，并促使客户接受。

（3）埃德帕模式。

埃德帕模式是迪伯达模式的简化形式，它适用于有明确购买愿望和购买目标的客户。“埃德帕”是五个英文字母“IDEPA”的音译。这五个英文字母分别为五个英文单词的第一个字母。I是指identification，即识别客户的需求并将之与推销品结合起来；D是指demonstration，即向客户示范产品；E是指elimination，即淘汰不合适的产品；P是指proof，即证实客户的选择正确；A是指acceptance，即促使客户接受物流服务。这一模式比较适合于零售推销。

（4）费比模式。

“费比”是“FABE”的音译，FABE则是英文单词feature（特征）、advantage（优点）、benefit（利益）、evidence（证据）的第一个字母。其步骤为把物流服务的特征（feature）详细介绍给客户，充分分析物流服务的优点（advantage），尽数物流服务给客户带来的利益（benefit），以证据（evidence）说服客户购买。

（5）吉姆模式。

“吉姆”是“GEM”的音译，吉姆模式旨在帮助培养推销人员的自信心，提高其说服能力。其关键在于“相信”，即推销人员一定要相信自己所推销的物流服务（goods）、相信自己所代表的公司（enterprise）、相信自己（man）。实现推销成交是推销品、企业、推销人员三个因素综合作用的结果。

3. 人员推销的策略

人员推销的策略主要有试探性策略、针对性策略、诱导性策略。

（1）试探性策略。

试探性策略又称刺激—反应策略。在不了解客户需求的情况下，事先准备好几套话题，进行“渗透性”交谈和试探。在试探“刺激”的过程中，密切注意客户的反应，然后根据反应进行说服、宣传，以激发客户的购买行为。

（2）针对性策略。

针对性策略又称配合—成交策略。在事先已基本了解客户的基本需求或可能需求的情况下，推销人员有针对性地进行说服式交谈，投其所好，不断讲到点子上以引起客户共鸣、激发客户的兴趣和购买欲望，促成交易。

（3）诱导性策略。

诱导性策略又称诱发—满足策略。通过交谈看客户对什么感兴趣，然后诱导他对所感兴趣的物流服务产生购买动机；接着因势利导，不失时机地介绍本企业经销的物流服务如何能满足这些需求，使其产生购买行为。这是一种创造性的推销，要求推销人员有较高的推销艺术，使客户感到推销人员是他的“参谋”，在不知不觉中成交。

4. 人员推销的技巧

（1）找好上门对象。

可以通过商业性资料手册或公共广告媒体寻找重要线索，也可以到商场、门市部等商业网点寻找客户名称、地址、电话、产品和商标。

（2）掌握“开门”的方法。

选好上门时间，以免吃“闭门羹”，可以采用电话、传真、电子邮件等手段事先交谈或传送文字资料给对方并预约面谈的时间、地点。也可以采用请熟人引见、名片开道、与对方有关人员交朋友等策略，赢得客户的欢迎。

（3）能够直接叫出客户的名字。

世界上最美妙的声音是听到自己的名字从别人的口中说出来。如果与客户初次见面时，就把对方的姓名、家庭情况、爱好等牢记在心，下次见面时，不论相隔半年或一载，都能直呼其名，还会问问对方家里人的情况以及爱好的发展、孩子的培养、家庭园艺等问题，会使对方感到亲切、融洽，有助于消除双方的隔阂和距离。得到客户的青睐，销售业绩自然会节节攀升。

（4）学会推销的谈话艺术。

在开始洽谈时，推销人员应巧妙地把谈话转入正题，做到自然、轻松、适时。可采取以关心、赞誉、请教、炫耀、探讨等方式入题，顺利地提出洽谈的内容，以引起客户的注意和兴趣。在洽谈过程中，推销人员应谦虚谨言，注意让客户多说话，认真倾听，表示关注与兴趣，并作出积极的反应。在交谈中，语言要客观、全面，既要说明优点所在，也要如实反映缺点，切忌高谈阔论、“王婆卖瓜”，让客户反感或不信任。

（5）掌握排除推销障碍的技巧。

遇到障碍时，要细心分析，耐心说服，争取排除疑虑、推销成功。一要善于排除客户异议障碍。若发现客户欲言又止，己方应主动少说话，直截了当地请对方充分发表意见，以自由问答的方式真诚地与客户交换意见。对于一时难以纠正的偏见，可将话题转移。对恶意的反对意见，可以“装聋作哑”。二要善于排除价格障碍。当客户认为价格偏高时，应充分介绍和展示物流服务的特色和价值，使客户感到“一分钱一分货”；对低价的看法，应介绍定价低的原因，让客户感到物美价廉。三要善于排除习惯势力障碍。实事求是地介绍客户不熟悉的物流服务，并将其与他们已熟悉的物流服务相比较，让客户乐于接受新的消费观念。

（6）把握适当的成交时机。

应善于体察客户的情绪，在给客户留下好感和与其建立信任时，抓住时机发起“进攻”，争取签约成交。

（7）洽谈成功后不要匆忙离去。

这样做，会让客户误以为上当受骗了，从而反悔违约。应该用友好的态度和巧妙的方法祝贺客户做了笔好生意，并提示对方合约中的重要细节和其他一些注意事项。

（二）广告促销

【案例 6—2】 DHL 的电视广告

一只鸟快递了一个箱子到某户人家，户主打开箱子，里面竟然是只活生生的狗，这场景吓得户主的猫飞奔而去。

广告用意：DHL 的母公司德国邮政给客户留下了只送信件的刻板印象。DHL 希望通过这个广告告诉消费者：DHL 连动物都可以送，消费者应该改变德国邮政只送信件的老印象。

【案例 6—3】　FedEx 的电视广告

FedEx 把一个在各行业都很棒的漂亮女孩招来做 FedEx 的收检员。

广告用意：FedEx 用最美的、最优秀的人做要求最严格的收检员，说明 FedEx 旨在追求服务至上。

【案例 6—4】　UPS 的电视广告

一些商务人士，或者行色匆匆地踏出电梯口，或者神情悠然坐在办公桌前，刚想要的东西总是神话般地如期而至，所有的场景背后都有一个时钟，原来早有人为他们算准了时间同步递送东西。

广告用意：UPS 在宣传自己最新的口号和快递理念——“实现同步化商业”。

物流广告是由物流企业支付费用，通过电视、广播、报纸、杂志、直接信函、交通工具、张贴画、网络、立柱等媒体向公众传达物流服务的存在、特征和购买者所能得到的利益、物流消费观念等信息，以增加客户的了解和信任，引起客户的注意和兴趣，进而促进销售的工具。广告按照目的可以分为告知性广告、说服性广告、提示性广告三类。物流广告是受众面最广、传播最快的信息传播媒介，被称为物流信息传播的使者、引导消费的先锋、促销的催化剂、物流企业的介绍信、物流服务的敲门砖、物流品牌宣传的桥头堡。在现代社会，广告已经成为物流企业促销必不可少的手段。

物流广告策略一般包括以下五个主要步骤，简称为 5M，如图 6—51 所示。

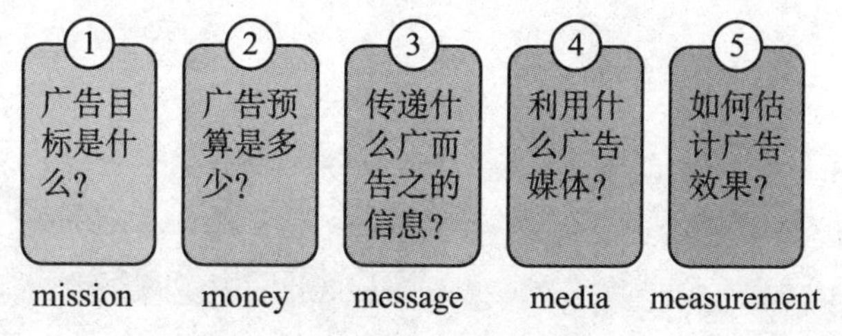

图 6—51　物流广告策略的步骤

1. 确定广告目标

广告目标是物流企业通过广告活动要达到的目的。物流广告一般有以下三种目标。

1）创造品牌目标。在新的物流企业成立、推出新服务项目、开拓新的市场时，广告目标就是创造品牌。这时，广告的主要作用是提高客户对物流服务的认知度，提高新服务的知名度、理解度和客户对品牌标志的记忆度。

2）保牌广告目标。当物流企业要保住原有的市场并深入开发时，广告目标就是保持品牌的影响力。通过连续广告的方式，加深对物流企业及其服务的认识、好感、偏好和信心，保持客户的忠诚度。

3）竞争广告目标。当物流企业要显示竞争优势时，广告目标就是竞争。广告要重点宣传物流服务的优异之处，使客户认知本企业物流服务能够给他们带来的好处，以增强偏好度，最终作出选择。

2. 确定广告预算

物流企业确定广告预算的方法主要有以下四种：

1）量力而行法。即根据物流企业本身的经济承受能力来选择合适的广告投入。

2）销售额百分比法。即从物流企业的销售额中提取一定的比例作为广告费。

3）竞争对比法。即参照竞争对手的广告投入来确定本企业的广告预算。

4）目标任务法。即按照每次广告要实现的目标进行预算。

3. 确定广告信息

要确定的广告信息主要有以下四个方面：

1）确定广告主题。广告主题要鲜明、具有很强的针对性。如宝供物流的一则广告主题：铁运旗舰宝供号——连接“珠、长三角洲”的黄金通道。

2）确定广告词。广告词要清晰精练、准确表达广告内容。如德邦物流精准卡航的广告词：精准卡航，限时到达。

3）确定图案。图案要清晰、醒目、有冲击力或有意境。可通过夸张、联想、象征、比喻、诙谐、幽默等手法对画面进行美化处理，使之符合人的审美需求。DHL 的一幅广告（见图 6—14），将同一基色的人、车、飞机、集装箱集中有序呈现，具有很强的视觉冲击力。

4）确定主色调和文字大小。整个广告要色彩明快、协调，字体要大小合适，该突出的要突出（见图 6—52）。

图 6—52 DHL 以黄色为基调的广告

4. 确定广告媒体

物流企业广告可以选择传统的四大媒体广告，即报纸、杂志、广播和电视，也可以选择互联网、户外广告、墙体广告、车身流动广告、横幅广告、招牌广告、张贴广告、传单广告等。选择媒体时可以考虑各种媒体的主要特点和广告内容、对象的匹配性（见表 6—10）。

表 6—10 常用媒体主要特点的比较

媒体种类	覆盖范围	反应速度	可信性	寿命	保存价值	信息容量	制作费用	吸引力
报纸	广	快	好	较短	较好	大而全	较低	一般
杂志	较窄	慢	好	长	好	大而全	较低	好
广播	广	快	较好	很短	差	较小	低	较差

续前表

媒体种类	覆盖范围	反应速度	可信性	寿命	保存价值	信息容量	制作费用	吸引力
电视	广	快	好	短	差	较小	很高	好
邮寄	很窄	较慢	较差	较长	较好	大而全	高	一般
户外	较窄	较快	较差	较长	较好	一般	低	较好
互联网	广	较快	较好	短	差	大而全	高	一般

小贴士

POP 广告

凡是在商业空间、购买场所、零售商店的周围、内部以及在商品陈设的地方所设置的广告物，都属于 POP 广告。利用 POP 广告强烈的色彩、美丽的图案、突出的造型、幽默的动作、准确而生动的广告语，物流企业可以营造强烈的销售气氛，吸引消费者的视线，激发其购买冲动。

POP 广告的种类繁多（见图 6—53），分类方法各异。如果从使用功能上分类，POP 广告大致可分为悬挂式、卡式、与商品结合式、大型台架式 POP 广告四类。

POP 广告的具体形式包括：

(1) 店面 POP：包括招牌、橱窗、标识物等。它常常以商品实物或象征物传达零售店的个性特色以及季节感等。

(2) 地面 POP：利用店内的有效视觉效应空间，设置商品陈列台、展示架、立体形象板、商品资料台等。大致与顾客视线水平，是吸引顾客注意力的焦点。

(3) 壁面 POP：利用墙壁、玻璃门窗、柜台等可应用的立面，粘贴商品海报、招贴传单等。以美化壁面、商品告知为主要功能，重视装饰效果和渲染气氛。

(4) 悬挂 POP：从天花板垂吊下来的展示，高度适中，如商品标志旗、服务承诺语、吉祥物、吊旗等。微风拂动，造成各种动感，从各个角度，都能直接吸引消费者的注意力。

(5) 货架 POP：利用商品货架的有效空隙，设置小巧的 POP，如价目卡、商品宣传册、精致传单、小吉祥物等。近距离阅读，“强制”消费者接收商品信息。

(6) 指示 POP：箭形标志是含有引发注意、指示方向、诱导等含义的视觉传达要素。如区隔商品销售域的指示牌，还有服务咨询台、导购图示、导购小姐等，以方便消费者购买为主要目的。

(7) 视听 POP：在店内视野较为开阔的领域放置电视录像或大型彩色屏幕，播放商品广告、店面形象广告、本店商品介绍等，或者利用店内广播系统传达商品信息，以动态画面和视听效果来吸引消费者的注意。

图 6—53 各种 POP 广告

5. 估计广告效果

广告的传播效果主要从两方面来体现：广告本身能给客户留下深刻的印象，增强客户的关注、了解、认知、喜爱，成功诱导客户去购买；广告推出后导致物流企业的销售量有所增长。前者可以通过测试评价法和试验评价法来评估，后者可以使用历史比较法和实验法来评估。评价的方式可以是预先调查、同期调查、事后调查。

小贴士

掌握消费者心理的广告基本规律——5I 规律

从杰出的创意出发（idea）构思广告→让广告给人以直接的刺激（immediate impact）→使消费者对广告内容感兴趣（interest），愿意阅读→向消费者提供充分的信息（information）→运用能激发消费者购买冲动（impulsion）的力量。

（三） 营业推广

营业推广是物流企业在特定的目标市场中，为吸引客户、迅速刺激物流购买需求、鼓励物流消费而采取的各种促销形式，适宜于短期推销（见图6—54)。营业推广在引起注意、激发兴趣、鼓励尝试、诱发欲望、改变购买习惯、刺激购买数量、刺激潜在客户、鼓励重复购买、增强经销商接受程度、引入新产品、宣传附赠品、防范竞争者、提高广告效果、巩固品牌形象等方面作用显著。

图6—54　天地华宇“定日达”的营业推广

营业推广的关键在于掌握基本步骤和主要方法。

1. 营业推广的基本步骤

营业推广的基本步骤如图6—55所示。

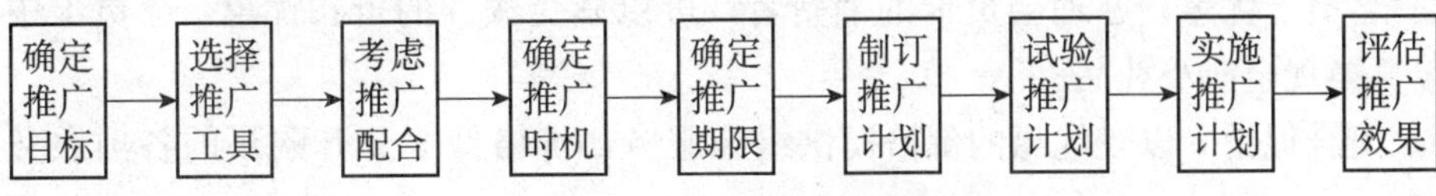

图6—55　营业推广的基本步骤

（1）确定推广目标。

营业推广目标的确定，就是要明确推广的对象是谁，要达到的目的是什么，以有针对性地制定具体的推广方案。如明确是以培育忠诚度为目的，还是以鼓励大批量购买为目的。

（2）选择推广工具。

营业推广的方式方法很多，物流企业一般要根据目标对象的接受习惯和产品特点以及目标市场状况等来综合分析和选择推广工具。选择合适的推广工具是取得营业推广效果的关键因素。

（3）考虑推广配合。

营业推广要与营销沟通的其他方式如广告、人员推销等整合起来，相互配合，共同使用，从而形成营销推广期间的更大声势，取得单项推广活动达不到的效果。

（4）确定推广时机。

营业推广市场时机的选择很重要，如季节性产品、节日、礼仪产品，必须在季前、节前做营业推广，否则就会错过时机。

（5）确定推广期限。

推广期限即营业推广活动持续时间的长短。推广期限要恰当，过长，会令消费者丧失新鲜感，产生不信任感；过短，会使一些消费者来不及接受营业推广的实惠。

（6）制订推广计划。

将上述考虑形成一个互相配合、总体协调的推广方案。

（7）试验推广计划。

在局部范围内试验，查看效果，并在必要时调整计划。

（8）实施推广计划。

按照推广计划进行推广，注意实施过程中的控制与管理。

（9）评估推广效果。

对照推广目标，评估推广的实际效果，总结推广的经验与教训。

2. 营业推广的主要方法

物流企业营业推广的目标主要有四类：针对消费者、针对中间商、针对推销人员和针对供应商。

（1）针对消费者的营业推广方式。

1）降价或增加服务但不加价。

2）赠送促销。向消费者赠送物流服务，如赠送一项增值服务。

3）折价券。在消费某种物流服务时，持券可以免付一定金额的钱。折价券可以通过广告或直邮的方式发送。

4）会员卡优惠。办理会员卡的消费者，可以享受额外的折扣优惠，会员卡中的积分可以兑换现金或小礼品。

5）组合促销。以较优惠的价格提供组合服务，价格低于分开购买的各项服务的价格之和。

6）抽奖促销。消费者在购买一定的物流服务之后可以获得抽奖券，凭券进行抽奖、获得奖品或奖金，抽奖可以采用各种形式。

7）现场演示。物流企业派促销员在销售现场演示本企业的物流服务，向消费者介绍服务的特点、用途和使用方法等。

8）联合推广。物流企业与零售商联合促销，将一些能显示企业优势和特征的物流服务宣传页、视频在卖场、展场集中陈列或播放，边展销边销售。

9）参与促销。消费者通过参与各种促销活动，如技能竞赛、知识比赛等活动，能获取企业的奖励。

10）会议促销。各类展销会、博览会、业务洽谈会期间的各种现场服务介绍、推广和销售活动。

小贴士

物流会员营销

物流会员营销是指把经过首次消费的客户通过会员制管理，挖掘其后续消费力及终身消费价值，并通过客户转介绍等方式，将一个客户的价值实现最大化。

（2）针对中间商的营业推广方式。

1）货币奖励。物流企业对实现一定销量的中间商提供货币奖励或折扣优惠。

2）批发回扣。物流企业为争取批发商或零售商多推销自己的服务，在某一时期内给经销本企业服务的批发商或零售商加大回扣比例。

3）推广津贴。物流企业为促使中间商推销企业服务并帮助企业推销服务，可以支付给中间商一定的推广津贴。

4）销售竞赛。根据各中间商销售本企业物流服务的实绩，物流企业分别给优胜者以不同的奖励，如现金奖、实物奖、免费旅游、度假奖等，以起到激励的作用。

5）扶持零售商。物流企业对分销商的装潢予以资助，提供 POP 广告、服务目录、视频广告、网站登录便利、派遣企业人员指导新营业点、适当承担新营业点或新服务推广广告的成本等，以强化零售网络，增加销售额。

（3）针对推销人员的营业推广方式。

为鼓励物流企业内部推销人员热情推销物流服务，或促使他们积极开拓新市场，一般可采用销售竞赛、免费提供销售技能培训或技术指导、销售提成、特别推销津贴等方法。

（4）针对供应商的营业推广方式。

为鼓励供应商准时供货，物流企业一般可采取租赁促销、类别客户折扣促销、订货会、服务促销等方式。

（四）公共关系促销

公共关系促销是指物流企业通过改善与社会公众的关系，促进公众对企业的认识、理解、信任及支持，树立良好形象，创造良好的社会环境，而采取的一系列措施和行为，以促进物流服务的销售。公共关系包含组织、传播和公众三要素，三要素间的关系如图 6—56 所示。

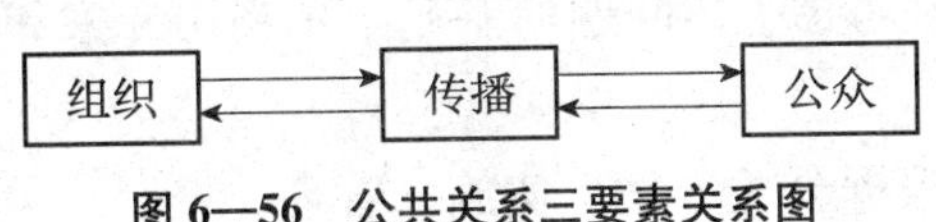

图 6—56　公共关系三要素关系图

公共关系促销具有情感性（追求“人和”的感情沟通）、双向性（双向沟通）、广泛性（无处不在，无时不在，可能涉及任何个人、群体和组织）、整体性（促进公众全面地了解企业、产生整体性的认识）、长期性（任务、工作、效应都是长期的）、间接性（间接促进销售）。

公共关系的作用表现在四方面：能够搜集信息，为企业决策提供参考；能够协调纠纷，化解企业信任危机；能够传播沟通，树立企业形象信誉；能够促进销售，创造良好的经济效益。

公共关系促销的关键在于掌握公共关系促销的基本步骤和公共关系促销的工具。

1. 公共关系促销的基本步骤

公共关系促销的基本步骤如图 6—57 所示。

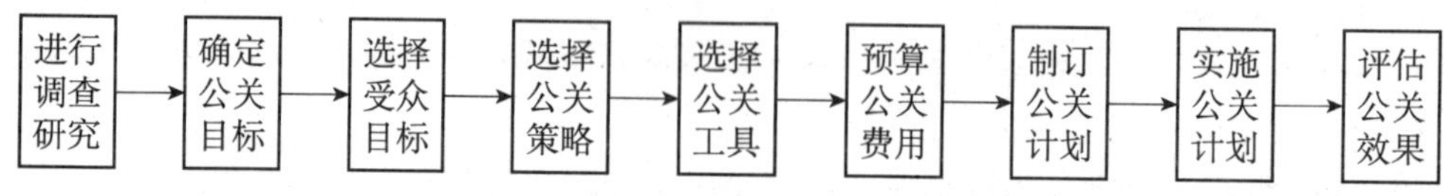

图 6—57　公共关系促销的基本步骤

1）进行调查研究。通过调查物流企业可以了解有什么样的阻力在阻挡企业发展目标的实现，了解是什么人购买、使用企业的服务，了解这些人在购买或使用服务时会有什么样的疑问等问题，未来存在什么样的发展趋势。把通过调查得到的信息进行总结和归类。

2）确定公关目标。公关目标大致包括建立知名度、增进信誉、激励销售队伍和经销商、降低成本等。这是公关人员公关的努力方向，也是形象定位的过程，是公关关系活动的核心。

3）选择受众目标。结合调查中发现的问题和公关目标，分析问题来自哪些群体，这些群体就是最需要公关的对象。物流企业需要研究这一群体，针对这些群体开展公关活动。

4）选择公关策略。物流企业的公关策略分为三个层次：公共关系宣传，即通过各种传播手段向社会公众进行宣传，以扩大影响、提高企业的知名度；公共关系活动，即通过举办各种类型的公关专题活动来赢得公众的好感，提高企业的美誉度；公共关系意识，即企业员工在日常的生产经营活动中应具有树立和维护企业整体形象的思想意识。

5）选择公关工具。公关工具可以是参与或组织社区活动、举办新闻发布会、散发传单、制作并播放宣传片，也可以是举办重大学术会议、邀请名人演讲、邀请明星演出等。

6）预算公关费用。根据公关的范围、人数、方式、时间大致预测所需要的公关费用。

7）制订公关计划。在考虑上述问题的基础上，利用专家和集体的智慧拟订一份可以执行的公关方案。

8）实施公关计划。根据公关方案，实施、管理、控制公关计划，以确保公关活动顺利实施。

9）评价公关效果。利用民意测验法、专家评估法、访问面谈法、观察法、资料分析法等方法评价公关效果。效果主要体现在三个方面：增加曝光率，增进知名度、理解度、美誉度，增加销售额和利润贡献。

2. 公共关系促销的工具

公共关系促销的工具主要包括：

（1）出版物。

物流企业可以广泛地依靠传播性出版物对目标市场进行宣传和影响。这些出版物包括年度报告、宣传手册、卡片、文章、音像制品、企业简报和企业杂志等。宣传手册在告知目标客户某一服务的独特作用等方面扮演着重要的角色。由物流企业经营管理人员经过缜密思考所写的文章能引起客户对本企业及其服务的注意。企业简报和杂志能有助于树立企业形象并向目标市场传递重要信息。各种音像制品，如有声幻灯片、录像带、录音带、光盘等，作为促销工具被用得越来越多。音像制品的成本通常比印刷材料的成本高，但其影响力也更大。

（2）活动。

物流企业可以通过举行特别的活动来吸引客户对新的服务及本企业其他活动的注意。活动包括与地方政府建立良好关系的活动、与新闻界沟通的活动（包括新闻发布会、新闻媒介宣传、创造新闻事件）、公共关系广告、专题公关活动、公益活动、参加或组织与物流有关的各种会议（如物流年会、物流展览会、交流会、研讨会等）、发布宣传材料（如企业简报、内刊、项目宣传单等）、内部公关、网上公关（如电子邮件、互联网、网上论坛等）、游说、咨询、户外活动、比赛和竞赛、年庆、体育运动及向目标群体宣传的文体赞助行动。赞助一次体育活动，赞助商将有机会邀请和招待供应商、记者、分销商、客户，使企业的名字和服务受到多方的关注。

（3）新闻。

发现和制造对物流企业、物流服务有利的新闻是公关人员的一个主要任务。公关人员的技能不仅仅是准备新闻报道，他还需要具有使媒体采纳新闻稿件、在出席记者招待会时发挥市场营销作用和处理人际关系的技巧，满足新闻媒体对新闻作品内容有趣、及时、文笔出色、引人注目的要求。

（4）公共服务活动。

物流企业可以通过向慈善事业捐献和提供公益服务来提高自身的社会声誉。

（5）标志性标识。

在一个存在过度宣传的社会里，物流企业必须为赢得公众的注意而竞争，创造一种使公众一下子就能认出的视觉标识。这种视觉标识存在于企业的商标、文具、宣传手册、招牌、业务表格、名片、建筑物、制服、饰物及各种车辆上。

（五）物流服务促销组合

物流企业在制定物流服务促销策略时，往往会将人员推销、广告促销、营业推广和公共关系促销四种基本促销方式合理选择、互相配合、有机协调，最大限度地发挥整体效果，这就形成了促销组合。

在促销组合中因促销方式的选择和侧重点的不同，可以有三种不同的组合策略。

1. 推式策略

推式策略是物流企业以人员推销为主要手段，首先争取与中间商合作，利用中间商的力量把物流服务推向市场和消费者。这种策略较适用于传统的物流服务项目，如运输服务、配送服务。这类推销策略风险小、推销周期短、资金回收较快。物流企业采用推式策略，常用的方法主要有人员推销、营业推广，具体方式有示范推销法、走访销售法、巡回销售法、网点销售法、服务推销法等。推式策略的运作程序如图 6—58 所示。

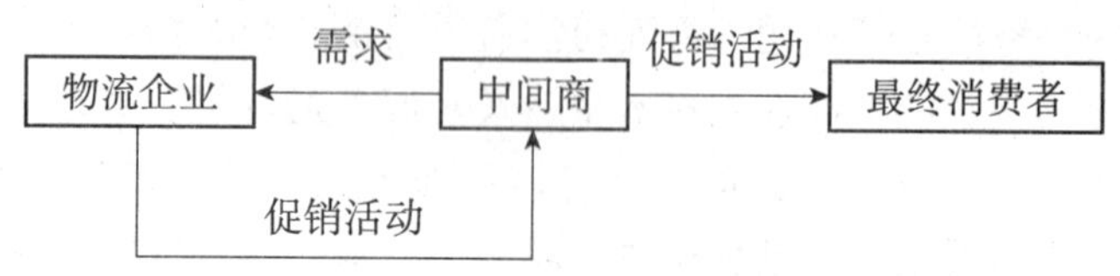

图 6—58 推式策略的运作程序

例如，某公司是全球快递及物流服务商，旗下拥有超过 138 500 名雇员，服务网络覆盖 200 多个国家和地区。该公司进入我国，致力于在物流和快件等方面提供一应俱全的产品和服务。目前，该物流公司的服务已覆盖了我国 200 多座城市、网点超过 2 000 个，主要是通过特许加盟进行扩张。该公司还专门针对加盟商提供相关的培训活动，如总部或各站点的培训、启动培训（包括营运、销售、客户服务、计算机系统、财务管理等）、日常营运过程中持续的指导与再培训等。

2. 拉式策略

拉式策略是物流企业先把物流服务信息通过广告等直接介绍给目标市场客户，使客户产生强烈的购买欲望，形成急切的市场需求，然后“拉引”中间商纷纷要求经销本企业的物流服务。这类策略较适用于新的物流服务的推广。其具体运作程序如图 6—59 所示。物流企业采用拉式策略，常用的主要方式有价格促销、广告、试销等。

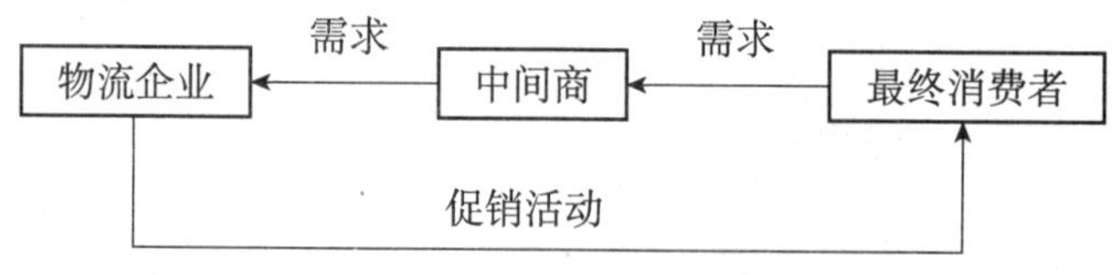

图 6—59 拉式策略的运作程序

3. 推拉结合式策略

物流企业也可以把上述两类策略结合起来运用，在向中间商进行促销的同时，通过广告等刺激市场需求，利用双向促销把物流服务推向市场，这样比单一的推式策略或拉式策略更为有效。

不同的物流服务促销策略适用于不同的及处于不同发展阶段的物流企业，每种策略都各有特点，适用于不同的对象。因此，物流企业在制定、选择物流服务促销策略时，应综合考虑物流服务的特点、物流服务的生命周期、市场状态、费用、资源、渠道、竞争等因素。

【操作训练】

按照图6—1所示的作业流程，完成如"天地华宇的'定日达'营销策略组合"的项目作业成果。该报告印刷精美，主要内容包括封面、摘要、目录、正文、参考文献、附录、致谢。正文的主要内容如下。

天地华宇的"定日达"营销策略组合（正文部分）

"定日达"是天地华宇面向企业客户提供的高端公路快运服务，它以"准时、安全、服务"作为核心价值，并以高度的时效性和安全性成为中国公路运输的领先品牌。天地华宇于2009年年初推出"定日达"产品。"定日达"代表了准时、安全、品质服务以及高性价比的公路快运产品。"定日达"完美地迎合了高端货运市场的这种特殊需求，同时大大提升了国内公路货运业的服务水平。

为了让更多的客户接受"定日达"，天地华宇设计了"定日达"营销策略组合并推广实施。

"定日达"营销策略组合的目标是：到2010年年底，将"定日达"拓展至国内30个主要城市，建成至少300条"定日达"线路，覆盖800个左右的运营网点，辐射环渤海湾、长三角、珠三角以及中西部经济活跃地区。

"定日达"营销策略组合主要包括：

1. 产品策略

"价格低于航空货运、速度快于公路货运"是天地华宇为"定日达"设计的市场定位。譬如，将货物从广州送到上海原来需要4天的时间，现在仅需2天，虽然比航空货运慢一些，但运费仅是航空货运的三分之一。"定日达"产品具有三大核心价值：准时——"定日达"的每辆运输车辆上都安装了GPS全球定位系统，实现车辆在运输过程中全程追踪、实时监控，并通过严格控制发车时间、车辆在途时间，以确保货物准点到达；安全——"定日达"采用国际领先的笼箱运输模式，定制的金属笼箱，双锁运作，箱车从发车至到达全程封闭，以确保货物安全抵达；服务——"定日达"通过专业的客服团队及全国统一的免费400客服电话，为客户提供一对一的贴心服务，还免费为发货方提供到货通知，使客户可以在第一时间获取到货信息。

(1) 细分策略："定日达"确保高速度运输下的稳定，所以目标客户是大客户、高端客户。企业客户成为天地华宇的主攻对象。

(2) 宣传策略：正确宣传"定日达"。提高了速度仅仅是"定日达"的表象，"定日达"主要是传递确保高速度运输下的稳定。

(3) 品牌策略：通过"定日达"塑造品牌。"定日达"产品的推出，不仅是对天地华宇现有产品体系的丰富，更重要的是该产品凝结了天地华宇对客户的承诺。通过"定日达"，天地华宇要传达的信息是：天地华宇不是做运输的，也不是做仓储的，是传递承诺的，是为客户传递他对他的客户的承诺的。“定日达”产品成为天地华宇塑造品牌和形象的传播工具。除速度快、费用稍贵外，由于中转次数少，因此货损也维持在一个较低的水平。如此一来，企业客户（货主）对他们的客户（经销商、零售商、终端消费者）所许下的准时、快速、安全等承诺，就通过“定日达”服务传播了过去。

（4）文化策略：加快对基于亲情、血缘、关系的旧华宇文化改造，促进人员、管理的整合，倡导“企业持续地尊重员工，员工持续地为客户服务”的企业文化。天地华宇严格按照实际工资为所有员工统一缴纳了“五险一金”，高度重视员工安全问题，并通过三分钟早操制度保证司机安全。司机在出车前，一定要做好三件事情：一是整理仪表，因为司机在外代表的是公司的形象；二是强调驾驶安全规范；三是派人上车检查，排除安全隐患。

（5）包装策略：所有的汽车涂装、货笼、员工服装、门店装修、仓库都实现统一，并且颜色统一协调，以打造天地华宇的统一形象（见图6—60至图6—63）。

图6—60 员工的统一服装和统一的汽车涂装

图6—61 统一的货笼

图6—62 全国统一的仓库

图6—63 全国统一的门店

（6）产品研发策略：不断对天地华宇的货量、线路、网络数据进行滚动分析，不断进行规划、设计的优化，以提高速度、降低成本、减少客户货损。

2. 价格策略

中国物流企业大都倾向于把价格做低，实际上公路货运市场总是有中高端需求的。高端市场对服务敏感，而对价格不敏感。

天地华宇实行优质服务、高端价格的策略。天地华宇不参与价格竞争，运价始终高出其他竞争者，但以高速度、长期稳定的服务赢得客户，让客户感觉这样的服务物有所值。

在推广阶段，实行折扣优惠，如 8 折优惠；新线开张阶段，也实行 8 折优惠。对大订单、长期客户进行差别优惠。

3. 渠道策略

自建渠道，而非采取加盟的方式扩大网点。

4. 促销策略

(1) 网站促销。在网站公布促销广告。

(2) 广告促销。推广阶段，在报纸、杂志、广播、网络、电视、路牌、楼宇同时投放广告（见图 6—64 至图 6—67），形成广告轰炸效应。正式运行后，只投放广告费用低的网络、电视和楼宇广告。

图 6—64　“定日达”的系列广告

图 6—65　“定日达”的主题宣传口号

图 6—66　天地华宇的 LOGO

图 6—67　“定日达”的宣传标志

(3) 人员促销。通过调查、上门发广告宣传单、店面营销人员推销的方式进行促销。

(4) 营业推广促销。主要包括：赠送天地华宇小公仔等礼品的促销、抽奖促销、活动的参与促销、会议促销（见图 6—68 和图 6—69）。

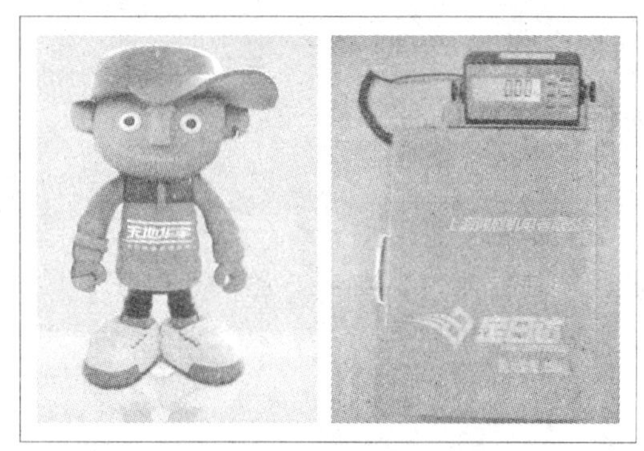

图 6—68 推广促销的小公仔和电子秤

图 6—69 校园推广

整个营销方案的预算为 2 200 万元，其中广告投放为 1 800 万元，促销活动和礼品费用为 400 万元。

后记：实践证明，推广效果良好。无论是试运行期还是正式推出后，“定日达”产品的发货量基本上是以每月数百万元的速度在增长，而借助该产品的逐渐深入，天地华宇近年的业绩也是捷报频传。

【案例分析】

宅急送抢网点拼成本对战 EMS

2005 年 1 月 19 日，年关将至，北京宅急送快运股份有限公司（以下简称宅急送）接到了江苏省邮政局开出的 26 000 元罚单，罚单的“祸端”来自于客户委托宅急送快递的一张发票（500 克以内的信函等是邮政的专营范围）。发票快件在宅急送的派送车上，江苏省邮政部门认为宅急送准备递往客户，已触犯《中华人民共和国邮政法》，而宅急送则坚称这一快件正转送往邮政部门，没有超越权限。此事对簿公堂的结果虽然是不了了之，但事实上和其他的民营快递公司一样，长期被局限于小包裹的宅急送不止一次接受调查和处罚。

面对拥有 25 年快递经验、2 万名专职员工、1 万余辆专用车辆的中国邮政快递 (EMS)，成立仅 11 年，员工 8 000 名、车辆 1 500 辆、年递增率超过 65%的宅急送一点也不逊色。事实上，抛开调查和处罚的冲突，在这场不对称的竞赛里，宅急送在没有人才、资金和技术的优势下发展壮大的取胜之道就是价格和速度——快速抢占网点，给客户更低价、更优质的服务。

一、低价与“全民皆兵”

据宅急送的调查数据，在经济活跃的长三角地区，60%的货物不会流通到全国各地，它们从昆山到苏州、从苏州到无锡或者从无锡到南京。不需要全国的流动网络，货物在区域内流动，培养了宅急送区域内限时快运业务的早熟。

2004年，宅急送一举推出“2D10”和“2D17”，这两项区域内“次日达”新服务，主要针对长三角等区域内单件重量在10千克以下的小件货物，分别于次日早上10点和次日下午5点之前送达客户手中。至此，宅急送的服务精品由原来的“全国24小时门到门”转变为区域间“2D10”和“2D17”。

而另一方面，早在2004年1月起，中国邮政快递率先在长三角地区的22个城市实行EMS限时专递——“次晨达”快递服务。该举措被认为是邮政缓解竞争压力的一种积极尝试。

不过，相较于“次晨达”，“次日达”在价格上有明显优势。“次晨达”的新平台虽然将成本大幅降低，一件1千克的货物，“次晨达”仍需要80元，而宅急送则根据货物装箱后的长、宽、高三边之和来计算价格：70厘米、80厘米、90厘米、100厘米分别对应10元、15元、20元、30元不等。而“次日达”的小件服务对500克至5千克的快件仅收取20元。

在省会城市，宅急送的分公司开通了不同形式的市内班车，市内班车为“2D10”和“2D17”的首、末端工作，快速提取货物、派送货物。点与点用物流班车连成线，线与线织成网，形成小的区域物流网，“2D10”和“2D17”的时效性得到保证。为此，宅急送在市内班车建设上一直在增加投入，2004年新增派送车辆超过200辆。

为了推广这两项新业务，宅急送“全民皆兵”：每一名员工都是市场开发员，每一名员工都是创利中心。宅急送不仅给快递员先行确立了激励机制，使得他们按票提成，提货2元/票，送货1元/票，其他员工也可以投入小件业务的拓展之中，按1元/票提成。在宅急送“小件快递全国门到门服务卡”中，预留了服务专员空格，由司机、快递员等人员自行填写姓名、联系方式，方便提成兑现。

无论如何，通过细分市场推出新业务来抢占市场先机，已是宅急送发起战略反攻必要的一步。宅急送将“2D10”和“2D17”限时到达作为2005年的首推业务，尽管宅急送目前的核心盈利产品仍然是“全国24小时门到门”。

到目前为止，宅急送“2D10”和“2D17”业务在华北地区、长三角地区、珠三角地区相继铺开，与中国邮政快递“次晨达”抢食市场，低价格的次日抵达承诺令中国邮政快递的限时快递业务受到威胁。

二、成本与“合纵连横”

中国邮政快递与其他快递企业目前竞争的焦点仍是网络。

作为中国最大的一张网络，中国邮政快递在57 136处网店开展业务，仍然未能保证触及市场的每一根神经末梢。而覆盖全国2 000多个城市的EMS，使用的这张网属于与邮政系统共用，用途虽广但在一定程度上影响了其效率。相对而言，宅急送营业网点专一，因为单纯的快运用途营业网点服务灵活、效率更高。

看准这一点，宅急送一直在加速网络建设。2004年，宅急送一举自建营业网点117个，包括分支机构、营业所和营业厅。宅急送有着仅次于中国邮政的快运网络。宅急送已经形成“内网+外网”的网络结构，自建的300多个服务网点属于内网部分，同时存在的490多家合作网络即外网部分。

外网的形成源自合纵连横术。鉴于自身的资金劣势，为了迅速占领市场，扩大企业规模，宅急送吸收了诸多物流公司加盟、合作。在部分城市，快运业务量比较小，委托他人代理业务的费用倘若不超过2万元，宅急送则不会投入资金自建网点，而是与当地运输公司合作，形成外网营业点。外网为宅急送代理派送货物，收取宅急送的派送费，可以利用宅急送的网络优势揽货并搭乘宅急送的物流班车，不过宅急送不会为他们的货物单独停靠。

通过外网占领市场，宅急送的服务品牌在当地传播，却不会因此套牢过多资金，牵扯太多精力。比如，同是在西藏、新疆开展业务，宅急送在拉萨和乌鲁木齐设置分公司，来自各地的货物运送至此，然后由外网分送到相应的城市和地区，当地的货物也由外网送往分公司集中再分拨到各地。而中国邮政在这些地区则全力新建网络，甚至动用马车深入各个末端，成本的付出让中国邮政跌倒在自己的优势上。

而且，一旦当地业务有相当的发展后，宅急送可以收揽合作公司为己所有，从而在当地市场形成先发优势。

建立内网、外网是战术，选择网络的建设点是战略。在选择建设网点的城市上，宅急送更多地考虑战略和布局。一些城市因为盈利少，公司虽有多趟班车经过、有货物在周转，按照过去的理念也只在外网建设的规划之列。现在，这个城市如果处于整个网络布局上的战略点，就将成为自建网点的选择。

宅急送以先入为主、画地为牢的手法，可能把竞争对手限制在已有的市场范围内，为日后的市场攻击形成后盾。

接下来，宅急送要用一年的时间停下来喘口气，消化和夯实新建的网点。2004年，宅急送为117个网点投入了6 000多万元，新增员工3 000多人，车辆也是全面采购，没有租用一辆。因为投资太大，多年来业务一直良性增长的宅急送甚至在2004年五六月间出现阶段性亏损，整年的盈利率也因此降低了。

一年的调整期内，宅急送的营业网点建设步伐会减缓，计划在20个左右，调整完毕后宅急送还将开展有爆发性的网点铺建行动。原宅急送老总陈平认为，宅急送现有的网络还远远不够，在中国市场需要1 000多个网点。他有这样的观点：按一个网点需要3个月的时间建好，外资公司需要好几年的时间铺开他们在中国的网点。没有网点，他们无法开展国内的服务。因此，4～5年内，国际快递即使有强大的实力，也根本腾不出时间在国内市场做出大动作。这是民营快递发展的最好时机，绝对不可错过。

冲突是意外，发展却是必须。宅急送于2005年开始筹备上市计划，募集来的资金用来加强扩充网络，将宅急送的限时到达服务从经济活跃的区域推广到全国甚至全球。

对宅急送来说，国际市场充满诱惑。宅急送酝酿着将“两扇门”中的一扇置于国外。在香港，宅急送已经采用委托代理的外网形式建立了营业网点。如今，这扇门还停留在香港、澳门，宅急送希望下一步它会走向日本等东南亚国家，最后将是欧洲和美洲。

这是场不对称的竞赛：

★ 1982年EMS依托中国邮政应运而生；1994年宅急送由7个人凭借30万元起家。

★ EMS 拥有 2 万名专职员工，1 万余部专用车辆，遍及全球 200 多个国家及地区，在中国近 2 000 个城市 57 136 处网点开展业务；宅急送拥有 8 000 名员工，车辆 1 500 辆，在国外没有业务，中国业务的网点不到 500 个。

★ EMS 经营范围广泛，拥有 500 克以内信函的专营权；宅急送等快递公司只能经营 500 克以上的小件货物业务。

但宅急送至少目前奔跑得很好：

★ 继核心盈利产品“全国 24 小时门到门”之后，针对 EMS“次晨达”推出“次日达”服务，并具有低价优势。

★ 宅急送“全民皆兵”，每一名员工都是市场开发员，每一名员工都是创利中心。

★ EMS 使用的网点属于与邮政系统共用，一定程度上影响了其效率。宅急送的网点用途单一，采用内、外网结合的方式，效率更高。

问题

1. EMS、宅急送在哪些方面展开竞争？营销策略分别是什么？列表说明。

2. 本案例距今已有近 10 年，请搜集目前的数据，比较 EMS、宅急送竞争的现状。

【课外拓展】

调查当地最著名的物流服务项目的营销策略，详细分析其营销策略的得失。

项目七
物流客户服务管理

【学习目标】

知识目标

1. 能够阐述物流客户服务与物流营销及物流企业发展的关系；
2. 能够画出物流客户服务质量管理的流程图，列举提高物流客户服务质量的方法；
3. 能够简述物流客户关系管理的内容，明确物流客户关系管理的步骤，列举物流客户关系管理的方法。

技能目标

1. 能够根据客户服务质量管理的流程和方法，进行客户服务质量管理提升的设计，并制作PPT；
2. 能够根据进行物流客户关系管理的内容、步骤和技巧，撰写物流客户关系管理提升报告，并制作PPT；
3. 在调研、探究、讨论、撰写报告、展示成果的过程中全方位地锻炼学生的自我学习、信息处理、数字应用、与人交流、与人合作、解决问题、革新创新、外语应用、社会适应、自我保护能力，培养其敬业精神和职业操守，提升其综合素质；
4. 能够在工作中形成认真负责、耐心细致的工作作风，尊重他人、理解包容、换位思考的心态，规范操作、安全生产、文明服务的习惯，节约能源与材料、爱护设备、保护环境、敢于创新的意识。

【工作情境】

迅达物流的冷链物流服务项目逐渐在珠江三角洲地区做得风生水起，但董事会觉得还是需要进一步提高客户服务质量和客户关系管理水平，以便赶上快递的发展速度，因此有必要围绕冷链物流服务项目进行广东省客户服务质量和客户关系管理水平测评，找到客户服务的短板，有针对性地进行改进，并批准了 2 万元的调查经费，希望 1 个月内看到客户服务质量和客户关系管理水平报告及相应的客户服务管理改进计划。请你的团队在客户服务质量和客户关系管理水平测评的基础上，为其制订一个物流客户服务管理改进计划。

【工作任务】

调研一个物流项目的客户服务质量和客户关系管理水平，撰写客户服务管理改进计划。

【任务分析】

要完成客户服务质量和客户关系管理水平测评调查报告及物流客户服务管理改进计划，就得进行物流客户服务质量和客户关系管理水平测评。先要明确调查对象、调查范围、调查时间、调查方式，设计物流客户服务管理水平和客户服务质量测评问卷，按照物流调查的步骤，进行调查、统计、分析，撰写物流客户服务质量和客户关系管理水平测评报告。针对物流客户服务管理水平和客户服务质量的短板，可根据物流客户服务质量管理的流程、方法以及物流客户关系管理的内容、步骤、方法，制订物流客户服务管理改进计划。

【工作流程】

整个流程如图 7—1 所示。

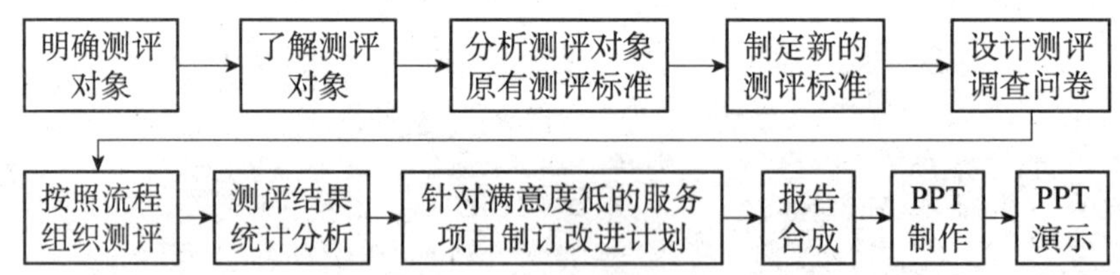

图 7—1　客户服务质量和客户关系管理水平测评调查及管理改进计划制订作业流程

【知识准备】

物流客户就是物流企业的服务对象。狭义上说是向物流企业购买产品或服务的对象，即顾客。广义上还包括股东、雇员、合作者、政府人员、社区居民等利益相关者。

物流客户按照不同的标准，有不同的分类，具体如表7—1所示。

表7—1　物流客户分类

分类标准	具体分类
客户的成熟程度	现实客户（显性客户）和潜在客户（准客户或隐性客户）
客户的性质	个体型客户和组织型客户
与客户交易的时间	过去型客户、现在型客户、未来型客户
客户的重要程度	A类客户（关键客户）、B类客户（合适客户）和C类客户（一般客户）

物流客户服务是指物流企业为促进其服务的销售，发生在客户与物流企业之间的，围绕客户所期待的物流服务、所期望的传递时间以及所期望的质量而展开的相关活动。物流客户服务的内容包括订单处理、技术培训、服务咨询、客户投诉处理。

物流客户服务具有“七个合适”服务标准（简称7R），即物流客户服务就是在合适的时间（right time）和合适的场合（right place），以合适的价格（right price），通过合适的渠道（right channel/way），为合适的客户（right customer）提供合适的物流服务（right service），满足客户的合适需求（right want/wish），价值得到提高的活动过程。

物流客户服务具有无形性、个性化、即时性、需求的波动性四大特征；具有提高销售收入、提高客户满意度、降低流通成本、体现服务差别、有效联系客户、留住客户六个功能。

客户服务从无到有，从低水平到高水平，对销售的影响可以分成如表7—2所示的四个阶段。

表7—2　客户服务对销售影响的四阶段

客户服务阶段	对销售的影响
无客户服务	客户服务为零，无法实现物流服务的空间效用与时间效用，销售不可能完成。
入门	因竞争压力，同行纷纷提供各种形式的客户服务来促进销售的增长，如门到门服务、免费培训、可视化跟踪等。若某家物流企业没能达到行业的平均服务水准，则继续提高服务质量会带来需求的增加，但因仍然处于行业平均服务水平之下，市场反应不会太大，销售增加有限。
成长	物流企业在提供同行业基本客户服务的同时，还提供有特色、客户所需的其他服务，如缩短交货日期等，使销售收入有更大幅度的增加。但销售收入增长随物流服务水平的提高呈现出明显的边际收益递减趋势，在某一服务水平下销售额达到最高。
下降	服务水准的提高不但不能带动销售的增长，反而会引起客户的反感，造成销售下降。如因物流企业提供的客户服务过于周到而超出目标市场的一般需要，客户非但没有享受到购买的便利，反而需要为被迫享受的众多服务支付额外费用，因此望而却步。

客户服务水准与经营成本呈正向关系，更多、更完善的客户服务，如更快捷的运输服务、更短的订货周期、更准确的单证等都涉及更多的人员培训、更严格的管理制度，有的还需要额外的设备投入、网络设施的建设。因此，提高客户服务往往首先引起成本的提高，其次才是得到市场的认可，增加销售。合适的客户服务水准需要考察服务水平的变化对物流企业销售收益与成本的影响，平衡两者之间的关系，找到使得利润最大化的最优服务水平。

物流企业在决定物流客户服务内容时，可根据物流客户的经营规模、类型和对本企业的贡献度，分别采取不同的策略，如表 7—3 所示。当然，由于客户的类型处于不断的变化过程中，物流企业应对客户的盈利能力实施动态控制，适时采取合适的服务策略。

表 7—3　物流企业客户服务的策略

客户类型	客户服务策略
盈利客户	支援型策略：建立长期、稳定的战略联盟；加强对客户的保护，使其免受竞争对手的攻击；提供全程和配套的服务，根据其要求改变或重组流程。
暂不盈利但有贡献的客户	维持改善型策略：对数量大但业务量少的小客户，提供部分定制化的服务，维系现有的交易关系，但通过减少用于维系与这些客户关系的工作量、改变定价策略、收取额外费用或设定业务量的下限来保证利润贡献；对价格折扣导致负利润的大客户，通过合理的定价策略、多样化的增值服务、规模效应将其转变为盈利客户。
不盈利客户	专注服务型策略：业务量庞大的超级客户获得了巨大的价格折扣，但保证服务关系的存在更有战略考虑——"榜样客户"有利于开拓新客户。通过专注客户的个性化需求，为其量身定制专门的服务，则可能通过多样化的增值服务来提高服务单价，为企业创造利润。

第三方物流企业物流客户服务的检验指标如表 7—4 所示。

表 7—4　第三方物流企业物流客户服务的检验指标

一级指标	二级指标
企业形象	客户认可度
	行业信誉度
服务能力	快速反应能力
	服务柔性和灵活性
	增值服务能力
	设施设备齐全性
	企业网站的实用性
服务质量	服务性价比
	服务及时性
	服务可靠性
	服务安全性
	信息反馈时效性
	客户投诉率
服务价格	服务价格合理性
	服务价格竞争性
客户异议处理	客户异议处理及时性
	客户异议处理满意度
客户忠诚度	长期合作意愿
	转介绍意愿

物流客户服务工作是构建客户忠诚的机遇。当客户没有特殊需求的时候，服务工作在企业之间是无差异的，但当客户有特殊需求或投诉时，客户服务的艺术性就体现出来了。只要客户的问题得到迅速、妥善的解决，遇到麻烦的客户更可能成为企业的忠诚客

户。同时，客户投诉为物流企业提出了质量警告，客户服务中心将引发投诉的问题反馈给相关部门，有利于改进质量；管理者及时制定弥补策略，通过客户服务中心为其他可能遭遇同样问题的客户主动送去解决方案和关怀，显示对质量的重视。优秀的物流客户服务不仅可以弥补企业过失，还可以超越客户期望，将客户长时间地保留在企业中长久受益，因此受到越来越多企业的重视。

做好物流客户服务管理，必须在整个物流客户服务过程中进行良好的物流客户服务质量管理和客户关系管理。

一、物流客户服务质量管理

引导案例

海尔"一流三网"同步模式实现与用户的零距离、质量零缺陷

2001年3月31日正式启用的海尔国际物流中心坐落在海尔开发区工业园，由国家"863计划"项目海尔机器人有限公司整合国内外资源建设的海尔国际物流中心高22米，拥有18 056个标准托盘位，其中原材料托盘位9 768个，产成品托盘位8 288个，并拥有原材料和产成品两个自动化物流系统。该中心采用世界上最先进的激光导引技术开发的激光导引无人运输车系统、巷道堆垛机、机器人、穿梭车等，全部实现现代物流的自动化和智能化，大大减少了人为因素导致的质量问题，提高了作业质量。

海尔物流管理的"一流三网"充分体现了现代物流的特征。"一流"是以订单信息流为中心。"三网"分别是全球供应链资源网络、全球用户资源网络和计算机信息网络。"三网"同步运作，为订单信息流的增值提供支持。

海尔物流的"一流三网"同步模式可以实现四个目标：为订单而采购，消灭库存；整合内部资源，优化外部资源，使供应商由原来的2 336家优化至978家，国际化供应商的比例却上升了20%；通过网络实现准时采购、准时配送和准时分拨，实现接单、查单、库存、补货、配送的同步；实现与用户的零距离，达到质量零缺陷。

引导问题

1. 你如何理解物流客户服务质量？海尔物流"一流三网"同步模式从哪些方面提高了物流客户服务质量？
2. 物流客户服务质量包括哪两方面的内容？你认为哪个更重要？
3. 物流客户服务质量的形成主要来源于哪些方面？
4. 提高物流客户服务质量的方法有哪些？

物流客户服务质量（logistics service quality，LSQ）是指物流企业通过提供物流服务所达到的服务质量标准、满足客户需要的保证程度、客户感知到的物流服务水平的集合。

（一）物流客户服务质量的形成模式

物流客户服务质量从设计、供给、关系三个方面的来源着手，在物流客户心目中形

成物流技术质量和物流功能质量，从而使客户对物流企业形象的认知、对物流服务质量的体验以及对物流服务质量的预期发生综合作用（见图 7—2），最终形成物流客户感知的物流服务质量。

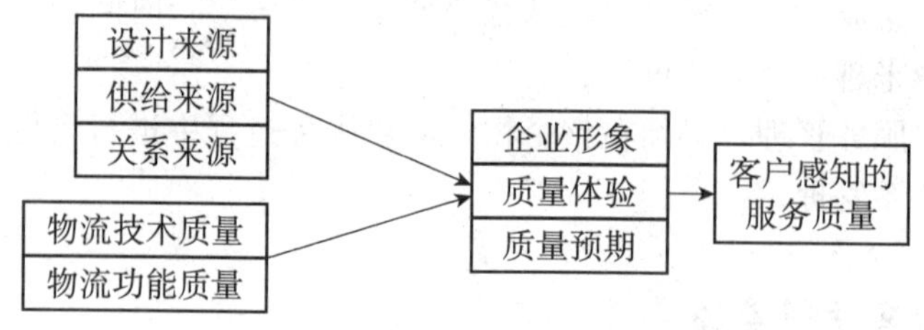

图 7—2　物流客户服务质量的形成模式

1. 物流技术质量

物流服务本身的质量标准、环境条件、网点设置、服务设备以及服务项目、服务时间等是否能满足客户的需要就是物流技术质量。物流技术质量是客观存在的，是物流技术服务的结果，满足客户的主要需要，通常能得到客户较客观的评价，企业也比较容易控制。

2. 物流功能质量

物流客户对提供服务时服务人员的仪态仪表、服务态度、服务程序、服务行为是否满足需求的主观感觉、主观评价就是物流功能质量。物流功能质量是指物流客户服务过程的质量，满足的是客户的非主要需求，其评价与客户的个性、态度、知识、行为方式等因素有关，还会受到其他客户的消费行为的影响，企业较难控制。

客户评价物流客户服务质量好坏的根据是客户所获得的物流客户服务效果（物流技术质量）和所经历的服务感受（物流功能质量），两者综合在一起才形成完整的感受。

客户感知物流客户服务质量还受企业形象、质量体验和质量预期三方面的综合作用：第一，客户在购买物流客户服务之前，因受到企业所做的宣传的影响、其他客户口头传播的影响，以及自己以前接受物流客户服务的经验，在大脑中已形成对企业形象的一个初步认识，对自己准备接受的物流客户服务质量有了比较具体的预期；第二，客户在物流服务提供过程中会体验到物流企业的服务质量，体验到的服务质量从内容上可分为技术质量和功能质量；第三，客户会把自己在接受物流客户服务过程中体验到的服务质量与预期的服务质量相比较，从而得出该物流企业的服务质量是优是劣的结论。

（二）物流客户服务质量管理的流程

物流客户服务质量管理就是依据物流系统运作的客观规律，为满足客户的服务需要，通过制定科学、合理的标准，运用经济的办法开展的策划、组织、计划、实施、检查和监督、审核等所有管理活动的过程。

物流客户服务质量管理主要包括两个方面的内容，即质量保证和质量控制。质量保证是物流客户服务质量管理的核心，是为了维护客户的利益、使客户满意并取得客户信任的一系列有组织、有计划的活动。质量控制是质量保证的基础，是为了保证某一工作、过程和服务的质量达到特定标准所采取的有关活动，即测量实际的质量结果，与标准进行对比，对某些差异采取措施的调节管理过程。质量控制的目标就是确保物流服务的质量能满足客户、法律法规等方面所提出的质量要求。

物流客户服务质量管理的流程如图 7—3 所示。

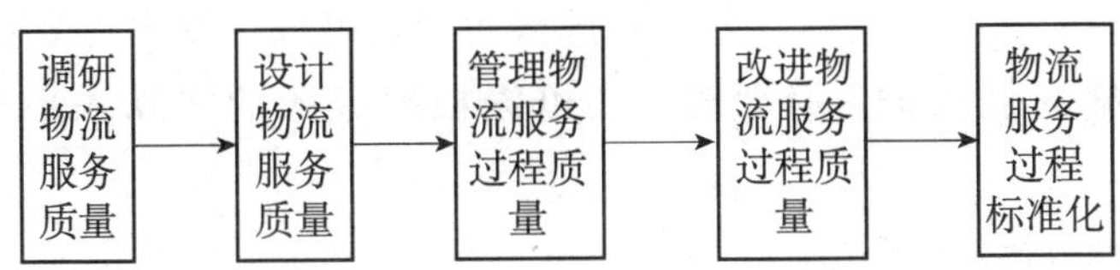

图 7—3　物流客户服务质量管理的流程

1. 调研物流服务质量

物流企业调研物流服务质量是确定和提高物流质量的开端和基础。物流服务质量调研的内容包括：客户对各种物流服务质量的需求、各种服务的功能分析、理想的服务特征、竞争对手的物流服务质量标准、竞争对手的物流服务质量管理等。

2. 设计物流服务质量

物流服务的设计是影响客户服务质量的主要因素。从物流客户服务的角度，优化物流企业的服务设计主要应考虑时间效益、成本效益、规模效益和协同运作效益四个方面（见表 7—5）。

表 7—5　效益类型和实现效益的途径

效益类型	实现效益的途径
时间效益	通过先进而快捷的信息传递技术获得需求信息，并进行准时化服务、集中运输、减少库存、缩短库存周期来实现，尽量减少等待的时间。
成本效益	杜绝浪费，减少运输损坏、废弃、次品，通过工序分析、流程再造使“无用功”最小化、“有用功”比重增加来实现。
规模效益	通过对物流企业各部门活动在综合层面上统一计划、组织和实施来实现。
协同运作效益	通过物流企业各个运作部门间建立协作关系、明确各个运作部门或相关企业所承担的物流活动环节及对应工序的顺序与衔接、信息共享来实现。

3. 管理物流服务过程质量

物流企业对物流服务活动的过程进行质量管理，可以从四个方面进行：设立管理指标、制定管理标准、运用管理方法、进行绩效分析。

（1）设立管理指标。

管理指标是对物流服务活动中关键控制因素的反映。物流企业对于物流服务的质量管理应当建立完善的立体管理指标体系，应当能够从不同层次、不同侧面反映物流服务的水平。物流企业设计的每一个指标都应当有明确的目的，应当具有可操作性，并且是可以被理解和接受的。管理指标应当尽可能量化，对那些无法计量的关键控制因素，可以采用定性描述的方法设定指标。

（2）制定管理标准。

进行物流服务质量管理通常使用两个评价标准：历史标准和计划标准。历史标准是指将某个指标当前质量同企业的历史同期或历史最高水平进行纵向比较，从而掌握其发展轨迹，并通过分析，找出水平变化的原因，为进一步巩固发展奠定基础。计划标准是通过将企业所实现的服务质量同计划目标进行比较，可以反映出计划目标的完成情况，为激励制度的实施提供依据。必要时，还可以根据服务的实际水平对计划目标进行修订。

（3）运用管理方法。

对物流服务过程质量进行管理，应当对各指标的具体管理方法进行说明，应当通过运用科学的管理方法，确保服务过程能够真实反映企业的物流服务水平。在质量管理中，常用的方法有分层法、排列图法等，各种方法都有其适用范围和相应的优缺点，物流企业应当根据指标的不同特点选用适合的管理方法。

（4）进行绩效分析。

服务过程的绩效评价结果必须经过认真、细致、全面的分析，找到各控制因素之间的内在联系，从而对企业物流服务过程质量的现状和发展趋势作出判断。分析的结果应当形成结论性报告，为管理者进行决策提供依据。

4. 改进物流服务过程质量

从物流客户服务过程来看，客户服务质量包括交易前客户服务质量、交易中客户服务质量、交易后客户服务质量三项内容。物流客户服务要不断对这三项内容进行改进。

（1）交易前客户服务质量。

交易前客户服务的主要目的是为开展良好的客户服务创造适宜的环境。服务的各项内容，如制定和宣传客户服务政策、完善客户服务组织功能等，使之能够按客户的要求提供各种形式的帮助。这部分工作直接影响到客户对物流企业及其服务的初始印象，为物流企业稳定而持久地开展客户服务活动打下良好的基础。为此，物流企业应主要从撰写客户服务条款、设计客户服务组织结构、设计物流服务内容、设计物流应急服务内容四个方面把好质量关（见表 7—6）。

表 7—6　　交易前客户服务质量控制

模块	具体内容
撰写客户服务条款	以正式的文字说明形式说明为客户提供满意物流服务的方法和途径、客户服务标准、每个职位的责任和义务等。
设计客户服务组织结构	有完善的组织结构总体负责客户服务工作，明确各组织结构内各层次的权责范围、沟通与协作。
设计物流服务内容	主要包括常规性物流服务和增值性物流服务（如发放培训材料、举办培训班、面对面或利用通信工具提供咨询服务等）。
设计物流应急服务内容	列明客户在特殊情况下能够享有的应急服务，如紧急调车、突击装卸、急件急送、软件紧急维护等。

（2）交易中客户服务质量。

交易中客户服务主要是指发生在物流活动过程中的客户服务行为，这些服务与客户有着直接的关系，并且是物流企业制定客户服务目标的基础。此阶段的客户服务质量主要通过交货期的保证程度、批量及数量的满足程度、订货信息的及时反馈、订货发货周期的稳定性、特殊货物的运送质量保障、订货便利性等内容来反映。

（3）交易后客户服务质量。

交易后要素即售后服务，是物流客户服务中最重要也是最容易被忽略的要素。交易后，物流企业应根据客户的要求提供各种服务，主要包括三个方面：安装、保修、更换及提供零配件，及时改善运营中对物流服务的跟踪监控，在线及时、有效地处理客户抱怨并向客户提供最新的信息等个性化、增值性服务以维护客户的忠诚度。

5. 物流服务过程标准化

物流服务过程标准化是指将一个物流服务项目的服务内容、工作流程、环境要求、工程管理、设备运行操作管理等规范化、制度化并严格实施以控制成本、提高服务效率和服务质量的过程。由于物流服务项目不像产品那样容易标准化，所以能够提供物流服务过程标准化的项目还较少。德邦物流的精准系列服务项目、天地华宇的定日达、卡行天下的卡行直通车已经有了标准化的雏形，在市场上也受到了空前的欢迎。标准化的基本方法包括：简化、统一化、系列化、通用化、组合化。

【案例7—1】　卡行直通车的标准化

卡行直通车是上海卡行天下供应链管理有限公司与成员共同打造的标准化物流产品，即在中国物流行业建立起一套运作标准：统一系统、统一流程、统一价格、统一形象、统一服务，为每一位卡行天下的客户提供“安全、准时、稳定、经济”的物流运输服务。卡行直通车各条线路天天发车，一站直达。卡行直通车带给中国物流行业与每位客户一份可量化的标准、一份郑重的承诺和一路看得见的放心！

卡行直通车产品质量标准的核心点是“两点四天”：规定时间点发车、规定时间点录入信息、规定天数内代收货款返回、规定天数内配送、规定天数内货物到站、规定天数内回单。

（三）提高物流客户服务质量的方法

提高物流客户服务质量要求采用一套科学的程序来处理问题，可以按照PDCAR管理循环（见图7—4）来开展工作，并通过不断循环来达到不断提高质量管理水平和服务质量的目的。PDCAR管理循环是质量保证体系运转的基本方式。

物流客户服务质量管理的PDCAR管理循环即计划（plan）、实施（do it）、检验（check it）、吸取教训后再次行动（action again）、备案供以后借鉴（record），循环往复，推动整个质量工作系统的运转。

为了解决和改进服务质量问题，在质量管理过程中，根据实践经验，循环进一步分为五个步骤，即所谓五个阶段的循环方式。

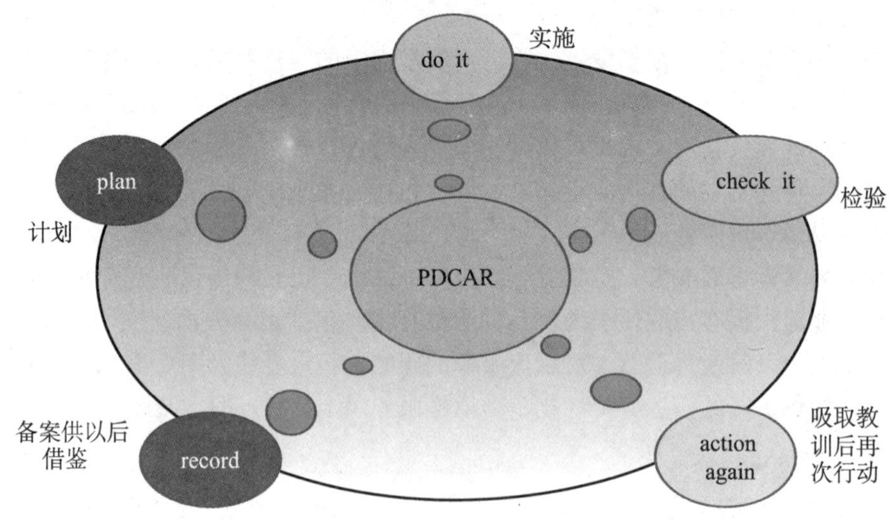

图 7—4 PDCAR 管理循环

1. 计划阶段

计划是指根据客户的要求制定相应的技术指标和质量目标，以及实现这些目标的具体措施和方法。该阶段包括四个工作步骤：分析现状，找出存在的主要问题；寻找主要问题发生的原因；找出主要原因；制定计划和措施。

2. 实施阶段

将所制定的计划和措施付诸实施。该阶段只包括一个工作步骤即按计划实施。

3. 检验阶段

对照计划，在实施中检查执行的情况和效果，及时发现问题。该阶段也只包括一个工作步骤即调查实施效果。

4. 吸取教训后再次行动阶段

根据调查结果采取措施，巩固成绩，吸取教训，防止重蹈覆辙，并将未解决的问题转移到下一次 PDCAR 管理循环中去。该阶段包括两个工作步骤：总结经验，巩固成绩，将工作结果标准化；提出遗留问题并处理。

5. 备案供以后借鉴阶段

将案例备案，惠及企业中的后来者。

在质量管理工作过程中，“五个阶段”必须是完整的，一个也不能少地按顺序进行循环。

PDCAR 管理循环具有两大特点：每一次 PDCAR 循环都能解决一些问题，能够螺旋式上升；最后一个阶段是关键，通过把成功的经验和失败的教训纳入标准（规则、制度）中去，就可以防止类似的问题再发生，企业的质量管理水平就可以不断提高。

二、物流客户关系管理

引导案例

客户关系管理系统协助联邦快递成为客户的货运管家

由于竞争者很容易采用降价策略参与竞争，联邦快递认为提高业务水平才是长久赢得客户的关键。为此，联邦快递建立了良好的客户关系管理系统，从而能准确地掌握自己的货物配送流程与状态。

1. 联邦快递高效、及时的全球运送服务

随着电子商务的兴起，高效、低成本地实现实体商品的运送为快递业提供了良好的机遇。对于周期短、跌价风险高的产品（如计算机硬件产品）来讲，在接到客户的订单后，取得物料、组装、配送，以降低库存风险及掌握市场先机，是非常重要的课题。联邦快速的及时配送服务解决了客户的这一难题，为客户提升整体的运作效率、规避经营风险提供了强大的支持。对于经费和人力不足以建立自己的配送体系的小企业，借力于联邦快递后，其配送业务也得到了良好的发展。

要成为企业运送货物的管家，联邦快速需要与客户建立良好的互动与信息沟通，使得企业能掌握自己的货物配送流程与状态。在联邦快递，所有客户均可借助其官网同步追踪货物状况，还可以免费下载实用软件，进入联邦快递协助建立的亚太经济合作组织关税资料库。它的线上交易软件可协助客户整合线上交易的所有环节，从订货、收款、开出发票、库存管理一直到将货物交到收货人手中。这个软件能使无店铺零售企业以较低的成本迅速地在网络上进行销售。另外，联邦快递特别强调，要与客户相互配合，针对客户的特定需求，如公司大小、生产线地点、业务办公室地点、客户群科技化程度、公司未来目标等，一起制定配送方案。

2. 联邦快递的客户服务信息系统

联邦快递的客户服务信息系统主要有两个：一是自动运送软件，二是客户服务线上作业系统。

为了协助客户上网，联邦快递向客户提供了自动运送软件，利用这套系统，客户可以方便地安排取货日程、追踪和确认运送路线、列印条码、建立并维护寄送清单、追踪寄送记录。而联邦快递则可以通过这套系统了解客户打算寄送的货物，预先得到的信息有助于运送流程的整合、货舱机位、航班的调派等。

客户服务线上作业系统可追溯到20世纪60年代，得益于当时的航空电脑定位系统。经过几十年的发展和完善，联邦快递通过这些信息系统的运作，建立起全球的电子化服务网络，利用它们的订单处理、包裹追踪、信息储存和账单寄送等功能处理公司2/3的货物量的信息。

3. 利用信息系统实现客户关系管理

呼叫中心成为联邦快递获得客户信息的重要渠道，成千上万的电话让联邦快递倾听到客户的声音，为联邦快递发展业务、创新服务、赢得客户满意提供了机会。

联邦快递通过这些信息系统的运作，建立起全球的电子化服务网络，真正实现了成功的客户关系管理。

引导问题

1. 你是如何理解客户关系管理的？
2. 联邦快递是怎样进行物流客户关系管理的？
3. 联邦快递的物流客户关系管理包括哪些方面的内容？
4. 现代社会中进行物流客户关系管理需要哪些技术支持？

物流客户关系管理（customer relationship management，CRM）是指把物流的各个环节作为一个整体，从整体的角度进行系统化的客户关系梳理，在物流企业的层面选择企业的客户，不断优化客户群，并为之提供精细服务。

客户关系管理的目的不是对所有与物流企业发生过关系的客户都一视同仁，而是从这些客户中识别哪些是一般客户，哪些是合适客户，哪些是合适客户中的关键客户。然后依此分类并有针对性地提供合适的服务，从而使物流企业价值目标与客户价值目标相协调。物流公司以先进的管理理念为指导，以先进的技术手段为支撑，将人力资源、业务流程与专业技术进行有效整合，使得企业可以以更低的成本和更高的效率来满足客户的需求，最大限度地提高客户满意度及忠诚度，挽回失去的客户，保留现有的客户，不断发展新的客户，发掘并牢牢地把握住能给企业带来最大价值的客户群。

（一）物流客户关系管理的内容

物流客户关系管理包括以下九个方面的内容：

1. 客户识别与管理

（1）收集物流客户信息资料。

收集、整理和分析的客户信息有：收集、整理客户信息，并分辨一般客户、合适客户和关键客户；与合适客户和关键客户建立深入关系；根据客户信息制定客户服务方案，满足客户个性化需求，提高客户价值。

在收集、整理和分析客户信息时，客户的原始资料是非常重要的，它是有关客户的基础性资料，是企业获得的第一手资料，构成客户信息的基本内容，是企业客户关系管理的基础。物流企业可以在信息技术尤其是数据库的支持下建立客户档案，内容包括：客户名称、地址、邮政编码、联系人、电话号码及传真、电子邮箱或微信号、银行账号、信用等级、经营状况、管理团队尤其是法人的个人资料、使用货币、报价记录、优惠条件、付款条款、税则、付款信用记录、销售限额、交货地、发票寄往地、企业对口销售号码、佣金码、客户类型、与客户的沟通记录、销售进展情况、必要的市场研究和客户研究资料等。

收集客户信息的方法主要有：自己收集、向咨询机构购买、信息交换等。

（2）分析客户信息。

分析客户信息是客户信息管理的核心部分，它不能仅仅停留在对客户信息的数据分析上，还要对客户的态度、能力、信用、社会关系进行评价。分析客户信息可以帮助企业找准服务方向，但进行差异化分析却是关键，因为它能够帮助企业把握合适客户和关键客户，他们才是客户关系的主体。

对客户进行差异化分析的主要内容有：哪些是企业的关键客户，哪些是合适客户？哪些客户在什么期间导致了企业成本的增加？企业本年度最想和哪些企业建立商业关系？有哪些合适客户或关键客户对企业的服务多次提出抱怨？去年最大的客户是否今年也购买了本企业的服务？是否有些客户从本企业只订购了一两次服务，却从其他企业订购了更多的服务？

其中，识别客户需要检测物流客户关系价值。检测物流客户关系价值即根据物流客户的历史购买记录和行为，检测和预测其价值并据此对客户进行分类（见表7—7）。通过最近的购买量、购买频率、购买金额（recency，frequency，monetary，RFM）和终身价值（life-time value，LTV）分析，可以检测、预测和跟踪客户的长期价值。预测客户的未来价值，可以使管理效果达到潜力极限，可以通过客户满意指数（customer satisfaction index，CSI）来跟踪，因为任何满意度下降的行为都可能是拙劣未来表现的指示器。

表7—7　物流客户关系价值检测和分析方法

方法	工作内容	相关应用
RFM	把最近的购买量、购买频率和购买金额结合起来，为每个客户计算积分	（1）识别最有价值客户/可能的背叛者； （2）预测不同价位、不同激励对客户购买倾向的影响； （3）辨别销售时机
LTV	基于客户的购买历史或购买行为、客户保持率、总计划花费等来预测客户在一段时间内带来的净现值	（1）预测客户的终身价值； （2）决定新计划成功的可能性； （3）检测获得新客户对保持客户销售投资的影响
CSI	设定一些标准，对客户评价取样，提供单个客户满意度定量检测方法	（1）检测客户对服务的满意度； （2）预测客户未来的购买需求和购买倾向

通过物流客户关系价值，可以将物流客户按ABC分类法进行划分，将其分为A类客户、B类客户和C类客户，并区别对待，如表7—8所示。

表7—8　物流客户ABC分类及可采取的服务档次

客户层次	客户数比重（%）	创造利润比重（%）	服务档次
A类客户（关键客户）	5	80	高
B类客户（合适客户）	15	15	中
C类客户（一般客户）	80	5	低

1）A类客户。A类客户又称重点客户或关键客户，其数量仅占物流企业客户总数的5%左右，而为企业创造的业绩（销售额、利润额）占企业总业绩的比重则为80%左右。客户价值的上升空间很大，对物流企业的利润贡献最大。对于这类物流客户，企业要重点关注，尽量满足其需求。

2）B类客户。B类客户又称合适客户。这类客户的数量一般占物流企业客户总数的

15%左右，为企业创造的业绩（销售额、利润额）占企业总业绩的比重也为15%左右。对于这类物流客户，企业要适当关注，在现有的条件下满足其需求。

3）C类客户。C类客户又称一般客户。这类客户的数量一般占企业客户总数的80%左右，而为企业创造的业绩（销售额、利润额）占企业总业绩的比重则仅为5%左右。对于这类物流客户，企业维持一般的服务即可。

（3）信息交流与反馈管理。

物流企业与客户进行双向信息交流，及时发现客户服务过程中存在的问题，正确处理客户的意见和投诉，有利于消除客户的不满，维护客户利益，保持与客户的良好关系。

（4）服务管理。

服务管理的主要内容包括：服务项目快速录入系统；服务项目的安排、调度和重新分配；事件的升级，搜索和跟踪与某一业务相关的事件，生成事件报告；服务协议和合同；订单管理和跟踪；问题及其解决方法的数据库。

（5）时间管理。

时间管理的主要内容有：安排日程并制订活动计划，避免时间冲突；进行事件安排，如约见、会议、电话、电子邮件、传真；制作备忘录；进行团体事件安排；查看团体中其他人的安排，以免发生冲突；把事件的安排通知相关人员；制作任务表；发布活动预告；人员接送安排等。

2. 物流客户满意度管理

在物流活动中，作为客户满意程度的感性评价指标的客户满意度（customers satisfaction degree，CSD）是指客户对所购买的物流服务的满意程度，以及能够期待客户未来继续购买的可能性。

从本质上讲，客户满意度反映的是客户的一种心理状态，它来源于客户对物流企业的某种服务消费所产生的感受与自己的期望所进行的对比（见图7—5）。也就是说，“满意”并不是一个绝对概念，而是一个相对概念。企业不能闭门造车，满足于自己对服务本身、服务态度、服务质量、价格等指标是否优化的主观判断，而应考察所提供的物流服务与客户期望、要求等吻合的程度如何。图7—6为客户期望、客户体验与客户满意的关系。

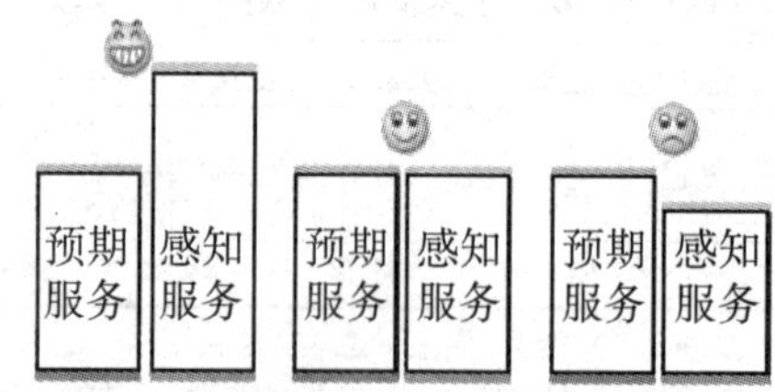

图7—5 客户满意度取决于服务的可感知效果与期望效果的比较

（1）物流客户满意度评价的内容。

物流客户满意度评价体系是以物流客户作为质量评价主体，客户需求作为质量评价标准，通过构建一系列评价要素，计算出客户对物流服务的满意度指数（见表7—9）。

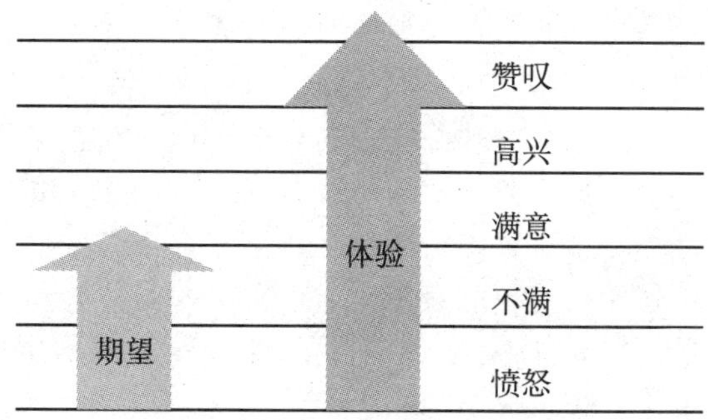

图 7—6　客户期望、客户体验与客户满意的关系

物流客户满意度评价要素主要有客户感知质量、客户感知价值、客户预期质量、客户满意度、客户抱怨、客户忠诚度。

表 7—9　　物流客户满意度评价体系

评价要素	定义、对满意度评价的影响
客户感知质量	即客户购买和使用该服务后对其质量的评价。它通过客户对近期接受服务的评价来显示，对客户满意度具有直接的正面影响。
客户感知价值	即客户所感受的相对于价格的服务质量水平。感知的价值增长与客户满意之间呈正相关关系。
客户预期质量	即客户在购买该服务前对其质量的预期。在服务水平确定的条件下，客户预期质量的高低决定了客户的满意度，预期质量高则满意度低。
客户满意度	即客户对所购买的产品的总体满意度。
客户抱怨	即客户对该服务不满的正式表示。
客户忠诚度	即客户继续选购该产品的可能性。

（2）提升客户满意度的途径。

1）积极贴近并仔细研究客户。建立物流客户满意度评价体系之后，物流企业应通过实施一系列的项目来获得客户体验资料，如面对面地了解物流客户的真实想法、让客户参与物流服务的规划设计、提供敏捷的定制化服务等，并据此对物流企业员工进行客户关系培训。

2）完善的物流服务设计。客户在准备购买物流服务前就已经形成了自己的想法，包括他们的需求满足将给自己带来的好处以及他们所愿意接受的服务形式，这也是我们常说的“客户期望”。售前的营销活动会影响客户预期，它与服务过程中的所有活动共同影响着客户满意度。完善的物流服务设计体现在：根据客户需求，向客户提供与众不同、差异性、多样化的服务，能够为客户量身定做个性化的服务。完善的、个性化的物流服务能够增加客户的认知体验，从而培养客户的认知信任。

【案例 7—2】　米其林为何选中了外运辽宁？

2002 年 1 月，著名跨国公司米其林在中国的总部传出将进行物流服务招标的消息。作为世界轮胎行业的巨头，米其林自 1995 年在沈阳设立第一个合资企业至今，现在每年在沈阳和上海工厂共生产几百万条优质轿车和卡车子午线轮胎。按照招标意向，此次外包物流部分是米其林沈阳轮胎公司的销售物流部分，服务内容主要包括从生产线收胎、库存管理、仓库出货以及成品的全国配送，年物流业务量达4 000标准箱以上，成品一部分出口东南亚，一部分在国内销售，国内配送城市达 70 多个。同时，随着米其林在中国业务的迅速发展，其物流业务量也必将保持高增长。

米其林招标主要基于：近年来国内物流产业发展很快，市场情况发生了很大的变化；由于沈阳地处中国东北地区，辐射国内的运输成本较高。

米其林的招标无疑是一份大订单，因此，成为米其林未来 5 年的物流合作伙伴，成为众多国内外物流企业的目标。

但参与此次米其林招标将会遇到一个不可回避的事实：在沈阳，著名的马士基物流一直在为米其林提供物流服务，续签合同是马士基志在必得的。其他物流公司如果要参与竞标，就意味着将与国际物流巨头马士基短兵相接。那么，这些物流企业又有多少优势能让米其林选择更换合作了多年的物流伙伴呢？

但既然是重新招标，就说明存在机会。2002 年 1 月，从得到招标消息的那一刻起，外运辽宁就开始了米其林项目的投标之旅。

通过对米其林的资质考察，外运辽宁与包括马士基物流在内的其他 5 家企业，在分别与米其林签订保密协议后，得到了正式的招标意向书。这 5 家物流企业中，既有国际著名的跨国公司，也有国内较大的国企；既有大型综合企业，也有中小规模的专业公司。看来，邀请 5 家各具特色的企业参与竞标，米其林的目的显然是要寻找一个最适合自己的物流公司为其服务。外运辽宁心中有数了。

外运辽宁于是对客户的物流需求进行了深入的分析与研究。米其林要求物流中心必须在距离轮胎工厂半径 5 000 米内，因为工厂和仓库之间距离太远会增加运输过程的不确定性；轮胎储存对仓库设施是否达到防尘、避光有严格要求。于是，外运辽宁除了在沟通、理解中严格做到了这些外，还主动帮助客户降低风险、改进运作效率、提出合理化建议，如改变米其林原来与物流商以“租死库”的方式计算仓库租金的方式，按照实际存货的吨位按月计算租金。结果，外运辽宁在良好的物流服务理念、详尽的运作技术标准的指导下拿出了投标书，该投标书完全满足招标书所要求的物流服务内容、合理的价格、物流公司的商业背景资料、专业化程度，能满足米其林公司不断发展的业务要求、灵活的服务方式等要求，从而使外运辽宁在 5 家公司中脱颖而出。

6 月 24 日，历经多轮答辩较量的外运辽宁公司终于得到了正式的中标通知。在与马士基物流一对一的过招中，看上去还有些稚嫩的外运辽宁由于为米其林进行了完善的物流服务设计而赢得了发展机会。

问题

1. 外运辽宁是怎样中标米其林的？

2. 在物流服务设计过程中，对客户有好处但对自己可能不利的服务，我们是否提供？在什么情况下提供？

3. 外运辽宁竞标成功说明了什么？

【案例 7—3】 为每一位顾客“量体裁衣”的振华公司

振华公司创立于 1937 年，目前拥有员工2 300余人，车辆1 100余辆，营业场所155 处，占地面积 26 万平方米。

振华公司认为现在是消费者导向的时代，任何一家企业或公司都要非常注重客户的需求，除了要满足客户的需求外，还要能做到了解未来的需求才行。只有站在客户的角度去要求自己，了解和预测客户的需要，才有可能和客户结成一体，企业才能够与客户共同成长。

在客户服务中，振华公司为每一位客户“量体裁衣”，提供特色服务。以客户需求为导向，并依照每一位客户的产业类别、产品特征，以专业手法为其精心设计最合适的全方位服务，并力求以最合理的价格提供最高效的服务。

在振华公司庞大的事业体系中，可以从源头（报关行）开始作业，并由空运公司为进出口作业承办运作，其他如运输、配送、装卸等作业都可以一气呵成，所以有足够资格为每一位客户提供省线、省时又高效的服务。振华公司在为客户服务的时候，针对客户的要求，替客户制定了一套合理的作业规范，完完全全地满足客户的需求，并为客户省去不必要的费用，从而换得了客户对公司的信赖。

问题

1. 振华公司为何要为每位客户“量体裁衣”？它不这样做行吗？
2. 振华公司是怎样赢得客户的信赖的？

3）建立信息传递系统。物流企业可以通过各种渠道把信息传递给客户以影响客户的期望和实际感受，进而影响客户的满意度。这些信息可分为显露信息和隐藏信息。显露信息由物流企业明确、详细地传递给客户，包括广告、推广活动、具体的报价和邮件等。隐藏信息通过潜意识的信号传递给客户，包括服务地点的选址、服务人员的衣着、设施布局等。服务设计人员越是接近客户，直接了解客户的需要，就越能得到有用的反馈信息，越有可能设计出令客户满意的物流服务。同时，对客户需求的深入了解能帮助服务提供人员不断完善本企业提供的物流服务。信息沟通系统的建立就有利于加强与客户的沟通，缩短与客户的距离，处理好客户抱怨，并及时了解客户需求，对客户需求作出快速反应（见图 7—7）。

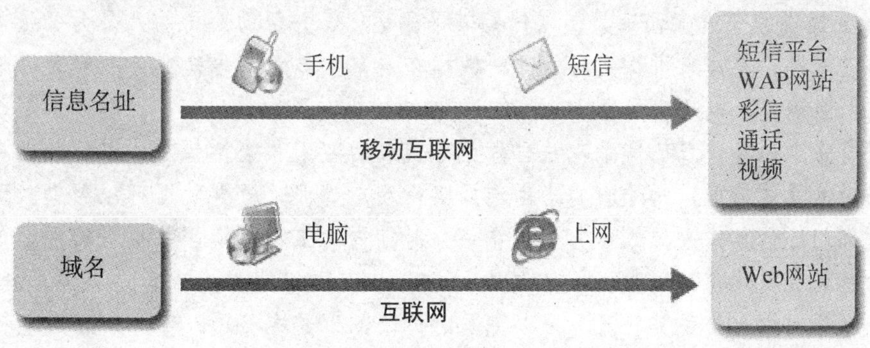

图 7—7 信息沟通系统示意

4）增强客户体验。增强客户体验是培养客户信任感的重要方法。客户购买物流企业的服务实质上是在接受一种体验，如果物流企业能够与物流客户进行方便、亲切的沟通，让物流客户享受个性化的服务，就等于让客户有了完美的体验。

增强客户体验，物流企业至少应从以下六个方面着手：树立为客户服务的理念，并将这一理念贯穿到营销活动的全过程；以完善的服务和对客户负责的精神，使客户对物流企业产生充分的信赖感；制定切实可行又有挑战性的服务标准，激励员工努力做好服务工作；向客户作出的承诺，一定要一诺千金；做好服务质量检查、考核工作，并将考核结果及时反馈给相关员工；研究改进措施，不断提高服务质量。

【案例 7—4】 给客户完美体验的敦豪快递呼叫中心

国际快递巨头德国敦豪的航线通达 200 多个国家和地区，连接 8 万多座城市，每天平均接收2 200个电话呼叫。在过去的 5 年，其每年的业务增长超过 5%。敦豪认识到物流客户的呼叫与企业的命运紧紧联系在一起，因此其建设敦豪快递呼叫中心（见图 7—8）的目标就是：让每个呼叫用户立即与公司的人员建立联系，无须等待，也不用收听电话中的等待音乐。

图 7—8 敦豪客户服务呼叫中心实景

敦豪选择 Avaya 呼叫中心解决方案及管理工具来帮助其实现目标，客服管理部门就其提出的呼叫处理质量和富有人情味的服务向呼叫中心的人员提供指导和帮助，利用 Avaya 提供的呼叫管理工具，以保持其平稳运行，并帮助公司的人员为物流客户提供最佳的服务。具体来讲，实时的呼叫数据在屏幕上显示，告知业务主管是否有呼叫等待，而且确定来电呼叫是否 100%在 13 秒的接听时限内得到应答。显示的数据还可以确定有多少业务代表已登录，并告知业务代表的空闲和繁忙状态，以帮助业务主管根据当时的具体情况，对呼叫的路由选择实行动态管理。历史数据可以帮助敦豪的客服管理部门评估具体人员或业务小组在一个时期内的工作效率，并报告接通率等统计数据的总额和平均值，以便开展训练与培训，从而更好地为物流客户服务。就这样，敦豪快递呼叫中心给了其物流客户以完美的体验，为其在 2009 年世界第三方物流公司50强中名列第一位打下了坚实的基础。

问题

1. 敦豪快递呼叫中心是怎样给物流客户以完美体验的？
2. 给物流客户以完美体验与物流企业的发展有什么关系？

5）重视客户关怀。客户关怀活动贯穿于客户接受物流服务的客户体验的全过程，具体包括如表7—10所示的三个环节。

表7—10　客户关怀的三个环节

关怀的环节	意义
购买前的客户关怀	为建立物流企业与客户之间的关系打开了一扇大门，为鼓励和促进客户的购买作铺垫。
购买中的客户关怀	使物流企业提供的服务与客户的期望相吻合，满足客户的需求。
购买后的客户关怀	集中于高效的跟进和提供有效的关怀，以促进客户信任的形成和巩固，使客户能够重复购买物流企业的服务。

6）加强对物流服务过程的控制。服务过程对客户满意度有非常大的影响。如果物流企业的服务非常出色，客户心存感激，这样的客户最有可能对企业忠诚。当客户受到质量水平较低的接待且满腹牢骚时，他们通常会非常愤怒和失望，此时，如果客户还有其他选择，就会转投企业的竞争对手。当然，他们也可能会散布不利于物流企业的口头言论。因此，物流企业应坚持对服务过程尤其是对真实瞬间加强监督和控制，保证服务质量得到持续改进，并由此形成服务优势，建立客户忠诚。在物流服务的过程中，服务人员的态度、服务人员的行为在销售活动中对客户满意度的影响至关重要，这些行为主要包括在接待客户及为客户解决问题时要有友好的表现，具备丰富的服务技术经验并在服务中关注和满足客户的需求等。物流企业在这方面的努力可以通过培训和奖励两方面来实现。

7）明确服务承诺。服务承诺是指服务提供者通过广告、人员推销和公共宣传等沟通方式向客户预示服务质量或效果，并对服务质量或效果予以保证的行为。服务承诺是物流服务广告及各种宣传沟通活动的核心内容（见图7—9）。

8）及时进行服务补救。有些服务失误是不可避免的，物流企业需要建立一个有效的服务补救系统：服务失误出现后，物流企业应借助不间断的监控服务系统，主动、及时地发现服务失误或其他质量问题；杜绝推诿或扯皮，及时道歉或赔偿，及时、有效地解决服务失误；从质量问题和服务补救中吸取经验教训，不断完善服务补救系统。这种即时性和主动性的服务补救，能够将服务失误对客户感知服务质量、客户满意和员工满意所带来的负面影响降到最低。主动的、前瞻性的服务补救更有利于提高客户满意和忠诚的水平，而处理客户抱怨是在服务结束之后，物流企业是被动处理。

9）设立专门的业务机构。如客户服务中心（见图7—10）、客户投诉中心。这些专门的机构让客户一旦有问题就能立即找到主管部门，既有利于问题的及时解决，也体现了物流企业负责任的态度和专业的精神。

10）建立企业内部客户制度。内部客户是指企业内部在整个工作流程中，上个环节的部门把下个环节的部门当作客户，或上个工序把下个工序当作客户，这有利于在整个物流企业培养客户意识，企业的全部工作都围绕客户服务展开。

图 7—9　南京捷诚物流的服务承诺

图 7—10　连云港中远物流的客户服务中心

（3）物流客户满意度的测评方法。

物流企业对客户满意度的测评方法主要有客户满意率和客户满意度指数两种。

1）客户满意率。客户满意率是指在一定数量的目标客户中表示满意的客户所占的百分比。这种方法只能处理单一变量和简单现象总体的问题，无法处理多变量和复杂现象总体的问题。

2）客户满意度指数。客户满意度指数是运用计量经济学的理论来处理多变量的复杂现象总体，全面、综合地度量客户满意度的一种指标。它具有三重功能：能综合反映复杂现象总体在数量上的变动状态，表明客户满意度的综合变动方向和趋势；能分析总体变动中受各个因素变动影响的程度；能对不同类别的服务进行趋于“同价”的比较。

对于客户满意率和客户满意度指数的调查主要采用问卷调查法：通常采用问卷邮寄调查法、面谈调查法、电话调查法、留置问卷法和神秘客户调查法。神秘客户调查法主要采用观察法进行现场服务质量的检查，观察真实发生的行为，能够观察详尽的服务细节而不仅是服务结果，获得采用提问方式所不能获得的许多信息，避免了访问员受制于口头语言能力对采集信息的数量和质量的限制。多数物流企业会综合采用以上几种方法来达到调查目的。有些物流公司甚至会聘请知名的境内外专业调查公司对物流公司的服务进行第三方满意度调查，以得出客观评价。

（4）物流客户满意度的测评步骤。

物流客户满意度测评的基本指导思想是：物流企业的整个经营活动要以客户满意度为指针，要从客户的角度、用客户的观点而不是企业自身的利益和观点来分析客户的需求，尽可能全面尊重和维护客户的利益。

物流客户满意度的测评步骤如图 7—11 所示。

1）确定物流客户满意度测评的类型。其一，专用型。专用型测评专门为某一特定企业或品牌所设计，功能强，针对性强，常被物流企业采用。其二，通用型。通用型测

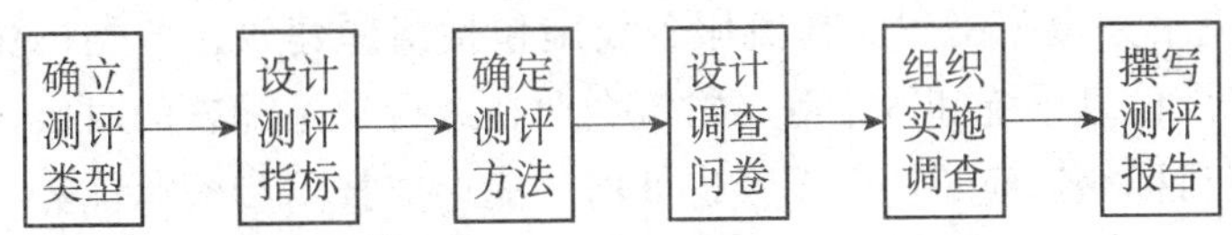

图 7—11　物流客户满意度的测评步骤

评获得的信息或数据的综合性和系统性强，基本构架普遍适用，测评的结果能进行跨行业、跨地域的比较。但就某一行业或品牌而言，它所获得的信息或数据不如专用型测评详细和具体，针对性也不强。

2）确定物流客户满意度测评的指标。提供不同物流服务的物流企业，其物流客户满意度测评的指标设计也不同。物流客户满意度测评的指标设计应该遵循全面性、代表性、独立性、效用性四项原则。

3）确定物流客户满意度测评的方法。可根据实际情况选用询问调查法、现场观察法、实验调查法、资料分析法等调查方法。在实际调查中，可根据调查问题的性质决定采用某种方法，也可以同时采用几种方法。

4）设计物流客户满意度测评的调查问卷。设计调查问卷是客户满意度调查测评中的一个关键环节，问卷设计的偏差会影响测评实施的正确性和有效性。由于问卷是和客户直接“见面”的，问卷的设计是否能较容易地被客户理解，客户是否乐于接受调查并准确表达意见，将影响客户满意度测评的准确性。因此，设计调查问卷应遵循以下基本原则：所有结构变量应准确地转化为测评变量，测评变量可以适当地分解成若干具体的调查问题；调查的问题应以选择题、填空题等封闭式题型为主；问卷结构设计应有利于客户答题时保持逻辑性和系统性；比较复杂的问题要有一定的指导说明语。

5）撰写物流客户满意度测评的报告。撰写客户满意度测评报告必须坚持以下三个原则：客观公正、实事求是，以调查信息为基础，用数据说话，科学评价和分析。物流客户满意度测评报告的内容通常应包括十大模块：测评的背景和目的、调查测评工作的实施概况、调查测评指标的设置说明、调查和抽样方法的说明、测评结论、主要测评变量与客户满意度及忠诚度之间的关联程度、对客户评价的分层分析、客户对物流服务的认知程度分析、客户潜在需求的调查分析、服务质量和服务各环节存在的问题分析及改进建议。

3. 物流客户拓展管理

拓展物流客户是物流客户关系管理的工作重心。物流企业应根据客户的特性，结合企业自身的特点，运用市场营销原理，通过建立良好的物流服务体系，进行精准的物流市场定位以及开展多样的物流促销活动等途径来开发物流客户。物流客户拓展管理主要包括以下三方面的工作：

（1）建立良好的物流服务体系。

良好的物流服务体系是拓展物流客户的基本途径，它包括优化物流服务设施配置和完善物流服务作业体系。

1）优化物流服务设施配置。物流服务设施包括房屋建筑、各类机械设备、运输工具、通信设备以及信息系统和网络等。物流企业在进行设施配置的时候，一定要与物流活动需要、发展目标相适应，同时要考虑如何才能形成技术和资源优势，从而达到吸引客户的目的。

2）完善物流服务作业体系。物流企业在锁定了目标市场之后，要力图通过完善的服务作业体系吸引一部分客户。企业应当建立相应的服务人员管理、服务质量保证和客户投诉处理等规章制度，规范服务作业流程，进行必要的培训以提高员工的整体素质。

（2）进行精准的物流市场定位。

物流企业在对物流市场细分的基础上，要选择目标市场，再进行精确的物流市场定位。结合物流企业自身实力、物流服务差异、物流市场的需求特点、物流服务生命周期、市场竞争状况、营销宏观环境等，选择一个或几个细分市场作为自己的目标市场，找准物流客户，做到有的放矢，才能有效地开发物流客户。

（3）开展多样的物流促销活动。

物流服务也需要进行形式多样的促销活动，如人员促销、广告促销、公共关系促销和营业推广。在对物流服务进行促销前，物流企业应当明确服务的范围、促销的价值、持续的时间以及受益者。

4. 物流客户忠诚度管理

培养客户忠诚度是客户关系管理的重要目标，因此物流企业的忠诚客户和强化物流客户忠诚度管理就成为物流客户关系管理的重要内容。

忠诚是物流客户对某种物流服务重复或连续购买的心理、言语、行为指向的总和。其特征为：经常反复消费物流企业的服务，购买频率高；选择物流服务时呈多样性；乐于向他人推荐物流企业的服务；排斥物流企业的竞争对手。

（1）物流客户忠诚收入模型。

忠诚的物流客户能够为物流企业带来巨大的忠诚收入，如图 7—12 所示的物流客户忠诚收入模型。在该模型中：投资是指与忠诚总现值相关的投资，贯穿客户关系的整个生命周期；转化是指增加购买活动；交易是指提升忠诚计划功能；价格是指维持价格点的能力；频率能提高购买数量；客户保持能提高客户存在的时限；总收入是指忠诚带来的总收入。该模型说明客户忠诚对物流企业的效益作出了较大的贡献，维护客户忠诚极为重要。

（2）提高客户忠诚度的途径。

1）以客户为中心建立数据库。物流客户关系管理可把企业内部和外部的孤立与分散的客户数据结合起来，使得纷繁冗杂的客户或潜在客户的名字、地址及关于他们的其他资料如消费习惯、嗜好等能够被方便地存储和读取，并让客户知道物流企业以他们为重。物流企业所关注的是如何做到对客户最好，如何博得他们的忠诚。如果物流企业能做到以上两点，客户会更频繁、更多地购买或使用物流企业的服务，物流企业将从他们身上获得更多的利润；如果客户长期以来可以在企业得到同一位他们喜欢的员工的服

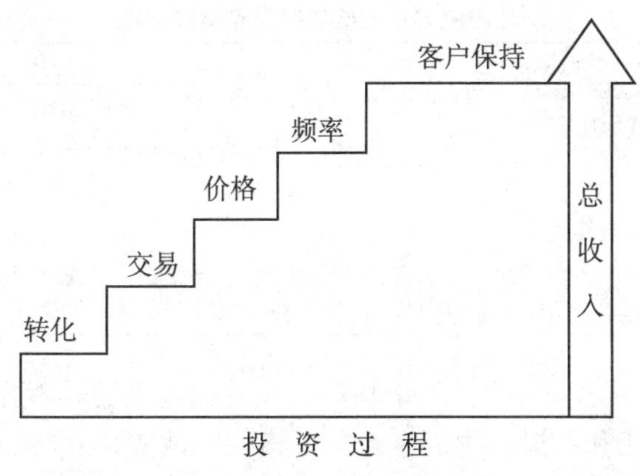

图 7—12 客户忠诚收入模型

务，客户一定会对企业满意并心怀感激。

2）按客户级次制定营销策略。利用数据库，先把现有客户分为可疑者、展望者、新客户、回头客、忠诚客户、拥护者、不积极客户和流失客户；然后制订相应的营销计划以促使客户逐渐达到拥护者级别；最后就要想办法保持客户的忠诚状态。这样，才能一步步提升老客户的忠诚度。

这个过程也被称为客户“升级”过程，即把盈利能力差的客户提升为盈利能力强的客户。物流企业可以通过客户资产的价值资产、品牌资产和维系资产三个方面的提升来设计客户升级的策略。价值资产的提升即物流企业通过成为客户的全面服务商和提供外包服务来实现。品牌资产的提升即通过品牌与客户进行沟通来建立客户与品牌的密切关系，然后针对客户的需求及心理延伸其产品线，主要是利用客户的情感因素制胜，宝供物流就经常使用品牌战略满足不同客户的需求。如果希望客户提供的服务思路能巧妙地融入物流企业的物流服务系统中，那么就需要建立起双方结构化的合作关系，这就属于维系资产的提升。

【案例 7—5】 联邦快递靠“送”维系客户忠诚

美国联邦快递公司曾开发了一套计算机硬件和软件系统，把它送给大客户。有了这套系统，大客户相当于在公司内设置了一家联邦快递公司的分支机构，可以自行创建客户表单、贴标签、跟踪包裹的递送路线。客户企业与供应商做生意十分便利，以至于不必耗费更多的时间和精力与竞争者交易，这是结构化关系的影响。通过维系活动，客户与联邦快递公司的关系越来越紧密，客户对联邦快速公司也越来越忠诚。

启示

联邦快递公司送给大客户“管理系统”并不是目的，而是让客户对联邦快递公司形成“路径依赖”，从而维系客户的忠诚。

一些营销中的激励和奖励措施如累计折扣、批量折扣、积分点等形式也能够提高客户的忠诚度。这些激励和奖励措施的具体描述及应用参见表 7—11。

表 7—11　　增加物流客户忠诚的激励和奖励措施

激励和奖励	描述	应用
累计折扣	对客户忠诚影响较小	推动物流服务在特定渠道的销售 可应用于销售流通慢的商品
批量折扣	多做促销用，容易转换，对客户忠诚有一定的作用	鼓励客户购买，满足特定设计的物流工具满负荷工作
积分点	有累计效应，客户积极收集点数影响企业长期行为	根据积分分级促销，识别达到特定积分的客户，鼓励购买

3）用信息技术服务忠诚客户。承诺物流企业所能提供的，不要为了能留住客户而提供企业无法负担的让利；提供物流企业所承诺的，诚实地对待客户，尊重对方的感受，他们将以忠诚回报你，这是客户关系管理成功的开始。

4）用信息系统与客户互动。借助相关的信息技术、信息系统（如数据库）、各种互动渠道和前端办公应用系统来维护和加强客户关系。即使基于成本的角度考虑，通过电子方式与客户进行接触与互动也是比较方便和可行的。

基本的运作流程为：首先规划并标示出与客户之间的联系，扩展企业互动的潜在区域，以及活动策略，然后利用收集的客户信息与客户进行互动，传递企业信息或市场信息，促使客户作出反应，维护和增强客户的忠诚度。

【案例 7—6】　中外运敦豪基于 IT 的优质增值服务显奇效

DHL 是全球领先的快递和物流公司。在中国，DHL 与中国对外贸易运输集团总公司合资，于 1986 年 12 月在北京正式成立了中外运敦豪国际航空快件有限公司。在中国，DHL 的营业收入和业绩年增速均维持在 40%以上，其原因在于其利用 IT 进行了优质的增值服务。具体说明如下：

(1) DHL 借助现代 IT 手段将业务流程中的物流和信息流高度地融合在一起，业务处理效率非常高。例如，一票快件从发件人那里发出到最后抵达收件人的手中，所有的步骤都产生信息点，使无论身处何处的货件都可以被实时跟踪。

(2) 运用 IT 手段传达物流信息。DHL 的每一个派送员都有一把无线电子扫描枪，当有客户打电话或者是上网告诉 DHL 要求快递物品的时候，派送员会把运单上运单号的条形码以及填写的包括物品名称、客户姓名、地址和对方的姓名、地址、电话等各种信息扫进扫描枪，形成电子化记录。15 分钟以后，这个记录会通过 CSM 网络上传到 DHL 公司的网络上，DHL 在全球的数据库都能够看到这条信息，收件人也能看到这条信息。

(3) 运用 IT 系统处理分拣工作。快递业务最核心的部分是分拣，这也是最容易出差错的地方。DHL 的 IT 系统专设了两道防线，第一道防线在运货单上，每一票快件的信息（包括目的地在内）在分拣之前，就被录入计算机，计算机会把这些数据统计出来。第二道防线是快递员在分拣的时候，每放一件到传送带上，又会做一次扫描、给出数据，并把这个数据跟之前生成的数据进行核对，看是不是相符。分拣完货物，运往不同地方的包裹被装成袋后，这些包裹袋就马上被运往口岸的 DHL 的作业中心。

在作业中心，这些包裹袋会被再次扫描，作为装箱前的最后确认，然后开始包裹装入集装箱的分拣。当飞机还在天上飞的时候，DHL通过IT系统进行清关的工作就已经开始了。在集装箱被装上飞机后，DHL的快件预先清关系统（CIA）把形式发票和一些报关用单据的扫描件通过电子文件的形式传到对方国家，如果对方国家的海关有电子系统的话，会直接对DHL传输过来的资料进行判断分析，然后作出三种决定：对文件形式的快件直接清关；对包裹形式的快件给出税额，以便缴税；对有问题的快件进行扣留。然后将产生的数据传给DHL的IT系统，DHL会对这三种决定采取不同的处理措施。在飞机还没有到达对方国家的时候，所有的清关工作就全部结束了。

在强大的IT运营支撑系统和CRM系统下，DHL不光实现了“快速、安全、可靠”，更是超出了客户的期望，提供了“快乐”的服务。到目前为止，中外运敦豪在全国共有约300名客户服务人员遍布于总部、三大区域及分公司，为客户提供优质、高效、一站式的客户服务。

问题

1. DHL实现了物流客户满意吗？
2. 物流客户满意战略实施包括哪几个环节？
3. DHL是怎样实施物流客户满意战略的？

5. 服务人员管理

在与客户关系日益紧密的大背景下，物流服务人员的招聘、培训、岗位职责细化、评价、激励等不是单个物流企业能独立完成的，只有被纳入客户关系管理系统之中，在信息协同共享的情况下，物流服务人员才能规范地为客户服务，使客户满意。物流企业只有在招聘优秀人员、精心组织培训、科学进行岗位职责细化的基础上，与服务对象共同对物流服务人员进行评价、激励，才能在人的管理上收到实效。

6. 市场行为管理

在客户关系管理中的市场行为管理主要包括以下五个方面：

（1）营销管理。

主要内容包括：营销策划与进程控制；营销计划培训；营销活动的协调与支付；营销信息收集、整理及分享；营销过程中的突发事件及应急处理；重大营销活动安排；媒体关系及公共关系处理等。

（2）销售管理。

主要内容包括：营销策划与进程落实；营销人员管理、考核、奖惩；销售信息，如客户、业务描述、联系人、时间、销售阶段、营业额、可能结束时间等收集与管理；服务项目特征、功能、种类管理；采购、仓储与配送管理；产生各销售业务的阶段报告，并给出业务所处阶段、还需时间、成功的可能性、历史销售状况评价等信息；对地域渠道资源（省市、邮编、地区、行业、相关客户、联系人等）进行维护；终端管理；客户联谊活动；销售商渠道资源管理；物流管理；销售费用管理等。

（3）响应管理。

主要内容包括：呼入、呼出电话处理；互联网回复；呼叫中心运行管理；微信平台管理；客户投诉管理；客户求助管理；客户交流；报表统计分析；管理分析工具；通过传真电话、电子邮件、打印机等自动进行资料发送；呼入呼出调度管理。

（4）电子商务管理。

电子商务或者说互联网已经成为物流企业成长的翅膀，借助电子商务，物流企业的服务可以无限拓展。电子商务的主要功能包括：个性化界面、服务；网站内容管理；订单和业务处理；销售空间拓展；客户自助服务；网站的运行情况的分析报告。

（5）竞争对手管理。

通过吸取竞争对手的先进经验和操作方法，结合企业自身的实际，创造出合适客户需要的独特服务方法，提高客户价值；同时通过掌握竞争对手的发展趋势，使企业在战略决策中有个参照，规避市场风险；还可以通过分析直接相关的竞争对手的信息，根据企业发展的需要，寻求合作的机会。

7. 物流客户投诉的处理

在物流服务的过程中，发生差错和意外是不可避免的，对这些差错和意外的管理水平，有时候比正常的服务更能显示一个物流公司的能力和素质。为了处理物流服务中的意外情况，一般物流公司都设有专门的客户服务部门，对意外情况进行处理。

（1）物流客户服务部门的职责。

客户服务部门一般负责以下工作：

1）记录、处理、跟踪一般性客户投诉，并且提出改进服务的建议；

2）进行客户满意度调查；

3）组织召开客户服务协调会；

4）建立并完善客户服务体系。

（2）物流客户服务部门的投诉处理程序。

一般的客户投诉处理程序如下：

1）投诉受理。在客户投诉登记表上，登记受理时间、投诉事项。样表如表 7—12 所示。

表 7—12　　招商保税物流有限公司客户投诉登记表

编号：

投诉种类：　　年　月　日

<table>
<tr><td colspan="2">投诉客户名称：</td><td colspan="2">投诉客户地址：</td><td>电话：</td></tr>
<tr><td colspan="3">受理时间：</td><td colspan="2">当日受理编号：</td></tr>
<tr><td colspan="5">客户反映的问题及要求：</td></tr>
<tr><td rowspan="2">受理单位意见</td><td>接待单位</td><td>处理单位</td><td>营业单位</td><td>回访单位</td></tr>
<tr><td></td><td></td><td></td><td></td></tr>
</table>

制表：　　主管：　　经理：

2）投诉调查。在客户投诉后，即刻对投诉进行调查，填写客户投诉处理表，写明客户投诉的事项和初步调查的原因。

3）处理意见。一般投诉，由客户服务经理在客户投诉处理表上填写处理意见；对于引起严重后果的投诉，将填写好的客户投诉处理表交给项目经理，填写处理意见。处理意见一般包括消除影响的各种补救措施。填写完毕后，交相关人员办理。

4）处理结果。在跟踪处理过程的基础上，在客户投诉处理表上填写事故的处理结果。

5）客户反馈。客户投诉处理完毕后，通过电话或现场走访的方式，调查客户对处理结果的意见，并如实填写客户投诉处理表上的客户反馈栏。

6）项目经理签字。投诉处理完毕后，交项目经理审核客户投诉处理表，填写对处理结果的意见，意见必须对处理结果是否达到要求作出明确的评价，此意见结合客户的反馈意见，将作为对客户服务经理进行绩效考核的依据。

在客户投诉处理的每个阶段，都需要在客户投诉登记表上登记投诉处理的进程。

8. 合作伙伴关系管理

合作伙伴关系管理即实施通过提升物流企业的合作伙伴网络以更好地服务最终客户的战略。物流合作伙伴关系管理的主要内容有：对企业数据库信息设置存取权限，合作伙伴通过标准的Web浏览器以及密码登录的方式对客户信息、企业数据库、与渠道活动相关的文档进行存取和更新；合作伙伴可以方便地存取与销售渠道有关的销售机会信息；合作伙伴可以通过浏览器使用销售管理工具和销售机会管理工具，如销售方法、销售流程等；业务外包管理。

合作伙伴关系管理使得企业能够与其间接渠道（如分销商和增值商等）更好地合作，把他们与最终客户所希望的增值目标结合在一起，这些增值目标表现在价格、整体质量、交易的轻松程度等许多方面。这样既可从间接渠道获得收益，减少物流服务项目投入市场的时间，也可提高交易效率，使库存水平和最终客户的需求更加透明化，并能改进物流服务的设计。

9. 信息与系统管理

信息畅通与共享是供应链一体化良性运行的保证，同样也是客户关系管理的保障。其主要内容有：

（1）公开信息管理。

在客户关系管理中，信息是共享的，但并不是所有的信息都是公开的。公开信息管理的主要内容包括：电话本；生成电话列表，并把他们与客户、联系人和业务建立关联；把电话号码分配到销售人员；记录电话细节，并安排回电；电话营销内容草稿；电话录音，同时给出书写器，客户可作记录；电话统计和报告；设置自动拨号。

（2）平台管理。

主要内容包括：系统维护与升级；信息收集与整理；文档管理；对竞争对手的Web站点进行监测，并向使用者和客户进行报告等。例如，将客户服务、网络、市场营销、销售等客户渠道整合成物流营销门户。不管客户选择以何种方式与物流企业发生关系，都能得到始终如一的、有价值的体验，都能在短时间内得到统一、完整和准确的服务。物流营销人员也可以通过这一门户，得到对客户更全面的了解。

(3) 商业智能。

主要功能包括：自定义查询和报告；客户定制查询和报告；可看到查询和报告的有关代码；以报告或图表的形式查看潜在客户和业务可能带来的收入等。通过商业智能，可以为客户提供客户支持、售后服务的自动化和优化。例如，进行客户服务人员管理、物流方案的售后跟踪、投诉记录、现场服务的预约与调度、服务结果跟踪、备件管理、服务合同管理、服务收费自动核算等服务，有利于帮助物流企业提供有竞争力的售后支持和维护服务。

(4) 信息集成管理。

信息集成管理就是对零散的信息进行筛选、整理、汇编、加密，然后按照规范程序进行分散和发送，使之与企业的其他信息耦合，达到共享。例如，在信息集成的基础上细分客户群，就可以确立清晰的以利润为基础的客户价值群，以开展更丰富、更可衡量的物流市场营销活动。

(二) 物流客户关系管理的步骤

物流客户关系管理主要有 7 个步骤，每一步需完成的工作参见表 7—13。

表 7—13　　物流客户关系管理的步骤

步骤	内容
分析客户关系管理环境	(1) 3C 分析（客户（customer），竞争者（competitor），企业（company）） (2) 客户区隔、客户满意分析 (3) 竞争者基准、竞争力分析 (4) 企业信息技术解决方案分析 (5) 3C 分析结论
构建客户关系管理框架	(1) 界定与相关者的关系、联盟、客户接触渠道 (2) 客户关系管理理念与目标/选择
制定客户关系管理策略	(1) 客户分析工具运用（客户满意度调查、客户接触渠道分析） (2) 客户关系管理策略体系（策略选择、策略模式） (3) 客户关系管理策略体系的展开（操作模式、效益模式）
展开客户关系管理与企业流程重组	(1) 客户服务过程分析 (2) 建立能够自动收集客户资料的组织构架 (3) 设定各客户接触渠道（客户服务中心、网站）的最佳案例 (4) 各种企业流程的重组优化
建立客户关系管理系统	(1) 各信息技术工具的制定 (2) 以信息技术来实体模拟客户关系管理系统 (3) 将信息技术运用于客服中心、销售自动化、电子商务等
运用客户关系管理信息	(1) 活用客户分析工具（最近消费时间、消费频率、消费形态等） (2) 调查与研究非企业客户与原企业客户族群 (3) 数据挖掘（一对一数据库、大量客制化） (4) 商品开发、促销、提升服务的回馈
利用客户关系管理知识	(1) 建立客户关系管理合作的架构 (2) 知识管理的架构与运用 (3) 客户关系管理基础的人力资源管理、人力资源发展 (4) 体系（教育、评估、目标管理等）

（三）物流客户关系管理的技巧

1. 利用物流客户关系管理技术

【案例 7—7】　宝钢物流客户服务呼叫中心使用多项新技术

上海宝钢物流是宝钢国际生产与经营的重要组成部分，也是宝钢国际物流资源的基础。上海宝钢物流在新成立的客户服务呼叫中心中充分利用现代管理技术和信息技术（见图 7—13），培育自己独有的核心能力，为宝钢集团和社会用户提供优质、可靠的增值服务。

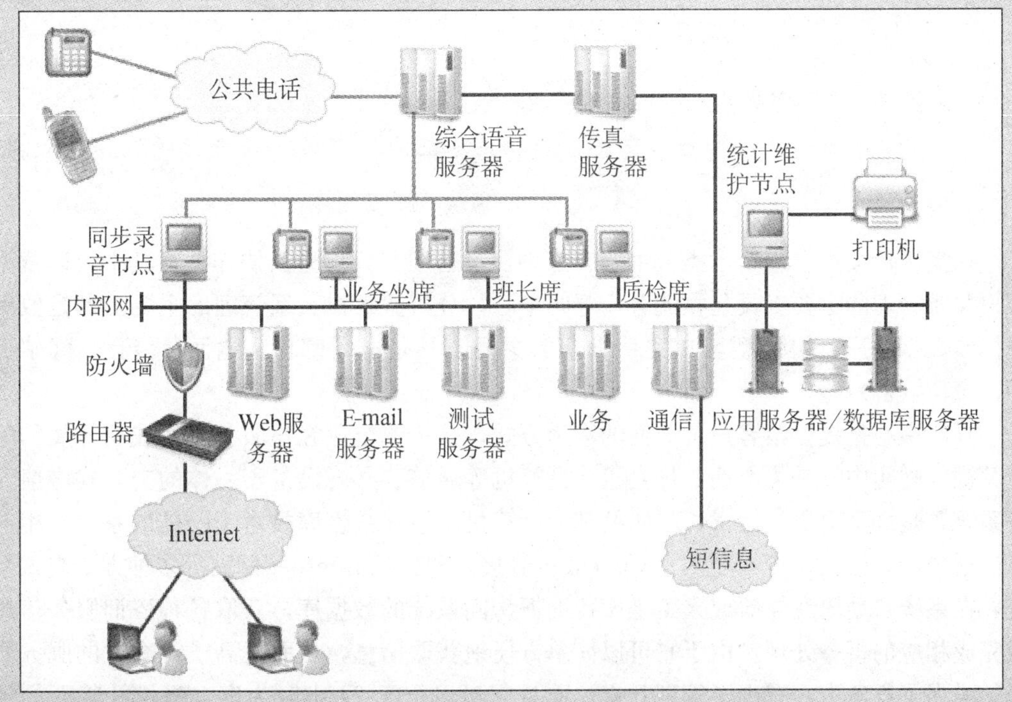

图 7—13　宝钢物流客户服务呼叫中心结构图

宝钢客户服务呼叫中心使用的新技术包括：

(1) 信息支持系统：整个系统采用坐席和 IVR 全集中的方式及车载移动坐席，交换机采用 Alcatel A4400，CTI 系统采用青牛 USE 产品，IVR 系统采用青牛 ATS 产品，管理台负责客户服务中心系统的集中管理。

(2) 呼叫中心系统：平台构成为 Alcatel 交换机（A4400）、IVR/IFR 平台（青牛 ATS）、CTI 中间件（青牛 USE）、录音服务器、管理台及大屏幕显示、固定坐席和移动坐席及班长席电话、传真、录音管理、E-mail、Web、基本呼叫统计数据等。

(3) 系统规模（一期）：接入为 2EI（60 路），固定坐席为 16 个、车载移动坐席为 8 个，IVR 为 30 路，传真为 2 路，E-mail、Web 为 2 路等。

(4) 媒体方式：采用了支持 Tel、Fax、Web、E-mail、WAP 等多媒体接入方式。

(5) IVR 系统：采用了具有自主知识产权的 IVR 平台软件——ATS 青牛软件。提供自动语音/传真服务、人工与坐席交互等。青牛 ATS 提供图形化业务流程编辑工具，且业务流程编辑工具与运行环境分离，具有完善的业务管理、权限管理、监控管理、故障管理等功能，拥有友好的开放性、可扩展性等，使用户可以根据业务需要灵活定制自己的业务流程与管理整个系统。

(6) CTI 系统：采用了具有自主知识产权的 CTI 中间件产品——USE 青牛软件。提供不依赖于硬件设备的软排队机制，智能路由模块统一处理异步通道的不同类型的呼叫请求，提供完善的统计报表模板，提供班长席监控功能，软件匹配了丰富的业务应用开发包、系统控制工具，支持坐席的应用开发等。

(7) 录音系统：提供所有通话的全程录音，及实时监听、质检管理功能。

问题

1. 宝钢采用了哪些物流客户关系管理技术?

2. 物流企业采用了物流客户关系管理技术就能保证成功地进行物流客户管理了吗?

物流客户关系管理技术类型主要有三种：运营型、分析型及协作型。其中，运营型客户关系管理的主要工具是物流客户呼叫中心，分析型客户关系管理的主要工具是数据挖掘或数据仓库，协作型客户关系管理的主要工具是电子邮件、电话、传真、网站页面、微信（群）等。

呼叫中心是提供给客户最方便的沟通方式，是物流企业客户服务工作成功开展的一个关键。呼叫中心是集电话、传真机、计算机等通信、办公设备于一体的交互式增值业务系统，是一个集语音技术、呼叫处理、计算机网络和数据库技术于一体的系统。用户可以通过电话接入、传真接入、Modem 拨号接入和访问 Internet 网站等多种方式进入系统，在系统自动语音导航或人工坐席帮助下访问系统的数据库，获取各种咨询服务信息或完成相应的事务处理。由于它可以简单方便地获取信息，从而提高了对客户的服务质量，增强了竞争力，减少了管理开支，而且它可以全天 24 小时为客户提供礼貌而周到的服务，因此受到人们的普遍欢迎。

数据挖掘是指从大型数据库的数据中提取人们感兴趣的知识。这些知识是隐含的、事先未知的潜在有用信息，提取的知识可以表示为概念、规则、规律、模式等形式。物流客户关系管理中的数据挖掘就是利用数据挖掘理论和技术创建描述和预测客户行为的模型，以实现企业有效的客户关系管理。

电子邮件已成为普遍存在的通信和交流方式。其优势体现为开放性、及时性、低成本、可衡量。

2. 建立个性化联系

物流企业通过对电子邮件、即时通讯软件、呼叫中心、网络社区、“在线客服”系统、微信（群）等工具进行调查并分析，可以与物流客户进行个性化联系并及时了解各客户群与其他客户群的不同之处以及他们的真正需求（见表 7—14），从而可以为物流客户提供更有针对性的服务，提高物流服务的效率。

表 7—14 与客户进行个性化联系的方法和内容

个性化联系的方法	与客户进行个性化联系的内容
调查：向样本客户询问他们的选择	收集到的即时信息有助于增加对已有和潜在客户的选择及态度的了解
客户自我提交兴趣报告	客户描述，有助于与客户进行相关性交流
综合购买数据	跟踪客户购买史和服务档次，了解他们的需求，向他们提供高相关性的建议和推荐信息
综合客户服务	跟踪客户提出的每一个问题，可以提高将来与客户进行交流的频率
建立模型进行分析	对客户进行分析并建立模型，这样可以更好地了解客户，预测他们未来的行为

3. 完善物流服务营销策略

（1）售前服务策略。

1）进行物流客户识别管理。对物流客户的需求进行分析，利用物流客户 ABC 分类法对物流客户进行分类，并对不同的物流客户准备好不同的应对策略。

2）发布产品信息和相关知识，培养消费需求。通过积极发布信息，向客户介绍服务特色，宣传物流知识，培养其购买物流服务的意识。设置通畅的渠道让客户了解服务方案信息，同时对客户资料保密，增强客户的购买信心，提高其满意度。

3）利用网络展示物流服务形象，激发购买欲望。物流作为一种服务，无法满足物流购买者实际接触商品的需求，可以利用网络展示服务过程、流程，使购买者能够全面了解、深入感受到服务的存在。

（2）售中服务策略。

售中服务策略侧重于进行物流客户关系建立管理。

1）开展定制营销，满足个性化需求。对于一些业务可以由客户自主决策进行组合，在不影响服务性能和物流技术允许的情况下，可以设计多种备选方案，给客户个性化的选择。

2）建立实时沟通系统。建立及时、快捷的信息沟通系统，可以使企业的各种信息及时地传递给客户，消除客户顾虑，增加安全性和可靠性。这就需要加强与物流购买者在文化、情感上的沟通，并随时收集、整理、分析客户意见和建议。例如，快速高效的货物踪迹查询系统可以实时地向客户报告，就向用户传递了一种可靠的信息。

3）提供个性化服务。主要包括：服务时空的个性化，在人们希望的时间和地点得到服务；服务方式的个性化，根据购买者所需物流服务的特色来进行服务；服务内容的个性化，根据不同客户、不同需求提供不同的服务。

（3）售后服务策略。

1）进行物流客户保持管理。建立客户数据库，积极管理客户关系。企业应重视已有的、潜在的客户资源，建立客户数据库，积极主动地管理客户关系，加强客户忠诚度。提供良好的自动服务系统，提高客户满意度。

在客户购买物流服务后的最后一个阶段，即评估阶段，客户满意度取决于其实际效用和其预期效用的差额或比值。

客户满意度＝实际所得效用/预期效用

因此，给客户一个合理的预期效用，并尽量使其充分认识到实际所得效用都是很重要的。在售后服务中，自觉而适时地提供客户服务是提高满意度的重要途径。

2）进行物流客户流失与挽留管理。据调查：物流客户服务不好，将造成94%的客户流失；因为没有解决物流客户的问题，将造成89%的客户流失；每个不满意的物流客户，平均会向9个亲友叙述不愉快的经历；在不满意的物流客户中有67%的客户要投诉；通过较好地解决物流客户投诉，可挽回75%的客户；服务得及时、高效且表现得特别重视物流客户，尽最大努力去解决客户投诉的，将有95%的客户还会继续接受服务；吸引一个新物流客户所要花费的费用是保持一个老物流客户的费用的6倍。因此，进行物流客户流失与挽留管理是非常必要的。

具体来说，进行物流客户流失与挽留管理的方法主要有以下几种：1）进行预防。要积极从提供良好的物流客户服务着手，尽量为物流客户提供令其满意的服务。2）正确处理物流客户投诉，道歉并承认错误，用跟进、确保客户满意的方式来进行弥补。3）通过邮寄、发邮件或打电话等方式对流失的物流客户进行调查，了解其流失的原因，这将会使物流企业了解一些可能会导致客源流失的问题所在，还会使客户因物流企业能花时间了解他们的需求而觉得备受重视而提高其重新购买该公司物流服务的可能性。

【操作训练】

按照图7—1所示的作业流程，完成如“2001年上海市邮政客户服务质量管理与客户关系管理测评报告”的项目作业成果。该报告印刷精美，主要内容包括封面、摘要、目录、正文、参考文献、附录、致谢。摘要部分的内容如下。

2001年上海市邮政客户服务质量管理与客户关系管理测评报告（摘要）

一、项目背景及测评目标

（一）项目背景

邮政作为国民经济的基础产业，集信息流、物流、资金流、商品流于一体；与生产、流通、信息传递、人民生活以及国际交流等有着密切的联系。研究邮政服务客户满意度，对邮政行业了解用户需求以便改进服务、对政府职能部门为进一步规范和加强邮政市场管理都具有重要的意义。

为了了解本市个人对本市邮政服务的满意度、寻求本市邮政服务质量、客户关系管理水平进一步提高的方向，上海市质协用户评价中心受上海市质量技术监督局委托于2001年12月对上海市邮政服务进行了第三方客户满意度调查评价。

（二）测评目标

1. 对上海市邮政服务满意度的评价。

2. 了解个人对于上海市邮政客户服务质量管理的意见和建议。

3. 了解公司对于上海市邮政客户关系管理的意见和建议。

4. 识别上海市区邮政服务中比较薄弱的环节，并针对这些薄弱环节提出改进的建议。

二、调查范围

对上海市区街道人群进行随机抽样，于 2001 年 12 月对市区个人做随机拦截调查，涉及长宁、虹口、黄浦、静安、卢湾、闵行、浦东、普陀、徐汇、杨浦、宝山 11 个区，被测评人群中既有本市居民也有外地在沪人士。

三、概述性统计

（一）被测评者的基本情况

本次测评共发放问卷和回收问卷情况。

完成问卷的被测评者的结构。

（二）客户不满意的表现分析

1. 形象。

2. 价格。

3. 网上服务。

4. 门店服务。

5. 新业务评价。

6. 投诉处理评价。

（三）测评结果分析

造成客户不满意、服务质量不高、客户关系管理不善的原因如图 7—14 和图 7—15 所示。

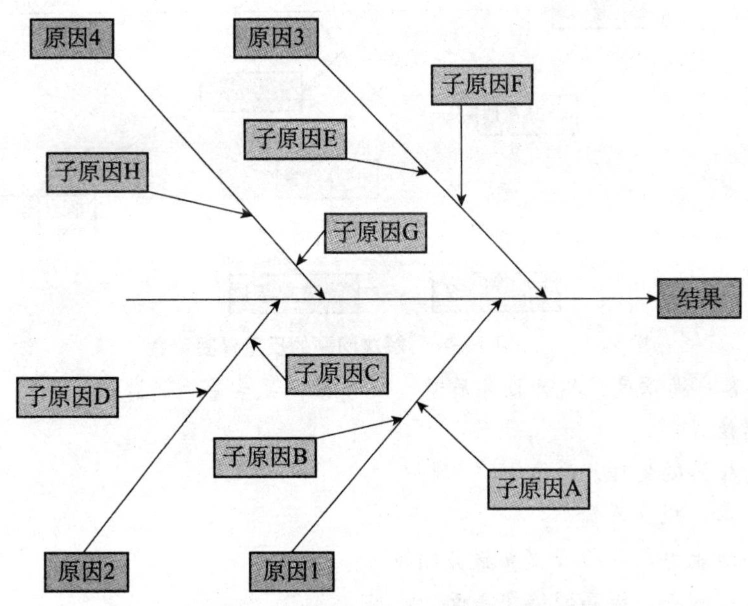

图 7—14　造成客户不满意的鱼骨图示意

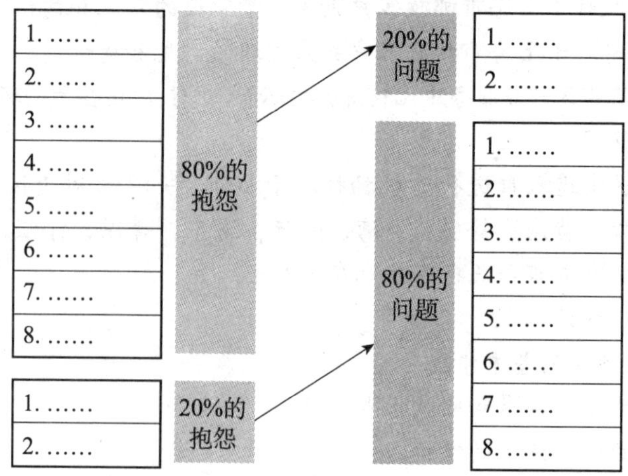

图 7—15　造成客户不满意的帕累托图示意

四、解决客户不满意、服务质量不高、客户关系管理不善的办法

针对已经统计出的问题，用反鱼骨图来寻找解决问题的办法（见图 7—16）。

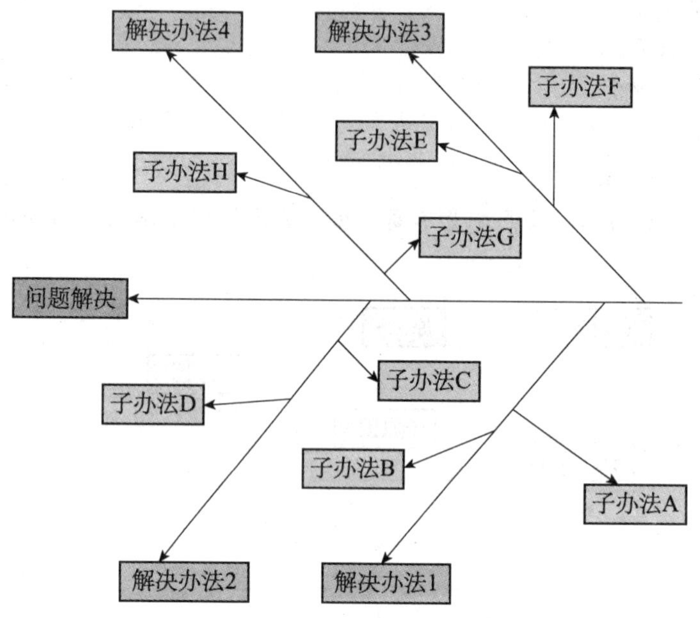

图 7—16　解决问题的反鱼骨图示意

五、改善客户满意度、提升服务质量、改进客户关系管理的建议

1. 增加增值服务。
2. 改进对投诉的处理。
3. 降低成本，减少收费。
4. 增强创新能力，不断开发新服务项目。
5. 增加服务网点，提高网络覆盖面。
6. 建立服务质量标准。
7. 建立客户体验中心。

8. 建立客户数据库，实行精准营销。

【案例分析】

日本大和运输公司令客户满意的物流战略

日本大和运输公司是日本最大的从事商品运输、配送的专业物流公司，创立于1919年，公司总部位于日本东京都中央区的银座。日本大和运输公司主要从事面向住户和居民的宅急便和搬家等物流服务、面向团体用户的宅急便服务、海上商品的国际复合运输以及美术品等特殊用品的运输等，是日本最大的专业宅急便公司，也是日本专业物流商中经营业绩最好的企业。

日本大和运输公司之所以能取得如此骄人的成绩，是因为其实施了令物流客户满意的物流战略：

1. 配送服务差别化战略

(1) 从运输公司转型为“宅急便”配送服务。大和运输公司早期是从事陆地运输的专业运输公司，开始从事配送服务是在1976年，创立了“宅急便”这一物流服务品牌。之后，随着陆运物流服务的不断延伸和扩展，大和运输公司将这种陆地配送的专业服务统称为“宅急便”，主要体现在面向家庭的小单位个别配送、混合装载和大范围的网络运输。其中，面向家庭的小单位个别配送就意味着这种专业物流服务不是固定线路的货车运输，而是具有针对性、营销意味的配送服务，这开了物流配送之先河，从而极大地实现了客户满意。

(2) 彻底追求便利性的差别化。大和运输公司确立了一个独特的市场观念，是一种“彻底追求便利性”的差别化市场观念。大和运输公司的宅急便有几个特点：1) 商品的长、宽、高，总计在1米之内；2) 包装物可以是箱子，也可以是布袋，不需要特别的包装和捆绑；3) 可以在任何家庭、任何地方取货，并向任何地方配送；4) 配送费用根据所划分的不同地区采用相同的费用；5) 配送时间根据不同地区大约为1～2天。这种“彻底追求便利性”的差别化市场观念与邮包递送和铁路小型商品运输的诸多限制形成了鲜明对比，深深地打动了物流客户的心。

2. 紧跟市场需求的服务开发战略

大和运输公司认识到要想在宅急便市场立足，真正成为日本最大的专业宅急便公司，就必须确立服务战略，在服务内容上下工夫，塑造自身的核心竞争力，以创造出更新、更大的市场需求和发展空间。因此，大和运输公司在开展宅急便业务的初期就着力新技术和服务的开发，如滑雪板宅急便、高尔夫球具宅急便、产地直送业务（即直接从产地采购商品配送到客户指定的地方）等都是因客户的需求而产生的，得到了客户的认同与欢迎，成为大和运输公司在竞争中立于不败之地的杀手锏和新利润的增长点。

3. 物流先导者战略

大和运输公司在物流领域是三个先导者。

一是成为“宅急便”配送服务的先导者，开创了“宅急便”这种小单位物流配送服务及其品牌。

二是成为企业用户配送服务的先导者。企业对家庭用户的配送服务形式主要有：百货店的进货和面对家庭客户的商品配送，通信销售业者的配送（即无店铺销售支援系统），产地生产者的直接配送，专业店的订货配送，委托配送，书籍、杂志等的家庭配送等。企业对企业的配送主要是针对小单位、高附加价值的商品或零部件配送，主要形式有：从仓库到工厂的配送、从批发商到零售商的配送、从办公室到办公室的文书配送等。大和运输公司的整个业务体系中，企业对家庭用户、企业对企业的配送所占的比重为 80%。

三是成为物流管理系统的先导者。大和运输公司积极采用先进的物流支持系统，如支持多样化配送服务体系的 LIMO-COP 系统，该系统针对 B2B、B2C 开展从订货、发货、查询到出库作业、商品保管、配送、运输等全过程的物流信息服务，各分公司或事业部之间通过构筑局域网，不同企业之间通过 WEB-EDI 等标准化的联网实现所有参与者之间的信息共享，从而最大限度地降低了物流费用，提高了经营业绩。

所有这些战略，使大和运输公司的客户得到了极大的满足，从而铸就了大和运输业绩与地位的辉煌。

问题

1. 大和运输公司是怎么实现客户满意的？

2. 大和运输公司的整个业务体系中，该企业对家庭用户、企业对企业的配送所占的比重为 80%，还有 20%的业务是什么？

3. 物流客户满意对物流企业的发展具有什么作用？

【课外拓展】

列举近年来物流领域出现的新服务项目、新技术。这些新服务项目、新技术对研发的物流公司产生了什么样的作用？

项目八 物流营销绩效评估

【学习目标】

知识目标

1. 能够列举物流营销绩效评估的内容、方法；
2. 能够简述物流营销绩效评估的流程。

能力目标

1. 能够应用调研的基本方法和程序，调研当地某个物流企业的物流营销绩效评估；
2. 能够从评估指标、评估流程、评估方法等方面评析当地某个物流企业的得失，并设计更合理的评估指标、评估流程和评估方法体系；
3. 能够开展营销绩效评估并撰写评估报告；
4. 在调研、探究、讨论、撰写报告、展示成果的过程中全方位地锻炼学生的自我学习、信息处理、数字应用、与人交流、与人合作、解决问题、革新创新、外语应用、社会适应、自我保护能力，培养学生的敬业精神和职业操守，提升其综合素质；
5. 能够在工作中形成认真负责、耐心细致的工作作风，尊重他人、理解包容、换位思考的心态，规范操作、安全生产、文明服务的习惯，节约能源与材料、爱护设备、保护环境、敢于创新的意识。

【工作情境】

迅达物流的冷链物流项目通过对外营销和内部客户服务管理，销售额扶摇直上。但公司在以下问题上还不是很有底：这个新项目有没有赚钱？赚了多少？有没有达到行业平均水平？冷链物流项目营销是否给公司品牌塑造加分？营销团队配合得怎样？有哪些需要改进的地方？迅达公司决定和贵校开展合作，进行营销绩效评估项目外包，以便给贵校的物流管理专业学生提供真实任务的“工学结合”机会，项目经费4万元。物流管理专业接下这个任务后，决定组织班上的学生自愿组成项目团队，对迅达物流的物流营销绩效进行调查和评估，撰写“迅达冷链物流服务项目营销绩效评估报告”。

【工作任务】

调研当地一个物流项目的营销，能够根据物流营销绩效评估的内容、方法、流程进行物流营销绩效评估，撰写“××物流服务项目营销绩效评估报告”。

【任务分析】

要完成“××物流服务项目营销绩效评估报告”，就得进行物流营销绩效评估。物流营销绩效评估首先需要制订评估计划，然后在确定绩效指标的基础上明确绩效标准，在明确评估主体的基础上培训评估主体，在收集绩效信息的基础上选择合适的评估方法实施绩效评估。在撰写出评估报告后，还需要制订一个绩效改进计划，并进行绩效评估反馈。

【工作流程】

整个流程如图8—1所示。

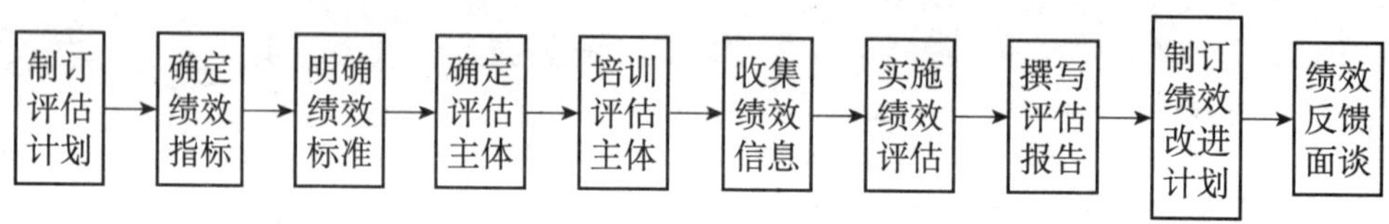

图8—1 物流营销绩效评估作业流程

【知识准备】

物流营销绩效评估是指在物流营销的组织管理过程中，依据特定的指标和测量标准对营销运作的工作过程、组织效率、经济效益、实际效果及其对企业的贡献或价值等各方面进行评定和判断，得出评估结论，指明改进方向，以改善物流营销组织绩效的过程。

对于一个追求利润的物流企业（或物流服务项目）而言，必须经济、合理、有效地利用资源，争取达到预期效果，不断增强可持续发展能力。因此，有必要对物流营销绩效进行评估，通过评估，发现物流服务方案的设计、物流服务的过程中存在的不足，并及时修正；通过评估，对物流营销活动结束后取得的效果做到心中有数，为以后的物流营销活动提供参考和借鉴（见图 8—2）。

图 8—2　物流营销绩效评估的目的：对照标准，发现问题，进行改进

为了正确而有效地进行评估，物流营销绩效评估应遵循公平开放、客观公正、科学可信、反馈提升、真实可行五大原则。

绩效评估可以分为效果主导型、品质主导型、行为主导型三种类型。三种类型的对比如表 8—1 所示。

表 8—1　　绩效评估的类型

类型	着眼点	评估重点	特点	评估案例
效果主导型	干出了什么	结果而非行为，工作业绩而非工作效率	标准易定，易操作	目标管理评估
品质主导型	怎么干	工作中表现出来的忠诚、可靠、主动、创新、合作等品质	操作性与效度较差	员工忠诚评估
行为主导型	干什么	工作过程和工作行为	标准易定，操作性强	行为量表评估

物流营销绩效评估主要涉及评估的内容、流程和方法。

一、物流营销绩效评估的内容

引导案例

物流营销绩效评估指标体系

中国物流企业在国际化、市场化的平台上与国际物流企业直接竞争，也应采用与国际接轨的指标体系和方法评估物流企业（或物流服务项目）的营销绩效。目前，通行的物流营销绩效评估指标体系如表 8—2 所示。

表 8—2　　物流营销绩效评估指标体系

评估指标	子项目
消费者认知度评估指标	消费者满意度
	知名度
消费者行为评估指标	新客户总数
	客户投诉
	忠诚度
中间商方面的评估指标	中间商满意度
	中间商投诉
	准时交货
市场竞争类评估指标	市场占有率
	相对的客户满意度
	相对的服务质量
营销创新方面的评估指标	新服务数量
	新服务收益
	新服务利润
财务评估指标	销售额
	利润率
	市场营销花费

引导问题

1. 根据物流营销绩效评估指标体系，物流营销绩效评估需要对哪些内容进行评估?

2. 营销创新方面的评估指标为什么还要划分为新服务数量、新服务收益、新服务利润三个子项目?

3. 你是如何理解该指标体系的?

4. 该指标体系会对企业物流营销起到什么作用?

完整的物流营销绩效评估内容构成了一个物流营销绩效评估指标体系，反映了物流营销绩效的特定目标和具体数值，是衡量和评估物流营销活动的风向标。有效的物流营销绩效指标有助于改善物流营销组织的内部管理、增强组织的责任感、指引员工的行为向正确方向努力。

一个物流营销绩效评估指标体系一般包括多个指标，不同指标的权重不同。在具体的绩效指标设计上，SMART 原则可以作为设计物流营销绩效评估指标体系的参考（见表 8—3)。

表 8—3　　设计物流营销绩效评估指标体系的 SMART 原则

英文名称	中文名称	内涵	举例
S (specific)	具体性	绩效指标应是具体、明确、特定的工作指标，而非抽象的、笼统的	“增强客户意识”这一目标就不明确，因为减少客户投诉、提升服务速度、使用规范用语、采用规范服务流程等都是途径之一

续前表

英文名称	中文名称	内涵	举例
M（measurable）	可度量	绩效指标是数量化或行为化的，可获得、可衡量、可评价	减少客户投诉——把过去3%的客户投诉率降低到1.5%
A（attainable）	可实现	通过努力，绩效指标可以实现，但不可过高或过低、不切实际	把3%的客户投诉率在一年内降低到0就不切实际
R（realistic）	现实性	绩效指标是现实的、实实在在的，可以证明和观察，而非凭空想象的或假设的	不能因一个营销人员通过打乒乓球签下一个订单就把打乒乓球作为评估指标之一
T（timebound）	时限性	完成绩效指标有特定期限	到2014年6月30日把客户投诉率降低到1.5%

在SMART原则的指导下，物流企业（服务项目）营销绩效评估可以借鉴如表8—2所示的物流营销绩效评估指标体系。下面的物流营销绩效评估内容就根据这一指标体系而展开。

（一）消费者认知度

激烈的市场竞争已使物流客户成为物流企业的“上帝”，物流企业只有不断为客户提供高质量、细心周到的物流服务，不断提升客户价值，才能得到物流客户的认可，保证物流企业的持续发展。因此，消费者认知度是企业营销绩效评估的重要影响因素，可以从消费者满意度和知名度两个方面来衡量。

1. 消费者满意度

消费者满意是消费者忠诚的前提条件，其高低反映了物流客户眼中物流公司服务的优劣。消费者满意度的衡量指标是消费者满意度指数，可以通过对消费群体进行访问调查得到。

2. 知名度

从消费者心理的角度出发，物流客户在购买物流服务时，更倾向于从其已熟悉的企业（品牌）中作出选择，因为一个熟悉的企业（品牌）特别是著名企业（品牌）在长期的市场竞争中享有崇高声誉，给消费者带来了信心和保证。而购买陌生企业（品牌）的物流服务，就意味着有购买风险。品牌知名度划分为如图8—3所示的5个层次。

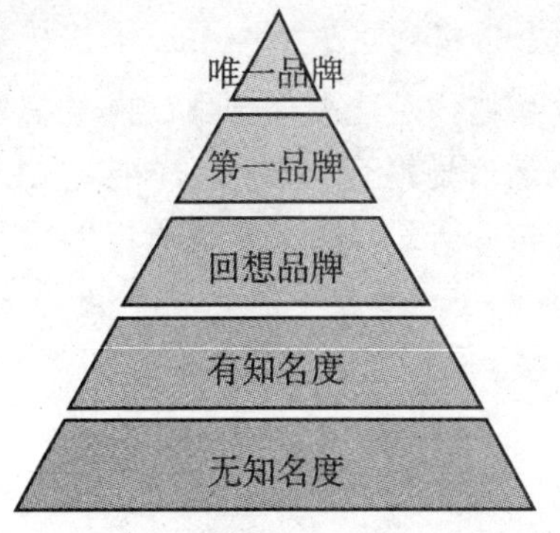

图8—3　品牌知名度的5个层次

（二）消费者行为

消费者行为直接决定了物流营销的成败，是物流企业营销决策的基础。研究消费者行为，对于提高物流营销的决策水平、增强物流营销策略的有效性有着重要意义。消费者行为可以从新客户总数、客户投诉和忠诚度三个方面来衡量。

1. 新客户总数

新客户总数是指在一定时期内新增加的客户的数量。客户的增加意味着收入和利润的增加、企业经营的蒸蒸日上。新客户的总数可以通过客户服务系统进行统计。

2. 客户投诉

客户投诉是客户对物流企业管理和物流服务不满的表达方式，也是物流企业的信息来源，为物流企业创造了改进服务、争取客户的机会。有研究表明，50%～70%的投诉客户，如果投诉得到解决，他们还会再次与物流企业做生意；如果投诉得到快速解决，这一比重将上升到92%。

3. 忠诚度

客户忠诚度越高，客户再次购买同一物流公司的物流服务的可能性越大，购买频率越高，承受物流企业在有限范围内涨价的能力越大，越有利于增加物流企业的销售额和利润，越有利于抵制物流竞争对手的减价或倾销。如顺丰速运就靠服务质量赢得了客户忠诚。忠诚度最高的客户甚至会形成品牌崇拜。

【案例8—1】 顺丰速运靠服务质量赢得客户忠诚

2003年，一场突如其来的“非典”让很多人在足不出户的无奈选择下开始尝试网络购物。网络购物所依赖的快递服务，也进入了一个爆发增长期。网络购物所使用的快递，比一般快递更强调服务的速度和可靠性。那些城市中的年轻白领们，除了购买书籍、服装，也开始通过网店购买一些电子产品和其他价值更高的消费品。为了消除这种非体验消费模式下的不安全感，他们中的很多人在购买商品时宁愿多花5～10元钱，也希望找一家更可靠的快递公司——至少，他们希望自己订的商品“差不多能够送到”，而不是“不一定送到”。

此时，已经完成了网点直营管理的顺丰速运，在服务标准的统一性和可靠性上，已经明显超越了其他快递公司，做到了更快和更安全。依靠之前不同于其他公司的能力建设，顺丰速运开始获取并把持了这个市场中的高端需求群体。网购一族中，甚至出现了一个忠实的“顺丰速运消费群体”。例如，在淘宝等电子商务网站上，在多数卖家的配送方式中，人们开始看到这样的文字说明：“快递15元，顺丰25元。”这种由客户用脚投票发起的服务划分，使顺丰速运在一夜之间成为“较可靠”快递的代名词。

（三）中间商

中间商是物流服务推广的大动脉，是关键性的环节，是调节物流服务供求的蓄水池，是沟通供需的重要桥梁，对物流企业改善经营管理及提高经济效益、满足市场需求、稳定市场具有重要作用。中间商可从中间商满意度、中间商投诉和准时交货三个方面来衡量。

1. 中间商满意度

中间商满意度越高，越容易与企业形成长期的合作关系，越会采取积极的行为促进企业和最终客户的沟通，从而使企业掌握客户的消费需求、市场信息和经营同类服务的各企业的情况，为企业采取适当的营销策略提供信息。

2. 中间商投诉

中间商的投诉带有大客户投诉的性质，也可能代表众多最终客户的意见，重要性更大，更需要快速反应、及时沟通、圆满解决。对口碑传播的研究表明：满意而归的投诉者，大都会比失误发生之前具有更高的忠诚度，有的会成为企业的义务宣传者；一个不满意的客户会把自己的经历告诉 9 个亲友，其中 13%的不满意客户会告诉另外的 20 多个人，因为公开的攻击会比不公开的攻击获得更多的满足。

3. 准时交货

准时交货指标是反映物流企业营销效果的指标，准时交货是令中间商满意的重要条件。准时交货率可以通过售后服务部门的准时交货率统计表来统计。

(四) 市场竞争

从市场竞争的角度评价物流企业的营销绩效可以说明物流竞争者之间营销实力的对比情况以及物流企业的营销活动对环境的相对适应能力。市场竞争可以从市场占有率、相对的客户满意度和相对的服务质量三个方面来衡量。

1. 市场占有率

市场占有率能直接反映物流企业所提供的物流服务对客户的满足程度，也能表明物流企业的物流服务在市场上所处的地位。市场份额越高，表示物流企业的经营能力和竞争力越强。销售和利润水平可以反映出竞争者实力的对比关系。

2. 相对的客户满意度

在与主要竞争对手的对比中评价自己的客户满意度，相关数据可以通过物流企业自己或行业协会或独立第三方的对比调查得到。

3. 相对的服务质量

物流服务质量是指物流服务能够满足物流客户规定和潜在需求的特征和特性的总和，是指物流服务工作能够满足被服务者需求的程度。物流服务质量还是物流企业为使目标客户满意而提供的最低服务水平和保持这一预定服务水平的连贯性程度。物流服务质量来源于服务设计、服务提供、服务中的沟通、与客户的关系等方面。相对的服务质量可以采取评分量化的方式获得，在与主要竞争对手的对比中进行评价。

(五) 营销创新

创新能力是物流企业竞争力的核心，营销创新主要以物流企业新服务的开发情况来衡量，具体可以从新服务数量、新服务收益和新服务利润三个方面来衡量。

1. 新服务数量

新服务数量体现了物流企业对市场需求和市场竞争的反映情况。新产品数量越多，反映企业对市场和竞争的灵敏度越高，对客户需求变化的适应性越强。

2. 新服务收益

新服务收益体现了客户对物流企业新服务的接受情况。新服务收益越多，说明新服务的市场认可度越高。

3. 新服务利润

新服务利润是评价物流企业未来增长潜力的重要指标，是衡量新服务开发效果的有力依据。新服务的利润越高，新服务的市场前景越好，新服务的开发越符合市场需求的方向，新服务的营销效果就越好。

（六）财务

物流企业的营销行为最终通向财务目标。财务效果是物流企业营销业绩的最终体现，是物流营销决策和执行所产生的结果。财务评价指标越高，反映出企业的销售能力就越强，市场竞争力也越强。财务可以从销售额、利润率和市场营销花费三个方面来衡量。

1. 销售额

在一个固定周期内，物流企业销售额的提升取决于四个因素：物流服务销售量的提高、单位价格的提高、周期内购买频次的增加、物流服务种类的增加。物流企业销售额是企业影响力的重要表现，而且是物流企业获得利润以及其他效益的前提，反映了物流企业在一定时期内实现的价值。

2. 利润率

利润率体现了物流企业营销的获利能力，是评价物流企业营销效益的主要指标。该指标值越大，表明物流企业的获利能力就越强，服务的附加值就越高，营销效果也越好。

3. 市场营销花费

市场营销花费直接反映了企业对市场营销的重视度。一般情况下，高的市场营销花费会带来有效的市场营销绩效。

这三个指标在物流企业财务报表上都能反映出来。

二、物流营销绩效评估的流程

引导案例

绩效评估是把“双刃剑”

绩效评估本来是各级主管行使管理职责的重要工具，但在很多企业，它本身却成了一个棘手的问题，常常令主管为难、员工不安。怎样进行有效的绩效评估并发挥应有的作用？骏马公司的绩效管理演变过程或许能给您一些启发。

1. 老的绩效评估办法

骏马公司以物流供应链一体化为主要业务。在 1998 年年底以前，该公司没有系统的绩效评估制度。到了年底，人力资源部让员工回顾一下本年度的工作，每人写一个书面总结，然后由部门主管就绩效总评签署意见（尽管有优、良、中、差、劣五等，但几乎所有的主管给的都是"良"），最后交给人力资源部算是完事。至于红包的多少，全凭主管所定的考评等级，也就是吃大锅饭。老板要求部门主管与员工做一对一的沟通，很多主管采用非正式的谈话方式，将沟通的地方安排在饭桌上或打牌时进行！

这种方法实行了两年，员工完全不把它当回事。于是公司老板给人力资源部经理下了一道命令："产品要创新，管理也要创新。10 天之内拿出一套先进的绩效评估体系！"

2. 老绩效评估办法存在的问题

骏马公司的员工队伍迅速膨胀，主管不再像以前那样对每个人都了解得清清楚楚了。绩效管理作为连接企业战略和企业成果的一个重要环节，也需要随着公司的发展而不断完善。

骏马公司老的绩效评估制度存在以下明显缺陷：

(1) 考评标准相当模糊。主管们缺少对过去业绩和行为事例的记录，对员工的绩效评分非常主观，导致员工对评价结果的不认同。考评成了走形式，不仅没有发挥应有的激励作用，还影响了人际关系。

(2) 主管没能在评估中就员工的优点和缺点给予明确的反馈信息，没能传达出公司的期望。一个完整的绩效评估报告，除了回顾评价员工过去的绩效表现之外，更重要的是能够通过绩效评估来了解员工的能力状况，以便有针对性地帮助员工发展。

(3) 绩效评估没有为员工晋升、调动、加薪提供决策依据，而只是作为一个发放红包的手段。而且，有的主管是先想好了红包数额，再反过来调整绩效评估中各档的比例，失去了绩效评估的意义。

为了解决上述问题，骏马公司通过制订评估计划、确定绩效指标、明确绩效标准，开发了一个新的评估系统。在评估前夕，确定评估主体、培训评估主体、收集绩效信息，实施绩效评估后，进行绩效反馈面谈，撰写评估报告。尽管仍有少部分人对新绩效评估系统有异议，但总体评价还算公正、合理，能为薪酬管理、人员调配和奖惩以及员工培训提供依据，有助于保障组织目标的实现。对此，老板也颇为满意。

3. 新的绩效评估系统

这个系统主要包括三个表格：业绩评估表、能力和态度评价表、未来发展建议表。

(1) 业绩评估表列出了员工的年度工作项目、每项工作所占的权重、完成该项工作所需要的资源和前提条件、完成时间、关键保证措施。在年初，根据 SMART 原则设计个人目标，在考核期内，主管对下属的目标完成情况进行打分。年底通过加权平均，计算出总的得分，然后归入相应的总评档次（分为五档：优秀、良好、可接受、需改进、不可接受）。业绩评估结果与调薪比例挂钩。

(2) 能力和态度评价表不仅列出了公司所要求的核心价值观，还列出了具体职位所要求的能力和态度。而且，公司对这些能力和态度给出了明确的定义，并列举了具体的能力行为指标作为评估标准和案例。员工对照自己和职位要求，先进行自我评价。同时，还需要上级、同级同事、服务客户、被评估人的下属提供相应的评价。公司将这些评价结果汇总分析，最后给员工一个关于优点和缺点的评价报告。此评价结果只与晋升、换岗、培训挂钩，不与薪酬和奖励挂钩。

(3) 未来发展建议表列出了为改善工作绩效员工应采取的措施的建议以及未来的一些行动计划，包括员工的近期发展目标、工作兴趣和职业发展设想。此表和上个表结合使用，为制订新一年的培训计划、换岗计划和绩效评估方案提供了依据。

新的体系把日常绩效管理列为保证年度目标达成的重要管理和控制步骤。在目标执行过程中，主管与下属经常就目标执行情况进行沟通、反馈并主动对下属的工作给予支持或辅导。根据目标执行过程中环境的变化，在保证公司总体目标达成的情况下，主管与下属可以对工作目标进行调整。普通员工的工作目标每半年回顾一次，销售人员每季度甚至每月回顾一次。

对业绩评为优秀的员工，公司除予以特别加薪外，还给予海外旅游的特别奖励。对不能胜任工作的员工，纳入“绩效改进程序”，具体方法是：在 30～60 天的改进计划期内为员工设立绩效改进目标，制订详细的行动计划，并由经理向员工提供经常性的反馈和指导。改进计划期结束后，如果评估合格，则继续聘用，否则予以解聘。

4. 新绩效评估系统的优点分析

绩效评估能够帮助公司获取竞争优势，主要通过两种途径来体现。一是监督员工的行为以确保实现组织目标（监督职能），二是引导员工的行为趋向于组织的目标（引导职能）。因此，绩效考核的最重要的任务是将这两种职能有效地协调起来，在给员工压力的同时，又使员工感到服气，并从绩效评估中得到收获。

这套新的体系，其成功之处就在于它将目标管理和行为评价有效地结合起来，妥善地解决了绩效评估的上述两种职能。

第一张表实际上就是一张目标设定和评估表。这张表主要体现监督职能。作为一种常用且有效的绩效评估工具，目标管理能够指导和监控员工的行为，从而把时间和精力最大限度地投入重要的组织目标上。目标越具体，越具有挑战性，反馈越及时，奖励越明确，员工的表现就越好。

第二张表和第三张表则可以看成是员工的行动纲要。它主要体现引导职能。由于具有可操作性的行为指标，它便于主管观察员工的行为并作出评价，也便于在企业文化建设过程中在内部寻找适合的行为案例。由于不和员工的薪酬奖励等物质利益挂钩，有助于员工在评估时保持实事求是的平和心态，便于员工客观地认识自己的不足，从而通过培训学习或换岗的形式改进自我表现。

但这套体系也有不足。一是过于复杂和烦琐，在设计过程中以及实际执行过程中所耗费的管理成本较高；二是对管理人员的素质要求较高，如科学合理地设定目标需要管理层具备较高素质；三是在目标管理过程中，员工易倾向于短期目标而忽视长远目标，或者是喜欢做容易看到有形结果的事；四是由于有较多的人参与到评估中，会延长评估的时间，增大员工的压力感。

5. 总结

任何公司的绩效评估政策都不是十全十美的。没有最好的，只有最适合的。简单实用或复杂科学，严厉或宽松，非正式的考核方式或系统性的考核方式，不同规模、不同文化、不同阶段的公司要综合考虑。

绩效评估的效果能否充分发挥，取决于相关的跟进措施。主要体现在：平时的目标跟进和绩效辅导是否及时？评估后能否给予相应的奖惩或改进监督？能否不顾情面地明确指出下属的不足？是否建立了员工投诉渠道？评估结果能否有效地运用到培训中去？如果这些措施不完备，绩效评估效果就无法保证。

绩效评估是一把“双刃剑”，好的绩效评估制度可以激活整个组织；但如果做法不当，可能会产生许多意想不到的后果。如果公司内各级主管的管理意识和管理技能还很不理想，最好还是不要把绩效评估制度设计得太复杂。简单实用远比花架子好得多。

案例改编自：赖伟：绩效评估是把“双刃剑”［EB/OL］. http：//www.cnbm.net.cn/article/yv22323737.html.

引导问题

1. 物流营销绩效评估大致要经过哪些流程？

2. 新绩效评估方案成功的关键是什么？

3. 有人认为，绩效评估和公司日常管理是分开的。你认为呢？为什么？用案例中的事实来说明。

4. 为什么说绩效评估是一把“双刃剑”？

物流营销绩效评估是一个根据一定的标准，就物流营销部门在一定时期内的工作表现、工作效率、工作结果作出评估，并将结果反馈给营销部门、相关领导，引导营销部门持续改进的过程。物流营销绩效评估在物流营销部门的日常管理中发挥着非常重要的作用，在物流企业的多项管理决策中都需要使用到物流绩效评估的信息。物流营销绩效评估实际上是一个收集信息、整合信息、作出判断并给予反馈、进行改善的过程，主要包括制订评估计划、确定绩效指标、明确绩效标准、确定评估主体、培训评估主体、收集绩效信息、实施绩效评估、撰写评估报告、制订绩效改进计划、绩效反馈面谈十个环节。其中，每个环节在绩效评估实施过程中都具有重要意义，各部分有机衔接，构成了一个有机整体。

（一）制订评估计划

为了保证物流营销绩效评估的顺利进行，必须事先制订评估计划，主要包括明确评估地位、明确评估目的、确定绩效目标、成立评估机构、确定评估时间、落实后勤保障。

1. 明确评估地位

在企业内部明确确立绩效评估的地位，体现独立、直属于最高领导者的独立性和权威性。

2. 明确评估目的

物流营销绩效评估的主要目的在于通过对物流营销部门整体的全面的综合性评估，判断物流营销部门工作是否称职、管理是否到位、营销是否有效率和效果，让营销部门更清楚地理解自己在企业整个组织体系中的相对地位，为物流营销的未来发展指明正确的控制和管理方向，并以此作为企业高层管理营销部门的依据。

3. 确定绩效目标

明确具体的绩效目标应包括四个方面：目标的执行者明确（独立完成或协作完成）、目标标准明确（期望达到的数量、质量界限清晰）、实现目标的时限明确、保证措施明确。

4. 成立评估机构

成立专门的绩效评估小组，由其制定具体的评估制度、方针、步骤、目标、评估项目、执行、控制、反馈等工作，确定绩效评估小组的组织构架，落实每个评估项目的主管人、负责人、执行人、协调人和其他配合人员。

5. 确定评估时间

明确的评估时间是一个时间段，并根据评估进程将时间段细化。

6. 落实后勤保障

通过后勤部门的参与为评估人员作出适当的安排，让他们摆脱后勤杂事，专心参与绩效评估活动。

（二）确定绩效指标

绩效评估指标是对营销部门工作过程、工作效率、工作效果的数量和质量进行考评的准则和依据。一般来说，要使评估指标科学合理，就必须依据绩效评估的基本原则，首先对所设计的绩效指标进行论证，使其具有一定的科学依据，然后再运用绩效指标体系设计方法，进行指标分析并修正，最后确定绩效评估的指标体系。绩效评估的指标体系实际上是要说明该完成的工作、该达到的目标。评估指标确立后，对应的绩效评估方法也需要确立。

（三）明确绩效标准

有效的绩效标准能激发营销团队全体员工正确的工作动机，调动其工作积极性，提高其业务素质，提高团队的整体效率。绩效标准是要明确：何时完成？成本如何？需要动用哪些资源？

一套有效的绩效标准应具备以下特征：基于工作而非基于工作者设立，绩效标准尽可能反映物流营销部门的工作过程、工作效率和工作效果全貌；具体化，定量化，易于操作，实在难以定量的部分，则订立任务完成程序表，设定达成的明确期限；让被评估者充分参与制定绩效标准，以获取其支持和理解；具有一定的灵活性，且每隔一段时间进行检查、修改；与被评估者的实际能力相符，绩效标准不应定得过高或过低，一般情况下，以营销部门共同的努力能达到的水平为评估的合格分较为恰当，而评估中的优秀分则应是通过部门全体人员一定的努力才可以达到的，从而对其产生激励作用。

表 8—4 为东升物流公司绩效指标与绩效标准设计实例。

表 8—4　　东升物流公司绩效指标与绩效标准设计实例

行为或结果	指标类型	绩效指标	绩效标准
新产品设计	质量	创新性 实用性 性价比 市场推广的可能性 ……	至少有 3 个方面与竞争对手的物流服务明显不同。 至少有 2 个方面比竞争对手的物流服务更加方便。 使用轻型、环保的新材料材，物流服务的价值超过了价格。 在半年内，销售量会超过原来的物流服务。 ……
产品生产	质量	实际费用与预算的变化 合格率 ……	实际费用比预算减少 5%以内。 合格率与去年相比增加 2%～4%。
产品销售	数量	年销售额 税前利润百分比 人工成本 ……	年销售额在 200 万～250 万元。 税前利润率为 30%～35%。 人工成本比去年降低 5%～8%。 ……

(四) 确定评估主体

评估主体可以是企业自己，也可以是外聘。企业自评一般由企业成立专门的组织进行评价，也有的先请营销部门自评。外聘的主体可以是专家，也可以是专业的公司。

无论评估主体是谁，一般都需要听取至少五方面的意见：

1. 直接上级评价

直接上级在判断营销部门的行为与工作目标、组织目标的相关性方面处于最优地位，绝大多数物流企业的管理等级制度也强调了上级对下属评价和奖惩的决策权。但直接上级评价却极易受偏见的影响，导致绩效评估较低的信度和效度。因此，需要有直接上级以外的其他人员对营销部门进行绩效评估。

2. 同级部门评价

财务、人力资源等同级部门能够从自己部门的特殊角度观察到上级无法观察到的某些方面，这就使其评价具有非常重要的意义。但同级部门评价可能会因部门领导之间的个人交情而偏袒或贬低营销部门，使评估结果过于宽松，影响绩效评估的可信度；当评估结果与部门利益分配、部门领导晋升等激励机制相结合时，部门之间会出现利益冲突，也容易使评估结果缺乏公平。

3. 部门自评

让物流营销部门自己评价自己的工作绩效，能有效降低其在绩效考核中的对立情绪，增强其参与意识，有利于绩效评估工作的顺利进行，也有利于其工作绩效的改进。

但对工作绩效的自评，通常要比其他部门的评价结果高。因此，为确保评估结果公正，在评估前应对营销部门进行宣传教育，鼓励实事求是、客观评价自己部门的工作绩效。

4. 客户评价

虽然客户不可能完全了解物流企业营销部门的工作标准与要求，但却能真实、详细地觉察和评价其工作态度和服务质量，从服务的角度进行客观的评价。客户评价的信息一般可通过电话交谈、正式访谈、问卷调查获取。

5. 竞争对手评价

竞争对手的评价可能带有一定的主观感情色彩，但也能从中获得一些更专业的评价。

正是由于从不同角度评估都存在不同程度的弊端，近年来又出现了多方位人员共同评估的360度绩效评估法，即组织中各个级别的了解和熟悉物流营销部门的人员以及与其经常打交道的内部客户和外部客户，从不同的角度对其绩效、重要工作能力、特定工作行为和技巧等提供客观、真实的反馈信息，从而避免单方评价的主观臆断。

（五）培训评估主体

要想使绩效评估系统的制定和实施更为科学、合理、客观、可行，就有必要对评估者进行培训和指导，以便改进其评估能力，保证评估过程的正常进行。对评估主体的培训一般包括以下几方面的内容：

1. 避免评估误差的培训

评估误差是指评估者在判断过程中产生的结果与不受偏见或其他主观、不相关因素影响的客观准确的评价之间的差值。评估误差会影响评估结果，应尽力避免。在实际培训过程中，培训者可先给受训者放映一些反映营销人员实际工作情况的录像带或幻灯片，并要求受训者对案件中的人进行评估。然后，把每位受训者的评估结果展示出来，并向其逐一讲解在绩效评估中可能出现的各种不同的错误（如趋中倾向、晕轮效应等）。通过这种形式的培训，评估者能对各种评估误区有更深刻的认识，从而有效避免此类问题的发生。

2. 收集绩效信息方法的培训

为了使评估的结果更有说服力，能给评估之后的绩效反馈提供充分的信息，评估者必须在绩效评估期间充分收集各种与营销绩效表现相关的信息。这方面的培训既可以以讲座的方式进行，也可以通过生动的录像来进行现场的演示，并在实际工作中根据有关工作绩效信息的获取渠道而有针对性地进行。

3. 绩效评估指标培训

对评估主体进行绩效评估指标的培训，主要是为了使评估主体熟悉在评估过程中使用的各个绩效指标，了解其真正含义。只有在评估主体正确理解各个绩效维度的基础上，才能保证绩效评估有效地进行。

4. 评估方法培训

绩效评估的方法很多，每种方法都会有其不同的优点和缺点，具体选用哪种评估方法，应根据评估目的和评估对象来确定。通过对评估主体进行有针对性的培训，使其充分掌握在实际操作中各种不同的评估方法，以便充分发挥各种方法所具有的优势，并使评估主体对评估方法产生认同感和信任感。

5. 绩效反馈培训

绩效反馈关系到绩效评估能否达到预期的目标。通过对绩效反馈培训，评估者应该能有效掌握绩效反馈面谈中的各种技巧。

（六）收集绩效信息

及时、准确、全面地收集绩效信息对于绩效评估的有效开展是必不可少的。收集绩效信息不仅能为绩效评估提供事实依据，为改进绩效提供事实依据，而且能发现绩效问题和优秀绩效的原因，甚至在发生争议时为评估的结果进行说明。

由于收集信息需要耗费大量的人力、物力和财力，因此，并非所有的信息都要收集，也不是收集得越多越好，必须有选择性地收集信息，且信息收集的重点必须以绩效考核体系为核心。信息收集要把握客观、准确、及时、持续、经济、适用六个标准，收集绩效信息的内容除了绩效考核体系的各个指标的相关目标信息、完成信息外，还要包括来自竞争对手的积极的和消极的信息、工作绩效突出的行为表现、绩效有问题的行为表现。

绩效信息一般可以通过以下几种方法来收集：

1）观察法，即直接观察营销人员在工作中的表现，并对营销人员的表现进行记录。

2）工作记录法，即通过工作记录的方式将营销人员的工作表现和工作结果记录下来。

3）相关部门反馈法，即通过其他部门的汇报、反映来了解营销部门的工作绩效情况。

4）部门汇报法，即营销部门根据工作目标和任务，汇报采取的措施和取得的成绩。

（七）实施绩效评估

由于绩效评估结果往往与各种物质与非物质利益挂钩，绩效评估若实施不当，则可能引起各种利益冲突和内部矛盾，甚至影响物流企业整体的效率，因此必须保证评估的公正性、客观性，避免在绩效评估过程中出现偏差。

1. 绩效评估中常见的人为误差

1）绩效评估标准理解误差。同样是优、良、中、及格、差五个等级，不同的评估主体对这些标准的理解可能就有偏差。例如，可能同样的业绩，甲可能会选“良”，乙可能仅选“及格”，从而导致评估结果出现不公平。

2）晕轮效应误差。评估者在绩效评估过程中，把绩效中的某一方面甚至与工作绩效无关的某一方面看得过重，从而影响了整体绩效的评估。晕轮效应可能会导致过高评估或过低评估。

3）新近效应误差。评估者一般对营销部门新近表现和成绩的印象较深，而对远期发生的事情的印象则较淡薄。例如，评估者可能因为营销部门在近几个月表现良好而代替其在整个评估期的表现，从而造成评估误差。

4）首因误差。又称第一印象误差，即评估者把对被评估者的第一印象带入评估结果，导致评价偏低或偏高。

5）定式误差。是指评估者容易根据过去的经验和习惯的思维方式，在头脑中形成对人或事物的不正确的看法。例如，文科出身的人沟通能力较强，而理工科出身的人则较不善言辞，在这种思维定式的影响下，评估结果必然会发生偏差。

6）从众心理。当同级的部门对营销部门的评价都不好时，即使有评价者对其印象非常不错，但迫于压力，也可能作出“不好”的评价。

7）趋中倾向误差。在绩效评估中，评估者可能不是很了解营销部门的实际情况，或者出于明哲保身、不愿意得罪人的目的，就把评估结果定在中间等级，结果导致趋中倾向偏差。

8）过宽或过严倾向。评估者对被评估者所作的评价过于宽松或严格，使评估结果高于或低于其实际成绩。

2. 避免误差的方法

1）制定客观、明确的绩效评估标准。评估者应对评估指标体系及参照标准各等级的内容作进一步的检查和分析，删除重复部分，改正含糊不清的措辞，使每一个指标的内涵清楚，参照标准各等级间的内容界限分明，并选择客观行为特征作为评估尺度。

2）选择合适的评估者，并对其进行严格的培训。实施绩效评估时，所选择的评估者应多元化，评估者的素养应多元化，并赋予不同评估者的评估结果不同的权重系数。另外，还应对评估者进行严格的培训，使其不仅能有效避免绩效评估中的主观误差，而且能切实地掌握绩效评估的相关技术，提高绩效评估结果的准确性。

3）建立绩效评估申诉制度，保持评估者与营销部门的不断交流，创造一个公开、通畅的双向沟通环境，为营销部门提供一种获得公正待遇的方法和途径。

4）加强对评估结果的评审。当营销部门在每一个因素上都获得相同的评定，就证明存在晕轮效应；当缺少任何极端的评价时，就证明有趋中倾向。此时，企业就应该要求评估者给出合理的解释，或者要求评估者重新作出一个新的评价。

（八）撰写评估报告

评估报告是对评估过程和结果的一个书面总结。报告的基本内容至少应该包括：摘要、目录、研究目标、研究方法、研究机构简介、评估组织、数据来源、数据分析、结论和建议、局限性或不足，附录（如有必要）。

小贴士

撰写绩效评估报告应换位思考的五类问题

撰写绩效评估报告的基本要求包括：引用的数据真实、可靠；结构严谨，层次分明；主题突出，观点鲜明；分析到位，逻辑严谨；语言简练，浅显易懂；善用图表，活泼生动；设计美观，装订精致。

报告正式行文之前，执笔者应有换位思考的意识，站在阅读者的立场设计一些自我提问的问题，并在报告中尽量清晰地回答和解决这些问题：

(1) 什么 (What) ——报告都讲了些什么？哪些是我关心和有用的？报告能发现什么问题？报告能提出什么解决问题的方法或思路？报告会得出什么结论？报告会有什么价值？

(2) 为什么 (Why) ——为什么要进行这样的营销绩效评估？为什么该方案可以更客观地对绩效进行评估？为什么我要接受这种绩效评估结果？

(3) 怎样 (How) ——怎样实施绩效评估？怎样提出新的绩效改进建议？怎样保证评估的有效性？这次评估能给企业带来怎样的影响？怎样面对这些影响？

(4) 谁 (Who) ——谁将受到评估的影响？如何预期他们的反应？谁将影响评估的持续开展？绩效评估体现的是谁的利益？绩效改进方案将由谁来执行？

(5) 何时 (When) ——绩效评估从什么时候开始？什么时候结束？报告完成的最后期限是？这一时点有什么特殊？

(九) 制订绩效改进计划

绩效改进计划是管理者与员工充分讨论后，由管理者为部门或员工为自己制订的包括改进项目、原因、目前水平和期望水平、改进方式、期限的计划。在制订绩效改进计划时要注意改进项目具体明确、切合实际，有明确的时间约束。

绩效改进计划的形式多种多样，但其过程大致可以分为五个步骤：1) 分析团队或员工的绩效考核结果，找出团队或员工绩效中的优点和存在的问题；2) 沟通绩效考核结果，分析问题存在的原因；3) 针对存在的问题，根据未来工作目标的要求及期望水平，在工作能力、方法或工作习惯等有待改进的方面，选取团队或员工目前最迫切需要改进且易改进的方面作为未来一定时期内将要发展的项目；4) 制定合理的改进这些工作能力、方法或习惯的具体行动方案、实现期限以及改进的方式，并确保其能够有效地实施，如团队训练、个性化的培训等；5) 在下一个阶段的绩效辅导过程中，落实、实施已经制订的绩效改进计划，尽可能为部门、员工的绩效改进提供知识、技能等方面的帮助。

绩效改进计划通常包括五方面的内容：1) 在工作能力、方法、习惯上有待提高的方面；2) 改进这些方面的原因；3) 目前的水平和期望达到的水平；4) 改进这些方面的方式；5) 设定达到目标的期限。

（十）绩效反馈面谈

将绩效评估结果反馈给部门具有重要的激励与培训功能。此外，被评估者总是倾向于高估自身的绩效。因此，通过有效的反馈能使营销团队了解绩效评估结果，并清楚地认识团队的长处和短处，真正认识到自身的潜能。一般来说，绩效反馈面谈主要包括以下三个步骤：

1. 绩效反馈面谈的准备

（1）时间、地点的准备和安排。

最恰当的时间应选择在双方都有空闲的时间，最好事先能征求营销团队的意见，照顾到彼此的实际情况；面谈场所应选择比较安静的办公场所，且没有第三者在场。

（2）相关资料的准备。

提前准备好对营销团队进行绩效评估的表格、营销团队日常工作表现的记录、整体的工作能力、工作意愿、嗜好、性格特征等，以便面谈能够有针对性和实效性。

（3）面谈策略和技巧的准备。

可以针对营销团队的整体特点，准备面谈的策略和技巧，加强面谈的效果。另外，可以先准备一些轻松的话题，营造面谈的融洽气氛。

2. 绩效反馈

首先，在面谈开始之前，应向营销团队说明面谈的目的和作用，这样会有助于消除营销团队的紧张情绪。

其次，在面谈过程中，应多问少讲，用心去倾听，并遵循二八法则：80%的时间留给营销团队，20%的时间留给自己，而自己在这20%的时间内，可以将80%的时间来发问，20%的时间用来指导、建议，充分调动营销团队参与讨论的积极性，注意倾听团队提出的不同意见和看法，使其感到自己也享有一定的权利和主动，而不是被强迫接受不愿意接受的评估结果。对造成工作失误的原因要共同分析和讨论，指出应重点改善的地方，并提出改进方向、设定改善目标以及完成时间。

最后，主管应该以积极热情的态度总结一下已经讨论并达成共识的事项，对营销团队的参与表示赞赏，强化对未来计划的承诺，同时公布针对无异议的考核结果的奖惩措施。

3. 评估面谈效果

面谈结束后，绩效评估主管应回顾面谈的过程，总结经验教训，看评估结论是否基本得到认可、营销团队的意见是否得到了充分倾听、是否为改善绩效提供了指导性建议、营销团队是否对未来充满信心。

三、物流营销绩效评估的方法

引导案例

平衡计分卡法在物流服务项目绩效评估中的应用

平衡计分卡法是把财务指标与非财务指标相结合、将业绩评价与企业战略发展联系起来的业绩综合评价方法，主要从财务、客户、内部业务、学习与创新四个方面来观察和评估公司绩效。

目前，我国物流企业的绩效评估体系还很不完善。传统的财务绩效评估太过重视净利润率，而忽视对物流企业正常运营和长远获利能力有重大影响的其他因素，如客户、职员、运营风险、作业工序与控制等因素，往往会造成业绩评估的片面性，影响对竞争优势的发掘，造成企业长、短期运营目标的失衡。

借鉴平衡计分卡法建立与现代企业制度、企业战略相适应的物流企业绩效评价体系，需要从所有者、经营者等角度，从企业组织效率、竞争能力、盈利能力、职工工作效率等方面，全方位、综合地评估企业的核心竞争力，以反映整个企业的运作效率。同时，该绩效评价体系应考虑物流服务业具有的与相关行业联系性强的特点，建立反映物流产业与企业特点的绩效评价体系，以利于评估者规范其经营行为，对其进行事前、事中、事后，定期和不定期的绩效评。

平衡计分卡法对物流服务项目的绩效评估可以从四个方面进行：

1. 财务绩效评估

财务绩效评估指标显示了物流企业的战略及其执行对于股东利益的影响。企业的主要财务目标涉及盈利、股东价值实现和增长。相应的平衡计分卡法将其财务目标简单表示为生存、成功、价值增长（见表8—5）。但是财务层面的评估指标并非唯一的或最重要的。

表8—5　　物流服务项目平衡计分卡法（财务绩效评估）

目标	评估指标	可量化模型
生存	现金净流量	业务进行中的现金流入一现金流出
	速动比率	（流动资产一存货）÷流动负债
成功	权益净利率	净利润÷平均净资产
价值增长	相对市场份额的增加额	业务在规定的评估期内销售额增加量÷在规定的评估期内同行业企业总销售额的增加量

2. 客户绩效评估

经营物流企业不仅要获取财务收益，还要考虑战略资源的开发与保持。这种战略资源包括外部资源和内部资源。外部资源即客户，为企业带来物流服务的市场，这是企业战略性成长的需求基础。而客户层面的绩效评估，就是对企业赖以生存的外部资源开发和利用的绩效进行衡量。平衡计分卡法将客户目标转化成具体的评估指标，如表8—6所示。

表8—6　　物流服务项目平衡计分卡法（客户绩效评估）

目标	评估指标	可量化指标
市场份额	市场占有率	客户数量、物流服务销售量
保持市场	客户保持率	保留或维持同现有客户关系的比率
拓展市场	客户获得率	新客户的数量或新客户的销售额
客户满意	客户满意度	客户满意率
客户获利	客户获利能力	份额最大客户的获利水平、客户平均获利水平

3. 内部业务绩效评估

企业赖以生存的另一个重要资源就是内部资源，就是物流企业具有的内部业务能力，包括产品特性、业务流程、软硬资源等。平衡计分卡法将内部流程目标转化成具体的评估指标，如表 8—7 所示。

表 8—7　　物流企业平衡计分卡法（内部业务绩效评估）

<table>
<tr><th colspan="2">目标</th><th>评估指标</th><th>可量化指标</th></tr>
<tr><td colspan="2">价格合理</td><td>单位进货价格</td><td>每单位进货量价格</td></tr>
<tr><td rowspan="3">服务质量</td><td>可得性</td><td>存货可得性</td><td>缺货率、供应比率、订货完成率</td></tr>
<tr><td>作业绩效</td><td>速度、一致性、灵活性、故障与恢复</td><td>完成订发货周期速度、按时配送率、异于合同配送需求满足时间及次数、退货更换时间</td></tr>
<tr><td>可靠性</td><td>按时交货、对配送延迟的提前通知、延期订货发生次数</td><td>按时交货次数/总业务数、配送延迟通知次数/配送延迟次数、延期订货发生次数</td></tr>
<tr><td rowspan="2">资源配置</td><td>硬件配置</td><td>网络化</td><td>使用采用准时制生产方式（JIT）、物资需求计划（MRP）等物流管理系统的客户数/所有客户数</td></tr>
<tr><td>软件配置</td><td>优秀的人员（完成常规任务的时间、质量，专业教育程度）</td><td>员工完成规定任务的时间、员工完成规定任务的出错率、接受过专业物流教育的员工数/员工总数</td></tr>
</table>

4. 学习与创新绩效评估

虽然客户层面和内部业务层面已经着眼于企业发展的战略层次，但都是将评估点放在物流企业现有的竞争力上，而学习与创新层面则强调了企业不断创新并保持其竞争力与未来的发展势头。物流企业学习与创新绩效评估目标可以利用平衡计分卡法分解成具体指标，如表 8—8 所示。

表 8—8　　物流企业平衡计分卡法（学习与创新绩效评估）

<table>
<tr><th colspan="2">目标</th><th>评估指标</th><th>可量化指标</th></tr>
<tr><td rowspan="3">员工学习</td><td>信息系统方面</td><td>员工获得足够的信息</td><td>成本信息及时传递给一线员工所用的时间</td></tr>
<tr><td>员工能力管理方面</td><td>员工能力的提高，激发员工的主观能动性和创造力</td><td>员工满意率、员工保持率、员工的培训次数</td></tr>
<tr><td>调动员工的参与积极性</td><td>激励和权力指标</td><td>员工建议数量、员工建议被采纳或执行的数量</td></tr>
<tr><td colspan="2">业务创新</td><td>信息化程度、研发投入</td><td>研究开发费增长率、信息系统更新投入占销售额的比重/同业平均更新投入占销售额的比重</td></tr>
</table>

将平衡计分卡法应用于物流企业的绩效衡量，其重点是根据物流企业本身的特点和物流客户需求的特点，设定恰当的评估指标，从而提出一个全面衡量物流企业绩效的方法体系。采用这种全方位的分析方法，就在物流企业经营绩效与其竞争优势的识别之间

搭建了一个桥梁，必将有利于企业的战略成长。

引导问题

1. 平衡计分卡法的一级指标有哪些？一级指标又分为哪些二级指标？

2. 平衡计分卡法的最主要特征是什么？举例说明。

3. 除了平衡计分卡法，你知道的物流企业应用的营销绩效评估方法还有哪些？有什么特点？

4. 这些企业是否仅仅只使用一种营销绩效评价方法？为什么？

物流营销绩效评估的方法，根据评估方法和结果的客观程度来分，可以分为客观评估法和主观评估法（见图 8—4）；根据评估对象来分，可以分为集体绩效评估法和个人绩效评估法（有些方法既可以评估集体绩效，也可以评估个人绩效）；根据评估的工具和对象来分，可以分为图解式考评方法、着眼目标和事件的评估方法、排序和比较的评估方法、针对行为的评估量表方法、综合评估方法（见图 8—5）。

- 物流营销绩效评估方法
  - 客观评估法
    - 劳动定额法（工作标准法）
    - 关键事件法（关键绩效法）
    - 平衡计分卡法
    - 行为锚定等级评价法
    - 行为观察量表法
    - 目标管理法
    - 量表考核法
    - 强迫选择法
    - 标杆法
    - 360 度绩效考核法
  - 主观评估法
    - 描述法（要素评语法、表格描述法、描述表格法）
    - 序列法
    - 排序法
    - 强制分布法
    - 图示标尺定位法
    - 等差尺度法
    - 负绩效考核法
    - 差距分析法
    - 书面叙述法
    - 分级法
    - 小组评价法

图 8—4　根据客观程度划分的物流营销绩效评估方法

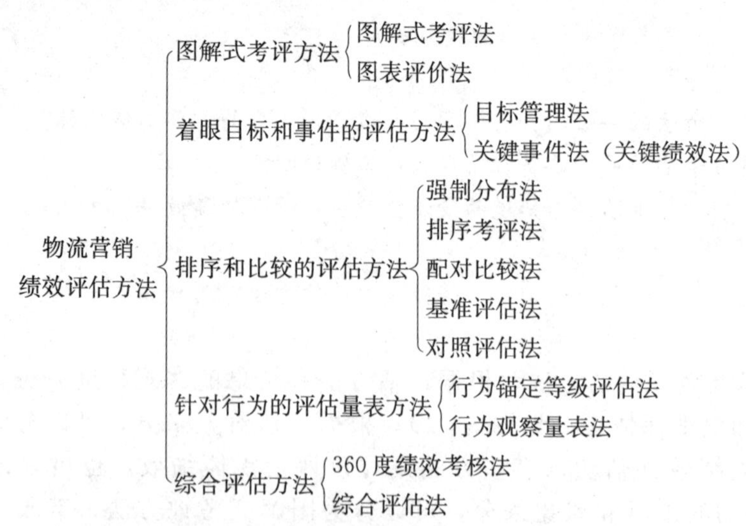

图 8—5　根据评估的工具和对象划分的物流营销绩效评估方法

各种方法各有自己的特点和适用范围，不存在最好的绩效评估方法，而只有最适合的绩效评估方法。一个在某物流企业中使用有效的体系可能并不适用于另一物流企业，即使在同一个物流服务项目中，不同阶段适用的评估方法也不同。因此，物流服务项目应该根据评估的目的、评估的侧重点、项目小组的规模与性质、项目成员的知识层次、物流企业所处的经营环境等来选择合适的、有效的评估方法。而且在评估过程中，评估者不应该局限地使用单一的评估方法，而应以系统的眼光，综合考各种评估方法的优缺点，设计出适合要求的评估方法体系，这样的评估过程也许比较麻烦，但显然效果更佳。在物流服务项目营销绩效的评估过程中，多种方法可以交织在一起使用。在绩效评估的过程中，量级层次的个数、量表层次的奇数与偶数的选择也都需要注意。一个 3 层量表无法反映出感觉的强度，但 10 层量表可能超出了人们的分辨能力，5 层的量表用得最多。奇数级量表，给被访者设立了一个可以参考的中间点，有利于选择，比偶数级的量表更好。

下面我们重点介绍物流企业营销绩效评估中常用的平衡计分卡法、关键绩效法、目标管理法、标杆法和 360 度绩效考核法五种方法。

（一）平衡计分卡法

1. 平衡计分卡法的原理

平衡计分卡法（balanced score card，BSC）是分别从财务、客户、内部业务、学习与创新四个方面制定绩效目标和绩效测评指标，并以此对团队绩效进行管理和测评的方法。

平衡计分卡法的特点是：战略导向，将企业的远景、使命和发展战略与企业的业绩评价系统联系起来，重视战略而非控制；未来导向，把企业的使命和战略目标分解、转变为未来要达到的具体的目标和评测指标，以实现战略和绩效的有机结合，指出了绩效管理路线，指明了工作进步和工作管理的方向；测评的范围更全面、更实际、更客观。

目前，世界排名前1 000位公司中有40%的公司采用了平衡计分卡法。

平衡计分卡法包括财务、客户、内部业务、学习与创新四个指标体系，四个指标体系之间的有机联系如图8—6所示。

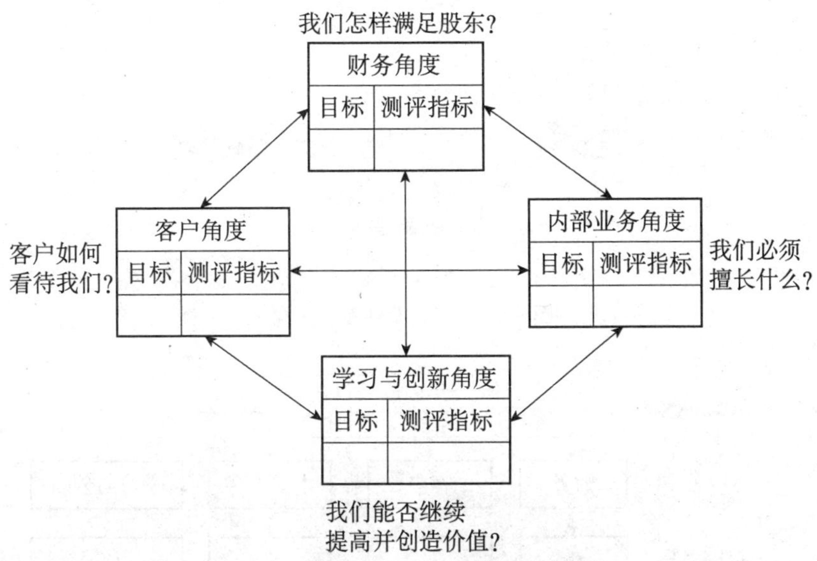

图8—6 平衡计分卡系统指标的有机联系

2. 平衡计分卡法的操作流程

平衡计分卡法的操作流程如图8—7所示。

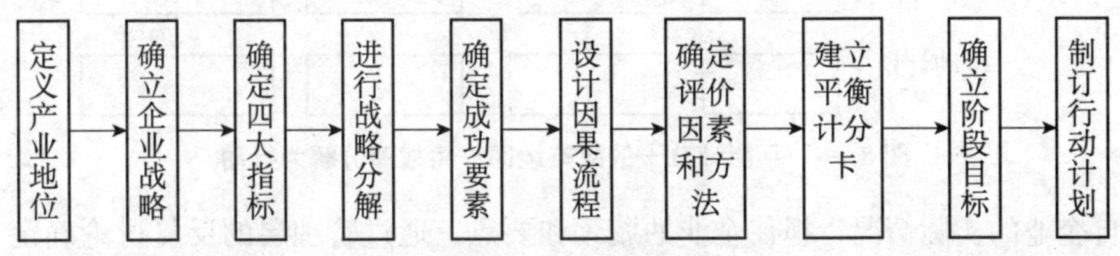

图8—7 平衡计分卡法的操作流程

(1) 定义产业地位。

在对物流产业发展和企业发展的分析中，对物流企业的未来发展进行定位。可用SWOT分析法、迈克尔·彼特的竞争力系统分析法和四要素分析模型、决定国家或地区竞争力的“钻石体系”（见图8—8）来进行分析。

(2) 确立企业战略。

运用战略地图（见图8—9）描述战略。通过绘制物流企业战略地图、部门战略地图、岗位战略地图，将企业愿景、目标、使命、经营理念等战略要素进行有序的整理和清晰的归纳。

(3) 确定四大指标。

根据企业战略制定能够体现或实现企业战略的指标，一般设立财务、客户、内部业务、学习与创新四大指标。如果物流企业还有其他指标，也可以按需添加，但指标不宜过多，否则会导致企业管理成本与考核成本的大幅提高，使考核工作失去可操作性。要

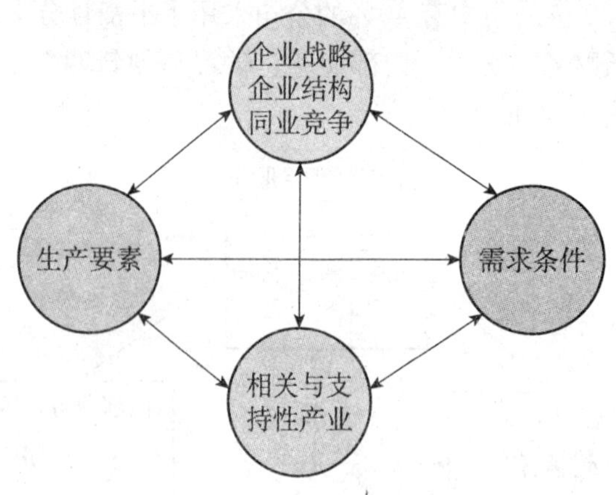

图 8—8 “钻石体系”模型

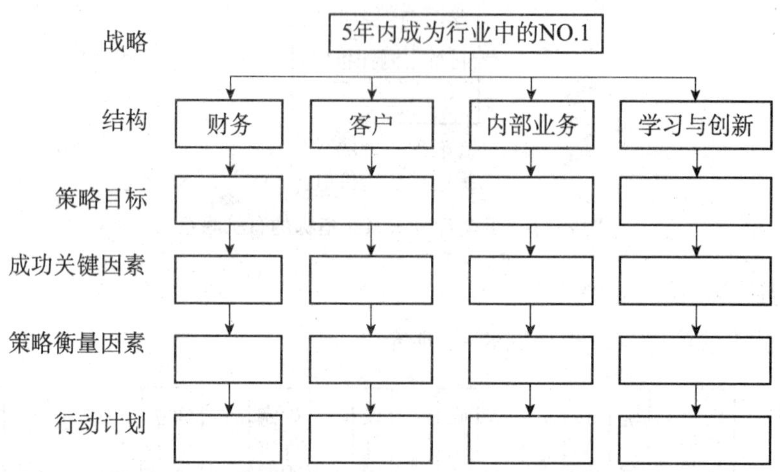

图 8—9 平衡计分卡的战略地图：将战略分解为行动

根据各自企业的实际情况，抓住企业的瓶颈和要点，通过管理层的反复讨论确定考核指标，与企业战略关系不大的指标均尽可能省略，并根据各指标的重要性确定指标权重。例如，公司若采取总成本领先的战略，与成本相关的指标（如生产成本、销售成本、物料控制成本）及管理行为就应该成为考核的重点。

（4）进行战略分解。

将物流企业战略按财务、客户、内部业务、学习与创新四大指标进行分解，指标分解示意与实例分别如表 8—9 和表 8—10 所示。

表 8—9 指标分解示意表

指标维度	战略目标重点	主关键成功因素	次关键成功因素
财务	战略目标重点 1	主关键成功因素 1	次关键成功因素 1
			次关键成功因素 2
		主关键成功因素 2	次关键成功因素 3
			次关键成功因素 4

续前表

指标维度	战略目标重点	主关键成功因素	次关键成功因素
客户	战略目标重点 2	主关键成功因素 3	次关键成功因素 5
			次关键成功因素 6
		主关键成功因素 4	次关键成功因素 7
			次关键成功因素 8
内部业务	战略目标重点 3	主关键成功因素 5	次关键成功因素 9
			次关键成功因素 10
		主关键成功因素 6	次关键成功因素 11
			次关键成功因素 12
学习与创新	战略目标重点 4	主关键成功因素 7	次关键成功因素 13
			次关键成功因素 14
		主关键成功因素 8	次关键成功因素 15
			次关键成功因素 16

表 8—10　　指标分解实例

财务指标	现金流量、销售增长额、经营收入、市场份额上升幅度、净利润、资本报酬率、净资产收益率、总资产周转率、资本增值率
客户指标	市场份额、客户保持率、新客户获得率、客户满意度、合同准时率、优质项目率、投诉降低率、价格指数、客户排名调查
内部业务指标	技术水平，生产效率，服务的提供周期，服务的设计水平和工艺改造能力，设备利用率，安全生产率，员工的能力和素质，售前、售中、售后服务的效果及成本，与客户讨论新工作的小时数，投标成功率，返工、安全事件指数
学习与创新指标	员工满意度、员工学历、年龄结构、工龄、流动率、员工的知识水平及对新技术与新服务的学习和应用能力、员工的培训及效果、企业管理组织适应市场变化的能力、新技术与新服务的开发能力、新服务的市场占有率、新服务开发及新技术应用所需的时间成本及产出、新服务收入所占比例、新服务收入提高指数、员工合理化建议数、创新数目、员工人均收益

（5）确定成功要素。

在集体讨论的基础上，确定 5 个重要的因素，按照优先顺序排列。

（6）设计因果流程。

将分解的战略目标与重要成功要素设计成流程图，并梳理因果关系（见图 8—10），使分解的战略目标能够平衡发展，避免扭曲资源分配，如不能为某一成功要素而牺牲了其他的重要因素。

（7）确定评价因素和方法。

在因果关系图的基础上确定评价的细分指标，并确定相应的评价方法。

（8）建立平衡计分卡。

将评价因素、评价标准按照财务、客户、内部业务、学习与创新四大指标分别建卡（见表 8—11），提供完成计分卡过程的详细说明与相关文件，保证每个营销人员知道相关工作、流程可能发生的改变。

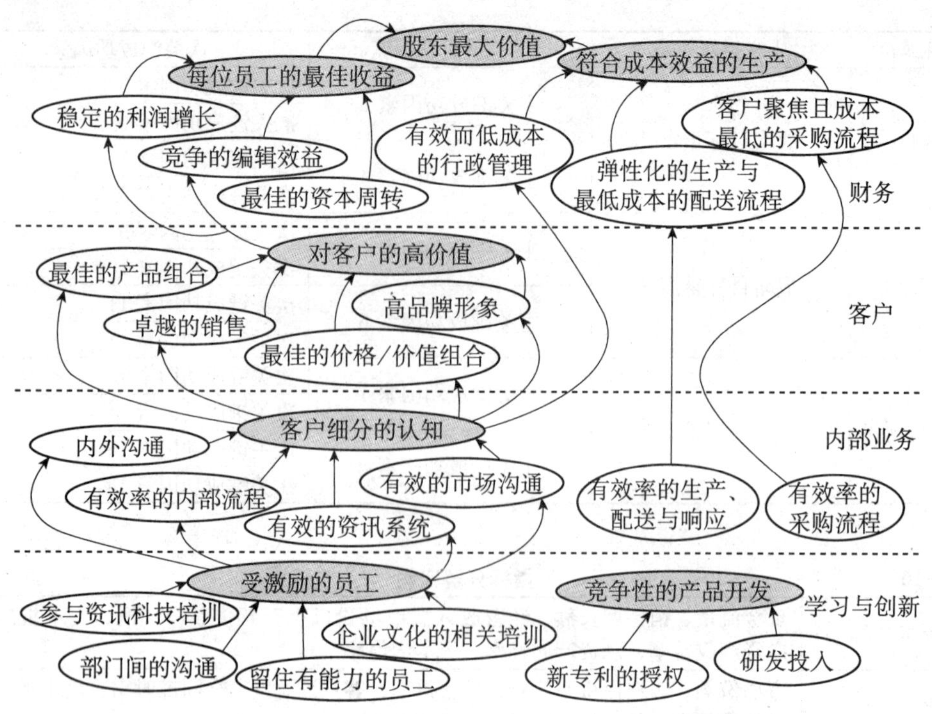

图 8—10　分解的战略目标与重要成功因素之间的因果关系

表 8—11　　物流公司营销总监绩效考核卡

职位名称	营销总监		考核日期	2014.6.30
职位的主要使命	营销战略规划、营销策略制定、营销管理			
主要工作职责	量化考核指标（KPI）			
(1) 制定企业的营销战略 (2) 组织制定营销服务规范和标准 (3) 营销管理 (4) 营销组织管理	客户服务	·客户满意率 ·新增客户数 ·客户意见响应时间 ……	价值贡献	·大客户引进 ·营销预算占营业额的比重 ·超预算项目 ……
	运营效率	·制定营销方案时间 ·配送效率 ·回款时间 ……	未来发展	·参与培训次数 ·合理化建议数 ·行业影响 ……

(9) 确立阶段目标。

将长期目标分解为短期目标，并在平衡计分卡显示定量目标、阶段目标。在执行过程中定时审查进度并及时采取行动。

(10) 制订行动计划。

配合组织与流程再造，拟定详细的达到目标的措施、方法、步骤。

特别需要说明的是，平衡计分卡法是一个持续的改进过程，可能需要以上环节的周而复始。

（二）关键绩效法

1. 关键绩效法的原理

关键绩效法（key performance indicators，KPI）是通过对组织内部流程的输入端、输出端的关键参数进行设置、取样、计算、分析，把企业的战略目标分解为可操作的工作目标的工具，进行流程绩效的目标式量化管理。关键绩效法是在对工作流程进行分析的基础上，把企业战略和使命转化为战术目标，再将战术目标分解至各岗位，形成绩效目标，在此基础上设定实现这些目标的关键业绩指标，并以此为考评工具对部门进行绩效考评及为实现绩效目标而进行的一系列有关沟通、反馈、改进的过程。其原理如图8—11所示。

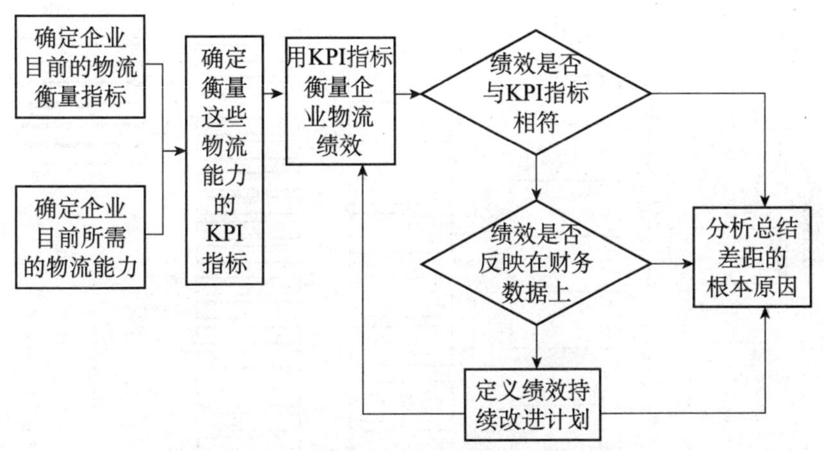

图 8—11　KPI 指标衡量企业物流绩效原理示意图

建立明确的切实可行的 KPI 体系，是做好绩效管理的关键。关键绩效指标是用于衡量工作人员工作绩效表现的量化指标，是绩效计划的重要组成部分。

KPI 法符合八二法则——在一个企业的价值创造过程中，存在着“80/20”的规律，即 20%的骨干人员创造企业 80%的价值；而且在每一位员工身上，八二法则同样适用，即 80%的工作任务是由 20%的关键行为完成的。因此，必须抓住 20%的关键行为，对其进行分析和衡量，才能抓住业绩评价的重心。

关键业绩指标从战略目标的角度分解，可分为财务层面指标、内部运营层面指标、周边关系层面指标和投入指标四种。关键绩效指标由三个层级构成：一是公司级关键绩效指标，它是由公司的战略目标演化而来的；二是部门级关键绩效指标，它是根据公司级关键绩效指标和部门职责来确定的；三是由部门关键绩效指标落实到具体岗位（或子部门）的业绩衡量指标。因此，基于关键业绩指标的绩效管理体系根据组织的层级关系可分为企业级绩效管理、部门级绩效管理、岗位级绩效管理，三者是一个统一的管理系统。

2. 关键绩效法的操作流程

关键绩效法的操作流程如图 8—12 所示。

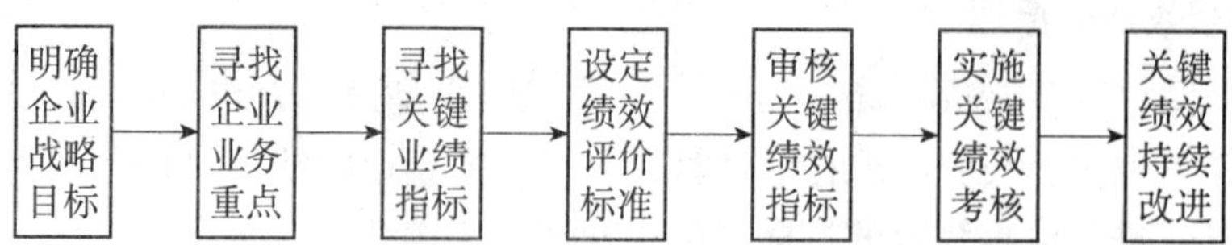

图 8—12 关键绩效法的操作流程

(1) 明确企业战略目标。

运用战略地图描述企业的战略目标，如图 8—13 所示。具体实例如表 8—12 所示。

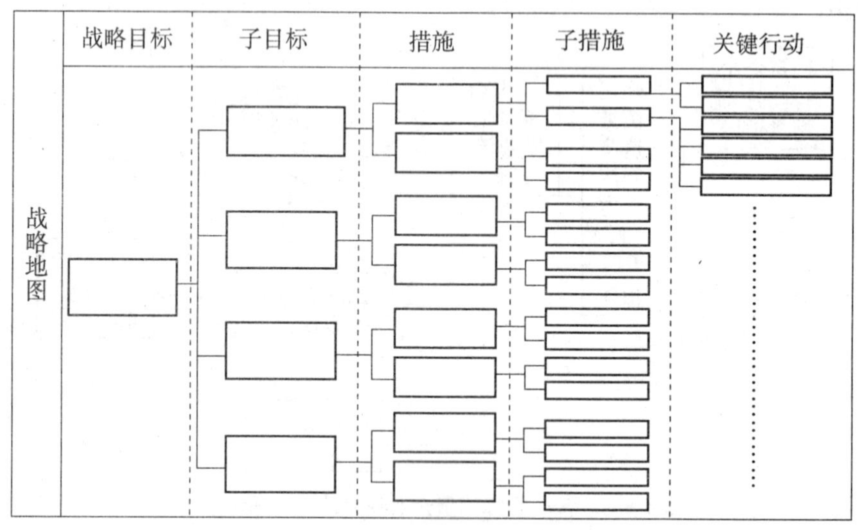

图 8—13 用战略地图描述企业的战略目标

表 8—12 尽通物流公司的战略定位简要描述

定位	主要内容	说明
行业定位	以快递为核心，低度多元化	以快递为核心业务，逐步拓展货运业务
产品定位	快速、精准、优质服务	只提供中高档服务
市场定位	文件、信函、快递	通过市场细分和市场区隔，建立与重点客户的战略合作关系
区域定位	以华南市场为核心，逐步走向全国	在华南市场站稳后，向华东、华中扩张，最后是全国
品牌定位	快递、货运品牌统一	只发展“尽通”一个品牌

(2) 寻找企业业务重点。

通过企业会议，用头脑风暴法和鱼骨图法找出企业的业务重点，这是企业价值评估的重点。

1) 头脑风暴法 (brain storming，BS) 又称智力激励法、自由思考法、畅谈法、集思法，是一种通过集思广益、发挥团体智慧，从各种不同的角度找出问题原因或解决方案的会议方法。头脑风暴法又可分为直接头脑风暴法（简称头脑风暴法）和质疑头脑风暴法（又称反头脑风暴法），前者是尽可能提设想、方案，后者是逐一质疑设想、方案，分析其可行性。

2）问题的特性总是受到一些因素的影响，通过头脑风暴法找出这些因素，将它们与特性值一起按相互关联性整理而成的层次分明、条理清楚并标出重要因素的图形就称为特性要因图。因其形状如鱼骨，所以又称鱼骨图（见图 8—14）。鱼骨图是由日本管理大师石川馨先生发明的，故又名石川图。鱼骨图是一种发现问题根本原因的方法，故又称因果图。

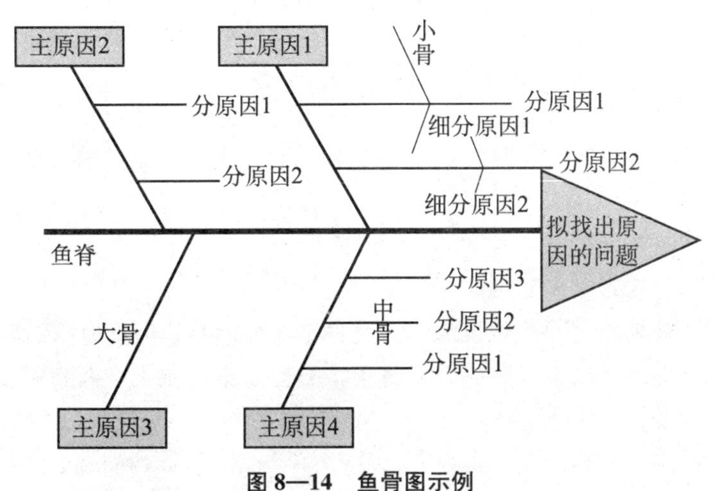

图 8—14 鱼骨图示例

（3）寻找关键业绩指标。

用头脑风暴法找出各关键业务领域的三级关键业绩指标（KPI），即企业级 KPI、部门级 KPI、岗位级 KPI，确定相关的要素目标，分析绩效驱动因素（技术、组织、人），确定实现目标的工作流程，形成业绩衡量指标的评价体系，即“评价什么”的问题。这种对 KPI 体系的建立和测评过程本身，就是统一全体员工朝着企业战略目标努力的过程，也必将对各部门管理者的绩效管理工作起到很大的促进作用。

【案例 8—2】 大化物流公司营销系统的 KPI

1. 组织增幅

指标名称：销售额增长率。

指标定义：计划期内，分别按订货口径计算和按销售回款口径计算的销售额增长率。

设立目的：作为反映公司整体组织增幅和市场占有率提高的主要指标。

数据收集：财务部。

指标名称：出口收入占销售收入比重的增长率。

指标定义：计划期内，出口收入占销售收入比重的增长率。

设立目的：强调增加出口收入的战略意义，促进出口收入增长。

数据收集：财务部。

2. 生产率提高

指标名称：人均销售毛利增长率。

指标定义：计划期内，物流服务销售收入减去物流服务销售成本后的毛利与营销系统平均员工人数之比。

设立目的：反映营销系统货款回收责任的履行情况和效率，增加公司收入，改善现金流量。

数据收集：人力资源部。

3. 成本控制

指标名称：销售费用率降低率。

指标定义：计划期销售费用支出占销售收入比重的降低率。

设立目的：反映销售费用投入产生销售收入的效果，促使营销系统更有效地分配和使用销售费用。

数据收集：财务部。

指标名称：合同错误率降低率。

指标定义：计划期内发生错误的合同数占全部合同数的比重的降低率。

设立目的：促进营销系统减少合同错误，合理承诺交货期，从而提高整个公司计划水平和经济效益。

数据收集：生产总部。

（4）设定绩效评价标准。

标准是指在各个指标上分别应该达到什么样的水平，解决“被评价者怎样做、做多少”的问题。绩效评价标准设定的示例如表8—13所示。

表8—13　君益物流公司绩效量化指标标准设计示例

绩效项目	项目权重	绩效指标	绩效指标定义	量化标准（绩效指标的评估等级按7级划分，7级为最高，1级为最低）	考核结果
绩效项目1	75%	销售总量	各类品种销售量之和	以85 000吨为4级，每增加3%，提升一个等级；每减少2%，降低一个等级	
		销售收入	各类品种销售收入之和	以5.4亿元为4级，每增加2%，提升一个等级；每减少1%，降低一个等级	
		资产利润率	利润额/量化资产额	以目标规定数额为4级，每增加3%，提升一个等级；每减少2%，降低一个等级	
		总成本费用	生产成本＋销售成本＋管理费用＋财务费用	以目标规定数额为4级，每减少5%，提升一个等级；每增加3%，降低一个等级	
		净利润	以事业部为单位的内部利润	以目标规定数额为4级，每增加3%，提升一个等级；每减少2%，降低一个等级	

续前表

绩效项目	项目权重	绩效指标	绩效指标定义	量化标准（绩效指标的评估等级按 7 级划分，7 级为最高，1 级为最低）	考核结果
绩效项目 1	75%	货款回收率	回款数额/实际商品发出价值额	以目标规定数额为 5 级，每增加 0.5%，提升一个等级；每减少 0.5%，降低一个等级	
		产品合格率	合格产品量/全部生产量	以目标规定数额为 5 级，每增加 0.5%，提升一个等级；每减少 0.5%，降低一个等级	
		市场覆盖率	实际供货市场/目标供货市场	以目标规定数额为 7 级，每减少 0.5%，降低一个等级	
		市场占有率	实际销售量/市场销售总量	以目标规定数额为 4 级，每增加 1%，提升一个等级；每减少 0.5%，降低一个等级	
		设备利用率	设备运行/设备能力	以 80%为 4 级，每增加 3%，提升一个等级；每减少 2%，降低一个等级	
		安全生产	按人身伤残事故的次数计算	以目标规定数额为 7 级，每发生一次重大人身事故，降低一个等级	
……		……			
合计					

(5) 审核关键绩效指标。

为了确保关键绩效指标能够全面、客观地反映被评估者的绩效，而且易于操作，需要从一些角度进行审核：这些指标的总和是否可以解释被评估者 80%以上的工作目标？跟踪和监控这些关键绩效指标是否可以操作？多个评估者对同一个绩效指标进行评价，结果是否能取得一致？

(6) 实施关键绩效考核。

根据绩效考核指标对部门进行考核，并根据定性评价和定量评价指出明确的改进方向、改进措施。

(7) 关键绩效持续改进。

绩效考核要实现两个目的：绩效改进和价值评价。面向绩效改进的考核重点是问题的解决及方法的改进，从而实现绩效的持续改进。绩效管理最重要的是让各部门、员工明白公司的要求是什么，各部门、员工应如何开展工作和改进工作，有针对性地分配工作和分解目标。

(三) 目标管理法

目标管理法（management by objectives，MBO）是让企业的管理层和员工亲自参加工作绩效目标的制定，管理层定期检查达成目标的进展情况，员工在工作中实行“自我控制”并努力完成可观察、可测量的工作目标，管理层根据目标完成情况进行奖惩的一种管理制度和业绩考核方法。

1. 目标管理法的原理

在目标管理制度中，可以使管理者下放权力、成员参与管理并亲自参加工作目标的制定，加上有明确的目标考核体系，促使员工实现“自我控制”，自觉地去努力完成工作目标。而且因为对于员工的工作成果有明确的目标作为考核标准，从而使对员工的评价和奖励做到更客观、更合理，所以可以大大地激发员工为完成组织目标而努力。

目标表示最后结果，而总目标需要由子目标来支持。这样，组织及其各层次的目标就形成了一个目标网络，每个人对他所在组织的成果贡献都很关键。如果所有人都实现了他们各自的目标，则他们所在组织的目标也将达到，而组织整体目标的完成也将成为现实。

作为任务分配、自我管理、业绩考核和奖惩实施的目标，具有层次性、网络性、多样性、可考核性、可实现性、富有挑战性、伴随信息反馈性七个特征。

目标管理在指导思想上是以Y理论为基础的，即认为在目标明确的条件下，人们能够对自己负责。目标管理与传统管理的共同要素包括：明确目标、参与决策、规定期限、反馈绩效。目标管理在具体方法上是对泰勒科学管理原理的进一步发展。

Y理论是指将个人目标与组织目标融合的观点，与X理论相对立。Y理论的主要观点是：一般人本性不是厌恶工作，如果给予适当的机会，人们通常喜欢工作，并渴望发挥其才能；多数人愿意对工作负责，寻求发挥能力的机会；能力的限制和惩罚不是使人去为组织目标而努力的唯一办法；激励在需要的各个层次上都起作用；想象力和创造力是人类广泛具有的。因此，人是“自动人”。激励的办法是：扩大工作范围；尽可能把员工工作安排得富有意义，并具挑战性；满足员工自尊和自我实现的需要；使员工达到自我激励。只要启发内因，实行自我控制和自我指导，在条件适合的情况下就能实现组织目标与个人需要统一的理想状态。

泰勒的科学管理的根本目的是谋求最高效率，而最高的工作效率是雇主和雇员达到共同富裕的基础，使较高工资和较低劳动成本统一起来，从而扩大再生产的发展。要达到最高的工作效率的重要手段是用科学化的、标准化的管理方法代替传统的经验管理。为此，泰勒提出了一些基本的管理制度：对工人提出科学的操作方法和工作定额，以便有效利用工时，提高工效；对工人进行科学的选择、培训、晋升，选择合适的工人安排在合适的岗位上；制定科学的工艺规程，使工具、机器、材料、作业环境标准化；实行具有激励性的计件工资报酬制度；管理和劳动分离。

目标管理法的优点是：评价标准直接反映了各部门和员工的工作内容，结果易于观测，很少出现评价失误，也便于对部门、员工提供建议，进行反馈和辅导；目标管理的过程是员工共同参与的过程，员工工作积极性大为提高，增强了责任心和事业心；如果所有部门、员工都实现了各自的目标，那么组织整体目标的完成也将成为现实。目标管理法不是用目标来控制员工，而是用目标来激励员工。

2. 目标管理法的操作流程

目标管理法的操作流程如图8—15所示。

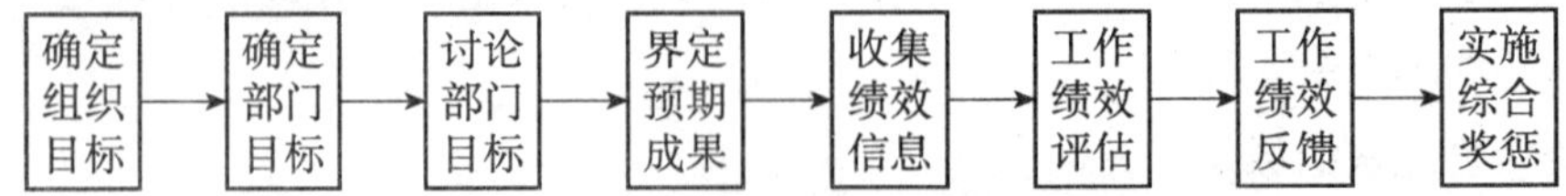

图8—15 目标管理法的操作流程

1）确定组织目标。制订整个企业下一评估阶段的工作计划，并确定相应的组织目标。

2）确定部门目标。由各部门领导和他们的上级共同制定本部门的目标。

3）讨论部门目标。部门领导就本部门目标与下属人员展开讨论，并要求员工制定自己的工作目标和计划，从而明确本部门每一位员工如何才能为部门目标的实现作出贡献。

4）界定预期成果。部门领导和员工共同确定部门、个人短期的绩效目标。

5）收集绩效信息。在部门和员工实施目标的基础上，收集与实际绩效有关的信息。

6）工作绩效评估。把每一位员工的实际工作绩效与事先确定的绩效指标相比较，同时把部门的工作成效和部门的预期绩效目标相比较。

7）工作绩效反馈。上级领导与部门领导、部门领导与部门员工定期召开绩效评估会议，分别对预期目标的达成和进度进行讨论，特别是要提出下一步工作的具体计划和新的目标，以使目标管理成为一个完美的循环过程。

8）实施综合奖惩。根据评估结果进行奖惩，包括各种评优的综合考虑、奖金的兑现、薪酬福利和待遇的相应增减、必要的行政处罚甚至开除等。

（四）标杆法

标杆法（benchmarking）是指将那些出类拔萃的物流企业营销绩效作为本企业营销绩效测定的基准，定量分析并比较本企业与其他企业的营销现状，以标杆企业为学习对象，迎头赶上并进而超过标杆企业。该方法广泛地应用于建立绩效标准、设计绩效过程、确定度量方法和管理目标上。

1. 标杆法的原理

标杆法为物流企业营销绩效评估提供了一个具体的卓越企业标杆，使之有具体的参照对象，可以比较、借鉴、学习。

物流企业开展标杆活动可以帮助企业辨别最优秀企业中一流的管理功能，并将其吸收到本企业的经营计划中，以激励企业员工发挥更高的创造性，更好地改进工作绩效，并完成绩效计划；实施标杆法还可以扫清物流企业进步的障碍，通过对比外界状况找出企业中深层次的矛盾问题，并采取措施改进以保持物流企业的持续发展；通过标杆法的实施过程可以使得物流企业各部门的配合更加紧密。

2. 标杆法的操作流程

标杆法实施过程示意图如图 8—16 所示。

在标杆法的实施过程中，企业要注意多方面地收集有关数据，并且要尽量争取到企业高层领导的支持。管理人员应把它视为向其他企业学习和改进本企业工作的有效途径；普通员工应把绩效标杆视为建立企业竞争战略的长久措施。标杆法是经多方努力，共同实施最佳基准的绩效衡量方法。

物流企业应用标杆法时通常会综合使用三种基准方法：使用专业顾问提供的或期刊、科研机构出版的有用的物流数据，这类数据容易获得，但由于其公开的性质很难提

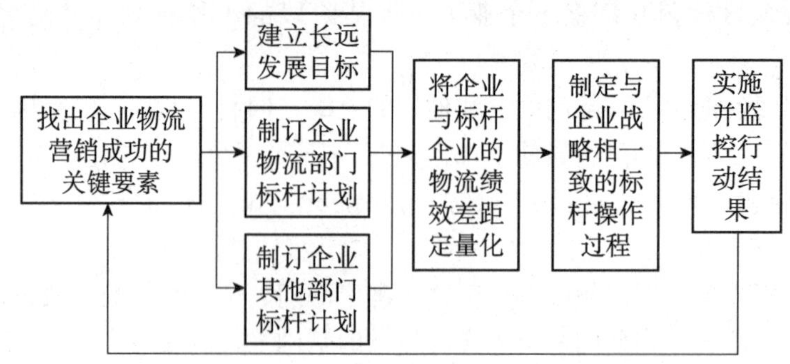

图 8—16　物流企业物流绩效标杆法实施过程示意图

供基准的信息；针对行业内部或相关行业的非竞争性企业，形成企业专用的基准；通过构建组织联盟而系统性地共享行业基准数据，这类方法需要更多的努力协作，通常也更能为企业提供重要信息。

(五) 360 度绩效考核法

360 度绩效考核法又称为全方位绩效考核法、多源绩效考核法，即由与被评估者有密切关系的人分别匿名对被评估者进行全方位、多维度的绩效评估。

1. 360 度绩效考核法的原理

传统的绩效评价，主要由被评估者的上级对其进行评价，而 360 度绩效评价则由与被评估者有密切关系的人，包括被评估者的上级、同事、下属和客户等，分别匿名对被评估者进行全方位、多维度的绩效评估，其原理如图 8—17 所示。因此，这种绩效评价更全面、客观、公正。

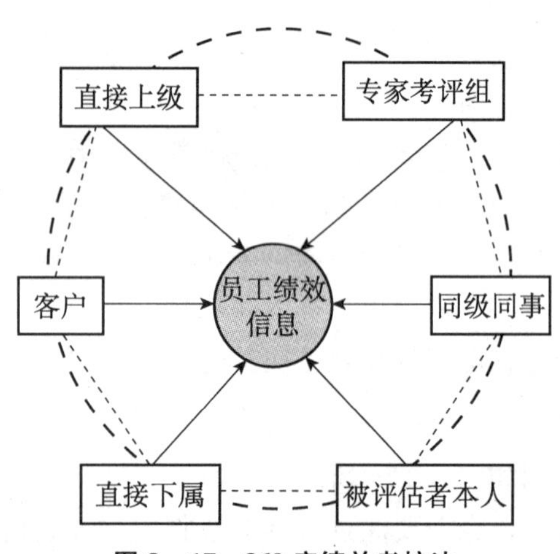

图 8—17　360 度绩效考核法

360 度绩效考核法的优点在于：不仅仅把上级的评价作为员工绩效信息的唯一来源，而是将在组织内部和外部与员工有关的多方主体作为提供反馈的信息来源，考核结果有利于管理层获得更准确的信息，也有助于被评估者多方面能力的提升；由于指标较全面，可以防止被评估者急功近利的行为（如仅仅致力于与薪金密切相关的业绩指标）。

缺点在于：一个人要对多个同伴进行考核，考核成本较高，时间耗费多；考核培训工作难度大，需要对所有的员工进行考核制度的培训，因为所有的员工既是评估者又是被评估者；成为某些员工发泄私愤的途径，如某些员工不正视上司及同事的批评与建议，将工作上的问题上升为个人情绪，利用考核机会“公报私仇”。

2. 360 度绩效考核法的操作流程

360 度绩效考核法的操作流程如图 8—18 所示。

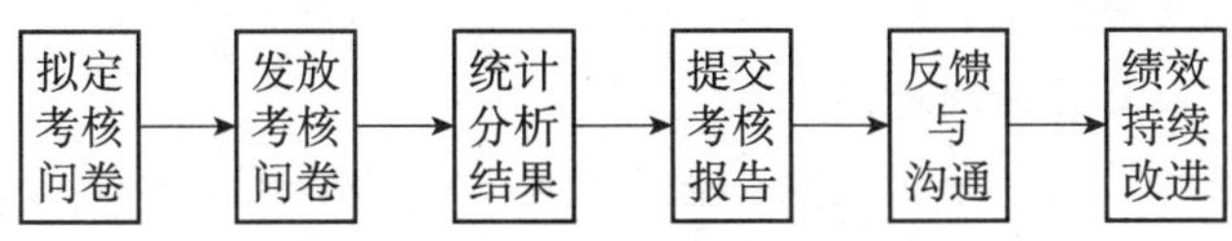

图 8—18　360 度绩效考核法的操作流程

【操作训练】

按照图 8—1 所示的作业流程，完成如“迅达物流有限公司冷链物流项目营销绩效评估报告”的成果。该报告印刷精美，主要内容包括封面、摘要、目录、正文、参考文献、附录、致谢。目录部分的内容如下。

迅达物流有限公司冷链物流项目营销绩效评估报告（目录）

一、背景
（一）序言
（二）企业营销概况
（三）营销绩效评估的背景和意义
（四）绩效评估机构的组成
（五）绩效评估的效果预期
二、绩效评估过程
（一）绩效评估的目的
（二）绩效评估的范围说明
（三）绩效评估的对象及实施者
（四）绩效评估的目标和标准
（五）绩效评估的方法选用
（六）绩效评估的资料来源
（七）绩效评估的进程安排
三、绩效评估结果
（一）原始数据
（二）数据整理和应用说明
（三）评估结果
四、评估结论
（一）本次评估的目标达成情况

（二）评估实施过程的总体描述

（三）评估结果体现的问题

（四）对评估效果的总评价

（五）评估处理意见

五、建议

（一）绩效改进建议

（二）评估系统改进建议

（三）冷链物流项目营销改进建议

（四）对企业组织结构、分配机制、竞争战略等方面的改进建议

（五）对下一次评估提出新的期望与要求

六、结语

七、附录

（一）报告引用的重要资料明细

（二）其他附件

（三）相关的法律、规章文本

【案例分析】

让绩效考核成为物流营销的指挥棒

物流销售人员的绩效考核问题让很多物流项目管理人员感到困惑：

- 我们项目引进了有丰富一线物流实战经验的销售人员，但是不知如何留住他们。
- 我们公司实行项目绩效考核，主要是为了发奖金，好像起不到考核的作用。
- 我们人力资源部在设计绩效考核指标时，往往抓不住主要的考核点。
- 我们人力资源部采用的是360度绩效考核法、平衡计分卡法等先进的考核方法，往往得不到销售部门员工的认同。
- 在考核过程中，我们公司也设计了很多的过程指标考核，但是考核的信息点很难收集到，最终还是按照主观判断打分。
- 销售人员对绩效考核不重视，还是按照既有思路开展工作，没有改进。

…………

很多中小型物流企业都遇到过这些问题，物流企业也意识到绩效考核的重要性，如何制定一套实效的考核体系并有效执行是确保物流企业持续快速发展的关键。

其实，在绩效考核中，只要抓住考核指标设计、实施考核过程、考核结果应用这三个主要环节就可以了。对于中小型企业来说，一个实效的绩效考核体系要具备以下四个特点：1）考核方法简单、易操作；2）符合企业特定的发展阶段，即符合战略要求；3）关注过程指标和结果指标；4）能够引导销售人员的工作行为，起到导向作用，体现出实效。

一、考核指标设计

绩效考核指标不合理是很多物流企业存在的问题，主要有以下现象：

现象1：只注重结果考核，考核财务指标，没有过程指标考核。

由于结果考核是最容易、最直接的一种考核办法，很多企业都崇尚“以结果论英雄”，最常用的一种考核指标就是销量完成率。这样的考核指标明确地告诉物流销售人员只要竭尽全力地完成销售任务就好了，对于其他过程指标都可以不考虑，于是销售人员往往会采用多种手段来操纵销售指标，而忽视市场基础工作的建设，会带来很多的市场问题，如考核前达到销售额但考核完成后合同取消、后期回收账款困难等严重的市场后遗症，整个市场秩序混乱，使得物流企业失去了业绩持续成长的基础。

现象2：过程指标太多，考核过于全面，但没有关键点。

很多物流企业盲目追求考核指标的全面性，从结果指标到过程指标，把各种指标都罗列出来，考核目标过多容易分散精力，使员工无所适从。于是销售人员整天忙忙碌碌，但是没有工作重点，没有工作关键点。

同时，即使物流企业设计出详细而全面的、涉及员工方方面面的考核指标体系，指标中也必然会出现更多的定性指标，从而使得最终的考核结果更加难以消除主观因素的影响。

现象3：所有层级人员的考核指标都是一样的。

很多物流企业针对大区经理、省级经理、区域经理、城市主任等各个层级人员的考核指标都是一样的，只考核销量完成率，没有体现出高层岗位的销售管理性质的工作，同时没有体现出基层岗位的执行性质的工作。

现象4：考核指标长期不变，不能体现物流公司特定发展阶段的特殊要求，不符合物流公司的战略要求。

物流企业从初期拓展市场到市场稳定期的考核指标一直没有变化，不能体现出物流公司特定发展阶段的战略要求，同时不能有效地引导销售人员的工作行为。

考核指标设计是否合理直接影响到绩效考核的实效性，它体现出物流企业不同发展阶段的具体工作要求，要能够有效地引导物流销售人员的工作行为。在实际操作中，针对中小型物流企业来说，要从以下几方面考虑，设计合理的考核指标体系：

1. 结果性指标和过程性指标相结合

结果指标主要包括一般考核销售目标完成率、市场费用率等。在考核过程指标的同时，一定要根据物流市场发展的要求，对工作过程进行考虑，过程性指标要考虑终端覆盖率、终端价格稳定性、终端生动化、终端断货率、新品销售目标完成率、报表上交及时性、实效性等。

2. 构建KPI体系

对于物流销售人员来说，往往都有一定的惰性，而且缺乏一定的工作方法，就会出现“你考核什么，销售人员就会做什么”的现象；同时，物流公司在某一个时期也会有一定的工作重点，由于人员精力有限，在某一段不会关注很多的工作，这就要求绩效考核体现出考核的重点。因此，企业既要设定明确的考核指标，又不能对销售人员职责范围内的所有事项进行考核，一定要提炼出主要的考核指标，还要考虑操作上的便利性，这些考核指标所需要的考核信息一定要易于获取。

KPI体系就是一种很好的方法，就是要通过分析对物流销售人员的工作要求，抓住其中的关键业务环节，选择3～5项主要的工作进行考核，通过KPI直接表现出来。通过设立KPI，可以让物流销售人员将80%的注意力放在推动物流公司营销策略有效实施的核心环节，使绩效考核更富有针对性。

例如，某物流公司刚刚成立，进行区域市场开发，在这一个阶段，省级经理的主要工作是进行区域市场规划、考察市场、寻找经销商、快速组建销售团队。在设定KPI时，则主要考核区域市场规划能力、经销商的效率、团队建设的效率等指标就可以了。即使省级经理没有工作思路，通过这些KPI的要求，也能够很好地引导省级经理的工作行为，能够让他抓住工作重心。

3. 考虑人员的层级性

在物流销售系统，越高级的职位所承担的主要是管理工作，因此绩效考核指标就要倾向于最终结果；越下级的职位所承担的主要工作则是执行工作，因此绩效考核指标就要越倾向于过程。因此，绩效考核指标必须体现出对不同层级职位的针对性和有效性，真正能够有效地引导各个层级物流销售人员的工作行为。

例如，物流营销中心总经理考核项目销售总监，主要考核的可能就是销售额指标、费用率指标、整体市场规划能力；而项目销售经理考核区域经理，除了销售额指标之外，还必须考核新服务推广、新服务铺货率等过程指标。

4. 考虑企业的发展阶段

物流企业在不同的发展阶段，制定的物流营销策略和工作重点是不一样的，因此在设定考核指标时，一定要根据某一时期的策略要求来提炼考核指标。例如，在新服务推广期，就要考核新服务推广的效率，包含新服务销量的比重、新服务铺货率等指标。

5. 考核周期

考核周期应根据考核对象和考核指标而定。例如，对于物流营销总监的考核周期可能为半年或一年；对于一线物流销售人员，考核周期可能采取月度考核为宜。同时，有些指标的数据难以采集，如市场费用率指标，在运作现代物流零售终端时，根据物流零售系统的运作规则，很多费用的结算需要很长的时间，因此在考核费用率指标时，往往以年度考核为主。

最后，应对各种考核指标进行详细说明，同时对每项考核指标赋予不同的权重，形成考核表。

二、实施考核过程

在考核过程中，主要的问题是：定性的过程指标难以定量化，凭主观判断，“哥们义气”严重，甘当老好人。

定性指标只有能够转化为定量的数据才能进行考核，因此在实际操作过程中如果缺少考核信息，就无法转化为数据。这就需要建立一套多渠道的获取信息的方法，以获取这些信息，可以采取的方法有：设置物流销售督导人员，开展对整个市场的工作抽查。

例如，考核货物送达准点率，督导人员可以定期在区域内选定一些客户进行抽查，这样就能有效地利用这些信息来评定销售人员的工作。在实际操作中，企业对销售督导人员提出了很高的素质要求，需要具备正直、无私、严谨的工作精神，确保信息真实可信。

现象 1：追求绩效考核流程的规范性。

管理层和人力资源部往往会进入一个追求完美绩效考评的误区，如追求绩效考核流程的规范性和完整性等。

现象 2：考核不够严肃，面子现象严重。

特别是在定量考核操作中，打分失真的现象比较严重，面子问题普遍存在，不能体现出考核的严肃性。部门之间、上下级之间开始互相包庇，导致考核得分不相上下的局面，出现“看人打分”的现象。

以上问题的根本解决需要从以下三个方面着手：

首先，在实施绩效考核前，人力资源部要组织召开动员大会，详细宣传绩效考核的要求和重大意义，让所有人员都明白实施考核的具体办法；特别是要高层也到场宣讲，得到高层领导对实施考核的实际支持。

其次，要考虑根据物流企业发展的不同阶段，灵活调整绩效考核指标，使绩效考核指标和考核方法更科学、更切合实际，以适合实际工作的考核需要，更好地引导销售人员的工作。

最后，要建立上下级之间良好的沟通机制，在公司内形成“对事不对人”的企业文化。

三、考核结果应用

绩效考核完成以后，很多物流企业会出现以下现象：

现象 1：考核流于形式，只用于发奖金，不重视绩效沟通。这样被评估者很难真正了解自己所存在的不足，导致到了下一个考核周期时，并不能实现绩效改善。

现象 2：有绩效沟通，但是后续工作缺乏持续跟进。

很多的物流企业都认为绩效考核就是为了给销售人员发奖金，其实从严格意义上来说，这都不能算作真正的绩效考评。绩效考核的另外一个重要目的就是用来找出物流销售人员在工作中的差距，再制定相应的改进策略，帮助员工的绩效发展，促进员工在绩效方面的不断提升和改变，引导物流销售人员的工作行为，从而实现物流公司的营销策略规划。

很多物流企业都缺少绩效沟通环节的工作，有的企业进行了绩效沟通，也制订了改进计划，但是没有持续跟进指导，仍然停留在初级阶段，只做了一些表面上的工作，象征性地走走过场，并没有被真正地重视和深入地研究、有效地开展绩效沟通和指导工作。

由于销售人员经常出差在外，很难聚在一起，绩效沟通工作在实际操作中可以采取以下方法：

1. 充分利用月度销售会议时间

物流公司可以制定定期召开省级月度销售会议制度，集中省级区域内所有的人员，在会议中让每个销售人员做工作汇报，省级经理根据绩效评价表，找出销售人员工作中存在的困难和不足之处，给出具体的工作指导，并填写沟通备忘录，以便在下一个月度中持续跟进以进行对照。

2. 日常电话跟进指导

处于省级经理职位的人员，很难与销售总监直接见面，绩效沟通和指导往往难以直接进行，可以采取电话沟通的方式。

3. 查看每周工作计划及总结

对于沟通后制订的改进计划，各级物流销售管理人员应该积极跟进，及时发现问题，进行有效指导。

对于中小型物流企业来说，应根据企业发展的阶段，基于整体营销策略的要求，合理制定绩效考核指标，同时重视绩效沟通，将绩效考核真正落实到实处，有效地引导销售人员的工作行为，成为销售的指挥棒，才能真正建立起有实效的绩效考核体系。

问题

1. 你认为上文中指出的这些考核中的不正常现象是普遍存在的吗？举例说明。

2. 在你了解的范围内，哪些物流企业的考核指标设计注意到将结果性指标和过程性指标相结合？

3. 在实施考核的过程中，除了文中指出的追求绩效考核流程的规范性、考核不够严肃两大问题，还有哪些问题？

4. 在考核结果的应用方面，你还有什么好的建议？

【课外拓展】

选择绩效考核方法中的一种，分析自己学完这门课程的绩效情况。

参考文献

[1] 陈尚金．企业营销绩效评价体系构建与应用研究［J］．长春理工大学学报（高教版），2009（10）．

[2] 付丽茹，解进强. 第三方物流企业客户服务评价指标的构建［EB/OL］．http：//www. doc88. com/p-774894529762. html.

[3] 付亚和，许玉林．绩效管理［M］．上海：复旦大学出版社，2004.

[4] 韩丽蛟，范国勇．营销渠道评价指标体系的构建［J］．企业研究，2006（8）．

[5] 胡延华．物流营销［M］．北京：高等教育出版社，2013.

[6] 胡延华．物流营销［M］．大连：大连理工大学出版社，2011.

[7] 黄福华，李坚飞．物流营销［M］．大连：东北财经大学出版社，2009.

[8] 李青，陈丕积，秦彩虹．营销绩效评估实操［M］．广州：广东经济出版社，2002.

[9] 李雪松．现代物流营销管理［M］．北京：中国水利水电出版社，2008.

[10] 李祖武．物流市场营销［M］．北京：清华大学出版社，2008.

[11] 马迎霜，陈芳. 基于客户的第三方物流企业顾客满意度评价指标体系研究［J］．企业研究．2010（18）．

[12] 曲建科．物流市场营销［M］．北京：电子工业出版社，2007.

[13] 王少愚．物流与市场营销学［M］．北京：对外经济贸易大学出版社，2005.

[14] 孙淑英，王秀村，刘菊蓉．我国企业营销绩效评价指标体系构建的实证研究［J］．中国软科学，2006（1）．

[15] 魏农建．第三方物流企业营销［M］．北京：化学工业出版社，2003.

[16] 魏农建．物流营销与客户关系管理［M］．上海：上海财经大学出版社，2005.

[17] 熊梅，李严锋．物流营销［M］．重庆：重庆大学出版社，2008.

[18] 杨穗萍．物流营销实务［M］．北京：中国物资出版社，2004.

[19] 袁炎清，范爱理．物流市场营销［M］．北京：机械工业出版社，2006.

[20] 詹春燕．物流营销基础与实务［M］．北京：机械工业出版社，2006.

信息反馈表

尊敬的老师，您好！

为了更好地为您的教学、科研服务，我们希望通过这张反馈表来获取您更多的建议和意见，以进一步完善我们的工作。

请您填好下表后以电子邮件、信件或传真的形式反馈给我们，十分感谢！

一、您使用的我社教材情况

您使用的我社教材名称			
您所讲授的课程		学生人数	
您希望获得哪些相关教学资源			
您对本书有哪些建议			

二、您目前使用的教材及计划编写的教材

您目前使用的教材	书名	作者	出版社
您计划编写的教材	书名	预计交稿时间	本校开课学生数量

三、请留下您的联系方式，以便我们为您赠送样书（限1本）

您的通讯地址			
您的姓名		联系电话	
电子邮件（必填）			

我们的联系方式：

地　址：苏州工业园区仁爱路158号中国人民大学苏州校区修远楼

电　话：0512-68839319　　　　传　真：0512-68839316

E-mail：huadong@crup.com.cn　　　　邮　编：215123

微　博：http://weibo.com/cruphd　　　　QQ（华东分社教研服务群）：34573529

信息反馈表下载地址：http://www.crup.com.cn/hdfs